Dem Feminismus
eine politische Heimat –
der Linken die Hälfte der Welt

Ursula G. T. Müller

Dem Feminismus eine politische Heimat – der Linken die Hälfte der Welt

Die politische Verortung des Feminismus

Ursula G. T. Müller
Kiel, Deutschland

ISBN 978-3-531-19452-3   ISBN 978-3-531-19453-0 (eBook)
DOI 10.1007/978-3-531-19453-0

Die Deutsche Nationalbibliothek verzeichnet diese Publikation in der Deutschen Nationalbibliografie; detaillierte bibliografische Daten sind im Internet über http://dnb.d-nb.de abrufbar.

Springer VS
© Springer Fachmedien Wiesbaden 2013
Das Werk einschließlich aller seiner Teile ist urheberrechtlich geschützt. Jede Verwertung, die nicht ausdrücklich vom Urheberrechtsgesetz zugelassen ist, bedarf der vorherigen Zustimmung des Verlags. Das gilt insbesondere für Vervielfältigungen, Bearbeitungen, Übersetzungen, Mikroverfilmungen und die Einspeicherung und Verarbeitung in elektronischen Systemen.

Die Wiedergabe von Gebrauchsnamen, Handelsnamen, Warenbezeichnungen usw. in diesem Werk berechtigt auch ohne besondere Kennzeichnung nicht zu der Annahme, dass solche Namen im Sinne der Warenzeichen- und Markenschutz-Gesetzgebung als frei zu betrachten wären und daher von jedermann benutzt werden dürften.

Einbandabbildung: Ursula G. T. Müller

Gedruckt auf säurefreiem und chlorfrei gebleichtem Papier

Springer VS ist eine Marke von Springer DE. Springer DE ist Teil der Fachverlagsgruppe Springer Science+Business Media
www.springer-vs.de

Danksagung

Von allen Grimmschen Märchen hatte mich als Kind die Geschichte von den vier kunstreichen Brüdern besonders beeindruckt. Da schickt ein Mann seine vier Söhne in die Welt und jeder erlernt ein Kunsthandwerk. Mit ihren Fähigkeiten beeindrucken sie nach ihrer Rückkehr nicht nur den Vater, sie retten gemeinsam die von einem Drachen entführte Prinzessin. Als der König dann aber fragt, wem er denn nun seine Tochter zur Frau geben soll, streiten sie darüber, wer den entscheidenden Beitrag zur Rettung geleistet hat, bis klar wird, dass nur das Zusammenwirken von allen zum Erfolg führen konnte.

Wenn ich jetzt überlege, wer mir beim Schreiben dieses Buchs alles geholfen hat, wird mir bewusst, dass die Situation ähnlich ist wie im Märchen. Jede und jeder meiner HelferInnen hat einen wichtigen Beitrag geleistet, ohne den ich den Text so nicht hätte erstellen können. Was ich wem verdanke, will ich daher in alphabetischer Reihenfolge nach den Vornamen aufführen:

Barbara Soltau hat sich der Mühe unterzogen, das über 200seitige Manuskript sorgfältig zu lesen, was mehrere Tage in Anspruch genommen hat. Ihre vielen Änderungsvorschläge und Anregungen konnte ich sehr gut umsetzen und war beflügelt durch ihren positiven Kommentar zum ganzen Text. Die Tür zum Springer VS Verlag hat mir Bernd Maelicke geöffnet, wodurch ich einen Riesenschritt weiter kam. Mit der Lektorin Cori Antonia Mackrodt habe ich mich auf Anhieb sehr gut verstanden, die Zusammenarbeit war für mich eine reine Freude. Für die Geduld, die sie bewiesen hat, als ich noch einmal zahlreiche Änderungen vornahm, bin ich ihr ganz besonders dankbar. Bei vielen Treffen in unserem Stammcafé und den diversen Kaffee- und Teegetränken hat sich Hanne Maelicke meine Berichte über den Fortgang angehört und mich durch ihre Kommentare zum Weitermachen motiviert. Harald Hahn verdanke ich den Tipp, mich bei google alerts zum Stichwort »Feminismus« anzumelden, den er mir in einem sehr frühen Stadium gab und der sich als äußerst fruchtbar erwiesen hat. Harald Mücke hat mir ständig sein Ohr geliehen, mir gezeigt, dass er von einem positiven Ergebnis überzeugt ist und vorgeschlagen, an einer öffentlichen Vorstellung des Buchs maßgeblich mitzuwirken. Helmut Kruse und Herbert Gerstberger haben zwar jeder nur eine Anmerkung gemacht, die war aber jeweils so treffend, das ich daraufhin den Titel und die Überschrift eines Teils geändert habe; das soll hier nicht verschwiegen werden. Am längsten von allen hier Genannten kennt mich Hilde Träger-Hamar. Sie war mir eine sehr wichtige Gesprächspartnerin, die mir half, meine Gedanken zu ordnen. Auch fand sie es nach Lektüre eines Exposés gerechtfertigt, von meinem »Lebenswerk« zu sprechen, weil sie darin Erfahrungen aus unterschiedlichen Abschnitten meines Lebens wiederfand. Inge Warmuth durfte ich nicht nur ausführlich einzelne Abschnitte schildern, sie hat mit fachkundigen Händen dazu beigetragen, dass meine vom Sitzen am Computer völlig verspannten und verhärteten Schultermuskeln wieder weich und erneut »einsatzfähig« wurden. Nadine Kretscher hat mein Exposé gründlich gelesen und mich mit ihren Kommentaren zu Änderungen angeregt, mit denen ich den Text lesbarer und interessanter zu machen versucht habe. Die Geburtsstunde des Buchs ist untrennbar mit Suzanne Vogel-Vitzum verbunden. Ihr habe ich als erste meine Idee vorgetragen, etwas über Feminismus und die Linke zu schreiben. Davon war sie sofort angetan, was mir enormen Rückenwind verlieh. Waltraut Siebke verdanke ich einige wichtige Bücher aus ihrem Bestand, die sie mir schenkte.

Zum Schluss möchte ich noch zwei Menschen danken, deren Hilfe nicht in den Text eingegangen ist: Barbara Kirsch hat mir sozusagen den Pinsel geführt, als ich das Bild für die Titelgestaltung malte. Als ich mich bei Eckhard Pabst dafür entschuldigte, dass ich über ein Jahr lang ganz gegen meine sonstigen Gewohnheiten kaum in dem von ihm geleiteten Kommunalen Kino aufgetaucht war, meinte er spontan und ohne eine Zeile gelesen zu haben: Das Buch stellen wir hier vor!

All diese Beiträge haben mir in unterschiedlichen Stadien des Schreibens geholfen, die immer wieder auftauchenden Drachen der Selbstzweifel in die Flucht zu schlagen. Vielen Dank!

Inhalt

Einleitung 13

Erster Teil
Über die Anfänge der Frauenbewegungen,
ihre Herkunftsorganisationen, Ziele und Theorien –
Ein Lesebuch

Vorbemerkung 19

1 Die Frauenrechtlerinnen des 18. und 19. Jahrhunderts fremdeln
  in ihrer politischen Heimat 21
  1.1 Déclaration des droits de la femme et de la citoyenne
      (Die Erklärung der Rechte der Frau und Bürgerin) 21
  1.2 Declaration of Sentiments (Meinungserklärung) 23
  1.3 Dem Reich der Freiheit Bürgerinnen, dem Kampf
      gegen den Kapitalismus Genossinnen 27
      1.3.1 Die Ansätze marxistischer Theorie zu Produktion
            und Reproduktion 33
      1.3.2 Anwendbarkeit sozialistischer Theorie
            auf die Situation von Frauen 39

2 Die Frauenbewegungen der zweiten Hälfte des 20. Jahrhunderts
  schaffen sich ihre eigene politische Heimat 45
  2.1 US-Amerikanerinnen im Konflikt
      mit ihren Herkunftsorganisationen 46

2.1.1 The Women's Liberation Movement
and The Movement 46
2.1.2 The Black Woman and Her Black Brother 49
2.2 Die bundesrepublikanische Frauenbewegung
der 1960er/70er Jahre 51
2.3 Nach 1989 ohne DDR-Feministinnen (k)ein Staat 59

3 Gemessen an ihren Zielen und Forderungen standen
die autonomen Frauenbewegungen der zweiten Hälfte
des 20. Jahrhunderts politisch links 65
3.1 Ziele und Utopien aus den Anfängen
der Zweiten Frauenbewegungen 65
3.2 Der historische Kontext Ende der 1960er Jahre 68
3.3 Systemsprengende Forderungen 72
3.4 Feminismusdefinition 75

4 Feministinnen entwickeln Theorien zu Produktion
und Reproduktion 77
4.1 Theorien zur Arbeit im Produktions-
und Reproduktionsbereich 78
4.1.1 Hausarbeit ein historisch neues Phänomen 78
4.1.2 Produktivität der Reproduktion 81
4.1.3 Die Unmöglichkeit der vollständigen
Durchkapitalisierung von Re-Produktionsarbeiten 83
4.1.4 Exkurs: Die Diskussion um Lohn für Hausarbeit 86
4.2 Theorien zu Fortpflanzung und Bevölkerungsentwicklung 91
4.2.1 Gewaltsame Aneignung weiblicher Reproduktivität 92
4.2.2 Globale ökonomische Verwertungsinteressen
an Bevölkerungsvermehrung 95
4.2.3 Die Entwicklung der »Reproduktivkräfte« –
Technisierung der Fortpflanzung 100
4.3 Feministische Kritik an der psychoanalytischen Theorie
weiblicher Entwicklung und Sexualität 103
4.3.1 Probleme von Feministinnen mit Freuds Theorie 105
4.3.2 Das Verschwinden früher psychoanalytischer Kritik
an Freud 107
4.3.3 Widerlegung der These von der Klitoris-
Organminderwertigkeit 108
4.3.4 Die Klitoris als auslösendes Organ für jeden Orgasmus ... 112

4.3.5 Flucht aus einem Konflikt mit der Mutter
   in den Penisneid 114
 4.3.6 Der kastrierte Mann 116
 4.3.7 Feministische Liebe zu Freuds
   psychoanalytischer Theorie 120

5 Zusammenfassung des ersten Teils und weiterführende Fragen ... 131

Zweiter Teil
Über die Un-/Verträglichkeit von Neoliberalismus
und Feminismus – Ein Handbuch

Vorbemerkung 139

1 Neoliberalismus und Globalisierung
  verändern die Welt gravierend 141
  1.1 Globalisierung des Freihandels und die Durchsetzung
      des Neoliberalismus 141
  1.2 Neoliberale Sozialstaatspolitik 144
  1.3 Konsum und Konsumverhalten 146
  1.4 Das neoliberale Menschenbild 148
  1.5 Verhältnis zur Natur im Neoliberalismus 151

2 Ab den 1990er Jahren ergeben sich in der Bundesrepublik
  Deutschland neue Widersprüche und Veränderungen
  im Geschlechterverhältnis 157
  2.1 Veränderungen in Wirtschaft und Arbeit 157
      2.1.1 Technologische Entwicklung und Auslagerung
            industrieller Produktion 158
      2.1.2 Bezahlte Re-Produktionsarbeit 161
      2.1.3 Unbezahlte Re-Produktionsarbeit
            und Refamiliarisierung 162
  2.2 Veränderung des Familienmodells 164
  2.3 Bevölkerungsentwicklung, -politik und -ideologie .. 169
      2.3.1 Der Bedarf an Arbeitskräften in Deutschland . 170
      2.3.2 Bevölkerungsgröße als Machtfaktor und Ideologie .. 173
      2.3.3 Die Weiterentwicklung der Fortpflanzungstechnologie ... 178
  2.4 Veränderungen im Sexual- und Beziehungsverhalten .. 180

3 Feministisches Denken und Handeln wird vom Neoliberalismus beeinflusst, geht aber nicht völlig darin auf 191

3.1 Neue Vielfalt von Feminismen 191
3.2 Bedeutungswandel der feministischen Schlüsselbegriffe Selbstverwirklichung und Gleichheit 193
3.3 Neoliberale Veränderungen und feministische Forderungen zur Individualfamilie, Feminisierung des Arbeitsmarktes und Neuorganisation der Hausarbeit 195
3.4 Einschätzung frauenpolitischer Themen, Forderungen und Gesetze 198
    3.4.1 Frauenquote für Aufsichtsräte in DAX-notierten Unternehmen 199
    3.4.2 Lohndifferenz zwischen Männern und Frauen (Gender Pay Gap) 202
    3.4.3 Aufhebung des Nachtarbeitsverbot für Arbeiterinnen und Zulassung von Frauen zur Bundeswehr 203
    3.4.4 Prostitution beziehungsweise Sexarbeit 207
    3.4.5 Das Ehe- und Familienmodell betreffende Gesetzesänderungen 212
    3.4.6 Eingetragene Partnerschaften 217
    3.4.7 Männergewalt gegen Frauen in der Familie 218
    3.4.8 Kopftuch- und Burkaverbot 221
    3.4.9 Nur wenige Paradigmenwechsel in der Frauenpolitik 223
3.5 Bekämpfung und Verbreitung von feministischen Vorstellungen 226
    3.5.1 Antifeminismus – klein, aber nicht ungefährlich 226
    3.5.2 Die nicht gelungene Aufnahme feministischer Gedanken in Wirtschaft, Politik und Öffentlichkeit 230

4 Das theoretische Konzept des Dekonstruktivismus tritt einen Siegeszug innerhalb der feministischen Diskussion an 249

4.1 Rahmen und Auslöser für die Theorie von Judith Butler 250
    4.1.1 Die Postmoderne 250
    4.1.2 Kritik am Anspruch einer universalen Weiblichkeit 252
    4.1.3 Weder biologische noch kulturelle Weiblichkeit/ Männlichkeit nachweisbar 253
    4.1.4 Impulse aus der Transgender-Bewegung und dem gesellschaftlichen Umgang mit Transsexualität 256

4.2 Der Dekonstruktivismus und seine Bedeutung
    für den Feminismus 258
    4.2.1 Die Theorie von Judith Butler 258
    4.2.2 Politische Konsequenzen aus Butlers Theorie
           für eine Queer-Bewegung 262
    4.2.3 Kritik an Butlers Theorie 265
4.3 Gründe für die große Zustimmung zu Butlers Theorie 273

5 Zusammenfassung des zweiten Teils
   und weiterführende Fragen 279

Dritter Teil
Über Sexismus in linken Organisationen und Wege
zu seiner Überwindung – Ein Traumbuch und ein Kursbuch

Vorbemerkung 289

1 In linken und alternativen Gruppierungen haben sich Sexismus und
   Geschlechterblindheit in Inhalten und im Politikstil eingenistet ... 291
   1.1 Sexistische Einstellung zur Sexualität 291
   1.2 Sexistische Ignoranz 294
   1.3 Ausschließliche Sichtweise auf Frauen 297
   1.4 Geschlechtsneutrale Forderungen 299
   1.5 Der politische Tunnelblick 304
   1.6 Instrumentalisierung des Feminismus 305
   1.7 Formulierung einer utopischen Gesellschaft
       ohne Benennung der Schritte dorthin 307
   1.8 Politische Kultur als innerorganisatorischer Sexismus 308
   1.9 Keine politische Heimat für Forderungen
       und Erkenntnisse der Zweiten Frauenbewegung 314

2 Überwindung des Sexismus in der Linken ist machbar 317
   2.1 Chancen für den Erfolg eines Tomatenwurfs
       gegen linke Chauvis 317
   2.2 Feminisierung der Linken statt Re-Politisierung
       des Feminismus 318

3 Herrschaftskritische Politik braucht Orientierung wie Fixpunkte am Horizont ... 323
3.1 Das Siebengestirn der Fixpunkte ... 323
3.1.1 Eine sich in ökologischem Gleichgewicht befindende Natur ... 324
3.1.2 Herstellung von Gebrauchsgütern und -dienstleistungen ... 324
3.1.3 Einkommen für Frauen und Männer für Erwerbs- und Nicht-Erwerbsarbeit ... 325
3.1.4 Übernahme von Verantwortung für andere Menschen ... 325
3.1.5 Kinderwunsch und Fortpflanzung ... 326
3.1.6 Beteiligung durch gewaltfreie Entscheidungsprozesse ... 326
3.1.7 Andere Sozialcharaktere ... 327
3.2 Erste Schritte hin zu den Fixpunkten: Skandalisieren, Propagieren, Kooperieren ... 327
3.2.1 Zum ersten Fixpunkt: Konsequente Berücksichtigung geschlechtsspezifischer Einstellungen zur Umwelt ... 328
3.2.2 Zum zweiten Fixpunkt: Kreislaufwirtschaft, Konversion, Wirtschaftsdemokratie und die Bewertung unbezahlter (Haus-)Arbeit ... 331
3.2.3 Zum dritten Fixpunkt: Neue Maßstäbe für die Entlohnung von Arbeit und das Care-Geld ... 339
3.2.4 Zum vierten Fixpunkt: Wahlverwandtschaften ... 345
3.2.5 Zum fünften Fixpunkt: Kein Menschenrecht auf ein leibliches Kind ... 346
3.2.6 Zum sechsten Fixpunkt: Einführung feministischer Strukturen zur Demokratisierung von Organisationen ... 348
3.2.7 Zum siebten Fixpunkt: Psychogenese neuer Charaktereigenschaften ... 351
3.3 Irrwege ... 356

4 Zusammenfassung des dritten Teils und Antworten auf die vorne aufgeworfenen Fragen ... 361

Schluss

Rückblick auf die Beziehungen zwischen Frauenbewegung und Linken und ein Plädoyer für ein neues Verhältnis alternativer Organisationen zum Feminismus ... 367

Einleitung

Wer sich heute über Feminismus informieren möchte, wird vermutlich einen ersten Zugang über das Internet wählen. Dann ist Verwirrung vorprogrammiert, kennt doch allein wikipedia 13 verschiedene Feminismen. Es scheint, als eigne sich fast jeder Begriff dazu, mit Feminismus per Bindestrich verbunden zu werden. Eine Linie ist dabei nicht zu erkennen. Sogar bei Neonazis haben Frauen eine kurze Zeit lang für einen Nationalen Feminismus und das Ende des Patriarchats plädiert. Ist Feminismus angesichts einer solchen Aufweichung von Inhalten überhaupt noch politisch zu fassen? Kein Wunder, dass heute manche Frauenpolitikerinnen eine Repolitisierung des Feminismus fordern. Aber an welche Adresse richtet sich dieser Wunsch? Und was heißt *Re*-Politisierung? Dazu wird bisweilen an die Anfänge von Frauenbewegungen erinnert. Diesen Weg beschreite ich auch, komme jedoch nicht zu dem Ergebnis, dass »der« Feminismus sich verändern, politischer werden müsse. Vielmehr plädiere ich für Änderungen bei Linken und alternativen Organisationen, um dies schon vorweg zu nehmen.

Im ersten Teil arbeite ich Gemeinsamkeiten und Besonderheiten von Frauenbewegungen in deren Entstehungsphasen heraus. Dabei spanne ich den historischen Bogen von der Französischen Revolution bis zum Unabhängigen Frauenverband der DDR. Deutlich wird hierbei nicht nur, dass Frauenbewegungen immer innerhalb von anderen sozialen Bewegungen entstanden sind und keine Ein-Punkte-Forderung erhoben haben – etwa nach dem Frauenwahlrecht. Sie gingen vielmehr über das hinaus, was Anliegen ihrer Herkunftsorganisationen waren, formulierten Ziele und Utopien einer anderen Gesellschaft. Charakteristisch ist zudem, dass diese ihre Vorstellungen den »Privat«-Bereich, die »Reproduktion« im Fokus hatten, also Ehe und Familie, Fortpflanzung und Sexualität. Wie sind die daraus entwickelten Forderungen im Einzelnen zu bewerten? Können sie als systemsprengend bezeichnet oder müssen sie als systemstabilisierend begriffen werden? Zur Beantwortung dieser Frage halte ich es für zwingend, die

Frauenbewegungen in der jeweiligen Zeit, genauer im Rahmen der wirtschaftlichen, politischen und gesellschaftlichen Situation zu betrachten. Ich leiste dies exemplarisch am Beispiel der Zweiten Frauenbewegung der 1960er/1970er Jahre in der Bundesrepublik Deutschland. Auch gehe ich ausführlich auf von Feministinnen entwickelte theoretische Ansätze ein, die konkrete politische Forderungen der Frauenbewegung ergänzen. Dabei kann ich nicht erkennen, dass eine feministische Theorie entwickelt worden wäre, wohl aber haben Wissenschaftlerinnen in den 1970er und 1980er Jahren mit ihren vor allem aus der Kritik am Marxismus und der Psychoanalyse gewonnenen Erkenntnissen, diese beiden Theorien um eigene Ansätze entscheidend erweitert.

In der aktuellen Diskussion um Feminismus ist durch den Film über die eiserne Lady, Margaret Thatcher, eine alte Kontroverse aus den 1980er Jahren wieder aufgeflammt, die Frage, ob die frühere britische Premierministerin als Feministin zu bezeichnen sei. Keine andere britische Frau dieses Jahrhunderts habe es zu so viel Macht und Einfluss gebracht wie Thatcher. Es heißt, sie habe den Erfolg von Frauen zu etwas Normalem gemacht und gezeigt, dass Frauen genauso stark und fähig sein können, wie Männer. Nach Margaret Thatcher könne niemand mehr in Zweifel ziehen, dass Frauen ebenso zielstrebigen Elan und Führungsstärke zeigen können. Sie sei die große unbesungene Heldin des britischen Feminismus. Diese Position illustriert die heute typische Verwässerung des Feminismusbegriffs. Die aktuelle politische Argumentation kennzeichnet eine weitere Besonderheit: Es hat eine Individualisierung und ein Bedeutungswandel feministischer Schlüsselbegriffe wie Emanzipation, Gleichberechtigung und Selbstverwirklichung stattgefunden.

Dies zeige ich im zweiten Teil, in dem ich zunächst die wirtschaftliche und gesellschaftliche Situation des Neoliberalismus beschreibe, einschließlich dessen Menschenbildes. Dieser hat sich Individualisierung auf die Fahnen geschrieben. Und so wurde im Einklang mit dieser Denkweise aus Emanzipation kein durch gesamtgesellschaftliche Veränderung herbeizuführender Zustand, sondern eine von Frauen individuell zu erbringende Leistung. Aus Gleichberechtigung, früher ein Kampfbegriff, der auf konkrete politische Forderungen bezogen war, wurde ein aus seinem historischen Kontext gelöstes Schlagwort, das in der politischen Umsetzung überwiegend eine Angleichung von Frauen an Männer zum Ziel hat. Selbstverwirklichung als Ideal der heutigen Gesellschaft schließlich, kann für Frauen vieles bedeuten, vom Kinder- und Berufswunsch bis zu Operationen wie Brustvergrößerungen und Eingriffe im Genitalbereich. Damit rücken feministische Schlüsselbegriffe in bedenkliche Nähe zum Neoliberalismus. Die Vielfalt heutiger »Feminismen« gemahnt zudem an die Postmoderne, die als »anything goes« kritisiert wird. Solche Parallelen werden selten reflektiert. Im zweiten Teil stelle ich diesen Zusammenhang her. Überspitzt ließe sich sagen: Der Feminismus ist immer nur so gut oder so schlecht wie die geistigen und politischen Strömungen, in denen er sich bewegt. War es mir im ersten Teil noch möglich, Forderungen der Frauenbewegung politisch einzuordnen, gelingt dies für die Zeit nach 1990 nicht. Eine Frauenbewegung gibt es nicht mehr. Stattdessen betrachte ich frauenpolitische Maßnahmen, Gesetze und Forderungen, die als frauenförderlich eingestuft wurden und werden. Zu ihrer Beurteilung habe ich einen Fragekatalog entwickelt. Mit dessen Hilfe komme ich zu dem Ergebnis, dass es sich dabei mehrheitlich um Reformen handelt, die nicht auf eine grundsätzliche Veränderung der Gesellschaft hin zielen. Meist sind sie systemkonform, manchmal sogar dezidiert neoliberal, nur bei den wenigsten handelt es sich um einen Paradigmenwechsel.

Von Wissenschaftlerinnen wird kein Ausweg aufgezeigt. Sei es, dass ihre Positionen selten über den universitären Rahmen hinaus dringen, sei es, dass sie – wie ich ausführlich am Beispiel des bekanntesten theoretischen Konzepts, dem Dekonstruktivismus Judith Butlers, zeige – trotz ihres Anspruchs keinen systemsprengenden Charakter haben, sei es – was vor allem im dritten Teil thematisiert wird –, dass sie als Utopie ohne Handlungskonzept auftreten.

Während nun Änderungen beim Feminismus eingeklagt werden, vertrete ich den gegenteiligen Anspruch. Nicht die vagabundierenden, politisch heimatlos gewordenen, zersplitterten Feminismen müssen sich verändern. Gesellschaftskritische, alternative, im weitesten Sinne linke Organisationen und Gruppierungen müssen das leisten, was Frauen in den Anfangsphasen von Frauenbewegungen immer gewollt haben. Sie müssen von Feministinnen geforderte Inhalte in ihre politischen Konzepte integrieren. Diese Forderung erhebe ich, nachdem ich im dritten Teil zunächst an Beispielen Sexismus in linken Organisationen aufgezeigt habe. Besonders wichtig ist es mir deutlich zu machen, dass geschlechtsneutral formulierte politische Ziele, wie Arbeitszeitverkürzung und bedingungsloses Grundeinkommen, die Situation von Teilen der weiblichen Bevölkerung nicht berücksichtigen und daher zu einer Schieflage führen. Zu Sexismus gehört auch der politische Stil, eine männerbündische Kultur, von der sich feministisch orientierte Frauen nicht angesprochen fühlen. Bei solcher Kritik bleibe ich aber nicht stehen. Ich formuliere wichtige Aspekte einer Utopie, die ich als richtungweisend für linke Politik verstehe. Ich nenne sie Fixpunkte am Horizont und mache konkrete Vorschläge, wie diese angepeilt werden können. Vor allem aber zeige ich, dass es bei Handlungsschritten, anders als beim Benennen einer Utopie, zwingend ist, geschlechtsspezifisch zu denken und politische Forderungen entsprechend auszurichten. Auch bei der Suche nach Kooperationspartnerinnen und -partnern sind geschlechtsspezifische Unterschiede zu berücksichtigen. Damit hoffe ich, zwei Fliegen mit einer Klappe zu schlagen, linken und alternativen Organisationen und Gruppen Anregungen für ihre Politik zu geben, damit die Bereiche, die Feministinnen immer ein Anliegen waren, integriert werden können, also die Hälfte der Welt Eingang in die Politik findet. So wird es für Feministinnen möglich, sich in diesen Gruppen einzubringen, sie als ihre politische Heimat zu betrachten.

Erster Teil
Über die Anfänge der Frauenbewegungen, ihre Herkunftsorganisationen, Ziele und Theorien – Ein Lesebuch

Was hat Frauen dazu bewegt, sich für Frauenangelegenheiten einzusetzen? Vor welchem politischen und gesellschaftlichen Hintergrund meldeten sich diese Frauen zu Wort und was waren ihre ersten Anliegen? Welche Ziele hatten sie, welche Visionen einer anderen Gesellschaft? Wie haben sie ihre Anliegen begründet und wie reagierte ihr gesellschaftliches Umfeld darauf? Hatten sie eine Theorie der Frauenunterdrückung? Das sind die Fragen, die ich im ersten Teil beantworten möchte. Dabei geht es mir darum, zu prüfen, ob es Gemeinsamkeiten gibt, die auch heute relevant sein können. Ich beschränke mich dabei auf die jeweiligen Anfangsphasen, weil sich erfahrungsgemäß vieles von dem, was zu Beginn einer Bewegung eine wichtige Rolle spielte, im Laufe der Zeit abschleift. Indem sich Ziele an politischen Realisierungsmöglichkeiten orientieren, können sie sich stark verändern. Mir ist wichtig dem nachzugehen, was Auslöser für einen starken Wunsch zur Veränderung gesellschaftlicher Verhältnisse war.

1 Die Frauenrechtlerinnen des 18. und 19. Jahrhunderts fremdeln in ihrer politischen Heimat

Zunächst möchte ich ein paar Schlaglichter auf Frankreich und die USA richten, weil diese die deutschen Frauenbewegungen mit geprägt haben, denen mein Hauptanliegen gilt.

1.1 Déclaration des droits de la femme et de la citoyenne (Die Erklärung der Rechte der Frau und Bürgerin)

Soviel wir bisher wissen, hat es nie zuvor in der Geschichte eine kühnere, herausfordernde Infragestellung und Provokation patriarchaler Macht gegeben, als die »Erklärung der Rechte der Frau und Bürgerin«, die Marie Aubry unter ihrem Pseudonym Olympe de Gouges 1791 formulierte, schrieb Hannelore Schröder 1979 in ihrem Kommentar zu eben dieser Erklärung (S. 51). Dieses Dokument war ein Angriff auf die Männer, die die Französische Revolution geistig vorbereiteten, und auf deren Interpretation des Naturrechts. Danach war im Naturzustand jeder »Mensch« frei geboren und von Natur aus mit menschlichen und bürgerlichen Rechten ausgestattet. Diese bezogen sich jedoch ausschließlich auf Männer. Die »Natur« der Frau dagegen prädestiniere diese zur Unterwerfung unter den Mann in der Ehe; dementsprechend waren die Eherechte Rechte des Mannes, mit denen die Rechtlosigkeit für Frauen festgeschrieben wurde.

Die von Olympe de Gouges verfassten Rechte gehen jedoch weit über das Eherecht hinaus. Sie spricht der französischen Verfassung jede Gültigkeit ab, da die Mehrheit der Individuen, die das Volk darstellen, an deren Zustandekommen nicht mitgewirkt hat. Frauen sollen an allen Rechten und Pflichten teilhaben, aber keine Sonderrechte erhalten, fordert sie, denn: »Die Frau ist frei geboren und bleibt dem Manne gleich in allen Rechten.« (Schröder 1979, S. 36 ff.)

Wie die Sozialphilosophen, die die Befreiung des bürgerlichen Mannes aus einem Naturrecht herleiteten, berief sich auch Olympe de Gouges auf ein Naturrecht, jedoch eines, das für Männer und Frauen gleichermaßen gilt. Klar erkannte sie, dass Frauen an der Ausübung ihrer natürlichen Rechte »nur durch die fortdauernde Tyrannei, die der Mann ihr entgegensetzt, gehindert« werden (ebd., S. 37). Daher müssen die bestehenden Schranken durch Gesetze der Natur und Vernunft revidiert werden. Als Mütter, Töchter, Schwestern, Vertreterinnen der Nation, verlangen Frauen in der Präambel der Erklärung die Aufnahme in das Gesetzgebende Organ, die Nationalversammlung. Olympe de Gouges appellierte an Frauen: Erkennt eure Rechte! Heftig kritisierte sie die Ehe, in der Frauen rechtlos sind und Möglichkeiten, außerhalb des Hauses Erwerb zu finden, erschwert waren. Sie entwarf einen Gesellschaftsvertrag zwischen Männern und Frauen, in dem es vorrangig um das zu halbierende Eigentum ging (ebd., S. 40 ff).

Olympe de Gouges verfasste zahlreiche Flugschriften, Aufrufe, Proteste, Vorschläge zu aktuellen Ereignissen, mit denen sie sich unter anderem an die Nationalversammlung wandte. Sie schrieb Theaterstücke, darunter eines, »L'Esclavage des Noirs«, in dem sie die Sklaverei in den französischen Kolonien anprangerte. Sie war Rednerin und Organisatorin des Frauenclubs »Société populaire des femmes« in Paris und spendete Geld für das Volkswohl (ebd., S. 31). Heute würde sie als Aktivistin und Impulsgeberin bezeichnet werden.

Ihr Schicksal war eine doppelte Auslöschung: Als leidenschaftliche Kritikerin der Blutherrschaft Robespierres wurde sie 1793 hingerichtet, ihre Deklaration der Rechte der Frau und Bürgerin – so Hannelore Schröder – »mit allen Mitteln totgeschwiegen« (ebd., S. 32). Zwar haben Frauen der Frauenbewegung im 19. Jahrhundert die Erinnerung an sie wach gehalten, aber erst Feministinnen des 20. Jahrhunderts mussten die Streiterin für Frauenrechte in den 1970er Jahren wiederentdecken, denn in Deutschland gab es Ende der 1970er Jahre kein einziges Exemplar in Bibliotheken und keine deutsche Übersetzung.

Zusammenfassung und Fazit

Olympe de Gouges übernahm von ihren Gegnern deren Naturrechtsphilosophie, wandte sie jedoch konsequent auch auf Frauen an und kritisierte die »Tyrannei« der Männer, die dies verhinderten. In der Ehe erkannte sie die Institution, durch die Frauen maßgeblich unterdrückt wurden und entwickelte ein eheliches Gleichheitskonzept. In der Französischen Revolution konnte sie keine politische Heimat finden, weil deren Anführer und Denker Frauen in eine untergeordnete Position verwiesen hatten.

- Das Aufbegehren von Frauen unter Führung von Olympe de Gouges entwickelte sich aus einer revolutionären Bewegung, die Frauen als Zielgruppe ihrer Forderungen ausdrücklich ausschloss, sowohl bzgl. der geforderten Rechte als auch bei der Beteiligung an der Formulierung bürgerlicher Rechte.
- Den rebellierenden Frauen ging es nicht nur um gleiche staatsbürgerliche Rechte und um Beteiligung, sie kritisierten die Institution und die Struktur der Familie, innerhalb derer die Versorgung von Männern und Kindern, sowie die Pflege von Angehörigen organisiert war. Ihre Kritik galt ebenfalls der Ehe, in der Frauen rechtlos gehalten wurden und sich in völliger Abhängigkeit vom Ehemann befanden, was vor allem für bürgerliche Frauen gravierend war.
- Die Theorie, mit denen ihre Forderungen begründet wurden, war die gleiche, derer sich die Revolutionäre bedienten: die Naturrechtsphilosophie. Diese wurde von den protestierenden Frauen jedoch anders interpretiert. »Von Natur aus« sollten die Frauen denselben, jedoch keinen Sonderstatus genießen.
- Die geistigen Führer gingen dagegen von einer natürlichen, für die Geschlechter zweigeteilten Welt aus.
- Mit ihrer umfassenderen Auslegung hatte Olympe de Gouges das weiter gehende Konzept einer anderen Gesellschaft.
- Wegen ihrer massiven Kritik an den Führern der Revolution wurden sie und ihre Anhängerinnen bekämpft.

1.2 Declaration of Sentiments (Meinungserklärung)

Über ein drei Viertel Jahrhundert später, 1848, verfassten Frauen in den Vereinigten Staaten ebenfalls eine Deklaration, die verblüffend der von Olympe de Gouges gleicht. Was für Olympe de Gouges die Französische Revolution, war für die US-Amerikanerinnen die Bewegung für Sklavenbefreiung, the abolitionist movement. Dieser Kampf stellte den Ausgangspunkt dar, von dem aus sie ihre Gedanken entwickelten, die über die Forderungen hinausgingen, für die sie sich zunächst engagiert hatten.

Die Amerikanerinnen durften zwar in der Bewegung mitarbeiten, einige durften beim Treffen führender Sklaverei-Gegner 1833 in Philadelphia auch aus der Versammlung heraus reden, aber der dann gegründeten Organisation American Anti-Slavery Society beizutreten und deren Erklärung zu unterzeichnen, wurde ihnen nicht erlaubt (Flexner 1971, S. 42). Derart aus ihrer politischen Heimat verstoßen, machten sich Frauen selbständig und bildeten die Philadelphia Female Anti-Slavery Society. Sie baten einen befreiten Schwarzen Mann, die Leitung ihrer ersten Sitzung zu übernehmen. Innerhalb weniger Jahre gründeten sich ähnliche

Organisationen, sodass zur 1. National Female Anti-Slavery Society Convention 1837 in New York 81 Delegierte aus 12 Staaten anreisten. Bei ihrem Treffen waren die Frauen Angriffen des Mobs ausgesetzt. Freie Schwarze Frauen aus dem Norden und Westen trafen sich zu ähnlichen Zielen; ihnen ging es in den 1830er Jahren zudem um Bildung für ihre Kinder (ebd., S. 42f).

Durch ihre Erfahrungen bei ihren Conventions und ihre Arbeit im Underground Railroad, einer Hilfsorganisation für entlaufene Sklaven, nahmen Mut und Tatkraft der Abolitionistinnen zu und sie traten aktiv für weitergehende Ziele ein, für Frauenrechte. Besonders die Schwestern Sarah und Angelina Grimké waren brillante Rednerinnen, die gleiche Rechte für Frauen einforderten. Sarah Grimké: »I ask no favors for my sex (…) All I ask of our brethren is that they take their feet from off our necks, and permit us to stand upright on the ground which God has designed us to occupy« und »To me it is perfectly clear that whatever it is morally right for a man to do, it is morally right for a woman to do.« (ebd., S. 47) Mit solchen Worten riefen die Frauen scharfe Gegner auf den Plan, die ihnen unweibliches und unchristliches Benehmen vorwarfen. Um weniger Angriffsfläche zu bieten, forderten Freunde sie daher auf, sich auf die Sklavenbefreiung zu beschränken und das Thema Frauenrechte fallen zu lassen. Dem kamen sie jedoch nicht nach. Angelina Grimké: »What then can woman do for the slave, when she herself is under the feet of man and shamed into silence?« (ebd., S. 48)

Beim Sammeln von Unterschriften unter Petitionen wurde den Abolitionistinnen auch das Elend der Arbeiterinnen deutlich. Deren Löhne betrugen ein Viertel dessen, was Männer verdienten (ebd., S. 52f). Sie machten auf diese Ungerechtigkeit aufmerksam und thematisierten die Situation von Fabrikarbeiterinnen. Diese gründeten Female Labor Reform Associations und streikten in Rhode Island 1824 gegen Lohnkürzungen und längere Arbeitszeiten (ebd., S. 55f); dies ist der erste bekannte Streik in den USA. Die Streikenden erreichten, dass Arbeitsbedingungen und Arbeitszeiten untersucht und ein 10-Stunden Tag empfohlen wurde (ebd., S. 59f). Darüberhinaus befassten sich die Frauenrechtlerinnen mit denselben Themen wie im Jahrhundert zuvor Olympe de Gouges: mit Rechtlosigkeit von Frauen in der Ehe und nach der Scheidung bzgl. der Verfügbarkeit über das von Frauen verdiente Geld und mit dem Erziehungsrecht für ihre Kinder, das automatisch dem Mann zukam (ebd., S. 63).

Nach einem Ausschluss weiblicher amerikanischer Delegierter 1840 in London bei der World Anti-Slavery Convention (Schröder 1979, S. 91), beschlossen die Ausgewiesenen ein Frauentreffen, eine Women's Rights Convention. Dafür brauchten die Organisatorinnen eine Erklärung ihrer Ansichten. Daher entwarfen sie einen Text, die »Declaration of Sentiments«, der sich zunächst an der Unabhängigkeitserklärung orientiert: »We hold these truths to be self-evident: that all men *and women* are created equal; that they are endowed by their Creator with certain unalienable rights: that among these are life, liberty and the pursuit of happiness.« (Schröder 1979, S. 75, Herv. von mir) Dann jedoch beschrieben die Verfasserinnen die Geschichte der Menschheit als eine von wiederholten Ungerechtigkeiten und Übergriffen seitens des Mannes gegenüber der Frau mit dem Ziel der Errichtung einer absoluten Tyrannei über sie (Schröder 1979, S. 93).

Dieselben Worte hatte Olympe de Gouges verwendet und wie ihre geistige Ahnfrau kritisierten die Amerikanerinnen Gesetze, an deren Zustandekommen sie nicht beteiligt waren, die Ehe-, Scheidungs- und Eigentumsrechte und das fehlende unveräußerliche Recht auf politische Wahl (ebd., S. 93). Die Convention fand schließlich 1848 in Seneca Falls statt und gilt als die Geburtsstunde der Ersten Frauenrechtsbewegung.

Die Declaration of Sentiments sei »viel demokratischer, wirklich allumfassend gültig, viel radikaler und progressiver« als die »Männer-Deklaration«, urteilt Hannelore Schröder (ebd., S. 97), denn es seien Männer und Frauen, Schwarze und die Ureinwohner, die Indianer, gemeint, für die diese Rechte gelten sollten.

Danach gab es fast in jedem Jahr eine Convention. Berühmt wurde die im Jahre 1851 in Akron Ohio wegen der bewegenden Rede einer ehemaligen Sklavin, Sojourner Truth. Nicht alle Frauen wollten, dass sie spricht, doch die Vorsitzende erteilte ihr das Rederecht. Sie führte das Argument von der Schutzbedürftigkeit von Frauen ad absurdum und legte zugleich den darin enthaltenen Klassendünkel und Rassismus offen. Sie wandte sich an den Redner, der vor ihr das Wort ergriffen hatte. (Ich übernehme bei dem Zitat die Schreibweise aus The Black Woman, weil sie die afro-amerikanische Sprache wiedergibt und die Tatsache, dass das Zitat in dieser Form abgedruckt wurde, den Stolz widerspiegelt, der sich in der Schwarzen Bewegung inzwischen entwickelt hatte):

»Dat man ober dar say dat woman needs to be helped into carriges, and lifted ober ditches, and to have de best place every whar. Nobody ever helped me into carriages, or ober mud puddles, or gives me any best places, ... and arn't I a woman? Look at me! Look at my arm! I have plowed, and planted, and gathered into barns, and no man could head me – and arn't I a woman? I could work as much as a man (when I could get it), and bear de lash as well – and arn't I a woman? I have born five children and I seen 'em mos' all sold off into slavery, and when I cried out with a mothers grief, none but Jesus heard – and arn't I a woman?« (Beale 1970, S. 91f).[1]

---

1   Übersetzung auf Hochdeutsch von mir: »Dieser Mann dort drüben sagt, dass man Frauen in Kutschen helfen müsse und es nötig sei, sie über Gräben zu tragen und sie überall die besten Plätze haben sollten. Niemand hat mir je in Kutschen geholfen oder über schmutzige Pfützen oder hat mir einen der besten Plätze gegeben ... und bin ich etwa keine Frau? Schaut mich an! Schaut meinen Arm an! Ich habe gepflügt und gepflanzt und in Scheunen gesammelt und kein Mann konnte mich dabei überholen – und bin ich etwa keine Frau? Ich konnte so

Zusammenfassung und Fazit

Die Amerikanerinnen, die sich für die Sklavenbefreiung engagierten, fanden in dieser Bewegung keine Heimat, sie wurden zum Teil daraus vertrieben. So gründeten sie eigene Frauenorganisationen, was ihren Blick für die Benachteiligungen von Frauen allgemein öffnete, auch für die besondere Situation von Fabrikarbeiterinnen und Schwarzen Frauen. Ihre Gleichheitsforderungen, die sich weitgehend mit denen von Olympe de Gouges deckten, begründeten sie mit göttlichem Recht und prangerten wie die Französin die Tyrannei von Männern an, die ihnen diese Rechte verwehren wollten. Insbesondere das Wahlrecht wurde ihnen mit dem Argument vorenthalten, Frauen könnten sich dann gegen Männer, insbesondere Ehemänner, wenden, Frauen hätten aber eine andere Mission, nämlich im Heim und diese Aufgabe sei höher und heiliger. Über 50 Jahre lang (!) setzten sich solche Begründungen durch; erst 1919 erhielten US-Amerikanerinnen das Wahlrecht (Flexner 1971, S. 148).

- Wieder ging die Frauenbewegung aus einer anderen sozialen Bewegung hervor, innerhalb derer die Frauen ihre eigene Abhängigkeit in der Ehe und die fehlende Gleichheit, vor allem die Verweigerung des Wahlrechts erkannten.
- Wie in Frankreich bedienten sich diese Frauenrechtlerinnen derselben Argumentation wie sie gegen die Sklaverei verwendet wurde, indem sie sich auf göttliches Recht beriefen, das sie auf Frauen ausdehnten.
- Auch in den Vereinigten Staaten war ihr Ziel eine andere, eine wahrhaft demokratische Gesellschaft. Ihre Zielgruppe war damit größer als Schwarze, für deren Rechte sie in der Sklavenbefreiungsbewegung eingetreten waren.
- Ebenso war das Elend der Arbeiterinnen Ausgangspunkt für weitere Forderungen der Frauen. Es gründeten sich Organisationen, die sich speziell gegen die Ausbeutung von Arbeiterinnen richteten.
- Zwar hatten die Frauenrechtlerinnen die Mehrheit der Männer gegen sich, sie wurden jedoch auch von einigen unterstützt.
- Die Gegner sahen in der Geschlechterhierarchie, in der geteilten Welt Gottes Wille.

---

viel wie ein Mann arbeiten (wenn ich die Arbeit bekam) und genauso die Peitsche aushalten – und bin ich etwa keine Frau? Ich habe fünf Kinder geboren und zugesehen, wie die meisten von ihnen in die Sklaverei verkauft wurden und wenn ich aufgeschrien habe vor Schmerz und Leid einer Mutter hat mich niemand außer Jesus gehört – und bin ich etwa keine Frau?«

1.3 Dem Reich der Freiheit Bürgerinnen, dem Kampf gegen den Kapitalismus Genossinnen

Da die Argumentation der Nord-Amerikanerinnen im Wesentlichen von Engländerinnen und Engländern fortgeschrieben wurde (s. dazu Schröder 1979), übergehe ich dieses Kapitel und komme zu der Situation in Deutschland.

In Deutschland hat es keine den französischen oder US-amerikanischen Deklarationen entsprechende Erklärung gegeben, wohl aber eine Frauenbewegung, deren Entstehungsgeschichte Parallelen zu denen in Frankreich und den USA aufweist. Sie wird als »erste« deutsche Frauenbewegung bezeichnet. Diese ist mit dem Namen von Luise Otto-Peters verbunden und wurde in Abgrenzung zur proletarischen Frauenbewegung als bürgerlich bezeichnet. Clara Zetkin, die wichtigste Führungspersönlichkeit der proletarischen Frauenbewegung, hatte sie als »eine der hingebungsvollsten Bahnbrecherinnen und Organisatorinnen dieser [ich ergänze: bürgerlichen Frauen-] Bewegung in Deutschland« bezeichnet (Zetkin 1971, S. 151). Luise Otto-Peters hatte 1847 die Situationen, die Frauen motivieren, sich politisch zu engagieren, wie folgt charakterisiert: »Wenn die Zeiten gewaltsam laut werden ... so kann es niemals fehlen, dass auch die Frauen ihre Stimme vernehmen« (zit. nach Twellmann 1976, S. 2). Laut und bewegt waren die Zeiten in der Mitte des 19. Jahrhunderts in Deutschland. Frauen wie Männer begeisterten sich für die großen Ideen von Freiheit, Brüderlichkeit, Humanität, Gerechtigkeit für jeden Einzelnen und für die deutsche Nation und die ganze Menschheit. Wieder regten diese menschheitsbeglückenden Ziele Frauen dazu an, ihre eigene Lage und ihre Aufgabe in Familie, Gesellschaft und Staat zu überdenken und neu gestalten zu wollen.

Der Zusammenhang zwischen gesellschaftlichem Umbruch und politischem Engagement von Frauen gegen ihre eigene Unterdrückung erschien Luise Otto wie eine Art Kausalgesetz, das Margit Twellmann in ihrer Darstellung der Anfänge und ersten Entwicklung der deutschen Frauenbewegung so formuliert: »[J]ede Bewegung, jede Aktion in dem von Männern gestalteten öffentlichen Leben, löste ein Echo, eine Reaktion in der Frauenwelt aus, und umgekehrt erzeugten Vorgänge in der organisierten Frauenbewegung und Veränderungen im Frauenleben eine Stellungnahme (meist eine Abwehrstellung) in der Männerwelt« (Twellmann 1976, S. 2f.).

Daneben scheint es noch eine weitere »Gesetzmäßigkeit« zu geben: Diejenigen Frauen, die Wortführerinnen für die Rechte der Frauen waren, blickten sehr häufig über ihren eigenen Lebenszusammenhang hinaus. Wie den US-Amerikanerinnen die Einbindung Schwarzer Frauen in ihre Bewegung wichtig war und sie sich für Arbeiterinnen engagierten, so nahmen bürgerliche Frauen in Deutschland sich auf ihre Weise der Situation von Arbeiterinnen an. Luise Otto-Peters veröffentlichte beispielsweise 1848 in der Leipziger Arbeiter-Zeitung die an den sächsischen Innenminister, die von ihm berufene Arbeiterkommission und an alle Arbeiter gerichtete »Adresse eines Mädchens«. Dieses Schriftstück verfasste sie, weil sie es als ihre heiligste Pflicht ansah, der Sache derer, welche nicht den Mut haben, dieselbe zu vertreten, ihre Stimme zu leihen, »denn die Geschichte aller Zeiten hat es gelehrt, (…) daß diejenigen, welche selbst an ihre Rechte zu denken vergaßen, auch vergessen werden« (zit. nach Zetkin 1971, S. 23). Daher mahnte sie die Männer, wenn sie die Arbeit für Männer organisieren, dasselbe für Frauen zu tun, »weil die Frauen nur zu wenig Arten von Arbeiten zugelassen sind, die Konkurrenz in denselben die Löhne so heruntergedrückt hat, daß, wenn man das Ganze im Auge behält, das Los der Arbeiterinnen noch ein viel elenderes ist als das der Arbeiter« (zit. nach ebd., S. 23). Luise Otto-Peters' Forderungen betrafen nicht nur »Hilfen für die ärmeren Schwestern« (zit. nach ebd., S. 151) und das Recht von Frauen auf Arbeit (ebd., S. 74), sondern auch den politischen Bereich, denn für sie galt: »Die Teilnahme der Frauen an den Interessen des Staates ist nicht ein Recht, sondern eine Pflicht« (zit. nach Twellmann 1976, S. 4). So gründete Luise Otto-Peters die *Frauen-Zeitung* und gab ihr das Motto: »Dem Reich der Freiheit werb' ich Bürgerinnen!«

In den 1860er/70er Jahren wurden die in verschiedenen Vereinen und Verbänden organisierten Frauen aktiv, indem sie jeweils zu entsprechenden Vorgängen im Reichstag Petitionen zur rechtlichen Stellung der Frau einbrachten. Diese betrafen wie in Frankreich und den USA das Ehe- und Familienrecht, insbesondere das eheliche Güterrecht, die Umwandlung der väterlichen Gewalt gegenüber den Kindern in eine elterliche Gewalt und die Scheidung (Twellmann 1976, S. 194 ff). Auch in Deutschland stand die überwältigende Masse der Männerwelt dagegen. Sie führten natürliches wie göttliches Recht an, durch das Frauen ihrem Schutz unterworfen seien. Dieser Schutz bedeutete, wie im Code Civil, für den Beschützer Macht und Herrschaft, für die Beschützten Unterwerfung und Gehorsamspflicht (ebd., S. 200 f).

Die Unterschiede zwischen bürgerlicher und proletarischer Frauenbewegung sind oft betont und herausgearbeitet worden. Sie darzustellen ist nicht ganz einfach, denn bei den in Vereinen und Verbänden organisierten bürgerlichen Frauen herrschte zu einigen Forderungen keine Einigkeit und auch die deutsche Sozialdemokratie war in manchen Fragen zerstritten.

So trat Luise Otto-Peters für das Recht von Frauen auf Arbeit ein (Schröder 1979, S. 218 ff, S. 236), während Teile der Arbeiterbewegung, vor allem die rechts stehenden, nach ihrem Wortführer Ferdinand Lassalle genannten Lassalleaner, zeitweise ein solches Recht mehrheitlich ablehnten (Thönnessen 1969, S. 13 f, 28, Zetkin 1971, S. 77, 146, 102 ff). Erst 1866 auf dem Londoner Kongress der Internationalen Arbeiterassoziation änderte sich die Einstellung und es ging nicht mehr um ein Verbot der industriellen Frauenarbeit sondern um den Schutz der Arbeiterinnen (Zetkin 1971, S. 105, Thönnessen 1969, S. 25).

Persönlich setzte sich Luise Otto-Peters auch 1869 noch für das Frauenwahlrecht ein, als Teile der bürgerlichen Frauen ängstlicher geworden waren, die Forderung in den 1870er Jahren niedriger hängten: Es sollten keine Rechte für Frauen gefordert werden, solange diese noch nicht reif seien zur Erfüllung der damit verbundenen Pflichten (Twellmann 1976, S. 206 f). Auch in der Sozialdemokratie waren die Meinungen dazu nicht einheitlich. Das Frauenwahlrecht wurde erst 1891 im Erfurter Programm beschlossen, zusammen mit der »Abschaffung aller Gesetze, welche die Frauen in öffentlich- und privatrechtlicher Beziehung gegenüber den Männern benachtheiligen« (zit. nach Thönnessen 1969, S. 50).

Die sozialistischen Frauen erhoben 1865 erstmals die Forderung nach gleichem Lohn für gleiche Arbeit und 1877 die nach einem besonderen Arbeitsschutz für Frauen (Thönnessen 1969, S. 35 f, 42 ff, 58, Zetkin 1971, S. 83). Demgegenüber setzten die bürgerlichen Frauen wie der 1869 gegründete erste Deutsche Arbeiterinnenverein stärker auf Bildung für Arbeiterinnen, ein 1889 formuliertes Ziel. Diesen Bemühungen zollte Clara Zetkin, deren Name geradezu für die proletarische Frauenbewegung steht, durchaus Respekt: »Unbestritten, daß die bürgerliche Frauenbewegung in der Frühzeit ihrer Entwicklung den Boden gelockert hat, auf dem auch die proletarische Frauenbewegung säte.« (Zetkin 1971, S. 58, s. auch S. 55 f). Denn sie habe die Bedeutung der Berufsarbeit für die Gleichberechtigung der Frau betont und politische Rechte gefordert, indem sie »altersgraue Vorurteile von der Minderwertigkeit des Weibes« bekämpfte (Zetkin 1971, S. 57 f, s. auch Thönnessen 1969, S. 41).

Einen Einschnitt stellte der SPD-Parteitag 1896 in Gotha dar, dort wurde durch eine Rede von Clara Zetkin die Position der SPD zu bürgerlichen Frauenorganisationen etabliert. Richard Evans bezeichnete diese als »Doktrin der Nicht-Kooperation« (1979, S. 117). Zetkin hatte die bürgerliche Frauenbewegung als blass, verschwommen, schwächlich, betont bürgerlich und beschränkt feministisch kritisiert (Zetkin 1971, S. 31, 27). Deren Eintreten für die »Verfügung über ihre in die Ehe eingebrachten Vermögen (...) richtete sich keineswegs auf die Beseitigung aller auf dem Vermögensbesitz beruhenden sozialen Unterschiede, sondern gegen die ausschließlich männliche Verfügungsgewalt über das Vermögen« (Thönnessen 1969, S. 58). Zetkin sprach sich für die Rekrutierung weiblicher Mitglieder für die proletarische Frauenbewegung aus, da dadurch die Solidarität und Zusammengehörigkeit innerhalb der sozialdemokratischen Partei gestärkt würde. Sie betonte jedoch gleichzeitig, es dürfe »unmöglich die Aufgabe der sozialistischen Frauenagitation sein, die proletarische Frau ihren Pflichten als Mutter und Gattin zu entfremden: im Gegenteil, sie muß darauf wirken, daß sie diese Aufgabe besser erfüllt als bisher, und das im Interesse der Befreiung des Proletariats« (Zetkin zit. nach Evans 1979, S. 114). Mit solchen Worten bekannte sich Zetkin zu bürgerlichen Familienwertvorstellungen, offenbar wollte sie aber auch Genossen beruhigen, die fürchteten, parteipolitisch eingebundene Frauen könnten ihre familiären Aufgaben vernachlässigen.

Obwohl es Berührungspunkte zwischen ihren Zielen und denen der bürgerlichen Frauenrechtsbewegung gab, bestand die SPD weitgehend auf Unversöhnlichkeit der Klasseninteressen. Richard Evans führt eine Reihe von Situationen an, in denen es zu Versuchen bürgerlicher Frauen gekommen war, zwischen der proletarischen und der bürgerlichen Frauenbewegung zu vermitteln (1979, S. 107 f, 123, 126). Die Initiative ging vor allem vom radikalen Flügel der bürgerlichen Frauenbewegung aus, der sich von dem gemäßigten Ende des 19. Jahrhunderts getrennt hatte. Solche Annäherungsversuche scheiterten sämtlich an der SPD und/oder an Clara Zetkin. Luise Otto-Peters bedauerte daher, dass die Sache der Frauen und ihrer Stellung eine Parteiangelegenheit geworden sei: »[E]s gab kein vereintes weibliches Wirken, das nicht im Dienst einer Partei geschehen wäre.« (Zetkin 1971, S. 21) Dieser Einschätzung muss man zustimmen. Zetkin sah tatsächlich die Gefahr, proletarische Frauen könnten den Verlockungen der radikalen Frauenrechtlerinnen erliegen, könnten »mit der Frauenrechtelei zusammenschwenken« (Zetkin zitiert nach Evans 1979, S. 107). Solange die Radikalen nicht auf die »Jagdgründe der SPD« übergriffen, wurden sie von Zetkin unterstützt, meint Evans (1979, S. 111). Werner Thönnessen wird in seiner Analyse der deutschen Sozialdemokratie zur Frauenbewegung noch deutlicher. Er spricht von einer Kampagne, die von sozialistischen Frauen gegen die bürgerliche Frauenbewegung geführt wurde (1969, S. 30).

Um die Jahrhundertwende erscheinen mir die inhaltlichen Unterschiede bei Forderungen bürgerlicher Frauen einerseits und denen sozialistischer Frauen bzw. der Sozialdemokratie andererseits nicht so gravierend, als dass sie zu einer derart rigiden Abgrenzung Anlass gegeben oder gar eine Kampagne der einen gegen die anderen gerechtfertigt hätten. Aus meiner Sicht gibt es jedoch eine gewichtige Differenz. Sie betrifft das Verhältnis zu Männern. Die bürgerlichen deutschen Frauen des 19. Jahrhunderts haben wie die US-Amerikanerinnen und wie die Französinnen der Revolution im 18. Jahrhundert die Ungleichheit zwischen den Geschlechtern an Gesetzen und der Institution der Ehe festgemacht und einen Interessengegensatz zwischen Frauen und Männern erkannt und diesen bei ihren Arbeiten an politischen Programmen auch erlebt. Demgegenüber haben sozialistische Frauen das Klassenbewusstsein der Arbeiterklasse und ihren Kampf gegen den Kapitalismus an die erste Stelle gerückt und unermüdlich betont, dass sie in diesem Kampf an der Seite »ihrer« Männer stünden und das, obwohl diese keineswegs durchgängig die Forderungen ihrer Genossinnen teilten und Frauen innerhalb der Partei zurückgesetzt und lächerlich gemacht wurden (Thönnessen 1969, S. 73 f, 57, Zetkin 1971, S. 143 f).

Die Position der sozialistischen Frauen zu Männern wird in dem erwähnten Referat von Clara Zetkin deutlich, das diese 1896 auf dem Gothaer Parteitag hielt. Sie differenzierte Frauenfragen je nach Klassenlage (Hochbourgeoise, Mittel-und Kleinbürgertum und Proletariat) Gedanken, die sie bereits 1889 in einer Broschüre formuliert hatte (Thönnessen 1969, S. 46 f). Dabei hebt sie als wichtigstes Unterscheidungsmerkmal hervor, »daß die bürgerliche Frauenbewegung einen Kampf gegen die Männer der eigenen Klasse führe, während die Proletarierinnen im Verein mit den Männern ihrer eigenen Klasse für die Abschüttelung der Kapitalherrschaft kämpften« (ebd., S. 57). Man/frau hat den Eindruck, Zetkin benutze das Schreckensbild der Männerfeindlichkeit bürgerlicher Frauen, um ihre Genossen zu beruhigen, um nicht zu sagen, sich bei diesen anzubiedern, indem sie betont, dass Sozialistinnen niemals gegen ihre Genossen kämpfen würden.

Die Frauen des radikalen Flügels der bürgerlichen Frauenbewegung waren wohl auch deshalb so gefährlich und tendenziell verlockend für Proletarierinnen, weil sie noch andere Themen aufgriffen als letztere. Da ging es um gleiche Rechte für unverheiratete Mütter, die freie Verteilung empfängnisverhütender Mittel und die Legalisierung des Schwangerschaftsabbruchs durch Abschaffung des § 218 StGB. Eine der wichtigsten Vertreterinnen solcher Forderungen war Helene Stöcker (Evans 1979, S. 119). Während diese in ihrer Position sehr klar war, schwankte die SPD in ihrer Einstellung zu diesen Fragen (ebd., S. 248, 250, 256, 268). Anders da August Bebel, der mit seinem 1879 erschienenen »Bestseller« »Die Frau und der Sozialismus« deutlich Position bezog. Insbesondere sprach er von der großen Bedeutung des Geschlechtstriebs für die Menschen, ohne dabei nach Männern und Frauen zu differenzieren, und forderte, »daß der Mensch in normaler Weise Triebe soll befriedigen können, die mit seinem innersten Sein aufs innigste verknüpft, ja das Sein selbst sind« (Bebel 1964, S. 129). Auch geht er davon aus, dass nur bei einer kleinen Minderzahl von Frauen ein Widerwille gegen den Geschlechtsakt bestehe (ebd., S. 128). Dieses Thema und die daraus sich ergebenden Folgerungen seien, so Evans, kaum öffentlich, schon gar nicht in der politischen Arena diskutiert worden und die sozialdemokratische Frauenbewegung habe dazu nie politisch Stellung bezogen (Evans 1979, S. 257). Evans führt dies auf die von der wilhelminischen Gesellschaft geschaffenen Bedingungen zurück, z. B. auf die 1878 von Bismarck erlassenen Sozialistengesetze, mit denen alle sozialistischen und sozialdemokratischen Parteien rigoros verfolgt wurden, weil in ihnen eine Bedrohung der bestehenden Gesellschaftsordnung gesehen wurde. Da die Sozialdemokratie politischen Einfluss gewinnen wollte, konnte es ihr nicht gleichgültig sein, wenn politisch rechts Stehende ihr gegenüber den Vorwurf erhoben, sie unterminiere die hergebrachte Sexualmoral und untergrabe die Familie (ebd., S. 235). Ich neige demgegenüber noch zu einer weiteren Erklärung. Es ist auffällig und erklärungsbedürftig, dass Bebel sich sehr männerkritisch äußern konnte (dazu im nächsten Abschnitt mehr), während Zetkin sich nicht dem Vorwurf feministischer Tendenzen aussetzen wollte (ebd., S. 243). Diesen Unterschied führe ich darauf zurück, dass Männer und Frauen verschieden beurteilt werden, wenn sie das gleiche sagen. Etwa 100 Jahre später habe ich einmal formuliert: »Wenn sich ein Mann für Frauenförderung ausspricht, steckt er sich damit eine Feder an den Hut. Tut es eine Frau, bindet sie sich einen Klotz ans Bein.« In abgeschwächter Form traf dies meines Erachtens auch auf Bebel und Zetkin zu. Was die radikalen bürgerlichen Frauen angeht, die die herrschende Sexualmoral kritisierten, so waren diese in keine Organisation eingebunden und konnten sich möglicherweise deshalb andere Positionen leisten, vom persönlichen Mut ganz abgesehen.

Einen weiteren Unterschied zwischen Sozialistinnen und den früheren bürgerlichen Frauenbewegungen sehe ich darin, dass erstere eine Theorie zur Verfügung hatten, die angetreten war, gesellschaftliche Zusammenhänge fundiert und wissenschaftlich zu erklären, während letztere aus einer moralischen Empörung über die religiös oder philosophisch begründete Ungleichheit von Frauen heraus handelten. Schröder verweist darauf, dass Luise Otto-Peters über keinerlei Kenntnisse der Nationalökonomie, der Rechtsphilosophien und anderer Gesellschaftstheorien verfügte und auch nicht das Privileg hatte, als Privatgelehrte jahrzehntelange Forschungsarbeit leisten zu können (1979, S. 236). Daher stellt sich die Frage, was die marxistische Theorie zur Erklärung der Unterdrückung von Frauen zu leisten in der Lage war und ob sie für sozialistische Frauen eine politische Heimat bieten konnte.

Zusammenfassung und Fazit

- Das, was ich in Bezug auf die französische und die US-amerikanische Frauenbewegung des 18. und 19. Jahrhunderts gesagt habe, ihr Entstehen aus einer anderen sozialen, politischen, revolutionären Bewegung heraus, trifft auch auf die deutschen Verhältnisse ab Mitte des 19. Jahrhunderts zu und wurde von Luise Otto sogar als Gesetzmäßigkeit beschrieben.
- Die Ursachen für ihr Engagement ähneln denen der früheren Bewegungen: fehlende gleiche Rechte, Unterdrückung durch das Ehe- und Scheidungsrecht, Elend der Arbeiterinnen.
- Dazu kamen weitere Forderungen, die Sexualität und Fortpflanzung betrafen, für die vor allem die radikalen bürgerlichen Frauen eintraten. Die Sozialdemokratie kam erst im Laufe der Jahre zu Positionen, die sich denen der bürgerlichen Frauen annäherten.

- Mit Forderungen nach einem Recht auf Arbeit, Bildung, einem anderen Eherecht, und dem Wahlrecht setzten bürgerliche und proletarische/sozialistische Frauenbewegung unterschiedliche Akzente, kamen sich dabei im Laufe der Jahre näher, eine wirkliche Annäherung oder gar Solidarisierung fand jedoch nicht statt.
- Im Gegenteil: Die sozialistischen Frauen betonten die Unvereinbarkeit ihrer Positionen mit denen der bürgerlichen Frauen. Ein Hauptunterschied bestand im Verhältnis zu den Männern ihrer Organisation. Gemeinsam mit ihnen wollten sie den größeren Kampf, den gegen den Kapitalismus, aufnehmen.
- Diese Haltung stellt eine Art Unterwerfungsgeste gegenüber den Genossen dar, mit der sich die Sozialistinnen von den bürgerlichen Frauenrechtlerinnen abgrenzten. Sie warfen Letzteren unter anderem »Männerfeindlichkeit« vor, worunter sie verstanden, dass bürgerliche Frauen sich gegen die Männer ihrer Klasse auflehnen.
- Aus dieser Beurteilung spricht die kritiklose Übernahme des bürgerlichen Eheverständnisses, wonach Mann und Frau in der Ehe eine Einheit darstellen sollten.
- Die Frauen des radikalen Flügels der bürgerlichen Frauenbewegung fanden trotz Annäherungsversuchen an die Sozialdemokratinnen bei diesen keine politische Heimat, konnten aber dafür vielleicht in ihren Forderungen weiter gehen, weil sie keine Rücksichten auf männliche Kollegen glaubten nehmen zu müssen.
- Den Sozialistinnen lag die gemeinsame Heimat mit den Genossen mehr am Herzen, wobei sie vorsichtiger agieren mussten, um sich nicht dem Vorwurf auszusetzen, als »feministisch« angesehen zu werden.
- Trotz zeitweise heftiger Opposition sozialdemokratischer Männer waren Sozialdemokratinnen auf längere Sicht um politische Einigkeit mit ihren Genossen bemüht.
- Allerdings spielte in der Sozialdemokratie die Arbeits- und Lebenssituation von Frauen soweit sie nicht in einem Lohnarbeitsverhältnis bestand, keine oder höchstens eine marginale Rolle. Diese nicht aus Lohnarbeit bestehende Arbeit und Lebensform bezeichne ich als die andere Hälfte der Welt. Innerhalb der Sozialdemokratie lag sie im Schatten.

1.3.1 Die Ansätze marxistischer Theorie zu Produktion und Reproduktion

In seinem Aufsatz »Die Entwicklung des Sozialismus von der Utopie zur Wissenschaft« erhebt Engels den Anspruch, mit dem wissenschaftlichen Sozialismus sowohl eine Methode, die historisch-materialistische Dialektik, als auch inhaltliche, analytische Kategorien zu liefern, mit deren Hilfe ein handlungsleitendes Verständnis gesellschaftlicher Zusammenhänge entwickelt werden kann (1974, S. 209). Letztere möchte ich, soweit sie für die Analyse der Situation von Frauen relevant sind, skizzieren. Dazu schrieb Engels im Vorwort zum »Ursprung der Familie, des Privateigentums und des Staates«, einer Schrift, die 1884 erschienen ist, also fast vierzig Jahre nach den ersten Anfängen der Frauenbewegungen in Deutschland: »Nach der materialistischen Auffassung ist das in letzter Instanz bestimmende Moment in der Geschichte die Produktion und Reproduktion des unmittelbaren Lebens. Diese ist aber selbst *doppelter* Art. Einerseits die Erzeugung von Lebensmitteln, von Gegenständen der Nahrung, Kleidung, Wohnung und den dazu erforderlichen Werkzeugen; andrerseits die Erzeugung von Menschen selbst, die Fortpflanzung der Gattung. Die gesellschaftlichen Einrichtungen, unter denen die Menschen einer bestimmten Geschichtsepoche und eines bestimmten Landes leben, werden bedingt durch *beide* Arten der Produktion: durch die Entwicklungsstufe einerseits der Arbeit, andrerseits der Familie« (1973a, S. 27 f, Herv. von mir). Familie wird hier verstanden als die Organisationsform, die eine Gesellschaft sich gibt und mit deren Hilfe die Reproduktion, insbesondere die Fortpflanzung und damit auch die Bevölkerungsentwicklung gelenkt werden. Um daher zu verstehen, wie eine Gesellschaft funktioniert, ist zu untersuchen, was und wie produziert wird, insbesondere wie und wo die notwendigen Mittel zum Leben hergestellt werden und wie die Fortpflanzung geregelt ist.

Hierzu Marx und Engels in der Deutschen Ideologie (1845–46): »Die Weise, in der die Menschen ihre Lebensmittel produzieren, hängt zunächst von der Beschaffenheit der vorgefundenen und zu reproduzierenden Lebensmittel ab« (1973, S. 21), also zunächst von den vorgefundenen Naturbedingungen, den geologischen und klimatischen Verhältnissen, der Flora und Fauna etc. (MEW 3, 21). Diese Abhängigkeit ist in einem frühen Entwicklungsstadium der jeweiligen Menschengruppen besonders groß. Indem die Menschen anfangen, Lebensmittel zu produzieren, beginnen sie sich von Tieren zu unterscheiden. Ihre »Weise der Produktion (…) ist (…) schon eine bestimmte Art der Tätigkeit dieser Individuen, eine bestimmte Art, ihr Leben zu äußern, eine bestimmte *Lebensweise* derselben. Wie die Individuen ihr Leben äußern, so sind sie. Was sie sind, fällt also zusammen mit ihrer Produktion, sowohl damit, *was* sie produzieren, als auch damit, *wie* sie produzieren. (…) Diese Produktion tritt erst ein mit der *Vermehrung der Bevölkerung*. Sie setzt selbst wieder einen *Verkehr* der Individuen untereinander voraus. Die Form dieses Verkehrs ist wieder durch die Produktion bedingt« (Marx und Engels 1973, S. 21, Herv. im Original).

Die letzten Sätze möchte ich zur Verdeutlichung abändern und ersetzen durch: Was und wie viel die Menschen an Lebensmitteln produzieren, steht in

Beziehung zu ihrer Vermehrung. Beides wird durch einen Verkehr der Individuen geregelt, einschließlich des Geschlechtsverkehrs. Dieser ist durch die Produktion mitbestimmt. Anders ausgedrückt: Produktion und Reproduktion sind nicht unabhängig voneinander, sondern bedingen sich gegenseitig. »Die Produktion des Lebens, sowohl des eigenen in der Arbeit wie des fremden in der Zeugung, erscheint nun schon sogleich als ein doppeltes Verhältnis – einerseits als natürliches, andrerseits als gesellschaftliches Verhältnis, gesellschaftlich in dem Sinne, als hierunter das Zusammenwirken mehrerer Individuen, gleichviel unter welchen Bedingungen, auf welche Weise und zu welchem Zweck, verstanden wird« (ebd., S. 29 f).

Den natürlichen Anteil an den Produktions- und Reproduktionsverhältnissen halte ich für äußerst gering. Denn je nachdem, wie viele Lebensmittel eine Gesellschaft zu produzieren in der Lage ist oder zu produzieren beabsichtigt, muss sie ihr Bevölkerungswachstum regeln. Solche Regelungen beinhalten Eingriffe. Beispiele hierfür liefert Engels im Ursprung der Familie: Inzesttabus, von ihm als Blutschande bezeichnet, Eheverbote, Vielweiberei, Knabenliebe in Griechenland, Todesstrafe für »unnatürliche Wollust« bei Kelten und Germanen (1973a, S. 42 ff, 52, 64, 66, S. 78, 138 f), Tötung weiblicher Kinder unmittelbar nach der Geburt und Vielmännerei (1973b, S. 477). Allerdings bewertet Engels diese Phänomene entgegen seinem Anspruch moralisch, etwa wenn er die »in die Widerwärtigkeit der Knabenliebe« versunkenen griechischen Männer der Antike beschreibt (Engels 1973a, 67, s. auch 78) oder Vielweiberei und Vielmännerei als geschichtliche Luxusproduktion bezeichnet (ebd., S. 64).

Von solchen Bewertungen sich frei machend, lässt sich, gerade mit Hilfe des von Marx und Engels selbst angebotenen Blickwinkels und der Kategorien von Produktion und Reproduktion, der zugrunde liegende gesellschaftliche Zweck erkennen. Die Institutionalisierung männlicher Homosexualität enthält im Kern eine bevölkerungspolitische Intention, nämlich das Bevölkerungswachstum zu verlangsamen. Tatsächlich hatte Aristoteles für die Gesellschaft seiner Zeit ein Problem der Überbevölkerung gesehen, das antike Griechenland war nicht in der Lage, eine sich stark vermehrende Bevölkerung mit allen nötigen Lebensmitteln zu versorgen. Da Frauen einen niedrigeren Status als Männer hatten, ihnen als Lebensform hauptsächlich die Ehe (oder das Hetärentum) möglich waren, genügte es, die Sexualität von Männern zu beeinflussen, um das Bevölkerungswachstum zu bremsen. Durch die Institutionalisierung von Beziehungen zwischen erwachsenen, reifen Männern und Jünglingen, die auch eine sexuelle Dimension hatten, waren beide davon abgehalten Kinder zu zeugen. Umgekehrt verfolgte die Todesstrafe, die bei den »Deutschen« (Engels), genauer den Germanen und Kelten zur Zeit Cäsars, auf »unnatürliche Wollust« stand, den gegenteiligen Zweck. Sexuelle Praktiken, die nicht potenziell auf Zeugung und Empfängnis ausgerichtet waren, wurden dadurch eingeschränkt. Und tatsächlich verweist Engels auf den römischen Geschichtsschreiber Tacitus, der berichtet, dass die Germanen ein sehr zahlreiches Volk gewesen seien, das sich mit steigender Geschwindigkeit vermehrt habe (ebd., S. 141f) und in fortwährende Kriege und Raubzüge verwickelt war (ebd., S. 139).

Diese Fakten passen zueinander: Für eine Gesellschaft, der eine starke Vermehrung ihrer Bevölkerung wichtig ist, z. B. weil sie mehr Raum erobern möchte, sind alle nicht auf Zeugung und Empfängnis ausgerichteten Sexualpraktiken unerwünscht, kontraproduktiv sozusagen. Eine Gesellschaft dagegen, die ein Interesse daran hat, ihr Bevölkerungswachstum zu bremsen, wird zu anderen Mitteln greifen. Weitere Maßnahmen, zu denen Gesellschaften greifen, um ihr Bevölkerungswachstum zu verringern sind – so grausam das auch erscheint – die Tötung weiblicher Kinder unmittelbar nach der Geburt, denn so entsteht ein Männerüberschuss, wodurch es beispielsweise möglich wird, dass eine Frau mehrere Männer hat. Engels erwähnt zwar »Vielmännerei«, sieht aber nicht, dass sie einem anderen bevölkerungspolitischen Zweck dient als die »Vielweiberei«. Bei der Vielweiberei kann ein Mann mit mehreren Frauen gleichzeitig Kinder zeugen, die Bevölkerung kann schnell wachsen; umgekehrt kann eine Frau mit mehreren (Ehe-)Männern Geschlechtsverkehr haben, aber nur einmal schwanger werden, die Vermehrung der Gesellschaft ist daher abgebremst.

Hier habe ich mich ganz bewusst auf die Beispiele beschränkt, die Engels selbst angeführt hat, um mich auf den Kenntnisstand der SozialistInnen Ende des 19. Jahrhunderts beziehen zu können. Engels zieht jedoch die von mir dargestellten Schlussfolgerungen nicht. Aber er und Marx haben das Instrumentarium dafür bereitgestellt, nämlich die Betrachtung der gesellschaftlichen Organisation von Produktion und Reproduktion und deren Wechselwirkung. Dass die beschriebenen, das Bevölkerungswachstum beeinflussenden Maßnahmen, nicht rational hergeleitet und deren Zweck offen gelegt wurde und wird, sondern durch religiöse, kulturelle, rechtliche Rahmenbedingungen sicher gestellt und nicht zuletzt durch komplexe tiefenpsychologische Mechanismen in den Individuen verankert werden, sei hier zumindest erwähnt. Aus den genannten Beispielen wird auch deutlich, dass die Regulierung des Bevölkerungswachstums das Geschlechterverhältnis entscheidend prägt.

Nun zur Produktion, also der gesellschaftlichen Organisation der Arbeit und deren Bedeutung für die Geschlechter. Für die Produktionsweise einer Gesellschaft ist die Arbeitsteilung ein wichtiges Merkmal. Marx und Engels bezeichnen sogar die »Teilung der Arbeit im Geschlechtsakt« (1973, S. 31) als die ursprüngliche Arbeitsteilung, womit zum einen die Zweigeschlechtlichkeit der Menschen als Säugetiere gemeint ist, zum anderen die gesellschaftliche Prägung der Fortpflanzung bzw. der Sexualität, ihre jeweilige Gestaltung in Form von Normen und

Tabus. Dass hier von »Arbeit« die Rede ist, führe ich auch darauf zurück, dass ein »Produkt« entsteht oder besser gesagt, dass ein Ergebnis des Geschlechtsakts zwischen Mann und Frau ein Kind sein kann. An diese erste Arbeitsteilung schließt sich diejenige an, die auf natürlichen Anlagen wie Körperkräften basiert, sich aber auch durch andere Faktoren wie Bedürfnisse, ja sogar Zufälle herausbilden kann. Dass sich dabei häufig eine geschlechtsspezifische Arbeitsteilung entwickelt, haben Ethnologen gezeigt. Auch haben deren Forschungen gut belegt, dass diese nicht so »natürlich« ist, wie von Engels bzgl. der Aufteilung in Krieger, Jäger, Fischer einerseits, Köchinnen, Näherinnen und Kindererzieherinnen andererseits beschrieben (Engels 1973a, S. 155). In diesem Kontext ist mir Engels' Bemerkung wichtig, dass sich aus der Teilung der Arbeit zwischen den Geschlechtern die Stellung der Frau in der Gesellschaft nicht einfach herleiten lässt: »Völker, bei denen die Weiber weit mehr arbeiten müssen, als ihnen nach unserer Vorstellung gebührt, haben vor den Weibern oft mehr Achtung als unsere Europäer.«, so z. B. in der laut Engels bei den Germanen vorgefundene Herrschaft der Frau im Haus (ebd., S. 54). Mit anderen Worten: Bei der Ausgestaltung geschlechtsspezifischer Arbeitsteilung spielen immer auch Machtverhältnisse mit, geschlechtsspezifische Arbeitsteilung selbst ist noch kein Indikator für eine Unterdrückung von Frauen. Die in einer Gesellschaft praktizierte Arbeitsteilung zwischen Männern und Frauen ist weder natürlich, noch von vornherein hierarchisch.

Die in der Frühzeit relativ geringe Arbeitsteilung änderte sich, als die Produktivität von Ackerbau, Viehzucht und Handwerk es möglich machte, mehr Menschen, also auch mehr Arbeitskräfte zu ernähren. Während vor dieser Zeit Kriegsgefangene getötet wurden, konnten sie nun ernährt und zu SklavInnen gemacht werden. Den durch Sklavenarbeit erwirtschafteten Überschuss beanspruchten – laut Engels – die Männer für sich, hatten sie doch die SklavInnen in Kriegszügen erbeutet (ebd., S. 157). Waren davor die von Männer und Frauen in ihrer jeweiligen Sphäre hergestellten Produkte gleichermaßen wichtig für das (Über-)Leben der Gemeinschaft, sei nun eine Schlechterstellung der Frau eingetreten, die Engels folgendermaßen beschreibt: »Dieselbe Ursache, die der Frau ihre frühere Herrschaft im Hause gesichert: ihre Beschränkung auf die Hausarbeit, dieselbe Ursache sicherte jetzt die Herrschaft des Mannes im Hause: die Hausarbeit der Frau verschwand jetzt neben der Erwerbsarbeit des Mannes; diese war alles, jene eine unbedeutende Beigabe« (ebd., S. 157 f.). Die Bewertungen »alles« und »Beigabe« sichern die Herrschaft der Männer, indem sie deren Wichtigkeit hervorheben und die männliche Dominanz über Frauen begründen sollen.

Es kommt mir hier nicht auf den historischen Wahrheitsgehalt der Engelsschen Schilderung der Entstehung des Patriarchats an, wichtig ist mir vielmehr, dass in dieser Passage die Methode der geschichtlichen Betrachtungsweise deutlich wird, wie sie für die Theorie für Marx und Engels fundamental ist, die Dialektik. Marx erläutert sie wie folgt: »In der gesellschaftlichen Produktion ihres Lebens gehen die Menschen bestimmte, notwendige, von ihrem Willen unabhängige Verhältnisse ein, Produktionsverhältnisse, die einer bestimmten Entwicklungsstufe ihrer materiellen Produktivkräfte entsprechen. Die Gesamtheit dieser Produktionsverhältnisse bildet die ökonomische Struktur der Gesellschaft, die reale Basis, worauf sich ein juristischer und politischer Überbau erhebt und welcher bestimmte gesellschaftliche Bewußtseinsformen entsprechen. Die Produktionsweise des materiellen Lebens bedingt den sozialen, politischen und geistigen Lebensprozeß überhaupt. (…) Auf einer gewissen Stufe ihrer Entwicklung geraten die materiellen Produktivkräfte der Gesellschaft in Widerspruch mit den vorhandenen Produktionsverhältnissen (…). Aus Entwicklungsformen der Produktivkräfte schlagen diese Verhältnisse in Fesseln derselben um. (…) Mit der Veränderung der ökonomischen Grundlage wälzt sich der ganze ungeheure Überbau langsamer oder rascher um. In der Betrachtung solcher Umwälzung muss man stets unterscheiden zwischen der materiellen, naturwissenschaftlich zu konstatierenden Umwälzung in den ökonomischen Produktionsbedingungen und den juristischen, politischen, religiösen, künstlerischen oder philosophischen, kurz, ideologischen Formen, worin sich die Menschen dieses Konflikts bewußt werden und ihn ausfechten« (Marx 1974, S. 8 f). Besonders wichtig erscheint mir in diesem Zitat der letzte Hinweis, dass es oft Phänomene des Überbaus, Ideologien sind, in denen gesellschaftliche Probleme und Widersprüche ins Bewusstsein dringen. Auf Frauen und spätere Zeiten bezogen ist die Kritik an männerbezogener Sprache ein gutes Beispiel hierfür.

Eine Struktur also, die zum Zeitpunkt ihrer Entstehung für den Produktionsprozess förderlich war, kann, wenn sich Veränderungen ergeben, hinderlich sein, eine erneute Veränderung der Strukturen erzwingen und damit auch Veränderungen im Überbau nötig machen, z. B. andere Gesetze. So war die Sklavenhaltergesellschaft der us-amerikanischen Südstaaten für die Agrarproduktion (von Baumwolle u. ä.) förderlich, für den industriellen Norden jedoch wurden flexible, mobile ArbeiterInnen in großer Zahl gebraucht, um diese Produktion voranzutreiben. Die Gesetze, die dem Süden die Haltung von Sklaven erlaubten und die religiöse Absicherung derselben als gottgewollte Unterordnung der aus Afrika geraubten oder gekauften Menschen musste daher im Interesse der industriellen Produktion des Nordens verschwinden und machte dem Glauben an die Freiheit des männlichen Individuums Platz, der ebenfalls religiös begründet wurde. Und wie Engels es beschrieben hatte, wurde die Empörung über die Sklavenhaltung als wider göttliches Recht geäußert, also als Kritik und Konflikt innerhalb des gesellschaftlichen Überbaus. Letzteres trifft auch auf weite Teile der Begründung für Frauenrechte zu, wie ich in Abschnitt 1.1 und 1.2 gezeigt habe, wo in Frankreich und den USA natürliches und göttliches Recht sowohl für die Gleichheit von

Frauen mit Männern als auch für die Ungleichheit angeführt wurde, je nachdem welche Interessen jeweils damit begründet werden sollten.

1.3.2 Anwendbarkeit sozialistischer Theorie auf die Situation von Frauen

Inwieweit fanden nun die Kategorien Produktion und Reproduktion und die Methode der Dialektik auf die Situation von Frauen in der Zeit ab Mitte des 19. Jahrhunderts Anwendung? Zunächst betrachte ich die Frauen der bürgerlichen Klasse, also der Klasse, die im Besitz von Eigentum ist, das es zu bewahren, zu vermehren und zu vererben galt. Diesen Frauen bleibt als Lebensform kaum eine andere als die Ehe; höhere Schulbildung und akademische Ausbildung sind ihnen weitgehend verschlossen. Die Ideologie tut ein Übriges: intellektuelle Frauen werden als »abartig«, als »widernatürlich« diffamiert (Schröder 1979, S. 171). Engels zeichnete den Weg von der alten Haushaltung nach, die viele Ehepaare und ihre Kinder umfasste und in der Frauen die Führung dieser Haushalte zukam, was »eine öffentliche, eine gesellschaftlich notwendige Industrie« darstellte (Engels 1973a, S. 75). Mit der patriarchalen, monogamen Familie wurde dies anders. Die im Haushalt verrichtete Arbeit wurde »ein Privatdienst, die Frau wurde erste Dienstbotin, aus der Teilnahme an der gesellschaftlichen Produktion verdrängt« (ebd., S. 75). Zumindest in der öffentlichen Wahrnehmung und gemäß der herrschenden Ideologie. Ehen wurden arrangiert, Engels nennt sie Konvenienzehen, die in der Regel für die Frau krasseste Prostitution bedeute. Das heißt, die Ehefrau unterscheide sich von der gewöhnlichen Kurtisane nur dadurch, »daß sie ihren Leib nicht als Lohnarbeiterin zur Stückarbeit vermietet, sondern ihn ein für allemal in die Sklaverei verkauft.« (ebd., S. 73). Auch für die von der Ehefrau zu verrichtende Arbeit im Haushalt findet Engels drastische Worte, es sei »offene oder verhüllte Hausklaverei.« »Der Mann muss heutzutage in der großen Mehrzahl der Fälle der (...) Ernährer der Familie sein, wenigstens in den besitzenden Klassen, und das gibt ihm eine Herrscherstellung (...). Er ist in der Familie der Bourgeois, die Frau repräsentiert das Proletariat« (ebd., S. 75). Bebel hatte die Verhältnisse ganz ähnlich beschrieben: »Die Frau ist für den Mann in erster Linie Genußobjekt; ökonomisch und gesellschaftlich unfrei, muß sie ihre Versorgung in der Ehe erblicken, sie hängt also vom Manne ab und wird ein Stück Eigentum von ihm.« (Bebel 1964, S. 179) Auch der Klassenvergleich findet sich schon bei Bebel: »Die Männer lassen sich diesen Zustand gerne gefallen, denn sie ziehen Vorteile daraus. Es sagt ihrem Stolz, ihrer Eitelkeit und ihrem Interesse zu, die Rolle des Herrn zu spielen, und in dieser Herrscherrolle sind sie wie alle Herrschenden, schwer Vernunftgründen zugänglich. (...) Die Frauen dürfen so wenig auf die Hilfe der Männer warten, wie die Arbeiter auf die Hilfe der Bourgeoisie warteten« (ebd., S. 180).

In der bürgerlichen, auf kapitalistische Produktionsweise sich gründenden Gesellschaft ist die Reproduktion im Bürgertum folglich so organisiert, dass die Frauen mangels Alternativen in die Ehe gezwungen waren, ihr Eigentum vom Ehemann konfisziert wurde, sie Gebärerinnen seiner Erben zu sein hatten, partiell zur Befriedigung seiner sexuellen Bedürfnisse bereit sein mussten, wobei der Ehemann seine Befriedigung auch bei Prostituierten und Geliebten fand. Was die Reproduktion und Produktion (Ich nenne bewusst beides, da – wie ich später noch ausführen werde – in der Reproduktion der Individuen auch produktive Arbeit geleistet wird) im Sinne von Haus-, Erziehungs- und Pflegearbeit angeht, bestand die Aufgabe von Frauen der Bourgeoisie darin, Aufsicht über die im Haushalt angestellten Personen zu führen, einige Hausarbeit selbst zu übernehmen, teilweise die Erziehung der Kinder und die Pflege von Familienangehörigen zu leisten. Um diese Organisationsform zu etablieren, waren Gesetze erlassen worden, fanden Glaubenssätze Verbreitung, wurde die Wissenschaft bemüht, um die »Natürlichkeit« dieser auf einem Herrschaftsverhältnis beruhenden Arbeitsteilung abzusichern. Genau dagegen haben sich bürgerliche Frauen aufgelehnt. Übernimmt man/frau Engels' Metapher, wonach die Frau in der bürgerlichen Ehe/Familie das Proletariat repräsentiere, so haben die bürgerlichen Frauen der ersten Frauenbewegung einen Klassenkampf begonnen und gegen ihre Ausbeutung und ihre Ausbeuter im Re-/Produktionsbereich rebelliert.

Wie die oben angeführten Zitate von Clara Zetkin belegen, hat die proletarische Frauenbewegung diese Einsicht nicht gehabt. Unter den SozialistInnen, die die Forderungen der bürgerlichen Frauen abwerteten, war auch Rosa Luxemburg: »Die Forderung nach weiblicher Gleichberechtigung ist, wo sie sich bei bürgerlichen Frauen regt, reine Ideologie einzelner schwacher Gruppen, *ohne materielle Wurzeln,* ein Phantom des Gegensatzes zwischen Weib und Mann, eine Schrulle« (Luxemburg 2003, S. 411, Herv. von mir). Diese Aussage Gleichberechtigungsforderungen hätten keine materiellen Wurzeln, enttäuscht, hatten doch Marx und Engels die beiden Formen der Produktion menschlichen Lebens betont, Engels die gesellschaftliche Organisationsform beider Bereiche als Familie und Arbeit benannt und er und Bebel fanden drastische Worte, um die Abhängigkeit der (bürgerlichen) Frauen von ihren Ehemännern zu bezeichnen. Diese konnten geradezu als Aufforderung für die Bildung einer Bewegung ohne Männer gelesen werden.

Man/frau kann Luxemburg aber nicht nur den Vorwurf machen, sie habe die Schriften der Theoretiker ihrer Partei nicht gründlich genug gelesen. Sie selbst hat in ihrem 1913 erschienenen Hauptwerk, »Die Akkumulation des Kapitals« eine Theorie entwickelt, die einen anderen Zugang zu in der Familie von Frauen geleisteten Arbeit erlaubt. Sie kritisiert Marx dafür, dass er in seiner schematischen Betrachtung der Gesellschaft so getan habe, als könne man der Einfachheit halber von Kapitalisten und Arbeitern (ich benutze die männliche Form absichtlich) ausgehen (Luxemburg 1975, S. 283). Sie sieht demgegenüber »dritte Personen«, die außerhalb der unmittelbaren Agenten der kapitalistischen Produktion stehen (ebd. 299). Zwar geht sie in erster Linie auf deren Rolle und Bedeutung bei der Akkumulation des Kapitals, also der Realisierung des Mehrwerts durch Konsum ein, fügt man dem noch ihre Bemerkung über die Begrenztheit kapitalistischer Produktionsweise hinzu, rundet sich das Bild. Sie stellt nämlich fest, dass es »nirgends auf der Welt eine sich selbst genügende kapitalistische Gesellschaft mit *ausschließlicher* Herrschaft der kapitalistischen Produktion« gebe (ebd., S. 297, Herv. von mir). Mit anderen Worten: Wo immer kapitalistisch produziert wird, gibt es gleichzeitig auch Bevölkerungsschichten, die ausschließlich, überwiegend oder zusätzlich nichtkapitalistisch produzieren. Es sei nicht einzusehen, dass alle erforderlichen Produktions- und Konsumtionsmittel nur kapitalistisch hergestellt werden müssten (ebd., S. 305) und sie tun es auch nicht. Bei nichtkapitalistischen Produktionsformen denkt Luxemburg vor allem an andere Länder und Kulturen, an das, was wir heute Subsistenzwirtschaft nennen, aber auch an Formen innerhalb einer kapitalistischen Gesellschaft, wobei sie vor allem die bäuerliche Landwirtschaft im Blick hat (ebd., S. 306, 317). Obwohl Luxemburg überhaupt nicht an Hausarbeit gedacht hat, lassen sich ihre Thesen mühelos auf diesen Bereich nichtkapitalistischer Produktion ausdehnen. Das haben allerdings weder ihre ZeitgenossInnen noch die Frauen aus der bürgerlichen Frauenbewegung getan. Erst über ein halbes Jahrhundert später wurde diese Verbindung hergestellt, worauf ich noch ausführlich eingehen werde.

Doch zurück zu Situation von Frauen im 19. Jahrhundert. Im Proletariat war die Re-/Produktion viel weniger strikt organisiert als im Bürgertum. Zwar galten natürlich für Proletarierinnen die gleichen einschränkenden Gesetze, da diese jedoch häufig aus wirtschaftlicher Notwendigkeit zur Lohnarbeit gezwungen waren, stand letztere im Fokus politischer Forderungen. Die proletarische Frauenbewegung sah in Proletarierinnen in erster Linie besonders schlecht gestellte Lohnarbeiterinnen. Diese schlechten Arbeitsbedingungen zu bekämpfen, bedeutete, dem Kapitalismus den Kampf anzusagen. Zur Hausarbeit gab es unterschiedliche Forderungen; zum einen schwebte den SozialdemokratInnen die Vergesellschaftung der Hausarbeit im engeren Sinne vor, zum anderen wollte Bebel Hausarbeit von der Jugend beiderlei Geschlechts geleistet sehen (z. B. Bebel 1964, S. 510 ff), Zetkin auch von Erwachsenen (Evans 1979, S. 243 f). Diesen politischen Konzepten fehlte jedoch eine theoretische Untermauerung. Die hätte sich aus den von mir dargestellten Inhalten sozialistischer TheoretikerInnen entwickeln lassen, das ist jedoch nicht geschehen.

Zusammenfassung und Fazit

Das, was Bebel und Engels als Herrschaftsverhältnis zwischen Männern und Frauen bezeichnet und mit dem Klassengegensatz von Bourgeoisie und Proletariat verglichen hatten, hat die proletarische/sozialistische Frauenbewegung nicht aufgegriffen, ja sie hat im Gegenteil die bürgerliche Frauenbewegung dafür, dass sie es tat, als männerfeindlich kritisiert. In Proletarierinnen sahen Sozialistinnen in erster Linie, nahezu ausschließlich Lohnarbeiterinnen, deren Schicksal härter war als das der Lohnarbeiter. Damit lässt sich Engels' Bemerkung auf die proletarische Frauenbewegung übertragen: »Der bisherige Sozialismus kritisierte zwar die bestehende kapitalistische Produktionsweise und ihre Folgen, konnte sie aber nicht erklären (...); er konnte sie nur einfach als schlecht verwerfen. Je heftiger er gegen die von ihr unzertrennliche Ausbeutung der Arbeiterklasse eiferte, desto weniger war er imstande, deutlich anzugeben, worin diese Ausbeutung bestehe und wie sie entstehe« (Engels 1974, S. 208 f). Analog hierzu lässt sich sagen, dass sowohl bürgerliche als auch proletarische Frauenbewegungen über fehlende Rechte für Frauen und/oder die besondere Ausbeutung von Arbeiterinnen moralisch entrüstet waren, konnten diese Benachteiligung aber nicht erklären bzw. nutzen die sozialistische Theorie nicht dafür. Zwar hätte der »Sozialismus als Wissenschaft« Ansätze dafür bieten können, den empörten Frauen eine theoretische Heimat zu bieten, diese Möglichkeit wurde jedoch im ausgehenden 19. und beginnenden 20. Jh. nicht genutzt.

- Den frauenbewegten Frauen sind seit dem 18. Jahrhundert – um es in der marxistischen Terminologie auszudrücken – Widersprüche im ideologischen Überbau bewusst geworden, insbesondere die Tatsache, dass die Bewegungen und Organisationen, innerhalb derer sie sich engagierten, für Freiheitsrechte eintraten, die aber nicht für Frauen gelten sollten.
- Von dieser Ungleichheit ausgehend traten sie generell für gleiche Rechte, z. B. für das Frauenwahlrecht ein.
- Besonders sprangen ihnen die Ungleichheiten zwischen den Geschlechtern in der gesetzlichen Grundlage der Ehe ins Auge; dies prangerten sie an und forderten Eheverträge, die Mann und Frau gleiche Rechte zubilligten. Damit legten sie ein Schwergewicht auf die Institution, durch die der Reproduktionsbereich geregelt war und auf deren patriarchale Machtverhältnisse.
- Darüber hinaus forderten sie ein Recht auf Arbeit für Frauen, auch damit sie sich aus der ökonomischen Abhängigkeit von Männern lösen konnten.
- Die bürgerlichen Frauenbewegungen hatten zu einem großen Teil einen offenen Blick für die Lebensbedingungen nicht-bürgerlicher Frauen und ver-

suchten diese zu integrieren, z. B. ehemalige Sklavinnen in den USA und Arbeiterinnen in Deutschland.
- Die sozialistische oder proletarische Frauenbewegung in Deutschland übernahm nach einiger Zeit Forderungen der bürgerlichen Frauenbewegung nach gleichen bürgerlichen Rechten, trat aber auch für Sonderrechte für Frauen ein, vor allem für Arbeits- und Mutterschutz.
- Gleichzeitig versperrten sich sozialistische Frauen und Männer den Blick auf theoretische Ansätze, wie sie Engels und Marx formuliert hatten, die die Organisationsform der Arbeit von insbesondere bürgerlichen Frauen in der Familie als Herrschaftsverhältnis erkannt hatten, durch das die Reproduktion in der bürgerlichen Gesellschaft zum Nachteil von Frauen geregelt war.
- Auch Rosa Luxemburg, die die Bedeutung nichtkapitalistischer Produktionsweisen innerhalb von kapitalistischen Gesellschaften hervorgehoben hatte, hatte dabei nicht an Hausarbeit gedacht. Dennoch hat sie damit einen Grundstein zu deren Analyse im Kapitalismus gelegt.
- Die bürgerliche Frauenbewegung konnte auf keine entsprechende Gesellschaftstheorie zugreifen.
- Je mehr sich die bürgerlichen Frauenbewegungen auf den Kampf für Frauenrechte konzentrierten, umso mehr Widerstand von Männern erfuhren sie. Sie verloren ihre ursprüngliche politische Heimat bzw. entfernten sich von ihr.
- Beide deutsche Frauenbewegungen des 19. Jahrhunderts, die bürgerliche und die proletarische, hatten den Hebel an entscheidenden Teilbereichen der bürgerlichen Gesellschaft angesetzt: an den patriarchalen Ehe- und Familienstrukturen als Teil des Reproduktionsbereichs und an der kapitalistischen Ausbeutung der Erwerbstätigen als Teil des Produktionsbereichs. Folgt man der Engelsschen Terminologie, so haben die bürgerlichen Frauen ihre Kritik und Forderungen überwiegend im Bereich »Familie« angesiedelt, Sozialistinnen dagegen überwiegend im Bereich »Arbeit«. Beides zusammen ergibt aber erst ein vollständiges Bild gesellschaftlicher Verhältnisse. Die Zusammenführung beider Welten ist durch die ablehnende Haltung der SozialistInnen nicht gelungen.
- Darüber hinaus stellten vor allem die radikalen bürgerlichen Frauenrechtlerinnen, nach innerparteilichen Diskussionen auch die Sozialdemokratie Forderungen, die die Fortpflanzung und Sexualität betrafen: gleiche Rechte für unverheiratete Mütter, empfängnisverhütende Mittel und Abschaffung des Abtreibungsparagraphen 218.
- Grundlage für solche Forderungen war eher das reale Elend von Frauen als die marxistische Theorie, obwohl diese dazu eine Basis lieferte. So blieb diese Hälfte der Welt theoretisch unterbelichtet.

Literatur

Beale Frances (1970) Double Jeopardy: To Be Black and Female. In: Cade Toni (Hrsg) (1970) The Black Woman. Signet New American Library, New York, S. 90–100

Bebel August (1946) [1964] Die Frau und der Sozialismus. Dietz, Berlin

Engels Friedrich (1973a) Der Ursprung der Familie, des Privateigentums und des Staats. In: Marx-Engels-Werke, Bd 21, Dietz, Berlin, S. 23–173

Engels Friedrich (1973b) Vorwort zum »Ursprung der Familie, des Privateigentums und des Staats«. In: Marx-Engels-Werke, Bd 21, S. 473–483

Engels Friedrich (1974) Die Entwicklung des Sozialismus von der Utopie zur Wissenschaft. In: Marx-Engels-Werke, Bd 19, Dietz, Berlin, S. 189–228

Evans Richard J. (1979) Sozialdemokratie und Frauenemanzipation im deutschen Kaiserreich. Dietz, Berlin Bonn

Flexner Eleanor (1968) [1971] Century of Struggle. Atheneum, New York

Luxemburg Rosa (1975) Die Akkumulation des Kapitals. In: Gesammelte Werke Bd. 5, S. 5–411

Luxemburg Rosa (2003) Die Proletarierin. In: Gesammelte Werke Bd 3, Dietz, Berlin, S. 410–413

Marx Karl und Engels Friedrich (1973) Die deutsche Ideologie. In. Marx-Engels-Werke Bd 3, S. 9–530

Marx Karl (1974) Zur Kritik der Politischen Ökonomie. In: Marx-Engels-Werke Bd 13, S. 3–160

Schröder Hannelore (Hrsg) (1979) Die Frau ist frei geboren. Beck, München

Thönnessen Werner (1969) Frauenemanzipation Politik und Literatur der deutschen Sozialdemokratie zur Frauenbewegung 1863–1933. Europäische Verlagsanstalt, Frankfurt am Main

Twellmann Margrit (1976) Die deutsche Frauenbewegung Ihre Anfänge und erste Entwicklung 1843–1889. Athenäum, Kronberg

Zetkin Clara (1971) Zur Geschichte der proletarischen Frauenbewegung Deutschlands, Roter Stern, Frankfurt (Main)

2 Die Frauenbewegungen der zweiten Hälfte des 20. Jahrhunderts schaffen sich ihre eigene politische Heimat

Nach dem 1. Weltkrieg wurde die Frauenwahlrechtsforderung in einigen westlichen Industrieländern verwirklicht. Im Nazi-Deutschland setzte eine Propaganda für geschlechtsspezifische Arbeitsteilung ein, die aber aufgrund der Notwendigkeiten der Kriegswirtschaft nicht durchgehalten werden konnte. Nach Ende des 2. Weltkriegs waren Forderungen der Frauenbewegungen nur rudimentär zu spüren, am deutlichsten noch in Deutschland im Kampf um die Formulierung des Gleichberechtigungsartikels im Grundgesetz.

Bewegung kam es erst wieder in der zweiten Hälfte der 1960er Jahre auf. In der westlichen Welt, genauer in Industriestaaten wie England, Holland, Skandinavien, Frankreich, Japan und der Bundesrepublik Deutschland kam es zu Unruhen. Aber nicht nur dort. Der »Prager Frühling« von 1968 wurde zum Symbol positiver Veränderungen im Ostblock, der schnell von den Truppen der Sowjetunion niedergeschlagen wurde. Hier ist jedoch nur das von Interesse, was sich im Westen abspielte, denn nur dort entstand eine zweite Frauenbewegung. Im Folgenden konzentriere ich mich auf die USA und Deutschland, ohne mit dieser Auswahl den Anschein erwecken zu wollen, ich hielte die Frauenbewegungen in anderen europäischen Ländern für irrelevant, auf sie im Einzelnen einzugehen, würde jedoch den Rahmen sprengen.

In den USA, aber nicht nur dort, wühlte der Vietnamkrieg die Bevölkerung, vor allem die Studierenden auf. Dazu kamen die Proteste der Schwarzen gegen den US-Rassismus und nicht zuletzt lebten die Hippies einen anderen Lebensstil vor, vertraten »flower power« und forderten »make love not war«. Ausgehend von den Universitäten bildete sich eine New Left, die ein starkes Interesse an den klassischen Schriften sozialistischer AutorInnen hatte. Studierendenorganisationen, z. B. die Students for a Democratic Society, SDS, bildeten eine intellektuelle Opposition, deren Positionen über den jeweiligen Campus hinaus drang. Im Zuge von Demonstrationen kam es zu gewaltsamen Übergriffen durch den Staat, z. T. mit tödlichen Ausgängen.

Die BRD erlebte 1967, nach der Wirtschaftswunder-Zeit, die erste Wirtschaftskrise, eine typische Überproduktionskrise, die ernüchterte, hatte doch in der Öffentlichkeit bis dahin der Glaube an einen nicht enden wollenden wirtschaftlichen Aufschwung dominiert. Studierende protestierten gegen gesellschaftliche Missstände (Notstandsgesetze) ebenso wie gegen internationale Krisenherde, den Vietnamkrieg, die Diktatur des Schah-Regimes im Iran, um nur die bekanntesten zu nennen. Zwar gab es keine deutsche Hippiebewegung, wohl aber eine »sexuelle Revolution«, zu der nicht nur die sexuelle Aufklärungsarbeit von Oswald Kolle gehörte. Im Zug der Beschäftigung mit linken Theorien gab die Zeitschrift »Das Argument« in der ersten Hälfte der 60er Jahre mehrere Nummern zum Thema »Sexualität und Herrschaft« heraus. Diese Beispiele zeigen, ein wie breites Themenspektrum damals die Öffentlichkeit bewegte, insbesondere die Linke.

Zu diesen Ereignissen gehört auch das Entstehen einer zweiten Frauenbewegung. Ausgehend von den ersten Frauenbewegungen möchte ich die Anfänge dieser Neuen Frauenbewegung in den USA und der BRD schildern und dem nachgehen, was neu an diesen Frauenbewegungen war.

2.1 US-Amerikanerinnen im Konflikt mit ihren Herkunftsorganisationen

Die us-amerikanische Frauenbewegung wurde in den 1970er Jahren als überdreht wahrgenommen, von ihren Aktionen war vor allem das Verbrennen von BHs bekannt geworden, kaum der Anlass, zu dem das Ereignis stattfand, eine Miss-Wahl. Als weiße Mittelschichtsbewegung wurde sie in Deutschland von Frauen aus dem linken Spektrum abgetan. Mit Auszügen aus Dokumenten jener Zeit in den USA möchte ich den kämpferischen Frauen heute Gerechtigkeit widerfahren lassen.

2.1.1 The Women's Liberation Movement and The Movement

In einer Sammlung von Schriften aus der Women's Liberation Bewegung vom September 1970, »Sisterhood is Powerful«, datiert die Herausgeberin, Robin Morgan, den Anfang der us-amerikanischen Frauenbewegung 1964. Damals hatte eine junge Schwarze Frau, Ruby Doris Smith Robinson, Gründerin des Student Nonviolent Coordinating Committee, ein Thesenpapier über die Position von Frauen in dieser Organisation geschrieben. Es wurde verlacht und abgelehnt. 1965 schrieben zwei weiße Frauen über ihre jahrelangen Erfahrungen in dieser und anderer civil-rights Organisationen. Daraufhin begannen sich innerhalb dieser Bewegungen Frauengruppen zu bilden, auf die die Männer überwiegend mit Zorn, Spott und Hohn reagierten. 1966 wurden Frauen, die gefordert hatten, dass in eine Resolution der Students for a Democratic Society ein Grundgedanken über Women's Liberation aufgenommen werden solle, mit Tomaten beworfen und aus der Tagung entfernt. Aber Frauengruppen arbeiteten weiter; allmählich auch für sich, da Frauen mehr und mehr die Notwendigkeit einer unabhängigen Frauenbewegung sahen, die ihre eigene Theorie, Politik und Taktik entwickelt und in eigenem Interesse handelt (Morgan 1970, S. xxi). Im November 1967 demonstrierten Tausende von Frauen im Jeanette Rankin Brigade March auf Washington gegen den Vietnamkrieg. Eine Gruppe radikaler Frauen spaltete sich ab, weil sie sich fremd im Establishment des Marschs fühlten und Möglichkeiten einer autonomen Frauenbewegung diskutieren wollten. (ebd., S. xxiv).

Frauen dieser frühen Jahre grenzten sich also in zwei Richtungen ab: gegenüber Männern der eigenen Organisationen, die sie weder tolerierten noch ihre Anliegen ernst nahmen und gegen etablierte Frauengruppen, die ihnen nicht radikal genug bezogen auf nicht-frauenrelevante Themen waren.

Parallel dazu wurde 1966 die National Organization of Women (NOW) gegründet, die sich jedoch von diesen Frauengruppen unterschied, nicht nur, weil Männer Mitglieder sein konnten und sie weitgehend aus Mittel- und oberer Mittelschichtsmitgliedern bestand, sondern auch weil sie »innerhalb des Systems« arbeitete, d. h. für gleiche Rechte in der Gesetzgebung eintrat und traditionelle Lobbyarbeit bei PolitikerInnen der Legislative machte. Im Gegensatz dazu wollten die anderen Frauengruppen eine Politik des »revolutionary feminism« (ebd., S. xxiif).

Was in jenen Jahren in einzelnen Frauen vorging, beschreibt Robin Morgan, die selbst aktiv in einer gemischten linken Organisation war, bezogen auf ihre eigene Person:

»I considered myself a radical woman who regarded the Women's Liberation Movement as an important ›wing‹ of the Left; as a tool, perhaps, for organizing as-yet apolitical women into what has been loosely called the ›Movement‹ – which I now refer to as the male-dominated counterfeit Left. I (...) shied away from admitting (on any but a superficial level) that *I* was oppressed« (ebd., S. xiv, Herv. im Original).

Haben sich Frauen anfangs als Teil einer linken Bewegung verstanden, so unterschieden sie sich doch stark von ihr, indem sie in Kleingruppen über ihre eigene Situation und ihre Erfahrungen sprachen, um darin das Allgemeine, Gesellschaftliche, die Unterdrückung von Frauen zu erkennen. Frau wurde sehr sensibel. Alles, »from the verbal assault on the street, to a ›well-meant‹ sexist joke your husband tells, to the lower pay you get at work (for doing the same job a man would be paid more for), to television commercials, to rock-song lyrics, to the pink or blue blanket they put on your infant in the hospital nursery, to speeches by the male ›revolutionaries‹ that reek of the male supremacy« (ebd., S. xv). All das ließ die Autorin sehen, wie alles beherrschend Sexismus ist. Und es waren massenhaft Frauen, die solche Erkenntnisse hatten.

In Millionenstädten gab es zwischen 50 und 200 Kleingruppen; jede Universität hatte eine Women's Liberation Gruppe, High School Women, wie sie sich selbst nannten, organisierten sich, ältere Frauen schlossen sich als Older Women's Liberation (OWL) zusammen. Es wurde eine Bewegung, die viele Länder berührte und bewegte: Kanada, England, Frankreich, Mexico, Japan, Schweden, Deutschland, Holland, Finnland, Tansania, Australien und andere. Anfangs waren es meist junge, weiße Frauen aus der Mittelschicht, die in den Women's Liberation Gruppen dominierten. Das änderte sich jedoch, weil sich die Frauenbewegung selbst die Aufgabe gestellt hatte, das, was Frauen trennt, zu analysieren und zu überwinden, z. B. Rasse, Klasse, Hetero- und Homosexualität (ebd., S. xxv). Wenngleich zu Sexualität und Fortpflanzung auch in der Ersten Frauenbewegung Forderungen erhoben wurden, so ist die Frage der sexuellen Identität in der Zweiten neu und nahm zusammen mit Empfängnis- und Zeugungsverhütung sowie dem Recht auf Abtreibung einen hohen Stellenwert ein. Die Frauenbewegung sei, so Robin Morgan, die einzige radikale Bewegung, die sich mit dem Thema Klasse auf konkreter und theoretischer Ebene auseinandersetze (ebd., S. xxvi). In diesem Anspruch lagen ihr Bezug und ihr Bekenntnis zur Linken, auch wenn sie sich von dieser organisatorisch immer mehr löste.

Die Frauen entdeckten, dass ein großer Teil von ihnen aus der Arbeiterklasse stammte und dass es auch in der Frauenbewegung Diskriminierung aufgrund der Klassenzugehörigkeit gab. Daher wurden Arbeitsformen entwickelt, die dieser Ungleichbehandlung entgegenwirken sollten, z. B. das Los- und das Münzsystem. Ersteres betraf die Arbeitsteilung. Die anfallenden Tätigkeiten wurden in zwei Gruppen geteilt, kreative (wie das Schreiben von Texten, Kontakt zu den Medien pflegen, zu Konferenzen fahren etc.) und Arbeitsaufgaben (wie Briefe beantworten, Texte kopieren etc.). Durch zwei Arten von Losen wurde verhindert, dass dieselbe Frau zweimal hintereinander dieselbe Art von Tätigkeit ausübte. Das Münzsystem bestand darin, dass alle Frauen zu Beginn eines Treffens dieselbe Zahl von Münzen bekamen. Jedes Mal, wenn eine Frau gesprochen hatte, musste sie eine Münze in die Mitte legen. Wer keine Münze mehr übrig hatte, musste schweigen. Es wurde berichtet, dass die Frauen ihre Redebeiträge sehr viel genauer überlegten und ihre Münzen horteten (ebd., S. xxviii).

Auch die Consciousness-Raising-Gruppen, die ab 1966/67 eingerichtet wurden, sollten helfen, gleiche (Rede-)Rechte zu etablieren. Kathie Sarachild formulierte die Regeln: Es war weit verbreitet, dass sich zu einem Thema alle reihum äußerten, von ihrer Erfahrung sprachen und dazu von anderen befragt werden konnten. Ziel war es, zu einer Verallgemeinerung individueller Zeugnisse zu gelangen. Die Frauen setzten sich auch mit der Frage auseinander, wodurch ihr Bewusstsein blockiert wurde, wie verhindert wurde, einer schrecklichen Wahrheit ins Gesicht zu sehen. Daran schloss sich eine Analyse an, z. B. darüber, welche Ängste berechtigt sind und welche nicht oder die Diskussion möglicher Kampfmethoden in einem historischen Kontext. Schließlich sollte auch eine radikale feministische Theorie entwickelt werden, um die eigene Unterdrückung, aber auch die Privilegien zu verstehen, die dazu dienen, Unterdrückung aufrecht zu erhalten, die eigene wie die anderer. Diese Techniken wurden lächerlich gemacht, »it seems that when the Chinese used such a technique, ›Speak Pains to Recall Pains‹, it was right-on revolutionary, but when women used it, it was group therapy« (ebd., S. xxiii). Auch wenn die Autorin den Bezug zur chinesischen Revolution zieht, waren die genannten Methoden doch neu verglichen mit dem Stil, der in The Left und The Movement vorherrschte. Die Frauen waren selbstbewusst genug, sich von der Kritik an ihren Methoden nicht irre machen zu lassen, erlebten sie doch den Erfolg ihrer Arbeitsweise.

2.1.2 The Black Woman and Her Black Brother

Im gleichen Jahr, in dem »Sisterhood is Powerful« herausgekommen war, 1970, war eine weitere Textsammlung erschienen, »The Black Woman«, herausgegeben von Toni Cade. Darin thematisierten einige Autorinnen den Sexismus ihrer Black brothers (letzteres eine Bezeichnung, die sich Schwarze in der Bewegung gaben), etwa den traditionellen, plumpen Anmache-Ritualen, hinter denen sie eine gewisse Feindseligkeit Frauen gegenüber erkannten (Sanders 1970, S. 76 ff). Sie möchten ernst genommen werden und forderten, dass man(n) ihnen auf Augenhöhe begegne: »Talk to me like the woman that I am and not to me as that woman who is the inanimate creation of someone's overactive imagination. Look at me with no preconceived notion of how I must act or feel and I will try to do the same with you (…) I am on your side and have always been. We have survived, and we may just be able to teach the world a lesson« (ebd., S. 78 f).

Kritik am sexistischen Verhalten ihrer schwarzen Brüder entfernte die Schwarzen Frauen aber nicht völlig von ihnen, an ihrer Seite wollten sie der Welt eine Lektion erteilen. Angesichts der wachsenden Frauenbewegung ergab sich für Schwarze Frauen aber daraus ein Konflikt:

»(…) the Black movement is primarily concerned with the liberation of Blacks as a class and does not promote women's liberation as a priority. Indeed, the movement is for the most part spearheaded by males. The feminist movement, on the other hand, is concerned with the oppression of women as a class, but is almost totally composed of white females. Thus the Black woman finds herself on the outside of both entities, in spite of the fact, that she is the object of both forms of oppression« (Lindsey 1970, S. 85.) Die Autorin dieser Sätze, Kay Lindsey, hob jedoch hervor, dass einem Menschen in der Familie als erstes sein Geschlecht bewusst wird, während man/frau erst später, außerhalb der Familie, merke, was es heißt, schwarz zu sein (ebd., S. 87). Fran Sanders, verstärkte dies, indem sie die Verschiedenheit von Frauen im Vergleich zu Männern betonte: »In the first place and in the final analysis, we are women (...) we each possess in some degree, at least, a minimum of those things that make us temporarily different from men« (Sanders 1970, S. 75). Auch Kay Lindsey hob die Nähe zwischen Frauen hervor: »That there are parallels between being a woman and being Black has not been denied, but that there are parallels between the Black woman and the white woman has always been resisted, and the Black woman has been set apart consistently from her white counterpart« (Lindsey 1970, S. 86).

Dass sich Schwarze Frauen so äußerten, ist auch darauf zurückzuführen, dass Schwarze Männer ihre Männlichkeit ausleben wollten, indem sie Schwarzen Frauen sagten, sie sollten eine häusliche, untergeordnete Rolle übernehmen, zurücktreten und Kinder bekommen. Dagegen verwahrten sich Schwarze Frauen und kritisierten diese Einstellung als konterrevolutionär (Beale 1970, S. 93, Boggs 1970, S. 210). »Men are invariably trying to create a woman who will answer their needs, assuage their fears, host their morale, confirm their romantic fantasies, lull them into the comforting notion that they are ten steps ahead simply because she is ten paces behind.« (Cade 1970, S. 166) Einige Schwarze Männer hatten ihre Frauen aufgefordert, die Pille wegzuwerfen und Revolutionäre zur Welt zu bringen (ebd., S. 163). Demgegenüber betonten die Frauen, dass die Pille Frauen und Männern Kontrolle erlaube, denn es gehe darum, gesund zu sein und Wahlmöglichkeiten zu haben, sie möchten »together enough« sein und anziehend für »a together cat whose notions of fatherhood rise above the Disney caliber of man-in-the-world-and-woman-in-the-home« (ebd., S. 164). Dabei verkennen diese Frauen – wie ihre weißen Schwestern – nicht die Ambivalenz, die der Gebrauch der Pille beinhaltet: »I would never agree that the pill really liberates women. It only helps. It may liberate the sexuality (...), but what good is that if in other respects her social role remains the same?« (ebd., S. 166).

Mit am stärksten, scheint es, traf es Schwarze Frauen, dass die Schwarze Frau als kastrierende Matriarchin bezeichnet wurde, wie es HistorikerInnen, Romanschriftstellerinnen, ebenso wie damals aktuelle Dokumentationen und Statistiken getan haben. Die Schwarzen Frauen insistieren, dass sie es waren, die das Überleben der Rasse gesichert haben und wenn zu dem Zeitpunkt Stimmen der Schwarzen erhoben wurden, um die eigene Rasse positiv zu besetzen, dann solle dies nicht auf Kosten der Schwarzen Frauen geschehen (Sanders 1970, S. 74). Einige

Schwarze Frauen wehrten sich auch gegen den Mythos der sozialen und ökonomischen Dominanz der Schwarzen Frau über den Schwarzen Mann und begannen dagegen anzugehen. Denn sie hatten – auch durch den Kontakt mit weißen Frauen – begonnen Unterdrückung in einem umfassenden Sinn als »maleness gone mad« zu sehen: in der Technokratie, dem »cybernatically programmed, nonhuman God« (Robinson and Group 1970, S. 193).

Zusammenfassung und Fazit

- Auch die us-amerikanische Frauenbewegung ist aus einer gemischten politisch links zu verortenden Bewegung (The Movement bzw. The Black Liberation Movement) hervorgegangen. Dabei koppelten sich die mehrheitlich weißen Frauen relativ schnell von dieser Bewegung ab.
- Demgegenüber traten Schwarze Frauen in einen kritischen Dialog mit ihren Schwarzen Brüdern in der Black Liberation Bewegung ein, wehrten sich gegen deren Sexismus und forderten, von ihnen als gleichberechtigt respektiert zu werden.
- Wieder hatten Frauen, Schwarze wie weiße, die Erfahrung gemacht, von Männern der eigenen Organisation diskriminiert zu werden.
- Dabei verkannten die Frauen in jener Entstehungsphase nicht die Unterschiede untereinander, weder bzgl. Klasse, noch Rasse, Alter, sexuelle Orientierung. Diese zu verstehen und zu überwinden, war ein Ziel.
- Neu war der hohe Stellenwert, den die Themen Sexualität und sexuelle Identität innerhalb von Women's Liberation bekamen.
- Neu war, dass Women's Liberation Methoden entwickelte, um innerhalb von Frauengruppen Gleichberechtigung und Demokratie zu praktizieren und mehr Frauen Fähigkeiten zu vermitteln, die für eine politische Organisation wichtig sind: öffentlich zu sprechen, Texte zu schreiben, mit Medien umzugehen etc.

2.2 Die bundesrepublikanische Frauenbewegung der 1960er/70er Jahre

Auch auf der anderen Seite des Atlantiks, in der BRD, war es so, dass sich Frauen, die sich mit dem Thema Frauenemanzipation auseinandersetzten, aus einer linken Bewegung kamen. Dort, genauer auf der 23. Delegiertenkonferenz des Sozialistischen Deutschen Studentenbunds (SDS) am 13. September 1968, gab es einen dramatischen Auftakt für eine deutsche Frauenbewegung. Helke Sander hielt für den Aktionsrat zur Befreiung der Frauen eine Rede über die Trennung zwischen gesellschaftlichem und Privat-Leben. Frauen würden für das Privatleben erzogen, für die Familie, die von Produktionsbedingungen abhängig sei. Sie sprach von Klassenkampf auch in der Ehe und davon, dass der Mann dabei die objektive Rolle des Ausbeuters oder Klassenfeindes übernehme, auch wenn er dies subjektiv nicht wolle, wie es ähnlich schon Bebel und Engels formuliert hatten. Anfangs hätten sich die Frauen bemüht, diese Thematik mit dem SDS und innerhalb des SDS anzugehen, seien jedoch gescheitert (Frankfurter Frauen 1975, S. 11f). Als die Frauen daraufhin begonnen hätten, alleine zu arbeiten, hätten die meisten Genossen mit Spott reagiert. »Heute nehmen sie uns übel, daß wir uns zurückgezogen haben, sie versuchen uns zu beweisen, daß wir überhaupt ganz falsche Theorien haben, sie versuchen uns unterzujubeln, daß wir behaupten, Frauen brauchten zu ihrer Emanzipation keine Männer und all den Schwachsinn, den wir nie behauptet haben. Sie pochen darauf, dass auch sie unterdrückt sind, was wir ja wissen. Wir sehen es nur nicht länger ein, dass wir ihre Unterdrückung, mit der sie uns unterdrücken, weiter wehrlos hinnehmen sollen. Eben weil wir der Meinung sind, daß Emanzipation nur gesamtgesellschaftlich möglich ist, sind wir ja hier. Wir müssen hier nämlich feststellen, daß an der Gesamtgesellschaft etwas mehr Frauen als Männer beteiligt sind und finden es die höchste Zeit, daß wir die daraus sich ergebenden Ansprüche auch einmal anmelden und fordern, daß sie zukünftig eingeplant werden.« (Sander, zit. nach Frankfurter Frauen 1975, S. 12) Als Ziel nannte sie eine Umwandlung der Produktions- und Machtverhältnisse, um eine demokratische Gesellschaft zu schaffen. Im Endeffekt ging es Sander um die Politisierung des Privatlebens. Sie klagte eine inhaltliche Diskussion darüber ein: »Genossen, wenn ihr zu dieser Diskussion (…) nicht bereit seid, dann (…) werden [wir] die Konsequenzen zu ziehen wissen« (Sander, zit. nach Frankfurter Frauen 1975, S. 15).

Aber die Genossen wollten darüber nicht diskutieren und so warf eine Teilnehmerin des Kongresses, Sigrid Rüger, zur politischen Unterstützung der Rednerin mehrere Tomaten auf die Genossen, wovon auch einige trafen. Ulrike Meinhof, die damals weit geachtete Kolumnistin der Zeitschrift Konkret, begriff die Bedeutung dieser Rede, mit der die Aktionsratsfrauen die Scheinharmonie mit den Männern aufkündigten (Heinrich-Böll-Stiftung Feministisches Institut (Hrsg) 1999, S. 17). Daraufhin kam aber noch keine Bewegung auf. Selbstkritisch sprachen die Frauen des Frankfurter Weiberrats rückblickend von ihrer eigenen Zaghaftigkeit und Zurückhaltung in ihrer Darstellung im Frauenjahrbuch 75 (Frankfurter Frauen 1975, S. 19). Sie gaben zu, sich innerhalb des Weiberrats nicht getraut zu haben, sich »zu linken Normen in Widerspruch zu setzen« (ebd., S. 32). Alle Diskussionsbeiträge seien danach beurteilt worden, ob sie auf der richtigen Linie lagen und das war die Linie, auf der andere linke Gruppen bereits lagen. Sehr plastisch schildern die Chronistinnen, womit sie es zu tun hatten: Einem Richtungsstreit, deren eine Seite marxistische Schulung an Hand von Texten forderte, in denen die Probleme, die Frauen hatten, gar nicht auftauchten, während die anderen in Selbsterfahrungsgruppen herausarbeiten wollten, wo sie als Frauen unterdrückt werden. Frauenspezifische Texte wurden von der »Schulungsfraktion« als zu einfach, nur beschreibend kritisiert (ebd., S. 20 ff). Eine Frauengruppe hatte angeregt, persönliche Erfahrungen anonym, schriftlich abzugeben; die eingegangenen Texte wurden von den Auswerterinnen selbst als »allenfalls nach psychoanalytischen Kriterien« einzuordnen bezeichnet (ebd., S. 28). Indem sie die Berichte individualisiert und psychologisiert hatten, wurde die Chance vertan, kollektiver Unterdrückung auf die Spur zu kommen.

Gleichzeitig quälten sich die politisch links stehenden Frauen durch Schulungen, mussten sich rechtfertigen, weil sie sich gegen den Abtreibungsparagraphen engagierten, was als Feminismus diffamiert wurde (ebd., S. 38 f). Dennoch gab es in vielen Städten Gruppen gegen den § 218 StGB, die sich zum Teil zu einer »Aktion 218« zusammengeschlossen hatten. Delegiertenkonferenzen fanden statt (ebd., S. 39). »Das Gefühl, dass es eine Frauenbewegung gibt, stellte sich für die meisten Frauen der ›Aktion 218‹ zum ersten Mal her auf der ersten Bundesfrauenkonferenz am 12./13. März 1972 in Frankfurt.« (ebd., S. 40). Rund 35 Gruppen in mehr als 20 Städten gab es und nicht nur in Groß- und Universitätsstädten. Alles in allem konnte es über eins nach diesem Kongreß keinen Zweifel mehr geben: »Wir haben eine deutsche Frauenbewegung« (ebd., S. 41).

Zwar trifft auch für diese deutsche Frauenbewegung zu, dass sie aus linken Gruppen hervorgegangen ist und Diskriminierung von Männern aus der eigenen Organisation erfahren hat. Aber in der Entstehungszeit dominierte die Auseinandersetzung mit marxistischer Theorie und sozialistischen Positionen. Seitens sozialistischer Männer war »die Frauenfrage« zum Nebenwiderspruch erklärt worden, ihr Thema war der Grundwiderspruch zwischen Lohnarbeit und Kapital, darin war weder für Nicht-Lohnarbeit noch für Sexualität Raum. Trotz aller Frustration hielten frauenbewegte Frauen der ersten Jahre ihrer linken Heimat die Treue und verkündeten: »Kein Sozialismus ohne Feminismus – kein Feminismus ohne Sozialismus«. Kritik kam aber nicht nur von linken Männern, sondern auch von traditionell sozialistisch orientierten Frauen. Da bescheinigte die Politologin Jutta Menschik, die vor allem durch ihr 1971 erschienenes Buch »Gleichberechtigung oder Emanzipation?« bekannt geworden war, der Frauenbewegung ein Abgleiten in »feministische Handwerkelei« (Menschik 1971, S. 673). Die Soziologin und Psychologin Frigga Haug, Mitherausgeberin der Zeitschrift *Das Argument* und damals zunächst Mitglied im Aktionsrat zur Befreiung der Frau, später Mitglied im Sozialistischen Frauenbund Westberlin, beschrieb 1971 Frauengruppen in vielen westlichen Ländern und sparte dabei nicht mit Spitzen: »es wurden (...) Frauengruppen gegründet, die mehr oder weniger bewußt irgendwie die Emanzipation oder die Befreiung der Frau sich zum Ziel machten. Subjektiv war der Auslöser für den Zusammenschluß nicht viel mehr als ein Unbehagen an der eigenen individuell erfahrenen Situation. Die auf diese Weise konstituierten Gruppen verfolgten mit den verschiedensten Methoden das Ziel, unmittelbar etwas für sich zu ändern – angefangen von Selbsthilfeorganisation (Kinder- und Schülerläden) über psychoanalytische Zirkel [gemeint sind »Selbsterfahrungs«- oder besser gesagt Consciousness-Raising-Gruppen, U. M.], in denen die erfahrenen Versagungen hin- und hergeredet wurden, bis hin zu spektakulären Aktionen wie Gefangennahme von Männern, Büstenhalterverbrennungen usw.« (1971, S. 674). Noch polemischer belegte sie 1973 den Feminismus mit Adjektiven wie: »prinzipiell unpolitisch«, »antisozialistisch«, »scheinradikal« (Haug 1973, S. 938). Eine in den USA in Mode gekommene »wahnhafte Vorstellung«, »welche den Namen ›Sexismus‹ trägt« (Arg 83, 944), ist ihr völlig unverständlich, will diese doch unter anderem den »sexistischen« Charakter der Sprache aufdecken (ebd., S. 944). Haug bemängelte schlechte, irreführende Theorie (Haug 1971, S. 675) – ebenso wie Karin Röhrbein, die im gleichen Argumentband wie Frigga Haug Betrachtungen zur us-amerikanischen Frauenbewegung angestellt hatte (1971, S. 705) und die mangelnde sozialistische Theorie und dieser Theorielosigkeit entspringende falsche Gedanken konstatierte.

Retrospektiv verblüfft die Arroganz, mit der linke Männer und Frauen die sozialistische Theorie hoch hielten, aber dies in einer verkürzten und weit hinter den Ausführungen von Marx und Engels zurück gebliebenen Form. So war ihnen offenbar nicht bewusst, dass Sprache Teil eines kulturellen Überbaus ist und daher Gesellschaftsverhältnisse widerspiegelt. Auch erinnerten sie sich nicht daran, dass Marx gesagt hatte, Widersprüche würden auf der Überbau-Ebene bewusst (Marx 1974, 8 f, s. v. Absatz 1.3.1). Auch der von Engels gebrauchte Vergleich über die Familienverhältnisse, in denen der bürgerliche Mann die Bourgeoisie, seine Ehefrau das Proletariat repräsentiere, es also einen Interessengegensatz und Konflikt zwischen den Geschlechtern gebe, war diesen KritikerInnen ebenso wenig Stoff zum Nachdenken und zur weiteren Analyse wie einige Jahrzehnte zuvor Clara Zetkin und anderen. Stattdessen wiederholten sie nur die altbekannte Formel ihrer Vorgängerinnen, der Kampf sei »nur zusammen *mit* den Männern zu führen« (Menschik 1971, S. 673, Herv. im Original). Abgrenzung von Männerfeindlichkeit und ein mehr oder weniger starker Antiamerikanismus, dem alles, was aus den USA kam, erst einmal suspekt erschien und schnell dem Verdacht erlag, theorielos zu sein, mögen die zitierten Äußerungen noch zusätzlich gefärbt haben.

Peu à peu verloren diejenigen Feministinnen jener frühen Jahre, die sich auch als Sozialistinnen verstanden, ihre politische Heimat. Dagegen strömten Frauen zu den ersten Frauengruppen, die weniger an politischer, linker Theorie als vielmehr an politischer Praxis interessiert waren. Der beginnende Kampf gegen den von der sozialliberalen Koalition zu reformierenden Abtreibungsparagraph als

Teil der Strafrechtsreform hatte nicht zuletzt durch die von Alice Schwarzer nach französischem Vorbild 1971 initiierte Selbstbezichtigungskampagne »Ich habe abgetrieben« breite Schichten von Frauen angesprochen und mobilisiert.

Mit dem Kampf gegen den § 218 StGB wurde auch Sexualität in der sich bildenden Frauenbewegung zu einem wichtigen Thema, das bereits einige Jahre in der westlichen Welt große Bedeutung erlangt hatte. In der BRD wurde sexuelle Aufklärung an Schulen institutionalisiert. Am 17.6.1968 erschien der Sexualkundeatlas, herausgegeben vom Bundesgesundheitsministerium unter der SPD-Ministerin Käte Strobel. Die Aufklärungsfilme von Oswalt Kolle kamen von 1968 bis 1970 in die Kinos (1968 »Das Wunder der Liebe«, 1969 »Deine Frau – das unbekannte Wesen«, 1970 »Dein Mann – das unbekannte Wesen«), in den 1970er Jahren wurden Lehrstühle für Sexualforschung eingerichtet. All diese Ereignisse zeigen, wie groß der Wissensdurst war. Auch an Männer hatte die Aufklärungswelle über weibliche Sexualität neue Anforderungen gestellt. »Wie befriedige ich meine Partnerin?« war deren Thema. Vor diesem Hintergrund ist die von Helke Sander in ihrer »Tomatenwurf-Rede« im September 1968 an ihre Genossen gerichtete Frage zu verstehen: »Warum sprecht ihr denn hier vom Klassenkampf und zuhause von Orgasmusschwierigkeiten? Ist das kein Thema für den SDS?« (Sander zit. nach Frankfurter Frauen 1975, S. 13). Nein, für den SDS war es kein Thema, zumindest nicht auf persönlicher Ebene. Für die allgemeine, nicht-persönliche Ebene, auf der die Linke Sexualität behandelte, sind die Argumentbände 22 bis 24 und 35, Beiträge zum Oberthema »Sexualität und Herrschaft« aus den Jahren 1962, '63, '71, ein Zeugnis. In den Artikeln, die in diesen Bändchen zusammengetragen worden waren, ging es um die Geschichte der Lage der Frauen in Deutschland, um Strukturwandel von Autorität und Familie, um die Frau an der Universität, das Frauenbild der Illustrierten, den Kampf ums Neue Weib, um Frauen im deutschen Faschismus, um die Lage der Dozentinnen an der westdeutschen Universität und das Frauenbild des Films. 1971 standen dann Kritiken an der us-amerikanischen und deutschen Frauenbewegung im Fokus, aus denen die oberen Zitate stammen (Argument 35). Verwunderlich, dass Emanzipation der Frau unter »Sexualität und Herrschaft« gefasst wurde. Verwunderlich auch, dass in den Artikeln viel die Rede von Herrschaft war, von Sexualität dagegen geschwiegen wurde, erst recht von Orgasmusschwierigkeiten, ein Beispiel für die Kopflastigkeit und die Nicht-Beschäftigung mit Sexualität innerhalb eines Teils der Linken.

Ganz anders ging Frauenbewegung in den 1970er Jahren an das Thema Sexualität heran. Gemäß dem Anspruch, dass das Persönliche politisch sei, wurde in Kleingruppen darüber geredet. »Wir lernen, unseren Körper mit all seiner Naturwüchsigkeit zu akzeptieren und neu zu erleben. Diejenigen von uns, die Beziehungen zu Männern haben, begannen, ihr eigenes Sexualverhalten kritisch zu sehen, ihre sexuellen Bedürfnisse zu äußern und darauf zu bestehen, daß sie befriedigt werden. Wir befreien uns von jeglichem Einfluß von ›fortschrittlichen‹ Büchern über Sexualität« (»Die rasenden Höllenweiber« 1975, S. 4). Sich von solchen »fortschrittlichen« Inhalten zu befreien, war sehr notwendig, war doch weibliche Sexualität in jener Zeit noch fest mit der psychoanalytischen Vorstellung verknüpft, wonach die reife Frau keinen klitoralen, sondern einen vaginalen Orgasmus zu erleben hatte. In den Kleingruppen der Frauenbewegung kamen die dadurch erzeugten Minderwertigkeitsgefühle und Probleme zur Sprache, mit denen sich die »unreifen« Frauen herumschlugen, die »nur« durch Stimulation der Klitoris zum Orgasmus kamen. Zu den Gesprächen in Kleingruppen kamen Selbstuntersuchungen, die für viele einen zusätzlichen Schritt zur Befreiung von Hemmungen bedeuteten. Eine Frau schilderte ihre Erfahrungen: »Dies wirkte sich in ganz erstaunlichem Maße auch auf meine Verhaltensweisen gegenüber Männern aus, besonders beim ›Miteinanderschlafen‹. Ich bin nun wesentlich entspannter, unbefangener, lustvoller, freier. Ich zeige, wo ich Bedürfnisse habe und versuche ihre Befriedigung voll durchzusetzen.« (ebd., S. 5)

Es veränderte sich auch die Einstellung zu Beziehungen mit Frauen. »Zwangsheterosexualität« wurde verweigert, lesbische Beziehungen eingegangen. Auch der Druck, der oft auf Frauen lastete oder ausgeübt wurde, einen Orgasmus zu haben, wurde kritisiert. »Sogar im Verhalten lesbischer Frauen zeigt sich, wie weit der Orgasmuszwang (…) in uns gesellschaftlich festgelegt wurde. (…) [F]ür manche von ihnen [ist] eine Beziehung unzulänglich, wenn Orgasmusschwierigkeiten auftreten. Es kann sein, daß dann die Freundin abgelehnt wird« (ebd., zweite S. 7, bei der Nummerierung der Seiten gab es einen Fehler). Diese Aussage ist besonders bemerkenswert, weil es in den 1970er Jahren nicht gerade üblich war, sexuelle Probleme in lesbischen Beziehungen zu thematisieren.

So bewegten sich die Frauen der Zweiten Frauenbewegung in ihren Diskussionen über die eigenen Sexualität zwischen dem Bestehen auf sexueller Befriedigung und der kritischen Reflexion eines Zwangs zum Orgasmus für heterosexuelle wie lesbische Frauen. Beidem gemeinsam ist, dass die einzelne Frau als Maßstab galt. Nur sie kann einschätzen, was für sie befriedigend oder wenigstens tolerabel ist und wo sie sich zu Verhaltensweisen und Empfindungen gedrängt fühlt. Gesellschaftlicher Druck und sexuelle Normen wurden hinterfragt und abgelehnt.

Doch damit nicht genug. Die Forderung nach einer selbstbestimmten Sexualität führte zur theoretischen, praktischen und politischen Beschäftigung mit dem Thema nicht-selbstbestimmter Sexualität. Einen Meilenstein stellte das Buch »Against our will« der US-Amerikanerin Susan Brownmiller (1975) dar. Zuvor hatte die Autorin kritische Beiträge in vielen wichtigen Zeitschriften wie *The New York Times Magazine, Vogue* und *Esquire* veröffentlicht. In ihrem Buch über Vergewaltigung zeigte sie deren Bedeutung in ihren verschiedenen Aspekten auf. Notrufgruppen boten Hilfen für Betroffene an; Forderungen nach Gesetzen gegen Vergewaltigung in der Ehe, sexuelle Belästigung am Arbeitsplatz wurden laut. Immer weitere Problembereiche wurden aufgedeckt, eine Arbeit, die bis heute fortdauert, wo auch der sexuelle Missbrauch von Jungen, vor allem in Institutionen, die Massenvergewaltigungen von Frauen und z. T. auch von Männern in Kriegsgebieten und die Vorurteile von Beschäftigten in Institutionen wie der Polizei, die Frauen eine Mitschuld an der von Männern ausgeübten Gewalt zuschreiben. Einiges davon werde ich weiter unten noch vertiefen, hier sollen diese Stichworte genügen.

Darüber hinaus fanden sich schnell weitere Aspekte von Frauenunterdrückung, nicht zuletzt in den Diskussionen in Kleingruppen, in denen es um ein breites Spektrum von Themen ging: Sexualität, Sexismus in der Sprache und nicht zuletzt das große Thema der (sexuellen) Gewalt gegen Frauen. Den Frauen dieser Jahre ging es wie Robin Morgan, sie nahmen Sexismus als alles beherrschendes Phänomen wahr. Das Bewusstsein darüber hatte eine enorme Wirkung. Es ging damals nicht nur um politische Forderungen, nicht nur um Änderungen des eigenen Verhaltens, nicht nur um einen anderen politischen Stil und andere Methoden, es ging auch um eine andere Kultur. Dazu gehörte die »Erfindung der Frauenfeste«, die die 1970er Jahre prägten und die in gewisser Weise das umsetzten, was Frauen 1911 singend gefordert hatten, Brot *und* Rosen. Die Frauenfeste schufen nun einen Rahmen, der den Teilnehmerinnen Selbstbewusstsein und Erotik ermöglichte (Frankfurter Frauen 1975, S. 42 f). Cilli Rentmeister, eine Aktivistin, die nicht nur feministische Beiträge zu Kunst- und Kulturwissenschaft veröffentlicht, sondern auch in der Frauenrockband »Flying Lesbians« mitgespielt hatte, analysierte Frauenfeste retrospektiv und sah in ihnen: »die hedonistische Seite der Frauenbewegung« (Rentmeister 1998, S. 119). Die Kritik an frauenfeindlichen Texten von Rock Bands (Cock Rock, Cock eine umgangssprachliche Bezeichnung für Penis, Schwanz) der Musikszene, zu denen in der Zeit davor getanzt worden war, wurde durch Frauenbands und deren Texte umgesetzt. »Jeder Song [der Flying Lesbians, *der* Kultband der Frauenfeste, U.M.] reflektiert eine wichtige Idee, Kritik oder Problem, das gerade in den Frauenzentren oder Projektkollektiven abgehandelt wird« (ebd., S. 126). Frauenfeste wiesen nach Cilli Rentmeister ethnologische Merkmale von Initiationsritualen auf und hatten oft auch den Charakter von »Coming-Out-Parties« nicht nur im Sinne von Debütantinnen, die in die »Gesellschaft«, also in Frauen(bewegungs)kreise eingeführt wurden, sondern auch als Erlebnis Erotik darzustellen oder auch auszuleben und zu erfahren, »wie gut man sich unter Frauen amüsieren kann« (ebd., S. 135).

Wie war es nun aber um das linke Selbstverständnis bestellt, wenn es um die Hinwendung zu Frauen in anderen Lebenszusammenhängen ging? Soweit sie Arbeiterinnen betraf, handelte es sich eher um eine theoretische Nähe, auf andere Personengruppen bezogen war die Nähe dagegen konkreter, sie war durch Kontakte entstanden. Dazu zählten wie in den USA Lesben, die sich outeten und zu

Gruppen zusammenschlossen und – was heute in Vergessenheit geraten ist – Mütter, die nicht immer auf die Solidarität anderer Frauen rechnen konnten und die ebenfalls eigene Gruppen gründeten (Frankfurter Frauen 1975, S. 43 ff). Obwohl die Unterstützung von Müttern im Weiberrat von Anfang an als wichtigstes Beispiel von Frauensolidarität gegolten hatte und bei Kongressen Kinderbetreuung durch Männer organisiert wurde, erlebten Mütter in Frauengruppen mangelnde Solidarität. In der theoretischen und praktischen Arbeit wurden die Probleme von Müttern nur unzureichend aufgegriffen. Daher gründeten Mütter im Weiberrat eine Müttergruppe (ebd., S. 44 f).

Zusammenfassung und Fazit

- Die Gründe für einen Aufstand von Frauen gegen Männer innerhalb der gleichen Organisation wiederholen sich: Frauen in der bundesrepublikanischen Linken rebellierten Ende der 1960er und Anfang der 1970er Jahre z. T. gegen die Nicht-Befassung ihrer Genossen mit dem scheinbar Privaten, waren aber relativ lange Zeit diesen und den von ihnen und einigen Sozialistinnen hoch gehaltenen Theorie verhaftet, die jedoch, so wie sie präsentiert wurde, wenig zur Situation von Frauen beitragen konnte. Dennoch war ihnen die Verbindung von Feminismus und Sozialismus wichtig.
- Umgekehrt taten Männer und vereinzelt auch Frauen in linken Organisationen die Anliegen von Frauen ab, betrachteten sie bestenfalls als Nebenwiderspruch, schlimmstenfalls als Privates und Psychologisches. Indem sie diese Themenhierarchie errichteten, verbannten sie einen wesentlichen Lebensbereich von Frauen und Männern auf einen untergeordneten Platz.
- Frauen griffen auch auf die Methode des Consciousness-Raising in Kleingruppen zurück und entwickelten durch den gemeinsamen Austausch über eigenen Erfahrungen des Frau-Seins in der Gesellschaft ein Bewusstsein über die Vielzahl der Bereiche, in denen Frauen unterdrückt waren.
- Der aus der aktuellen Situation, der anstehenden Strafrechtsreform und mit ihr die des § 218 StGB, sich entwickelnde Kampf gegen den Abtreibungsparagraphen nahm dabei einen besonders hohen Stellenwert ein.
- Dieser Kampf und die Auswirkungen der »sexuellen Revolution« machten auch in der BRD Sexualität zu einem wichtigen Thema innerhalb der Frauenbewegung.
- Frauen, die sich in der Frauenbewegung als Ganzes nicht angemessen vertreten fühlten, gründeten Untergruppen. Dies waren vor allem Lesben, aber auch Mütter.

2.3 Nach 1989 ohne DDR-Feministinnen (k)ein Staat

Zwanzig Jahre später, Ende der 1980er Jahre, gab es erneut eine weltweite Aufbruchsstimmung und Erschütterung, die im Zusammenbruch der realsozialistischen Staaten des Ostblocks endete. Auch in dieser Umbruchzeit organisierten sich Frauen, beispielsweise in der DDR. Ina Merkel, Verfasserin des »Manifests für eine autonome Frauenbewegung«, schildert in ihrem Text die Situation in den davor liegenden Jahren: »Unsere wackeren Vorkämpferinnen bildeten sich lange ein, die Emanzipation der Frauen sei vollzogen, wenn die Ausbeutung beseitigt und die ökonomische Unabhängigkeit durch eigene Arbeit gesichert seien (...). Ihr Leben lang bekämpften sie die Vorstellung, daß es auch im Sozialismus eine spezifische Form der Frauenunterdrückung gäbe, aus der die Männer ihren Vorteil ziehen könnten, obwohl ihnen jede Statistik deren schädliche Folgen vor Augen führte« (Schwarz 1990, S. 33, s. auch S. 68). Mit den Statistiken, auf die Merkel hier anspielt, sind verschiedene Fakten gemeint, anhand derer die Situation von Frauen in der DDR deutlich wurde:

- Frauen verdienten nur zwei Drittel bis drei Viertel des männlichen Einkommens, was viele Frauen vor allem auf die generell niedrige Bezahlung in bislang typischen Frauenberufen zurück führten (ebd., S. 15, 17, Kahlau Hrsg 1990, S. 70, 103, 113, 119).
- 75 Prozent der Hausarbeit werde von Frauen erledigt, so Gislinde Schwarz (1990, S. 15)
- 80 Prozent der MindestrentenempfängerInnen seien Frauen, fasste Schwarz zusammen. Merkel sah zudem ein starkes Gefälle beim Zugriff auf materielle und kulturelle Lebensbedingungen, auf Entscheidungsbefugnisse und politische Macht. Frauen hätten zugleich die Mängel der Versorgung, der Infrastruktur und des Dienstleistungssystems durch ihre Mehrarbeit kompensieren müssen (Kahlau 1990, S. 39).
- Merkel und Schwarz nannten Gewalt gegen Frauen, die Vermarktung und Sexualisierung des weiblichen Körpers als weitere zu diskutierende Themen (Schwarz 1990, S. 15, Merkel 1990, S. 30), ebenso wie »eine Feminisierung der Sprache« (Schwarz 1990, S. 15).

Intensiv diskutierten frauenbewusste DDR-Frauen die geschlechtsspezifische Arbeitsteilung, vor allem die bzgl. der Haus- und Erziehungsarbeit. »Dadurch daß Frauen (und nur ihnen!) zeitliche Freiräume für Kinderbetreuung gegeben waren, konnten sich Männer verstärkt aus der Vater- und Haushaltsverantwortung zurückziehen. Gleichzeitig wurde Frauen wie selbstverständlich gezeigt, wer letztlich für Haushalt, Kinder und die sozialpflegerische Betreuung aller Familienmitglieder zuständig ist. Aus der Fähigkeit zur biologischen Mutterschaft wurde die Pflicht zur sozialen Mutterschaft abgeleitet. Andererseits wurden Männer per Gesetz von der Familienverantwortung ausgegrenzt: kein Haushaltstag, bis Anfang der achtziger Jahre kein Recht auf bezahltes Babyjahr (und auch heute [1990, U. M.] gibt es dies nur mit Einschränkungen), kaum Zuerkennung des Erziehungsrechts bei Scheidung.« (ebd., S. 14). Diese Verschärfung traditioneller Geschlechtsrollen führten die Autorinnen darauf zurück, dass in der zweiten Hälfte der 1970er Jahre »Wunsch und Notwendigkeit, im Beruf ›ihren Mann‹ zu stehen, (...) immer stärker in Widerspruch mit den überkommenen Verpflichtungen in der Familie« (ebd., S. 12 f) geraten waren, trotz allem hohen Aufwand für Haushalt und Kindererziehung. Die Scheidungsrate stieg ständig, die Geburten gingen zurück (Merkel 1990, S. 29). Um die Geburtenrate zu erhöhen, kam es zu den sozialpolitischen Leistungen, durch die ein »mütterzentriertes Frauenbild« (Schwarz 1990, S. 14) befördert wurde. Was die Frauen aufregte, war nicht nur die Schieflage bzgl. der Aufgaben in der Familie, sondern dass es dabei »nicht um Frauen, sondern um bevölkerungspolitische Ziele« ging (ebd. S. 13).

Doch damit nicht genug. Die Frauen störten sich auch am »marxistischen Gesellschaftsverständnis«, wonach die Aufhebung des Privateigentums Voraussetzung für die Gleichberechtigung der Frau sei, was faktisch die theoretische und praktische Unterordnung, Unterbewertung und Vernachlässigung besonderer Probleme der Frauen bedeutet habe. Maßstab für die Gleichberechtigung von Frauen sei »die Situation des Mannes – ihm sollte sie gleichgestellt werden. Darüber hinausgehende Lebensentwürfe kamen nicht erst zur Sprache, Frauenemanzipation wurde an männlichen Normen gemessen. Schlußfolgerung: Die Frau galt als emanzipiert, wenn sie männliche Leistungen erbrachte und dazu den ihr naturgegebenen Familienpart bestens bewältigte« (ebd., S. 9 f). Dazu kamen »männerdominierte Strukturen, das heißt patriarchale Machtverhältnisse« (Programm des Unabhängigen Frauenverbands, zit. nach Kahlau Hrsg 1990, S. 68), die sich auch in der Art und Weise niederschlugen, wie Männer Politik machten, ein Klima schufen, in dem es für Frauen schwer sei, sich zu behaupten. »Selbstdarstellungen, Profilierungsbedürfnisse, Ellenbogenmentalität, Machtstreben, parteipolitisches Taktieren sowie sexistische Verhaltensweisen spielen in männlich dominierter Politik eine große Rolle« (Schenk 1990, S. 40). So schilderte Christina Schenk 1990 die politische Atmosphäre.

Auf diesem Boden und meist unter dem Dach der Kirche hatten sich in vielen Städten in den Jahren vor der Wende Frauen im Verborgenen getroffen, »denen die Kluft zwischen Lebensanspruch und -möglichkeit durchaus bewusst war.« (Schwarz 1990, S. 15) Sie erkannten, dass es dringend nötig ist, sich mit anderen zu verbinden, weil Frauenfragen eben nicht automatisch auf Männer-Tagesordnungen kommen. So machten sich 1989 in Leipzig 150 weibliche Mitglieder des Neuen

Forums selbständig; es gab die sozialistische Fraueninitiative SOFI, die »lila offensive«, Selbsthilfegruppen für alleinerziehende Mütter und für solche mit »nicht ganz deutsch aussehenden Kindern« (was Rückschlüsse auf Erfahrungen mit ethnischer Diskriminierung erlaubt, U. M.), Bürgerinneninitiativen, Frauen für Veränderung, Gruppen, die sich für Frauenhäuser und Frauenzentren einsetzten, feministische Theologinnen aus Dresden, die Arbeitsgemeinschaft »Frauen in der PDS«, »Senioras«, in der sich vorwiegend ältere trafen, lesbische Frauengruppen und viele andere (ebd., S. 16).

Am 3.12.1989 kamen mehr als 1000 Frauen in der Ostberliner Volksbühne zur Gründung eines Unabhängigen Frauenverbandes in der DDR zusammen und nahmen das von Ina Merkel verfasste Manifest für eine autonome Frauenbewegung per Akklamation an (Schwarz 1990, S. 16). Zuvor hatten Frauenforscherinnen sich in einem offenen Brief vom 6.11.1989 an das Zentralkomitee der Sozialistischen Deutsche Einheitspartei (SED) gewandt und ihre Forderungen formuliert. Unter der Überschrift »Geht die Erneuerung an uns Frauen vorbei?« wurde er in der Aufsatzsammlung »Aufbruch! Frauenbewegungen in der DDR« abgedruckt (Kahlau Hrsg 1990, S. 25 f). Die darin zum Ausdruck kommende Befürchtung teilten auch andere, die Angst, »daß es ihnen ähnlich gehen könnte wie ihren Schwestern in Polen, Ungarn oder der Sowjetunion, wo gesellschaftliche Veränderungen an den Frauen vorbeigingen und sich letztendlich gegen sie richteten.« (Schwarz 1990, S. 8 f) Engagierte Frauen sahen den politischen Prozess, der sich 1989/90 in der DDR entwickelte, durchaus kritisch. Sie erhoben zunehmend ihre Stimme für die Eigenständigkeit ihres Landes, ihrer Kultur und warnten vor einem schnellen Zusammenschluss beider deutscher Staaten. Bei den Leipziger Montagsdemonstrationen mussten sie erleben, dass sie beiseite gedrängt und bedroht wurden, wenn sie ihre Warnungen artikulierten (ebd., S. 19). Auch solche Erfahrungen mögen dazu beigetragen haben, dass die Frauen in der Volksbühne Ina Merkels Aufruf »Ohne Frauen ist kein Staat zu machen« folgten und dem Manifest für eine *autonome* Frauenbewegung zustimmten (Merkel 1990, S. 28).

In den Wochen danach gab es Erfolge, aber auch eine herbe Niederlage. Frauen nahmen an den Runden Tischen auf kommunaler, regionaler und nationaler Ebene Platz. Der Unabhängige Frauenverband (UFV) entsandte Tatjana Böhm als Ministerin ohne Geschäftsbereich in die Regierung Modrow (Kahlau Hrsg 1990, S. 7) und entschied sich zusammen mit der Grünen Partei zu den Wahlen am 18.3.1990 anzutreten. Beide entwickelten eine gemeinsame Wahlplattform (Grüne Partei und Unabhängiger Frauenverband zit. nach Kahlau Hrsg 1990, S. 172 ff), gingen als »Grün-lila Wahlkarawane« auf Tour und erzielten 1,96 % der Stimmen (Kahlau Hrsg 1990, S. 182). Es war mit den *Grünen* verabredet worden, dass der UFV im Reißverschlussverfahren die gewonnenen Sitze mit der *Grünen Partei* teilen würde. Aber nach der Wahl war alles anders. Frau hatte mit der Fairness des Bündnispartners gerechnet und sich verrechnet. Die nicht-rechte Seite (»links« mochten die Frauen die Grünen nicht nennen, die sich selbst auch nicht so verstanden) hatte »die partiarchalen Strukturen genauso oder schlicht noch brutaler durchgesetzt« fasste Tatjana Böhm ihre Enttäuschung zusammen. »Wir haben eigentlich nicht damit gerechnet, daß, wenn es um Macht und Ohnmacht geht (…), die Männer ganz brutal auf ihren Sitzen beharren« (Böhm zit. nach Kahlau Hrsg 1990, S. 186).

Zusammenfassung und Fazit

Die Feministinnen der DDR befanden sich in einer anderen Ausgangssituation als ihre Vorgängerinnen in den USA und der BRD Ende der 1960er Jahre. Sie hatten einerseits die politische Praxis eines sich sozialistisch verstehenden Regimes erlebt und konnten andererseits an eine Praxis bzw. an Forderungen von Frauenbewegungen in westlichen Ländern anknüpfen. Vom realsozialistischen System enttäuscht, fanden sie bei ihrer politischen Annäherung an *Die Grünen* keine Heimat. Nach der Wahl 1990 wurden sie von der Partei ausgebootet.

- DDR-Frauen kritisierten die Realität, d. h. die faktische Ungleichheit zwischen Frauen und Männern ebenso wie das viel zu kurz greifende, marxistisch begründete Emanzipationsverständnis, das auf Erwerbsarbeit für Frauen hinauslief, aber die geschlechtsspezifische Arbeitsteilung, weder was den bezahlten, noch was den unbezahlten Bereich anging, nicht verändert hatte. Insbesondere galt auch in der DDR die Zuständigkeit von Frauen für Hausarbeit und Familie.
- Damit lag die offizielle Politik auf der Linie dessen, was die proletarische Frauenbewegung gekennzeichnet hatte: Schwerpunkt war die Lohnarbeit. Lohnarbeiterinnen unterschieden sich im Wesentlichen bezüglich schlechterer Arbeitsbedingungen von Lohnarbeitern und nicht einmal diese hatte die DDR aufheben können. Für das Regime gab es keine andere Zielvorstellung, als die vollständige Einbindung von Frauen in den Erwerbsbereich, was den DDR-Frauen zu Recht als Angleichung an männliche Lebensbedingungen übel aufstieß.
- Übel stieß den rebellierenden Frauen ebenfalls auf, dass Erleichterungen wie eine kürzere Arbeitszeit und der Haushaltstag nur für Frauen galt und letztendlich bevölkerungspolitisch motiviert war.
- DDR-Frauenaktivistinnen gingen bzgl. der Themen, die sie diskutiert wissen wollten, über das Emanzipationskonzept der Partei und Regierung hinaus. Sie öffneten ein breites Spektrum, wie es auch in westlichen Frauenbewegungen üblich geworden war: Gewalt gegen Frauen, Sprache, kulturelle Lebensbedingungen, Entscheidungsbefugnisse etc.

- Sie beschränkten sich nicht auf frauen- oder geschlechterspezifische Themen, sondern wollten sich aktiv an den anstehenden Veränderungen beteiligen, was ihnen an den Runden Tischen auch gelang.
- Jedoch fanden sie weder bei den Montagsdemonstrationen mit ihren Warnungen vor einem schnellen Zusammenschluss beider deutscher Staaten Gehör, noch konnten sie mit Hilfe der *Grünen Partei* in das 1990 gewählte Parlament einziehen, wie es ihnen von *Grünen* Mitgliedern zuvor zugesagt worden war. Sie waren an den Meinungsführern gescheitert.

Ihre Versuche, eine politische Heimat zu finden, waren in beiden Zusammenhängen fehlgeschlagen, insbesondere dort, wo es um Macht im Parlament hätte gehen können. Die Anliegen der organisierten Frauen gingen im Vereinigungsprozess unter.

Literatur

Beale Frances (1970) Double Jeopardy: To Be Black and Female. In: Cade Toni (Hrsg) (1970) The Black Woman. Signet New American Library, New York, S. 90–100

Boggs Grace Lee (1970) The Black Revolution in America. In: Cade Toni (Hrsg) (1970) The Black Woman. Signet New American Library, New York, S. 211–223

Brownmiller Susan (1975) Against Our Will. Men, Women and Rape. Bantam, New York

Cade Toni (Hrsg) (1970) The Black Woman. Signet New American Library, New York

Cade Toni (1970) The Pill: Genocide or Liberation? In: Cade Toni (Hrsg) (1970) The Black Woman. Signet New American Library, New York, S. 162–169

»Die rasenden Höllenweiber« (Hrsg) (1975) Hexengeflüster, Frauenselbstverlag, Berlin

Frankfurter Frauen (Hrsg) (1975) Frauenjahrbuch '75. Roter Stern, Frankfurt am Main

Haug Frigga (1971) Die mißverstandene Emanzipation. Kritik zu Schrader-Klebert. Das Argument 67: 674–687

Haug Frigga (1973) Verteidigung der Frauenbewegung gegen den Feminismus. Das Argument 83: 938–947

Heinrich-Böll-Stiftung Feministische Studien (Hrsg) (1999) Wie weit flog die Tomate? Heinrich-Böll-Stiftung, Berlin

Kahlau Cordula (Hrsg) (1990) Aufbruch! Frauenbewegung in der DDR. Frauenoffensive, München

Lindsey Kay (1970) The Black Woman as Woman. In: Cade Toni (Hrsg) The Black Woman, Signet New American Library, New York, S. 85–89

Marx, Karl (1974) Zur Kritik der Politischen Ökonomie. In: Marx-Engels-Werke Bd 13, S. 3–160

Menschik Jutta (1971) Zur Lage erwerbstätiger Frauen in der Bundesrepublik Deutschland. Das Argument 67: 645–673

Merkel Ina (1990) Ohne Frauen ist kein Staat zu machen. In: Kahlau Cordula (Hrsg) (1990) Aufbruch! Frauenbewegung in der DDR. Frauenoffensive, München, S. 28–38

Morgan Robin (Hrsg) (1970) Sisterhood is Powerful. Vintage, New York

Rentmeister, Cillie (1998) Frauenfeste als Initiationsritual. In: Heinrich-Böll-Stiftung Feministische Studien (Hrsg) (1999) Wie weit flog die Tomate? Heinrich-Böll-Stiftung, Berlin, S. 118–140

Robinson Pat and Group (1970) Poor Black Women's Study Papers. In: Cade Toni (Hrsg) The Black Woman, Signet New American Library, New York, S. 189–197

Röhrbein Karin (1971) »Jammere nicht – leiste Widerstand« Betrachtungen zur amerikanischen Frauenbewegung. Das Argument 67: 688–705

Sanders Fran (1970) Dear Black Man. In: Cade Toni (Hrsg) The Black Woman, Signet New American Library, New York, S. 73–79

Schenk Christina (1990) Das Experiment UFV – Erfahrungen, Tendenzen und Perspektiven der DDR-Frauenbewegung. In: Stiftung Mitarbeit (Hrsg) (1990) Deutschland – Einig Mutterland? Eigenverlag Stiftung Mitarbeit, Bonn, S. 29–48

Schwarz Gislinde (1990) Aufbruch der Hexen. In: Kahlau Cordula (Hrsg) (1990) Aufbruch! Frauenbewegung in der DDR. Frauenoffensive, München, S. 8–24

3 Gemessen an ihren Zielen und Forderungen standen die autonomen Frauenbewegungen der zweiten Hälfte des 20. Jahrhunderts politisch links

Um die Frauenbewegungen in den 1960er/1970er Jahren politisch verorten zu können, betrachte ich zunächst ihre utopischen Vorstellungen einer anderen Gesellschaft, für die sich die engagierten Frauen eine bessere Welt, auch für Männer wünschten. Schließlich waren Männer ebenfalls in Rollenzwängen gefangen, auch wenn das nicht allen bewusst war. Entscheidender für eine Bewertung ist es jedoch, das Verhältnis von politischen Forderungen und Zielen im Rahmen der in jenen Jahren herrschenden Verhältnisse zu betrachten. Haben die rebellierenden Frauen vielleicht nur Maßnahmen lautstark unterstützt, die den Kapitalismus weiter bringen würden? Oder haben sie eigene, vielleicht sogar systemsprengende Akzente gesetzt? Erst nachdem ich eine Antwort darauf gegeben habe, definiere ich Feminismus. Von Frauenbewegungen spreche ich, weil ich mich sowohl auf die USA als auf die damalige BRD und in einzelnen Teilen auf die bewegten Frauen in der DDR beziehe.

3.1 Ziele und Utopien aus den Anfängen der Zweiten Frauenbewegungen

Ende der 1960er Jahre war die Zeit, in der der Glaube an eine mögliche, weltweite Revolution weit verbreitet war. Das war auch die Überzeugung und Hoffnung der Frauen in den USA »a world wide revolution is already taking place: Third World peoples, black, brown peoples, are rising up and demanding an end to their neo-colonial status under the economic empire of the United States.« (Morgan 1970, S. xxxiv) In dieser Situation, in diesem Klima träumten Frauen in den Frauenbewegungen von einer weltweiten Frauen-Revolution »as the only hope for life on the planet« (ebd., S. xxxv). Dabei waren ihnen die unterschiedlichen Lebensbedingungen von Frauen auf der Welt durchaus bewusst: »It (…)

seems obvious (...) that I, as a not-starving white American woman living in the very belly of the beast, must fight for those sisters to *survive* before we can even talk together as oppressed women.« schrieb Robin Morgan 1970 (ebd., S. xxxiv f Herv. im Original). Natürlich haben auch Schwarze Frauen Unterschiede unter Frauen gesehen: »Where the white woman is the wife, the Black women is the mother on welfare (...), where the white woman is the call girl, the Black woman is the street prostitute, where the white woman is married to a man who can afford it, a Black woman takes over the care of the home and children (...) White females are the tokens among women in this society, in that they have the titles but not the power while Black women have neither« (Lindsey 1970, S. 88). Diese relativ große inhaltliche Nähe zwischen Schwarzen und weißen Frauen trotz aller Differenzen kam vielleicht auch dadurch zustande, dass 1967 bzgl. der Durchschnittseinkommen aus Vollzeiterwerbstätigkeit weiße Männer an der Spitze lagen, mit einigem Abstand gefolgt von Schwarzen Männern; erst danach kamen weiße, dann Schwarze Frauen (Beale 1970, S. 94, Joreen 1970, S. 37, Röhrbein 1971, S. 688).

Aus einem »revolutionary feminism« (Morgan 1970, S. xxxiv) begann sich eine tiefer gehende Erkenntnis über die Situation von Frauen zu entwickeln. Immer mehr wurden sich die aktiven Frauen der Tatsache bewusst, dass die Unterdrückung von Frauen, ebenso wie Rassismus, älter sind als der Kapitalismus und auch – wie wir heute sagen würden – im real existierenden Sozialismus nicht überwunden wurden. »We know that two evils clearly predate corporate capitalism, and have post-dated socialist revolutions: *sexisms* and *racism* – so we know that a male-dominated socialist revolution in economic and even cultural terms, were it to occur tomorrow, would be no revolution, but only another coup d'état among men« (ebd., S. xxxi, Herv. im Original). Es gehe um die Zerstörung von Unterdrückung in jeder Form, schrieb auch Frances Beale: »Unless Black men (...) understand that the society which we are trying to create is one in which the oppression of *all members* of that society is eliminated, then the revolution will have failed in this avowed purpose« (Beale 1970, S. 100, Herv. im Original).

Ganz ähnlich argumentierten Frauen in der BRD der 1960er Jahre. Ihnen ging es nicht um eine bessere Integration ins repressive System, um Anpassung an männliche Normen (Schrader-Klebert 1969, S. 3), oder um Gleichberechtigung innerhalb des kapitalistischen Systems (Frankfurter Frauen 1975, S. 25). Auch in der BRD war man/frau vom Gedanken an eine Revolution durchdrungen: »Keine Revolution ohne Emanzipation« war ein Slogan auf dem Bundesfrauenkongress 1974 in Frankfurt/Main (Fischer 1999, S. 203).

Die DDR-Frauen sahen die Beschränktheit ihres Systems, denn sie plädierten für einen erneuerten Sozialismus (Kahlau Hrsg 1999, S. 28) für eine sozialistische Gesellschaft, »die

- ökologisch, demokratisch, feministisch, multikulturell, nicht-totalitär und sozial gerecht ist,
- die nicht konsum- und konkurrenzorientiert ist,
- ohne soziale Benachteiligung aufgrund des Geschlechts, der Lebensform, der Sexualität, des Alters, der Hautfarbe, der Sprache und aufgrund von Behinderungen« (lila offensive zit. nach Kahlau Hrsg 1990, S. 99).

Ihnen war ebenfalls klar, dass Frauenfragen existentielle Grundfragen sind, die die Organisationsform der reproduktive Existenzsicherung, ihre Entwicklungsmöglichkeiten und Ziele beinhalten (Merkel 1990, S. 29). Es ging den Frauen nicht um formale Gleichstellung nach dem Gesetz, sie strebten »die wirkliche Gleichstellung in allen Bereichen des gesellschaftlichen Lebens« (Programm des UFV zit. nach Kahlau Hrsg 1990, S. 68) als Voraussetzung für Emanzipation an. Diese richte sich übergreifend auf die gesamte Gesellschaft, denn indem die unterschiedlichen Interessenlagen von Frauen als den Benachteiligten und von Männern als den Bevorteilten aufgedeckt würden, würden Männer zwar Privilegien aufgeben müssen, aber sie würden als Menschen profitieren. »Denn Männer sind ebenfalls durch patriarchale Zwänge in ihrer Persönlichkeit eingeschränkt« (ebd., S. 68).

Diese letzte Aussage galt auch für die Zeit Ende der 1960er Jahre. So heißt es in der zweiten Strophe des Liedes »Bread and Roses«, das in der Zweiten Frauenbewegung wieder entdeckt wurde und zu Ehren kam: »As we go marching, marching, we battle too for men«. In den Anfangsjahren war eine solche Einstellung sowohl in den USA als auch in der BRD selbstverständliche Grundlage der politischen Positionen. Allerdings ist der Funke von Frauen nicht auf Männer übergesprungen. Es kam nicht dazu, dass diese die Zwänge, in denen sie lebten, erkannten und sich dagegen auflehnten. Nur in vereinzelten Selbsterfahrungsgruppen haben Männer ihr Verhalten, ihre Sozialisation reflektiert, eine größere Organisation oder gar Bewegung ist daraus nicht entstanden.

Die damals formulierten Utopien mögen wolkig, vielleicht sogar naiv gewesen sein, aber sie beschreiben doch gut die Stimmung, die Ernsthaftigkeit, mit der Frauen auf Veränderung hinarbeiten wollten und vermitteln die Energie, das Engagement, das bei ihnen vorhanden war. Dabei ging es nicht nur um die Beendigung von Unterdrückung, es floss auch eine Vision anderer Arbeit mit ein: »(...) we want something more, much more, than the same gray, meaningless, alienating jobs that men are forced to sacrifice their lives to« (Morgan 1970, S. xxxi). Auch wenn nicht ausdrücklich gesagt, ging es um gesellschaftlich nützliche Arbeit und um nicht-ausbeuterische Arbeitsbedingungen. Während letzteres immer zu linker Politik gehört/hat, ist ersteres, die Forderung nach sinnvoller Arbeit, kaum mehr ein Thema.

In der Übereinstimmung aller drei Frauenbewegungen, was die Bedeutung der Hausarbeit angeht, zeigt sich linkes Selbstverständnis, aber in einer anderen als der traditionellen Form der SozialistInnen. Die Beschäftigung mit Arbeit und deren gesellschaftlicher Organisation hat eine politisch linke Tradition. Die Frauenbewegungen setzten jedoch einen anderen Akzent, indem sie die unbezahlte Hausarbeit in den Vordergrund rückten. Dies ist ein so eminent wichtiger Schritt, dass ich weiter unten ausführlicher darauf eingehen möchte.

3.2 Der historische Kontext Ende der 1960er Jahre

Meine Behauptung, die Frauenbewegungen hätten bis in die 1970er Jahre ein ausgeprägtes linkes Selbstverständnis gehabt, bezieht sich nicht nur auf deren gemeinsame Ziele und Utopien. Zu einer sich politisch links verstehenden sozialen Bewegung gehört auch, dass ihre Forderungen systemsprengenden Charakter haben. Um dies einschätzen und bewerten zu können, genügt es nicht, etwa nach kapitalismuskritischen Aussagen zu suchen. Auch ist nichts gewonnen, wenn manche Analysen, so wie die von Andrea Trumann von 2002, pauschalisierend angeben, dass »sämtliche Forderungen nach Selbstbestimmung, sei es in der Arbeit, sei es in der Sexualität oder beim Kinderwunsch, in einer Gesellschaft doch nur zur Internalisierung von Herrschaft führen« (2002, S. 179). Um entscheiden zu können, ob Forderungen der Frauenbewegung systemkonform waren oder (auch) systemsprengenden Charakter hatten, ist es zunächst wichtig zu verstehen, welche gesellschaftliche und politische Situation Ende der 1960er Jahre vorlag, was den Umbruch ausgemacht hat, was das Gefühl bei so vielen Menschen ausgelöst hatte, eine Revolution stünde kurz bevor. Das will ich im Folgenden versuchen und beschränke mich dabei auf die Situation der BRD.

In den Nachkriegsjahren bis in die 1960er verschob sich der Schwerpunkt der westdeutschen Industrieproduktion von der Schwer- zur Leichtindustrie. Chemie- und Elektroindustrie traten in den Vordergrund (Huffschmid 1977, S. 61 ff), die Produktivkraft der Arbeit wurde durch Arbeitsintensivierung und durch verstärkte Technisierung der Arbeitsprozesse gesteigert. 1966/67 kam es zur ersten bundesdeutschen (Überproduktions-)Krise (Brandt et al. 1973, S. 47). Danach traten in rascher Folge weitere Krisen auf, die schwerste 1973, die auch im Zusammenhang mit der Ölkrise stand (Huffschmid 1977, S. 57). Die Arbeitslosigkeit war wesentlich höher als 1966/67 (Haupt und Pauly 1977, S. 191 ff); sie war zum einen der Veränderung der Wirtschaftsstruktur geschuldet, zum anderen einer permanenten relativen Überbevölkerung (Brandt et al. 1973, S. 47). Damit ist gemeint, dass wesentlich mehr Arbeitskräfte vorhanden waren, als gebraucht wurden. Dazu hatte auch der Staat beigetragen, er hatte sich der Rationalisierungspolitik der Wirtschaft angeschlossen, indem er im Öffentlichen Dienst einen Einstellungsstopp verhängt hatte, Stellen gekürzt und abgebaut wurden (Haupt und Pauly, S. 209 f). Noch Ende der 1950er/Anfang der 1960er Jahre war das inländische Arbeitskräftepotenzial für Tätigkeiten, die überwiegend von Männern ausgeübt wurden, so weit ausgeschöpft, dass Arbeitskräfte angeworben werden mussten. Bis 1964 gab es 1 Mio. ausländischer ArbeiterInnen in der BRD, 1969 waren es 2 Mio, (Brandt et al. 1973, S. 44), darunter 439 400 »Gastarbeiterinnen« (ebd., S. 60). Als Reaktion auf die 1966/67er Krise war 1967 die Abwanderung erstmals höher als die Zuwanderung; letztere stieg allerdings danach erneut an (ebd., S. 225). 1973 reagierte der Staat auf diese relative Überbevölkerung, indem er einen Anwerbestopp verhängte. Ein Rückgang der Bevölkerung lag auf längere Sicht im ökonomischen Interesse, da Rationalisierungsmaßnahmen weiterhin anhielten.

Auf Krisen reagieren Unternehmen, indem sie die Produktionskosten zu senken versuchen. Das geschieht durch Lohnkürzungen und durch Reduzierung der Arbeitskräfte, dies wurde dank Rationalisierungen möglich. Beides hatte Auswirkungen auf Frauen. Die geringeren Männerlöhne machten einen Zuverdienst von Frauen nötig, um die Familie finanziell zu versorgen und den Lebensstandard zu halten. So hatten sich in den Nachkriegsjahren Veränderungen in der Struktur der Erwerbsbevölkerung vollzogen. Von 1950 bis 1968 hatte sich die Zahl weiblicher Erwerbspersonen enorm erhöht, von 7,4 Mio. auf 9,6 Mio. (ebd.. 1973, S. 229), eine Steigerung um 70 Prozent (ebd. S. 61). Waren 1950 noch über die Hälfte von ihnen ledig, so waren 1968 Verheiratete die zahlenmäßig stärkste Gruppe, sie machten über die Hälfte aus (ebd., S. 229). Gründe für die hohe Erwerbstätigkeit verheirateter Frauen waren zu über 90 Prozent ökonomische, das heißt das Einkommen des Mannes allein reichte nicht aus, um den Lebensstandard der Familie zu halten, so Brandt, Kootz und Steppke, die 1973 der »Frauenfrage im Kapitalismus« nachgegangen waren (ebd., S. 65). Sie errechneten, dass in der Regel zwei Personen eines Mehrpersonenhaushalts erwerbstätig sein müssen, um die laufenden Ausgaben für Nahrungs- und Lebensmittel, Elektrizität, Verkehr, Mieten usw. zu bestreiten (ebd., S. 168). Der starke Anstieg (um 40 Prozent) von erwerbstätigen, verheirateten Frauen mit Kindern unter 15 Jahren in der Zeit von 1965 und 1971 erklärt sich aus einem Befragungsergebnis, wonach 1968 Mütter aus vollständigen Familien zu über 90 Prozent angaben, aus ökonomischen Gründen erwerbstätig zu sein (ebd., S. 167 f und S. 69 f). Damit wird das belegt, was Marx vorausgesagt hatte: der Lohn des Mannes war als Familieneinkommen auf längere Sicht nicht mehr ausreichend. »Indem die Maschinerie alle Glieder der Arbeiterfamilie auf den Arbeitsmarkt wirft, verteilt sie den Wert der Arbeitskraft des Mannes über seine ganze Familie. Sie entwertet daher seine Arbeitskraft.« Denn der »Wert der Arbeitskraft war bestimmt nicht nur durch die zur Erhaltung des individuellen erwachsenen Arbeiters, sondern durch die zur Erhaltung der Arbeiterfamilie nötigen Arbeitszeit« (Marx 1972, S. 417).

Die erhöhte Erwerbstätigkeit von Frauen ging vor allem auf das Konto von Teilzeittätigkeit; hier war der Anteil von 1961 bis 1970 um 83 Prozent gestiegen (Brandt et al., S. 62). Dies entsprach auch der Nachfrage (ebd. S. 177), da für 1,4 Mio. Kinder erwerbstätiger Mütter Kindergartenplätze fehlten (ebd., S. 62 f). Trotz der hohen Erwerbsquote von Frauen bestand deren Familienorientierung nach wie vor, ihre Teilnahme am Erwerbsleben war zum Erhalt des Lebensstandards notwendig, erforderte aber zugleich Anschaffungen zur Haushaltserleichterung, die wiederum durch zusätzliches Einkommen bezahlt werden mussten (ebd., S. 181). So wandelte sich der Familientypus von der Ein-Ernährerfamilie zur Familie mit männlichem Haupternährer und einer weiblichen Teilzeit-Miternährerin, was ich als modifiziertes Ein-Ernährer-Familienmodell bezeichnen möchte.

Diese veränderte Lebenssituation von Frauen stand in einem gewissen Widerspruch zur geltenden Rechtslage. Das Gleichberechtigungsgesetz von 1957 definierte die Funktion des Mannes derart, »daß er grundsätzlich der Erhalter und Ernährer der Familie ist, während die Frau als ihre vornehmste Aufgabe ansehen muß, das Herz der Familie zu sein« (Menschik zit. nach ebd., S. 50). Der § 1356 BGB ließ Erwerbstätigkeit der Frau nur insoweit zu, wie diese Tätigkeiten nicht der Erfüllung ihrer ehelichen und familiären Pflichten entgegenstanden, während der § 1360 BGB die Frau dazu verpflichtete, eine Erwerbstätigkeit dann aufzunehmen, wenn »die Arbeitskraft des Mannes und die Einkünfte der Ehegatten zum Unterhalt der Familie nicht ausreichen« (Brandt et al. 1973, S. 50, 174, 182). Klarer konnte der »Reservearmee-Charakter« weiblicher Erwerbstätigkeit nicht zum Ausdruck gebracht werden. Diese Gesetze wurden erst im Zuge der Familienrechtsreform 1977 geändert. Die Realität hatte sie überholt. Der juristische Überbau wälzte sich um. Eine Umwälzung vollzog sich auch auf ideologischer Ebene: Zum traditionellen Leitbild der Hausfrau und Mutter trat das der im Berufsleben stehenden »emanzipierten« Frau (ebd., S. 173). An die Stelle des Leitbildes vom Familienernährer mit Hausfrau trat eine Partnerschaftsideologie, bei der die Lasten gleich und gerecht auf beide Ehepartner verteilt werden sollten. Doch dies entsprach nicht der Realität des vollzeitbeschäftigten Mannes und seiner teilzeitbeschäftigten Ehefrau. Es gab von vornherein ungleiche Ausgangsbedingungen.

Der abnehmende Bedarf an menschlicher und männlicher Arbeitskraft hatte meines Erachtens auch indirekte Auswirkungen auf die Bevölkerungsentwicklung. Es ist sicher nicht nur dem »Pillenknick« geschuldet, dass der Geburtenüberschuss nach 1967 enorm zurückging. Dieser hatte 1964 mit über 400 Tausend Menschen einen Höhepunkt erreicht, 1970 war er auf 76 Tausend geschrumpft (ebd., S. 225). Zwar ermöglichte die Entwicklung hormoneller Empfängnisverhütungsmittel Frauen die Kontrolle über die Fortpflanzung, ebenso wie in der BRD ab 1975 die Verringerung des Strafmaßes bei Abtreibung, aber die unsichere wirtschaftliche Lage hatte ebenfalls dazu beigetragen, dass weniger Kinder gewollt und also auch weniger geboren wurden.

Auch die Veränderungen im Sexualverhalten, die sich in jener Zeit vollzogen, lagen im gesellschaftlichen Interesse. Der Sexualtrieb eignet sich nämlich zum Vehikel der Übernahme von sozialen Eigenschaften (Reiche 1971, S. 28). Diese Erkenntnis der Psychoanalyse war auch bezogen auf andere Kulturen stimmig. Es gibt eine Beziehung zwischen der ökonomischen Entwicklungsstufe einer Gesellschaft und den sich aus ihr ergebenden kulturellen Anforderungen an den individuellen Charakter und die den Menschen einer Gesellschaft gemeinsame Charakterstruktur, den Sozialcharakter (ebd., S. 32 ff). Letzterer differiert nach Geschlecht, Klasse und anderen gesellschaftlichen Teilsystemen je nach den Funktionserfordernissen, die die Gesellschaft an diese Gruppen richtet. So begann im 16., 17. und 18. Jahrhundert in den meisten europäischen Staaten die Entwicklung der kapitalistischen Produktionsweise, ein Wirtschaftsprozess, bei dem der gesellschaftliche Reichtum nicht für den sofortigen Verbrauch gedacht war, sondern Investitionen zu dienen hatte. Die Notwendigkeit des Aufschiebens und Verzichtens musste nicht nur einsichtig sein, sondern auch verinnerlicht werden. Für diejenigen, die ohnehin wenig bis nichts zu verbrauchen hatten, musste dagegen die Einsicht in die Notwendigkeit geregelter Arbeit erfolgen, denn auf Dauer konnte diese nicht durch äußere Zwänge durchgesetzt werden; an deren Stelle mussten innere treten. Derjenige Charaktertyp, der diese Zwänge am stärksten verinnerlicht hat, wird von der Psychoanalyse als analer Zwangstypus bezeichnet. Er ist dadurch gekennzeichnet, dass die Lenkung der analen Triebe in der frühkindlichen Erziehung Eigenschaften hervorbringt, die als »bürgerliche Tugenden« bekannt sind, wie Pünktlichkeit, Ordentlichkeit, Sauberkeit, Effizienz und Zweckmäßigkeit (ebd., S. 36 ff). Dazu kam, dass im Früh- und Hochkapitalismus ein großer Bedarf an Arbeitskräften bestand. Dem entsprach, dass im Sexualverhalten des analen Zwangscharakters auf Zeugung ausgerichtete Sexualpraktiken überwogen. Oralgenitaler Verkehr, Onanie und Analverkehr gelten in Gesellschaften, in denen dieser Typus dominiert, als Perversionen, die sanktioniert werden, da sie nicht auf Fortpflanzung ausgerichtet sind (ebd., S. 40, 43).

In der Phase des Kapitalismus, der sich in den 1960er Jahren herausbildete, änderte sich das ökonomische Bedürfnis an Charaktereigenschaften. Da die erzeugten Produkte, sollen Überproduktionskrisen eingedämmt werden, konsumiert werden müssen, war Konsumverzicht nicht länger ökonomisch wünschenswert. »Die Individuen müssen lernen zu konsumieren; zu konsumieren, wann immer das System es will und zu konsumieren, was immer das System will. Der klassische anale Zwangscharakter muss gelockert werden. (…) Auch die realen und scheinbaren sexuellen Freiheiten müssen größer werden (...) Die Sexualität wird ein Stück weit ›freigelassen‹ und in den Dienst der Herrschaftssicherung genommen.« (ebd., S. 44 f) beschreibt Reiche die notwendigen charakterlichen Veränderungen. Die gelockerte Sexualmoral dient so dem System selbst. Herbert Marcuse bezeichnet die im Herrschaftsinteresse gelockerte Sexualmoral daher als repressive Entsublimierung.»Das Sexuelle wird in die Arbeitsbeziehungen und die Werbetätigkeit eingegliedert und so (kontrollierter) Befriedigung zugänglich gemacht (...); die Sexualität wird in gesellschaftlich aufbauenden Formen befreit (oder vielmehr liberalisiert)« (Marcuse, zit. nach ebd., S. 48 f). Also lag eine sexuelle Liberalisierung im Interesse der weiter fortgeschrittenen kapitalistischen Wirtschaftsweise und damit der Gesellschaft.

3.3 Systemsprengende Forderungen

Steigende Frauenerwerbstätigkeit, die Möglichkeit für Frauen, die Geburtenzahl zu steuern bzw. zu begrenzen, die Lockerung der Sexualmoral, all diese Veränderungen lagen grundsätzlich im Interesse der kapitalistischen Produktionsweise und der bürgerlichen Gesellschaft. Hat die Frauenbewegung also zur Erhaltung und zum Fortbestand des Kapitalismus beigetragen? War die Frauenbewegung das historische Subjekt, das die notwendigen Veränderungen unterstützte und half, sie herbeizuführen? Diese Fragen vorschnell zu bejahen, wird weder der Frauenbewegung gerecht, noch entspricht es einer differenzierten dialektisch-historischen Betrachtung. Die Forderungen der Zweiten Frauenbewegung gingen nämlich zum Teil über das hinaus, was für die veränderten kapitalistischen ökonomischen Bedürfnisse wünschenswert war:

- Auf der Linie der notwendigen Veränderungen lag sie mit ihrer Kritik an der seinerzeit herrschenden Sexualmoral zusammen mit der Schwulenbewegung (die Lesbenbewegung war damals weitgehend in die Frauenbewegung integriert). Die Frauenbewegung setzte ihren Akzent besonders auf sexuelle Befriedigung und Lustgewinn für Frauen.
- Die antiautoritäre Erziehungsmaxime, wie sie in und außerhalb von selbstorganisierten Kinderläden vertreten und von der Frauenbewegung mitgetragen wurden, hatten nicht ein freudig konsumierendes Individuum im Sinn, sondern selbstbewusste, kritische Menschen, die Normen und Werte hinterfragten und sich nicht in vorgegebene Strukturen einfügten.
- Bei den Forderungen nach Geburtenkontrolle, bezogen sowohl auf Abtreibungen, als auch auf empfängnisverhütende Mittel und Methoden ging es der Frauenbewegung darum, dass Frauen hierbei ein Selbstbestimmungsrecht er-

halten sollten. Das kam in Slogans wie »Mein Bauch gehört mir« und »Ob Kinder oder keine bestimmen wir alleine« zum Ausdruck. Mit einer ersatzlosen Streichung des § 218 StGB und auch mit der Fristenlösung wäre das der Fall gewesen. In der Frage der Empfängnisverhütung kritisierten Frauen im Umfeld der Bewegung die von ÄrztInnen favorisierte »Pille« ebenso wie die »Spirale«. Viele wollten lieber ein Diaphragma in eigene Hände nehmen, »natürliche« Verhütung praktizieren, also z. B. die Berücksichtigung der »fruchtbaren Tage«. Aus der Frauenbewegung wurde zudem die Forderung nach sicherer Zeugungsverhütung für Männer und deren Beratung bzgl. einer Vasektomie erhoben, also der Durchtrennung der Samenleiter, eine Operation, die auch als Sterilisation des Mannes bezeichnet wird. Auch entlarvten die rebellierenden Frauen die Herrschaftsinteressen der Pharmaindustrie und der Ärzteschaft und die der Machthaber in den Industriestaaten gegenüber der sog. Dritten Welt und kritisierten deren Bevölkerungspolitik (s. u. 4.2).

- Andere Ziele als Staat und Kapital verfolgte die Frauenbewegung auch im Hinblick auf weibliche Erwerbsarbeit. Es ging um ein existenzsicherndes Einkommen, Gewerkschafterinnen forderten gleichen Lohn für gleiche und vergleichbare Arbeit, beides Forderungen, die bis heute in der BRD nicht erfüllt sind und vielleicht im Kapitalismus auch gar nicht erfüllbar sind.
- Was die unbezahlte Hausarbeit angeht, so hatte die Kampagne »Lohn für Hausarbeit« durchaus systemsprengenden Charakter; dazu weiter unten mehr (s. 4.1.4).
- Auch das große Kapitel »Gewalt gegen Frauen«, war nie ein Anliegen des politischen und gesellschaftlichen Mainstreams. Hier hat die Frauenbewegung patriarchale Machtausübung von Männern in ihren vielfältigen Aspekten angeprangert: die Vergewaltigung in der Ehe, der sog. sexuelle Missbrauch von Mädchen, Kinder- und Gewaltpornographie, Zwangsprostitution, Massenvergewaltigungen in Kriegsgebieten, Männergewalt gegen Frauen in Familien und sexuelle Belästigung am Arbeitsplatz. Die Sichtweise, die in diesen Formen von Männergewalt ein überindividuelles Phänomen erkannte, stellte gegenüber der landläufigen Auffassung einen Paradigmenwechsel dar. Allerdings wurden in der Öffentlichkeit und Politik darin weniger Ausdrucksformen des Patriarchats gesehen, als vielmehr Einzelfälle, die es zu bestrafen galt und/oder für die Unterstützungsmaßnahmen eingeleitet werden sollten, z. T. durch Einrichtung geeigneter Institutionen. In dem Zusammenhang ist ein auf einen anderen Zusammenhang bezogener Kommentar von Ulrike Röhr sehr treffend, die bemerkt, es sei offensichtlich leichter, »sich für Opfer einzusetzen als für diejenigen, die grundlegende Veränderungen fordern.« (Röhr 2009, S. 5) Dabei muss ich einräumen, dass es nicht einfach ist, grundlegende Veränderungen zu formulieren, um die sich als Gewalt äußernde Männermacht einzudäm-

men. Der Einsatz für weibliche Gewaltopfer ist später als »Opferfeminismus« kritisiert worden. Er erhält aber noch eine andere Wertung, wenn man/frau bedenkt, dass in den 1980er Jahren, den Jahren die als »Bleierne Zeiten« beschrieben werden und in denen sich die politische Stimmung von linken Positionen abwandte, linke Forderungen einen schweren Stand hatten. Man denke nur an die Berufsverbote für Mitglieder der DKP.

Es war also keineswegs so, dass die Frauenbewegung eine bereits halb geöffnete Tür einrannte. Eher rüttelte sie in ihrer frühen Phase an einer Tür, zu der weder spätkapitalistische Wirtschaftserfordernisse noch die Regierenden Einlass gewähren wollten.

Zu einer dialektischen Betrachtungsweise gehört auch, zu erkennen, dass gesellschaftliche Veränderungen, die im Interesse der Herrschenden liegen, deshalb nicht generell abzulehnen sind. Viele Frauen haben von dem steigenden Bedarf an weiblichen Arbeitskräften profitieren können, indem sie eine partielle ökonomische Unabhängigkeit vom (Ehe-)Partner erreichten. Bei einer Bewertung der gestiegenen Frauenerwerbsquote ist daher eine Differenzierung erforderlich und keine pauschale Einschätzung. Auch die gelockerte Sexualmoral war ambivalent zu sehen. So haben Frauen schnell erkannt, dass die Existenz der »Pille« auch gegen sie verwandt werden konnte, indem Männer Druck auf ihre Partnerinnen ausübten, diese auch einzunehmen, um sich selbst von der Verantwortung zu entlasten. Gerade an diesem Beispiel wurde deutlich, dass eine technische Errungenschaft nicht losgelöst von Machtverhältnissen bewertet werden kann und in diesen Verhältnissen saßen Männer als die Hauptfamilienernährer am längeren Hebel.

Zusammenfassung und Fazit

- An den gesellschaftlichen Veränderungen der 1960er/1970er Jahre war die Frauenbewegung als historisches Subjekt maßgeblich beteiligt.
- Mit ihren Forderungen ging sie z. T. weit über das hinaus, was für die wirtschaftliche Entwicklung förderlich war. Sie hat (nicht nur in der BRD, auch wenn ich mich auf diese beschränkt habe) in hohem Maße herrschaftskritisch agiert.
- In ihren Anfängen sahen die Frauenbewegungen ihr Ziel in einer sozialistischen Gesellschaft, in die ihre frauenrelevanten Ziele integriert waren. Deswegen stufe ich sie als eine linke Bewegung ein.
- Damit haben sich die autonom gewordenen, also sich auch von gemischten (meist linken) Herkunftsorganisationen gelösten Frauen eine eigene politische Heimat geschaffen, sich dabei zunehmend auf frauenspezifische Themen kon-

zentriert, nicht zuletzt weil diesbezüglich nur ein geringes politisches Interesse in gemischten Organisationen bestand.
- Dagegen war es den »Frauen der ersten Stunde« in der BRD der 1960er Jahre, ebenso wie denen in der DDR der späten 1980er Jahre um gesamtgesellschaftliche Veränderungen gegangen.
- Ihre Anliegen wurden weder von linken Organisationen der BRD noch von den KritikerInnen des DDR-Regimes aufgenommen.

3.4 Feminismusdefinition

Bisher habe ich den Begriff »Feminismus« selbst nicht verwandt, ihn nur in Zitaten referiert. Diese machen deutlich, wie umstritten der Begriff in der ersten wie zweiten Frauenbewegung war. Von Sozialistinnen war er mit einem Makel behaftet, der darauf zurück zu führen war, dass sie im Feminismus eine Bewegung und Theorie sahen, die die Unterdrückung aufgrund des Geschlechts als grundlegend ansah und damit wichtiger nahm als den Klassengegensatz zwischen Bourgeoisie und Proletariat, der für SozialistInnen der grundlegende Gegensatz und zugleich Motor für geschichtliche Entwicklung war. Diese Einschätzung ist jedoch nur bedingt richtig, hatten doch Marx und Engels auf die frühe Arbeitsteilung zwischen den Geschlechtern verwiesen und der Frauenunterdrückung in Ehe und Familie Klassencharakter verliehen. Auf der anderen Seite haben Frauenbewegungen Ziele angestrebt, die die ganze Gesellschaft betrafen und sich nicht auf Forderungen nach gleichen bürgerlichen Rechten beschränkten. Deutlich ist, dass beide, Frauenrechtlerinnen wie Sozialistinnen, ins Schwimmen gerieten, wenn es darum ging, die Verschränkungen von Klasse und Geschlecht (ebenso wie andere Diskriminierungsmerkmale wie Rasse, Alter, sexuelle Orientierung etc.) zu analysieren und zu benennen.

Aus dem Bisherigen möchte ich nun Feminismus definieren als Bewegung, die ausgehend von der Unterdrückung von Frauen eine Neuordnung der gesellschaftlichen Organisation von Arbeit (bezahlter wie unbezahlter) und individueller Selbstbestimmung insbesondere von Frauen bzgl. des reproduktiven Bereichs von Sexualität und Fortpflanzung anstrebt und Unterdrückung sowohl in der Produktion als auch in der Reproduktion bekämpft. Dazu sollte eine herrschaftskritische Theorie entwickelt werden, woraus sich die Ausweitung des Feminismus über eine politische, soziale Bewegung hinaus hin zur Theorie ergibt.

Literatur

Beale Frances (1970) Double Jeopardy: To Be Black and Female. In: Cade Toni (Hrsg) (1970) The Black Woman. Signet New American Library, New York, S. 90–100

Brandt Gisela, Kootz Johanna, Steppke Gisela (1973) Zur Frauenfrage im Kapitalismus. edition suhrkamp, Suhrkamp, Frankfurt am Main

Fischer Erica (1999) Feministische Seitenblicke einer Pendlerin. In: Heinrich-Böll-Stiftung Feministische Studien (Hrsg) (1999) Wie weit flog die Tomate? Heinrich-Böll-Stiftung, Berlin, S. 199–207

Frankfurter Frauen (Hrsg) (1975) Frauenjahrbuch '75. Roter Stern, Frankfurt am Main

Haupt Uwe und Pauly Dieter (1977) Die Demontage des Lebensniveaus. Zur Entwicklung der materiellen Lage der Lohn- und Gehaltsabhängigen. In: Huffschmid Jörg und Schui Herbert (Hrsg) (1977) Gesellschaft im Konkurs? Handbuch zur Wirtschaftskrise in der BRD. Pahl-Rugenstein, Köln, S. 184–256

Huffschmid Jörg (1977) Historischer Hintergrund und gesetzmäßige Entwicklung der Wirtschaftskrise in der BRD. In: Huffschmid Jörg und Schui Herbert (Hrsg) (1977) Gesellschaft im Konkurs? Handbuch zur Wirtschaftskrise in der BRD. Pahl-Rugenstein, Köln, S. 19–66

Joreen (1970) The 51 Percent Minority Group: A Statistical Essay. In: Morgan Robin (Hrsg) (1970) Sisterhood is Powerful. Vintage, New York, S. 37–45

Kahlau Cordula (Hrsg) (1990) Aufbruch! Frauenbewegung in der DDR. Frauenoffensive, München

Lindsey Kay (1970) The Black Woman as Woman. In: Cade Toni (Hrsg) The Black Woman, Signet New American Library, New York, S. 85–89

Marx Karl (1972) Das Kapital. In: Marx-Engels-Werke Bd 23

Merkel Ina (1990) Ohne Frauen ist kein Staat zu machen. In: Kahlau Cordula (Hrsg) (1990) Aufbruch! Frauenbewegung in der DDR. Frauenoffensive, München, S. 28–38

Morgan Robin (Hrsg) (1970) Sisterhood is Powerful. Vintage, New York

Reiche Reimut (1971) Sexualität und Klassenkampf. Fischer, Frankfurt am Main und Hamburg

Röhr Ulrike (2009) Geschlechtergerechtigkeit in der Klimapolitik. In: Das Argument 283, S. 1–9

Röhrbein Karin (1971) »Jammere nicht – leiste Widerstand« Betrachtungen zur amerikanischen Frauenbewegung. Das Argument 67: 688–705

Schrader-Klebert Karin (1969) Die kulturelle Revolution der Frau. In: Enzensberger Hans Magnus (Hrsg) (1969) Kursbuch 17, S. 1–46

Truman Andrea (2002) Feministische Theorie Frauenbewegung und weibliche Subjektbildung im Spätkapitalismus. Schmetterling, Stuttgart

Feministinnen entwickeln Theorien zu Produktion und Reproduktion 4

Meine These, die Frauenbewegungen der 1960er/1970er Jahre seien linke, soziale Bewegungen gewesen, möchte ich ergänzen durch die Darstellung theoretischer Beiträge feministischer Forschung, die aus den politischen Bewegungen hervorgegangen waren. Wie die politischen Forderungen beziehen sich auch die Theorien überwiegend auf den Bereich, der üblicherweise als reproduktiv bezeichnet wird, und zwar auf drei Aspekte: die Hausarbeit, genauer gesagt die Produktion und Reproduktion der Ware Arbeitskraft, die Fortpflanzung eingebettet in eine Bevölkerungspolitik und die Entwicklung weiblicher Sexualität und des weiblichen Sozialcharakters, zu einem kleinen Teil auch auf das männliche Pendant.

In meiner Darstellung gebe ich den frühen, Mitte der 1970er Jahre veröffentlichten und diskutierten Ergebnissen und Thesen, wie immer skizzenhaft diese zum Teil auch sind, Raum, weil hier Grundsteine für spätere Konzepte gelegt wurden, die nicht in Vergessenheit geraten sollen. Die Gefahr, dass dies geschehen könnte, ist auch deshalb groß, weil diese Themen seit den 1980er Jahren öffentlich und politisch keine Rolle mehr spielen und neuere Diskussionen sich weitgehend innerhalb der scientific community abspielen. Demgegenüber haben Feministinnen der 1970er Jahre dank der damals eingerichteten Berliner Frauensommeruniversitäten und neu gegründeter feministischer Zeitschriften die Gelegenheit gehabt, solche Fragen mit daran lebhaft interessierten Frauen öffentlich zu diskutieren. So fanden sie eine größere Verbreitung und waren zudem zum Teil eng mit politischen Forderungen verknüpft, die ich an der Kampagne »Lohn für Hausarbeit« darstellen möchte.

4.1 Theorien zur Arbeit im Produktions- und Reproduktionsbereich

Zwar hatte Marx die Bedeutung der Produktion und Reproduktion menschlichen Lebens an den Ausgangspunkt seiner Theorie gestellt, sich dann aber in der Folge auf den außerhäuslichen Erwerbsbereich beschränkt. Diese Beschränkung haben frauenbewegte Frauen in den 1970er Jahren kritisiert: »Arbeiter« und »Proletarier« seien für ihn die männlichen Lohnarbeiter, nicht auch die Lohnarbeiterinnen gewesen (Schröder 1978, S. 115). Aber selbst dort, wo auch Lohnarbeiterinnen einbezogen wurden, ist damit nicht viel gewonnen, bleibt doch der Bereich der gesellschaftlich notwendigen, unbezahlt geleisteten Hausarbeit und die Institution der Familie, in der dies geschieht, ausgeblendet. Demgegenüber haben fast alle Frauenbewegungen die Zuweisung unbezahlter Arbeit innerhalb der Familie an Frauen und deren finanzielle Abhängigkeit vom Ehemann ebenso wie die Institution Familie kritisiert. Den Linken dagegen war – wie die frauenbewegten Frauen in den 1970er Jahren herausarbeiteten, die Hausarbeit ein »vorkapitalistisches, feudales Relikt«, ihrem Wesen nach »nicht-kapitalistisch«, »anachronistisch«, eine Tätigkeit, die durch Technisierung und/oder Vergesellschaftung abgeschafft werde, ein Überbleibsel einer versunkenen, bäuerlich-handwerklichen Wirtschaftsform (Kontos und Walser 1978, 69 ff, Sozialistischer Frauenbund 1978, S. 134 f). Der Weg zur Emanzipation von Frauen vollziehe sich gemäß der traditionellen Linken der 1970er Jahre in ihrer Eingliederung in die Lohnarbeit (Bock und Glökler 1978, S. 212).

4.1.1 Hausarbeit ein historisch neues Phänomen

Aus dem, was Feministinnen über Hausarbeit zusammentrugen, lässt sich folgendes Resümee ziehen:

In der vorkapitalistischen Gesellschaft war die Produktionsweise eine Familienwirtschaft, wobei zu »Familie« in bäuerlichen Betrieben auch Knechte und Mägde, in Handwerksbetrieben Lehrlinge und Gesellen, bei Kaufleuten Handelsdiener etc. gehörten. Mann und Frau bildeten eine Arbeitseinheit, zwischen den Geschlechtern gab es eine Arbeitsteilung; die Frauenarbeiten hatten dabei einen wichtigen Stellenwert (Bock und Duden 1977, S. 125 ff). Frauen waren auf diese Weise an der Erarbeitung des gesellschaftlichen Mehrprodukts beteiligt. Ohne Ehe war keine Subsistenz möglich, mit der Eheschließung begann oft ein Kampf zwischen den Eheleuten, keineR wollte sich freiwillig unterordnen (ebd., S. 141 ff). Kochen und Putzen hatten untergeordnete Bedeutung, die Reinlichkeitsvorstellungen waren eher lax. Auch die Kinderversorgung wurde wirtschaftlichen Erfordernissen untergeordnet. Durch festes Wickeln der Säuglinge war deren Betreuung pflegeleicht (ebd., S. 132 ff).

Eine Wende setzte im 18. Jh. mit der ursprünglichen Akkumulation ein, der gewaltsamen Vertreibung und Enteignung der Bauern, um sie zur Lohnarbeit für Kapitalisten zu zwingen (ebd., S. 137 ff). So wurden die Haus-Wirtschaft und damit die gemeinsame Arbeit von Mann, Frau, Kindern und anderen zerstört. Kapitalisten wollten auch die Arbeit von Frauen und Kindern nutzen, in der Folge kam es zu großem Elend. Als sich dadurch die Qualität der Ware Arbeitskraft, also der Gesundheitszustand und die körperliche Verfassung der Lohnarbeitenden verschlechterte, wurde deren Ausbeutung für das Kapital dysfunktional, auch leisteten Lohnarbeiter gegen Frauen- und Kinderarbeit zunehmend Widerstand (Fortunati und Duden 1978, S. 199). Im Laufe der Zeit wurden Frauen von Lohnarbeit ganz oder teilweise »freigesetzt«, um unbezahlte Hausarbeit zu verrichten. Es gab also grob gesprochen zwei Arten von »Freisetzung«: die der Bauern, um Lohnarbeit und die der Frauen, um Hausarbeit zu leisten.

Zu Hausarbeit wurden dann diejenigen Arbeiten, die von Frauen, in der Regel von Ehefrauen und Müttern, für sich und die übrige Familie verrichtet werden, in Abhängigkeit vom Ehemann und seinem Einkommen ausgeführt. Um die Produktion und Reproduktion der Arbeitskraft sicher zu stellen, sind physische, emotionale und sexuelle Aufgaben erforderlich (Bock und Duden 1977, S. 122 f). Hausarbeit ist die unmittelbare Voraussetzung für das Lohnarbeitsverhältnis. Sie ist ebenso wie die Lohnarbeit fremdbestimmt, ihr Produkt, die Ware Arbeitskraft, wird vom Kapital gekauft und verbraucht, das die Bedingungen bestimmt (Autorinnenkollektiv 1978, S. 320). Doch das Kapital übernimmt keine direkte Kontrolle. Als unbezahlte »Privatarbeit« liegt die Verantwortung dafür beim Lohnarbeiter. Diese Struktur kennzeichnet die besondere Subsumtion der Hausarbeit unter das Kapitalverhältnis (Kontos und Walser 1978, S. 75). Sie drückt sich auch darin aus, dass man begann, Männern höhere Löhne zu zahlen, gerade so hoch, dass sie eine Frau in ökonomischer und sexueller Abhängigkeit halten konnten (Bock und Duden 1977, S. 177). Für das Kapital war die unbezahlte Hausarbeit die billigste Form der Reproduktion der Ware Arbeitskraft (Franke 1978, S. 315). Im Lohn versteckte sich also die unbezahlte Arbeit von Frauen. Dadurch ist diese unsichtbar, sie erscheint nicht als Arbeit (Bock und Duden 1977, S. 177 f).

Unternehmer erkannten klar, dass die Arbeit der Frau einen Beitrag zum Reallohn des Mannes darstellte und dass Frauen durch geschicktes Wirtschaften in der Lage waren, das Realeinkommen der Männer erheblich zu erhöhen. Experten für Hauswirtschaft errechneten 1920 für die USA gar eine Steigerung um 100 Prozent (ebd., S. 174 f). Dieses Beispiel zeigt, wie sich zunehmend die Wissenschaften der Hausarbeit annahmen. In der ersten Hälfte des 20. Jh. griff die nach Frederick Winslow Taylor benannte Rationalisierungsbewegung, der Taylorismus, die den betrieblichen Produktionsprozess betraf, mit Arbeitsplatzanalysen auf den Haushalt über. Hier wie dort galt es, die Effizienz der Arbeit zu erhöhen. Wissenschaftlich diskutiert und argumentiert wurde dies auch bei der Kinderaufzucht, denn es ging neben der Quantität der Ware Arbeitskraft immer mehr auch um deren Qualität. Aufgabe von Müttern war eine auf rationalisierte Betriebsabläufe ausgerichtete Arbeitsdisziplin durch »eine neuartige und extreme physische und psychische Zurichtung der Arbeiter« zu erreichen (ebd., S. 165).

Nicht nur die Wissenschaft leistete ihren Beitrag, um die Reproduktionsarbeit möglichst auf die Bedürfnisse des Kapitals auszurichten, der Staat sorgte für Bedingungen, die das optimale Funktionieren der Familie gewährleisten sollten, als der Institution, in der die Reproduktion weitestgehend verläuft. So verschlechterte sich in Frankreich zwischen dem 16. und 18. Jh. die Rechtsposition von Frauen, da diese ihre Verfügungsmöglichkeiten über Mitgift und Besitzungen verloren, ebenso wie das Recht, selbständig eine Farm oder einen Handel zu führen (ebd., S. 150 f). Es waren diese Bedingungen, gegen die Olympe de Gouges zu Felde gezogen war. Eine ähnliche Ausrichtung hatte der bereits erwähnte § 1356 BGB für die frühere BRD.

Durch solche empirischen Befunde und Thesen entstand ein ganz neues Verständnis von Kapitalismus, dem Claudia von Werlhof und Maria Mies noch eine weitere Dimension hinzufügten. Sich auf Rosa Luxemburgs Theorie zur Akkumulation des Kapitals beziehend (Luxemburg 1975, S. 363 f) verweist Claudia von Werlhof auf die fortdauernde historische Gleichzeitigkeit von »kapitalistischen« und »nicht-kapitalistischen« Bereichen in der sog. Dritten Welt wie in der ersten Welt (von Werlhof 1978, S. 20). Nicht-kapitalistische ProduzentInnen sind Hausfrauen in der ersten und in der sog. Dritten Welt, dazu noch »Marginalisierte« und Subsistenzwirtschaft Betreibende, also Personen, die unbezahlt Gebrauchsgüter für den direkten, eigenen Konsum herstellen. Auch hiervon profitiert das Kapital dadurch, dass sich die Re-/Produktion der Ware Arbeitskraft verbilligt (ebd., 20 ff). Um dies durchzusetzen, so von Werlhof, werden Methoden der ursprünglichen Akkumulation angewandt: Gewalt, in der Familie wie gegenüber den Subsistenzwirtschaft Betreibenden in der sog. Dritten Welt (ebd., S. 24 f).

Erste Ergebnisse der Frauenforscherinnen und Feministinnen der 1970er Jahre auf den Punkt gebracht lauten:

- Hausarbeit hat sich mit den Anfängen des Kapitalismus im 17./18. Jh. entfaltet, ist also relativ neuen Ursprungs (Bock und Duden 1977, S. 122).
- Das im Kapitalismus vorherrschende Produktionsverhältnis ist ein zweifaches, dessen eine Seite die Lohnarbeit und dessen andere die Nicht-Lohnarbeit darstellen, wobei letztere typischerweise überwiegend von Frauen, erstere typischerweise von Männern ausgeübt wird (von Werlhof 1978, S. 24).

- Mir ist wichtig, hier das »typischerweise« zu betonen, denn das, was Feministinnen damals zusammengetragen haben, ist ein analytisches Gerüst, das sich auf Prototypen bezieht, die zu dem Zeitpunkt in der hier formulierten Reinheit schon nicht mehr durchgängig vorkamen.
- Es existieren zwei historisch, polit-ökonomisch und rechtlich völlig verschiedene Arbeitsverhältnisse, die patriarchalen, die in der Familie als der Institution zur Reproduktion der Arbeitskraft bestehen, und die kapitalistischen, die in der Erwerbsarbeitswelt vorherrschen (Schröder 1978, S. 114).
- Es hat niemals eine einheitliche Arbeiterklasse aus Männern und Frauen gegeben. Fast alle Frauen stehen als Ehefrauen und Mütter im Verhältnis einer unbezahlten Hausarbeiterin zum Familienpatriarchen, sind darüber hinaus dann oft auch noch zusätzlich Lohnarbeiterinnen (ebd., S. 114).
- Lohnarbeiterinnen und Lohnarbeiter sind nicht in gleicher Weise vom Kapital ausgebeutet, weil Frauen als Ehefrauen noch zusätzlich vom Mann ausgebeutet werden (ebd., S. 118).
- Der verheiratete Lohnarbeiter hat sehr wohl etwas zu verlieren und nicht nur »seine Ketten«, nämlich die Arbeitskraft »seiner« Frau und »seiner« Kinder, solange diese in »seinem« Haus leben (ebd., S. 118).
- Der Kapitalismus hat das Patriarchat, wie wir es kennen, überhaupt erst richtig etabliert (Fortunati und Duden, S. 198).

4.1.2 Produktivität der Reproduktion

Woran sich Feministinnen in den 1970er Jahren massiv gestört hatten, war der marxsche Produktivitätsbegriff, der mit der Arbeitswertlehre einhergeht. Danach sind nur diejenigen Tätigkeiten produktiv, die in einem Lohnarbeitsverhältnis Waren produzieren, die einen Tauschwert besitzen. Der Wert einer Ware ist bestimmt durch die zur ihrer Produktion und Reproduktion nötigen Arbeitszeit (Marx 1972, S. 184, 417). Da die menschliche Arbeitskraft im Lauf eines Arbeitstags mehr Waren und damit potenziell mehr Wert produzieren kann, als sie selbst zu ihrer Erhaltung benötigt, erhält der Kapitalist, indem er die von den LohnarbeiterInnen hergestellten Waren verkauft, also ihren Tauschwert realisiert, mehr als er in Form von Löhnen ausgibt, den Profit, von Marx Mehrwert genannt.

Vielleicht war es anfangs nur ein – übrigens nicht nur von Feministinnen gehegtes – Unbehagen darüber, dass z.B. die »Herstellung von Waffen, unnötigen Luxusgütern, etwa mehreren hundert verschiedenen Automodellen und anderem technischen und tödlichen Unsinn« (Schröder 1978, S. 109) als produktiv gelten sollte, dagegen die durch Hausarbeit hergestellten, lebenswichtigen Produkte wie Essen, z. T. auch Kleidung und anderes als unproduktiv bezeichnet wurden. Feministinnen haben dabei einen anderen, höheren Sinn von Produktivität vor Augen gehabt. Doch auch im marxschen Sinn wurde die Frage nach der Produktivität der Hausarbeit gestellt. Denn der Wert der Ware Arbeitskraft bestimmt sich auf die gleiche Weise wie der anderer Waren und auch für sie gilt, dass die zu ihrer Produktion und Reproduktion nötigen Zeit, die überwiegend von Frauen aufgewandt wird, geringer ist als der Wert, den sie auf dem Arbeitsmarkt erzielt. Da auch Arbeitskraft verkauft wird, unterscheidet sie sich von anderen im kapitalistischen Wirtschaftssystem verkauften Waren lediglich dadurch, dass ihre Re-/Produktion in nicht-kapitalistischer Form, nämlich in unbezahlter Hausarbeit, geschieht und sich darin andere Tätigkeiten finden, als die, die für Güterherstellung üblich sind. Hannelore Schröder beschreibt sie differenzierend: »Diese Produktion besteht aus Gebärarbeit (Austragen, Gebären, eventuell Stillen des Kindes) – der naturnotwendig *frauenspezifische* Teil – und der Arbeit des Aufziehens und Erziehens – der potentiell *geschlechtsneutrale* Teil der Arbeit, der Produktion des Menschen« (ebd., S. 108, Herv. im Original). Schröder verwendet dabei den Begriff Produktion ganz bewusst und nicht nur, weil auch Marx und Engels (s. 1.3.1) von Produktion des Lebens gesprochen hatten, sondern weil sie den Begriff der Reproduktion für die Arbeiten von Haus- und Familienarbeit als falsch, undialektisch und abwertend kritisiert (ebd., S. 108).

In dem Zusammenhang möchte ich nur kurz darauf hinweisen, dass das Unbehagen am Produktivitätskonzept auch von heutigen Wissenschaftlerinnen geteilt wird. Ihre Kritik geht ins Grundsätzliche. Zum Beispiel die von Adelheid Biesecker und Sabine Hofmeister, die sich 2010 mit den Begrifflichkeiten von Produktion und Reproduktion auseinandergesetzt haben. Sie betonen wie ihre Vorgängerinnen: Weibliche Tätigkeiten liefern dem ökonomischen System »Ressourcen«, nämlich Arbeitskräfte, was nicht als Produktivität verstanden wird. »[J]ene Tätigkeiten der Sorge und Versorgung, die nötig sind, um Arbeitskraft für den Markt herzustellen und wiederherzustellen, bleiben im ökonomischen Denken und Handeln unerkannt – werden als das vermeintlich Reproduktive abgetrennt. (…) In der ökonomischen Bewertung bildet sich nicht ab, was dem ökonomischen Handeln vorausgeht und in es eingeht (Natur- und weibliche Produktivität)« (Biesecker und Hofmeister 2010, S. 70 f). Konsequent kritisieren Feministinnen den bisher geltenden, am Tauschwert orientierten Produktivitätsbegriff, wie er etwa Eingang in das Bruttoinlandsprodukt gefunden hat, in dem sämtliche Waren und Dienstleistungen, die in einem Zeitabschnitt im Inland hergestellt und *verkauft* werden, berücksichtigt sind, worauf ich im dritten Teil (s. dort 3.2.2) noch ausführlich eingehen werde.

4.1.3 Die Unmöglichkeit der vollständigen Durchkapitalisierung von Re-Produktionsarbeiten

Zur 2. Sommer-Universität im Oktober 1977 in Berlin leistete der Sozialistische Frauenbund West-Berlin einen Beitrag zur Hausarbeit, in dem er forderte, diese solle so weit wie möglich abgeschafft werden und zwar durch Überführung in gesellschaftliche Dienstleistungen für Kochen, Waschen, Reinigen. Technisierung des Haushalts und Vergesellschaftung von Hausarbeiten mache dies möglich (Sozialistischer Frauenbund 1978, S. 134 ff).

Tatsächlich hat im Verlauf des 20. Jahrhunderts sowohl eine Technisierung einzelner Hausarbeiten als auch eine Vergesellschaftung stattgefunden. Gisela Bock und Barbara Duden haben gezeigt, dass mit dem drastischen Rückgang der Zahl der Dienstboten in den 1920er Jahren immer mehr Haushalte sich immer besserer Haushaltsgeräte bedient haben (Bock und Duden 1977, S. 155). Was die Vergesellschaftung anging, so habe diese bis zu den 1920er Jahren stark zugenommen, dann sei allerdings eine Reprivatisierung eingetreten. Während man in den ersten Jahrzehnten des 20. Jahrhunderts beispielsweise die Wäsche in öffentliche Waschanstalten gab, wurden später Waschmaschinen von privaten Haushalten angeschafft, was für das Kapital in doppelter Weise vorteilhaft ist: erstens ist die häusliche Wäsche in der Regel billiger als das Waschen in einem Waschsalon bzw. als die entlohnte außerhäusliche Arbeit, ein Kostenfaktor bei der Produktion der Ware Arbeitskraft, der hilft, die Löhne zu drücken (ebd., 181ff), und zweitens sichert die Anschaffung von Maschinen für den privaten Haushalt den Herstellern einen größeren Absatzmarkt für ihre Produkte als etwa die Einrichtung eines Waschsalons und sei er noch so wunderbar. Entsprechendes gilt für andere Hausarbeiten. Technisierung wurde in den Dienst von Privatisierung von Hausarbeit gestellt.

Aber Frauenforscherinnen der 1970er Jahre hatten darüber hinaus grundsätzliche Einwände, warum eine »Durchkapitalisierung«, also eine Umwandlung von unbezahlter Hausarbeit in außerhäusliche, bezahlte Dienstleistungen nicht gelingen könne. Ilona Kickbusch bezieht sich dabei auf die der Hausarbeit innewohnende Beziehungsarbeit. Mit letzterer ist die an Frauen gerichtete Erwartung gemeint, für Emotionalität, Sensibilität und Wärme zu sorgen. »[D]ieser spezifische Gebrauchswert, das qualitative Moment im Umgang mit den menschlichen Individuen entzieht sich tendenziell der kapitalistischen Logik« (Kickbusch 1978, S. 264).

Die unbezahlte Hausarbeit zeichnet sich demnach durch eine besondere Beziehungsarbeit aus, die von Liebe bestimmt ist, jedoch in einem Abhängigkeitsverhältnis ausgeübt wird. Dies war ein zentrales Thema des Vortrags von Bock und Duden auf der ersten Sommer Universität 1976. Wie bei der ursprünglichen Akkumulation des Kapitals durfte auch die Hausarbeit auf Dauer nicht unter Zwang verrichtet werden, ihre Ausübung musste bei Frauen verinnerlicht werden. Nach ihrem Entstehen wird Hausarbeit als Berufung, Ehre, Würde und als Verwirklichung des Geschlechtscharakters der Frau ideologisch überhöht. Zuerst brachte der Puritanismus in England die Vorstellungen eines familialen Glücks hervor. Hausarbeit galt fortan – so spitzten es Bock und Duden zu – als »Erscheinungsform von Liebe« (Bock und Duden 1977, S. 151). Ein Grund, warum sich der Hausarbeitsbereich, nicht vollständig durchkapitalisieren lasse, liege also darin, dass durch diese Arbeiten Basisbedürfnisse befriedigt werden (von Werlhof 1978, S. 28) und letztere sich mit einem hohen Maß an Zwischenmenschlichkeit und Emotionalität vollziehen.

Dieses Argument hat meines Erachtens eine hohe Plausibilität, wie etwa die Situation bezahlter Alten- und Pflegearbeit zeigt. Im Zuge ihrer Privatisierung wurde versucht, sie in Tayloristischer Manier zu rationalisieren, was zu heftiger Kritik an deren Qualität geführt hat, da bei personenbezogenen Dienstleistungen die aufgewandte Arbeitszeit einen Teil ihrer Qualität ausmacht (Madörin 2010, S. 88). Heutige Versuche, einen Teil emotionaler Zuwendung etwa durch vorlesende Ein-Euro-JobberInnen sicherzustellen, zeigen dreierlei: dass man sich der Notwendigkeit dieses Aspekts der Pflege durchaus bewusst ist, dass deren angemessene Integration in bezahlte Dienstleistungen sehr teuer, zu teuer käme und dass man die Beziehungsarbeit wie innerhalb der Familie zu einem dem Nulltarif ähnlichsten Preis einzukaufen versucht. Mona Glökler sprach 1977 davon, dass die *Un*bezahlbarkeit der Hausarbeit als *Unter*bezahltheit wieder auftaucht, wenn diese außer Haus verrichtet wird (Bock und Glökler 1978, S. 207).

Tatsächlich ist die Zeit für Hausarbeit durch solche Formen der Kapitalisierung nicht nennenswert zurückgegangen. Die Ansprüche sind z. T. gestiegen oder haben sich in den psychosozialen Bereich verlagert. Als ein Beispiel dafür nennt Glökler (Bock und Glökler 1978, S. 218) die Schulen, die schon lange eine Form vergesellschafteter Hausarbeit darstellen, der dort entstehende Stress, z. B. durch Konflikte mit anderen Kindern, müssten durch Mütter ausgeglichen werden. Die springen auch als »unbezahlte Hilfslehrerinnen der Nation« ein, um ihre Kinder bei den Hausaufgaben zu unterstützen, hatte Uta Enders-Dragässer herausgearbeitet (Enders-Dragässer 1981).

Auch in diesem Zusammenhang möchte ich kurz einen Blick ins 21. Jh. werfen, wo der wissenschaftliche Faden zu diesen Fragen erneut aufgegriffen und weitergesponnen wurde. Eine der Feministinnen, die sich heute mit dem Thema Hausarbeit beschäftigt, ist die Schweizer Wirtschaftswissenschaftlerin Mascha Madörin. Allerdings ist ihr Untersuchungsgegenstand die sog. Care-Ökonomie. Sie stellt wie Biesecker und Hofmeister fest, dass in sämtlichen modernen Wirtschaftstheorien das Wirtschaften außerhalb dessen, was in der Mainstream-Ökonomie behandelt wird, als »Soziales« und »Nicht-Ökonomisches« betrachtet wird.

Madörin charakterisiert Care-Ökonime als personenbezogene Dienstleistungen, die ohne die Gegenwart der EmpfängerIn der Dienstleistung nicht möglich sind. Diese müssen ebenso zuverlässig, präzis und pünktlich ausgeführt werden, wie die Güterproduktion, weisen aber gleichzeitig eine weitere Qualität auf: »Sie müssen den EmpfängerInnen der Leistung direkt Gefühle von Wohlbefinden und Zufriedenheit vermitteln« (Madörin 2010, S. 88). Wichtigstes Merkmal ist jedoch, dass Produktions- und Konsumtionsprozesse nicht getrennt werden können, der Austausch findet direkt statt. »Zwischenmenschliche Beziehungen sind Teil des Arbeitsprozesses *und des wirtschaftlichen Austauschs. Die Arbeitszeit, die aufgewendet wird, ist Teil der Leistung*« (ebd., S. 88, Herv. im Orig.). Ganz ähnlich hatte Kickbusch die Besonderheit der Hausarbeit charakterisiert. Dazu komme, so Madörin, insbesondere bei der Pflege oder Betreuung, ein Machtgefälle zwischen Dienstleistenden und KlientInnen, ein Aspekt, der bei den frühen feministischen Wissenschaftlerinnen weitgehend unberücksichtigt geblieben war.

Interessant ist ebenfalls, dass auch Madörin wie ihre Vorgängerinnen in den 1970er Jahren zu der Frage, wohin sich die Haus- bzw. Care-Arbeit entwickelt, keinen eindeutigen Trend ausmachen kann. Sie und andere feministische Wissenschaftlerinnen sehen sowohl Tendenzen einer Re-Familiarisierung als auch Entwicklungen hin zu einer Vergabe von Sorge-Tätigkeiten an haushaltsfremde Personen. Darauf werde ich im zweiten Teil noch ausführlich eingehen (s. dort 2.1.2 und 2.1.3).

Zusammenfassung und Fazit

Hausarbeit ist also nicht vollständig zu kapitalisieren wegen ihrer besonderen emotionalen Qualität als Beziehungsarbeit, wegen gestiegener Ansprüche und nicht zuletzt wegen der dafür anfallenden Kosten. Wäre man/frau gezwungen, sämtliche in Hausarbeit hergestellten Produkte und sämtliche durch die Familienmitglieder, vor allem eben die Frauen, geleisteten Dienste, käuflich zu erwerben, würde das so teuer, dass im Endeffekt sogar höhere Löhne fällig werden könnten, ja müssten.

- Feministische Wissenschaftlerinnen haben sich in den 1970er Jahren mit der Hausarbeit im weitesten Sinn beschäftigt und sich dabei des von Marx und Engels vorgegebenen wissenschaftlichen Ansatzes bedient.
- Sie haben die Entstehung der Hausarbeit historisch hergeleitet.
- Sie erkannten in ihr die andere Seite der Medaille, das heißt das zweite im Kapitalismus entstandene Arbeitsverhältnis, das politökonomisch und rechtlich einen völlig anderen Status hat als Lohnarbeit.

- Die Ergebnisse feministischer Wissenschaftlerinnen unterschieden sich grundlegend von dem, was in der Linken an theoretischen Auffassungen kursierte: Hausarbeit stellt keine vor-kapitalistische Arbeitsform dar und kann durch Technisierung und Vergesellschaftung nicht völlig abgeschafft werden, weil sie personenbezogen ist und eng mit Beziehungsarbeit einhergeht.
- Durch die Besonderheit personenbezogener Arbeit, vor allem ihrer emotionalen Aspekte, die zum Teil gewachsen sind, ist eine starke Reduktion von Hausarbeit eher unwahrscheinlich.
- Hinsichtlich der Frage nach der Produktivität von Hausarbeit griffen feministische Wissenschaftlerinnen für ihre Analysen auf marxistisches »Handwerkszeug« zurück und kamen zu dem Ergebnis, dass durch Hausarbeit die Ware Arbeitskraft nicht allein reproduziert, sondern in erster Linie auch produziert und dann ähnlich wie andere Waren auf dem (Arbeits-)Markt verkauft wird, weswegen sie nicht als unproduktiv bezeichnet werden kann.
- Der Begriff »Reproduktion« wird diesen Tätigkeiten nicht gerecht, weil sie einen produktiven Aspekt enthalten, indem sie Arbeitskräfte produzieren.
- Wie ein Teil der Lohnarbeit produziert auch die Hausarbeit eine Ware, die Ware Arbeitskraft. Hausarbeit zu leisten bedeutet, die Arbeitskraft der Familienangehörigen zu regenerieren. Dies tun überwiegend Frauen.

4.1.4 Exkurs: Die Diskussion um Lohn für Hausarbeit

Die Kampagne »Lohn für Hausarbeit« kann vor diesem theoretischen Hintergrund besser verstanden werden. Dieser Einschub ist nicht nur historisch, sondern auch im Hinblick auf aktuelle Diskussionen zum bedingungslosen Grundeinkommen von Relevanz, da einige der hierzu vorgebrachten Argumente denen aus der Lohn-für-Hausarbeit-Debatte ähneln. Auch weist das Konzept von – neudeutsch – Care Geld Ähnlichkeiten mit dem Hausarbeitslohn auf. Beides wird im dritten Teil (s. dort 3.2.3.) noch eine wesentliche Rolle spielen. Deshalb ist es mir wichtig, die kurze, aber sehr hitzig geführte Kontroverse um Lohn für Hausarbeit hier nachzuzeichnen.

In der zweiten Hälfte der 1970er Jahre war innerhalb der Frauenbewegung das Thema »Lohn für Hausarbeit« aus angelsächsischen Ländern nach Deutschland und in weitere europäische Länder getragen worden. In der BRD tobte die Debatte auf der 2. Berliner Sommer Universität 1977 und in Frauen- bzw. feministischen Medien.

Die Pro- und Kontra-Argumente zum Lohn für Hausarbeit zu vergleichen bzw. gegeneinander zu halten, fällt schwer, weil sich Befürworterinnen und Gegnerinnen auf verschiedenen politischen Ebenen bewegten. Für erstere stellte die

Kampagne Lohn für Hausarbeit eine Strategie, eine Etappe zur Befreiung von Frauen dar (Eckmann 1978, S. 234). Ihnen ging es darum, in der Hausarbeit das Abhängigkeitsverhältnis der unbezahlt arbeitenden Ehefrau vom erwerbstätigen Ehemann sichtbar zu machen, diese Tätigkeit als Arbeit zu bezeichnen und als ein zentrales Machtverhältnis in der Gesellschaft darzustellen, sowie deren ideologischen Charakter, die Gleichsetzung dieser Arbeit mit Liebe, anzuprangern (Bock und Glökler 1978, S. 208). Gegnerinnen, unter ihnen vor allem sozialistische Frauen-/Gruppen, sahen ein besonderes zwischenmenschliches Verhältnis, jenseits ökonomischer Rationalität. Sie maßen den menschlichen Beziehungen in der Familie einen hohen Stellenwert bei, wollten sie vor der »totalen Vermarktung« schützen, die aus einer Entlohnung entstehen würde. Sie erkannten durchaus die von der Hausfrau geleistete Beziehungsarbeit, sahen diese jedoch »beschränkt auf den Kreis ihrer Lieben, die dann auch *die einzigen sind, die Interesse an ihrer Arbeit haben*« (Sozialistischer Frauenbund 1978, S. 135, Herv. von mir). Es verblüfft, dass gerade sozialistische Frauen Hausarbeit als derart privat charakterisierten und nicht den Nutzen der Gesellschaft, insbesondere der Unternehmer an der Re-/Produktion der Ware Arbeitskraft durch Hausarbeit thematisieren.

Zugegebenermaßen mutete damals die These, die z. B. aus dem Ansatz von Bock und Duden hergeleitet wurde, Liebe und Sexualität in der Ehe seien Arbeiten, die die Frau für den Mann erbringt, reichlich weit hergeholt an. Als dann aber in den 1980er Jahren ein Gesetz gegen Vergewaltigung in der Ehe gefordert wurde und auf Ablehnung stieß, zeigten die Gegenargumente, wie es mit dem männlichen Verständnis von ehelichen Pflichten bestellt war. So wurde beispielsweise vertreten, eine Strafbarkeit der Vergewaltigung in der Ehe bedrohe die Institution Ehe. Erschreckend waren auch Ergebnisse erster Befragungen zum Thema Gewalt in der Partnerschaft. In einer Untersuchung der Zeitschrift Brigitte von 1985 haben ein Drittel der befragten Männer einen Gewalt auslösenden Anlass in einer Partnerschaft dann gesehen, wenn die Frau sich weigert, mit dem Mann zu schlafen. Die Befragten konnten es sich umgekehrt auch vorstellen, dass die Forderung der Frau nach Sexualität, falls der Mann sie nicht einlöst, bei letzteren Gewalttätigkeiten auslöst (Metz-Göckel und Müller 1985, S. 117). Mit anderen Worten: Für einen nicht unerheblichen Teil der damals befragten Männer sollte einzig der Mann darüber bestimmen, wann es zu Geschlechtsverkehr bzw. sexuellen Handlungen in der Partnerschaft kommt, die Frau habe sich dem zu fügen. In einer Befragung zu sexueller Gewalt in ihrer aktuellen oder einer früheren Paarbeziehung von 2003 gaben sieben Prozent der Frauen an, Gewalt in Form von Bestehen auf Geschlechtsverkehr, auch wenn die Frau dazu kein Bedürfnis hat, und Beharren auf Praktiken, die der Frau unangenehm sind, erfahren zu haben. Einige Frauen schilderten, dass sie Schwierigkeiten hatten »sich selbst gegenüber zuzugeben, dass diese Gewalt nichts mit Liebe zu tun habe« (Bundesministerium für Familie Senioren Frauen und Jugend Hrsg 2004, S. 29).

Für die Gegnerinnen der Forderung nach Lohn für Hausarbeit war jedoch ein anderes Argument noch gewichtiger als ihr Wunsch nach Aufrechterhaltung des Privaten und Menschlichen an der Hausarbeit. Sie kritisierten vor allem die geforderte Etablierung eines weiteren Lohnarbeitsverhältnisses. Dass Frauen durch die Auszahlung eines Lohns für ihre Hausarbeit unabhängig vom Ehemann und dadurch an Macht gewinnen würden, fanden sie nicht schlüssig, »zeige doch die Realität, dass *Lohn*abhängige keineswegs die Mächtigen im Lande sind (...). Über die Lohntüte allein haben Lohnabhängige auch ihre Arbeitsbedingungen nicht verbessern können (...) Es gehe nicht darum, den Status eines Lohnabhängigen einzunehmen, damit immer noch ausgebeutet und unterdrückt zu werden, sondern die Unterdrückung und Ausbeutung der Frauen selbst aufzuheben. Die Forderung nach Lohn für Hausarbeit sei systemimmanent« (Eckmann 1978, S. 234 f, Herv. im Orig.). Hier ignorieren die Kritikerinnen, dass der Lohn nicht von Unternehmern, sondern vom Staat gezahlt werden solle, ein Missverständnis, wozu der Lohn-Begriff natürlich verleitet. Tatsächlich ging es den Befürworterinnen nicht um Lohn als einer »Erfindung des kapitalistischen Systems« (ebd., S. 234 f), sondern um eine Art soziale Leistung. Auch verblüfft es, dass diese Kritik gerade von denjenigen geäußert wird, deren zentrale Forderung die nach Integration von Frauen in die *Erwerbs*arbeit ist (Sozialistischer Frauenbund 1978, S. 138 f), also in ein unterdrückerisches, ausbeuterisches Arbeitsverhältnis, auf das all das zutrifft, was am Lohn für Hausarbeit moniert wurde.

Wie lösten nun die sozialistischen Frauen diesen Widerspruch? Sie taten es, indem sie das Erwerbsarbeitsverhältnis glorifizierten, um nicht zu sagen romantisierten. Die Herstellung von Gebrauchsgegenständen unter den Bedingungen der Lohnarbeit wird als Arbeiten an einer gemeinsamen Sache beschrieben, die bewusstseins- und verhaltensprägend sei durch das Aufeinander-angewiesen-Sein (ebd., S. 135). Die gemeinsame Arbeit trage die gemeinsame Veränderung in sich (ebd., S. 136). In der nicht-ökonomischen Seite der Lohnarbeit liege auch eine Grundlage für die Persönlichkeitsentwicklung. »In diesem Prozeß der Bewußtwerdung und Politisierung entwickelt sich die Solidarität der Frauen, die notwendig ist für den Kampf gegen Unterdrückung und Ausbeutung, der *gemeinsam mit den Männern* geführt werden muß.« (ebd., S. 138 Herv. von mir) Umgekehrt verhindere »das Hausfrauenbewußtsein« »politische Bewußtseinsbildung« der Frauen. Im Haushalt hätten Frauen nicht die Chance, die mit der Entwicklung der Produktivkräfte möglich und notwendig gewordenen Verhaltensweisen zu entlarven (ebd., S. 138). An den letzten Aussagen ist vieles plausibel. Allerdings wird meines Erachtens das politische Bewusstsein und Engagement von ArbeitnehmerInnen über-, das Bewusstsein von Hausfrauen und Müttern (etwa als Konsumentinnen und »Hilfslehrerinnen«, um den Begriff von Enders-Dragässer 1981 aufzugreifen) unterschätzt.

Ein weiteres Argument gegen die Kampagne »Lohn für Hausarbeit« war die in grellen, grauenhaften Farben ausgemalte psychische Unterdrückung von Hausfrauen, die krankmachende Wirkung dieser Arbeit, die Hausfrauen in großer Zahl zu psychiatrischen Patientinnen mache (Burghard 1978, S. 220, 223). Untersuchungen über die Auswirkungen von nervlich belastender Erwerbsarbeit in frauenspezifischen Tätigkeiten wurden dem nicht entgegen gehalten.

An solchen Beispielen sieht man/frau schon, dass die Farben schwarz und weiß reichlich benutzt wurden, um dem eigenen Argument Kraft zu verleihen. Dabei spielt meines Erachtens der wieder auftauchende Refrain vom gemeinsamen Kampf *mit den Männern* eine nicht zu unterschätzende Rolle.

Hier eine Gegenüberstellung von weiteren Argumenten:

Pro Lohn für Hausarbeit	Kontra Lohn für Hausarbeit
• Lohn für Hausarbeit stärkt die Kampfkraft von Frauen; diese können gegen die Länge der Arbeitszeit und für das Recht auf kostenlose Kindergärten, Alters- und Pflegeheime etc. eintreten. Es gibt ihnen zudem kontraktuelle Macht (Eckmann 1978, S. 233). • Durch Streiks können Frauen den Staat zwingen, Alternativen anzubieten (Bock und Glökler 1978, S. 214).	• Es ist naiv anzunehmen, der Staat würde zusätzliche Einrichtungen für Kindererziehung etc. bauen (Sozialistischer Frauenbund 1978, S. 132).
• Lohn macht die Verweigerung von Hausarbeit möglich (Bock und Duden 1977, S. 185, Bock und Glökler 1978, S. 207).	• Entlohnte Hausarbeit zieht es nach sich, dass ein Maß für die zu erbringenden Leistungen festgesetzt wird, sie wird quantifiziert werden. Verweigerung wird nur über dieses Maß hinaus möglich sein (Sozialistischer Frauenbund 1978, S. 131).
• Durch die allen Frauen erteilte Entlohnung rücken diese zusammen; Isolation wird überwunden (Bock und Glökler 1978, S. 211).	• Lohn für Hausarbeit festigt die Kleinfamilie und mit ihr die Isolation von Frauen (Eckmann 1978, S. 235).
• Geld macht Emanzipation möglich (Eckmann 1978, S. 233).	• Geld löst die Probleme, z. B. die des erzwungenen Beischlafs nicht (Eckmann 1978, S. 235). *Anmerkung:* Eine Untersuchung von 2003 zeigt tatsächlich, dass Prostituierte besonders häufig körperliche und sexuelle Gewalt erlebt haben (BMFSFJ 2004, S. 23).
• Lohn stärkt die Position von Frauen gegenüber Männern, sie können von diesen etwas fordern (Prescod-Roberts 1978, S. 181).	• Es ist naiv anzunehmen, Männer würden nun mehr Hausarbeit leisten (Sozialistischer Frauenbund 1978, S. 131).

Pro Lohn für Hausarbeit	Kontra Lohn für Hausarbeit
• Die Forderung richtet sich an den Staat, weil dieser schon jetzt durch seine Steuer-, Rechts-, Sozial-, Schul-, Familienpolitik ein Familienmodell unterstützt, das Frauen in Abhängigkeit von Männern hält (Bock und Glökler, S. 210).	• Durch Lohn für Hausarbeit verstärkt sich der Zwang zur Ehe und zum Kinderkriegen (Sozialistischer Frauenbund 1978, S. 130, Burghard 1978, S. 223); zudem würde der Staat als »Arbeitgeber« totale Kontrolle bis in den letzten Winkel der Privatwohnung bekommen (Sozialistischer Frauenbund 1978, S. 131).
• Es geht nicht um die Umverteilung einer beschränkten Menge von Geld, »was im übrigen alles beim Alten ließe«, sondern um eine umwälzende Perspektive »der Veränderung gesellschaftlicher Machtverhältnisse« (Bock und Glökler 1978, S. 206).	• Lohn für Hausarbeit wäre lediglich eine Umverteilung der Lohnsumme. Daran, dass Menschen Mehrarbeit leisten, die sich das Kapital aneignet, würde sich nichts ändern (Sozialistischer Frauenbund 1978, S. 133).

An dieser Gegenüberstellung wird deutlich:

Aussagen darüber, was geschehen würde, wenn Lohn für Hausarbeit gezahlt würde, die von beiden Seiten kommen, bewegen sich im Spekulativen, eine Vorgehensweise, die nicht dialektischen Grundsätzen entspricht. Diese setzt eine Analyse über gesellschaftliche Zusammenhänge voraus, an die sich die Frage anschließt, ob durch eine bestimmte Strategie Bewusstseinsänderung möglich wird in Richtung auf eine Kritik am Gesellschaftssystem und der kapitalistischen Produktionsweise. Danach sollte man/frau handelnd tätig werden, denn erst im politischen Handeln offenbaren sich gesellschaftliche (Macht-)Verhältnisse in vollem Umfang (Mao hat dies in seinem berühmten Bild der Birne beschrieben: Um zu wissen, was eine Birne ist, genüge es nicht, sie anzusehen, zu fühlen und zu riechen, man müsse sie auch verändern, durch Aufessen, erst dann lasse sich vollständig erkennen, was eine Birne ist.). Nur im Handeln wird erfahrbar, welche Widerstände sich ergeben, diese lassen sich dann thematisieren und angehen.

Für Handlung gab es in der BRD keinen Ansatzpunkt. Die Organisatorinnen der 2. Sommer Universität hatten jedoch versucht, konkretes Handeln in die Diskussion einzubringen und dazu eine afroamerikanische Befürworterin der Lohn für Hausarbeitskampagne, Margaret Prescod-Roberts, zu Wort kommen lassen. Sie brachte andere Akzente in die Debatte ein:

- Sie berichtete, dass Schwarze Frauen in den USA seit Jahren für mehr welfare kämpften und dies als einen Kampf für Lohn für Hausarbeit ansahen, weil sie keine Almosen wollten, sondern angemessene Bezahlung dessen, was sie leisteten (Prescod-Roberts 1978, S. 180).
- Sie beschrieb, wie Frauen ihrerseits dank des welfare-Geldes Forderungen an Männer stellen konnten und es auch taten (ebd., S. 181).

- Weiter erklärte sie, dass die Frauen, die diese Kämpfe führten, keineswegs gehorsame Hausarbeit leistende Heimchen waren, sondern nicht parierten, sich nicht zähmen ließen, ihre Kinder nicht entsprechend den Wünschen des weißen Establishments erzogen, selbst ein nicht angepasstes Leben führten, unehelich Kinder von verschiedenen Vätern bekamen (ebd., S. 181).
- Am eindrucksvollsten war, dass Schwarze und unter ihnen zu einem hohen Anteil Frauen es in ihren Kämpfen erreicht hatten, dass der Sozialhilfeetat in den Jahren zwischen 1960 und 1970 um 200 Prozent aufgestockt wurde (ebd., S. 182).

Eigentlich hätte dieser Beitrag für die deutsche Frauenbewegung sehr erhellend sein können, machte er doch deutlich, dass es nicht um die Einrichtung eines weiteren Lohnarbeitsverhältnisses ging, sondern um staatliches Geld, das von den Empfängerinnen dank der Kampagne zumindest in Teilen als Entgelt für geleistete Arbeit gesehen wurde. Doch trotz des Beifalls, den Margaret Prescod-Roberts für ihre Rede erhielt, sprang kein Funke über. In den folgenden Jahren war nicht nur die Kampagne, sondern auch Haus- und Reproduktionsarbeit kein Thema mehr.

4.2 Theorien zu Fortpflanzung und Bevölkerungsentwicklung

Während Marx und Engels zwar die Bedeutung der Reproduktion im Sinne von Fortpflanzung hervorgehoben, ihre Steuerung durch die Gesellschaft jedoch nicht gesehen hatten (s. v. 1.3.1.), befasste sich Marx im Kapital differenzierter mit dem Thema Bevölkerungswachstum. Um die Vermehrung der Bevölkerung brauche sich der Kapitalist keine Gedanken zu machen, er könne die Reproduktion der Arbeiterklasse »getrost dem Selbsterhaltungs- und Fortpflanzungstrieb der Arbeiter überlassen« (Marx 1972, S. 598). Unabhängig von der »wirklichen« Bevölkerungszunahme betrachtet Marx den Teil der Bevölkerung, der für die kapitalistische Produktionsweise gebraucht wird. Hierbei unterschied er zwischen einer aktiven Armee und einer Reservearmee von Arbeitskräften (ebd., S. 661, 666). Letztere entstehe aus der relativen Übervölkerung, das ist »eine Übervölkerung im Verhältnis zum augenblicklichen Verwertungsbedürfnis des Kapitals« (ebd., S. 284) und nur diese interessierte ihn, denn das absolute Bevölkerungswachstum sah er ja triebgeleitet sich vollziehen. Dem Kapital genüge keineswegs das Quantum disponibler Arbeitskraft, welches der *natürliche* Zuwachs der Bevölkerung liefere, es bedürfe zu seinem freien Spiel einer von dieser Naturschranke unabhängigen industriellen Reservearmee (ebd., S. 664).

Was nun die Reservearmee angeht, so werde diese ständig größer. Denn die kapitalistische Produktionsweise strebt nach immer höherer Produktivität und setzt dafür immer mehr und/oder technisch bessere Produktionsmittel ein. Dadurch steige deren Masse schneller als die der Arbeitskräfte, die zum Einsatz kommen (Marx 1972, S. 650 f). Anders ausgedrückt: Die Zusammensetzung des Kapitals ändert sich, der Anteil der Produktionsmittel (das konstante Kapital) steigt im Verhältnis zur Arbeitskraft (dem variablen Kapital) (Für die Definition von konstantem und variablen Kapital s. Marx 1972, S. 223 f, für die Zusammensetzung des Kapitals s. ebd., S. 640) »Das Gesetz, wonach eine immer wachsende Masse von Produktionsmitteln, dank dem Fortschritt in der Produktivität der gesellschaftlichen Arbeit, mit einer progressiv abnehmenden Ausgabe von Menschenkraft in Bewegung gesetzt werden kann – dies Gesetz drückt sich auf kapitalistischer Grundlage (…) darin aus, dass, je höher die Produktivkraft der Arbeit, desto größer der Druck der Arbeiter auf ihre Beschäftigungsmittel, desto prekärer also ihre Existenzbedingung: Verkauf der eigenen Kraft zur Vermehrung des fremden Reichtums oder zur Selbstverwertung des Kapitals. Rascheres Wachstum der Produktionsmittel und der Produktivität der Arbeit als der produktiven Bevölkerung drückt sich kapitalistisch also umgekehrt darin aus, daß die Arbeiterbevölkerung stets rascher wächst als das Verwertungsbedürfnis des Kapitals.« (ebd., S. 674) Demnach wäre immer ein genügend großes Reservoir an Arbeitskräften für das Kapital vorhanden.

Feministinnen haben mit ihren Theorien an zwei Stellen angesetzt. Zum einen haben sie die These vom »natürlichen«, das heißt von jeglichem gesellschaftlichen Einfluss unberührten absoluten Wachstum der Bevölkerung widerlegt. Insbesondere haben sie – und nicht nur sie – Herrschaftsinteressen aufgezeigt, die über ein ökonomisches Interesse an einer ausreichend großen Reservearmee hinausgehen und sogar im Widerspruch zu rein ökonomischen Bedürfnissen stehen. Im Folgenden werde ich feministische Theorien zu diesen beiden Aspekte darstellen, die zu Beginn und Mitte der 1980er Jahre in der Zweiten Frauenbewegung in der BRD entwickelt wurden.

4.2.1 Gewaltsame Aneignung weiblicher Reproduktivität

Immer dann, wenn hierarchische Geschlechterverhältnisse auf biologische Unterschiede zurückgeführt wurden, waren Frauen der Zweiten Frauenbewegung skeptisch und bereit zu widersprechen (Mies 1980, S. 61). Dank erster Thesen und Fakten, die nicht nur von feministischen WissenschaftlerInnen zusammengetragen und aufgestellt wurden, waren sie auch immer mehr in der Lage, ihre Kritik zu belegen. Die vielleicht wichtigste Erkenntnis war die anhand von Beobachtungen und der Erforschung sog. primitiver Sammler- und Jägergesellschaften gewonnene Tatsache, dass dort Frauen den generativen Kräften ihres Körpers nicht blind ausgeliefert, sondern in der Lage waren, sie zu beeinflussen, einschließlich der Zahl der Kinder, die sie haben wollten (ebd., S. 65). Maria Mies brachte dies auf den Punkt: »Frauen haben sich die Fähigkeit, Kinder zu gebären und Milch zu produzieren, in der gleichen Weise angeeignet, wie Männer sich ihre körperliche Natur angeeignet haben, nämlich in dem Sinn, daß ihre Hände und ihr Kopf durch Arbeit und Reflexion Fertigkeiten erlangten bei der Schaffung und Handhabung von Werkzeugen. Darum ist die Aktivität der Frauen beim Gebären und Nähren von Kindern als *Arbeit* zu interpretieren. Es ist eins der größten Hindernisse für die Frauenemanzipation, daß diese Aktivitäten als rein biologische Funktionen interpretiert werden, vergleichbar denen von anderen Säugetieren und daher außerhalb eigener, bewußter Steuerung. Diese Gleichsetzung der Produktivität des weiblichen Körpers mit animalischer Fruchtbarkeit ist jedoch *ein Resultat* patriarchaler Arbeitsteilung, nicht aber ihre Voraussetzung« (ebd., S. 64, Herv. im Original). Mies zählte eine Reihe von Beispielen für Mittel und Methoden mit abtreibender und empfängnisverhütender Wirkung auf, die von Frauen in vielen sog. primitiven Völkern praktiziert wurden (ebd., S. 65).

Die Voraussetzung patriarchaler Arbeitsteilung sah Mies in der Verfügung über Werkzeuge, die Macht über lebende Wesen verleihen. »Die Bedeutung der Jagd lag nicht in ihrem ökonomischen Beitrag als solchem [der Beschaffung proteinreicher Nahrung, U. M.], sondern in dem spezifischen Gegenstandsbezug zur Natur, der sich durch Waffen herstellen läßt. (...) Der Gegenstandsbezug, der durch Waffen vermittelt wird, ist daher im Grunde ein *beutemachender* oder *ausbeuterischer*, d. h. mit Hilfe von Waffen kann Leben angeeignet und unterworfen, aber nicht produziert werden. Alle späteren Ausbeutungsverhältnisse zwischen Produktion und Aneignung könnten ohne Waffen als Zwangsmittel nicht aufrechterhalten werden.« (ebd., S. 70, Herv. im Original) Waffen ermöglichten zwar ein Herrschaftsverhältnis, Waffenbesitz führt aber, möchte ich hinzufügen, nicht zwangsläufig zu einem Herrschaftsverhältnis. Zur Verfügung der Männer über Waffen sei, so Mies, die Entdeckung männlicher reproduktiver Fähigkeiten bei der Viehzucht gekommen. Beides zusammen, der Waffengebrauch und die Erkenntnis der eigenen Zeugungsfähigkeit, habe die geschlechtliche Arbeitsteilung verändert, diese wurde als Herrschaftsverhältnis etabliert. »Sexualität und Fruchtbarkeit [von Frauen, U. M.] wurden (...) der gleichen Zwangsbewirtschaftung unterworfen wie die der Tiere. Das heißt, ihre Produktivität wurde durch die Männer angeeignet.« (ebd., S. 71)

Im Laufe der Geschichte wurden Heirats- und Familiensysteme geschaffen, als Organisationsformen, innerhalb derer Fortpflanzung geregelt war. Darüber hinaus wurde ein ideologischer Überbau entworfen, z. B. durch das Keuschheitsprinzip, auch mit Hilfe der Religion errichtet (ebd., S. 73 ff). Wie die historische Betrachtung der Hausarbeit durch feministische Wissenschaftlerinnen, so öffnete auch die historische Betrachtung der weiblichen Reproduktionsfähigkeit und deren gewaltsame Aneignung einen neuen Blick auf die gesellschaftliche Entwicklung. Ute Sprenger fasste dies 1985 zusammen: »Schon immer und überall gab es Frauen, die das notwendige Wissen über die reproduktiven Funktionen ihres Körpers besaßen, um eine selbstbestimmte Geburtenkontrolle zu praktizieren« (1985, S. 19).

Hinzu trat eine weitere Erkenntnis, die für die Frauenbewegung – fast möchte ich sagen – sensationell war: Die Vernichtung des reproduktiven, vor allem Geburten reduzierenden Wissens von Frauen durch die Herrschenden. Für das Mittelalter wurde der Hexenhammer, Malleus Malificarum, gegen Ende des 15. Jahrhunderts (1486 oder 1487) erschienen, ein Werk zur Legitimation der Hexenverfolgung, analysiert. Dadurch konnte belegt werden, dass Frauen unter anderem deshalb als Hexen angeklagt wurden, weil sie abtreibende Mittel gegeben haben sollen (Hauschild et al. 1979, S. 41). Dieser Zusammenhang war für die Mehrheit der Frauen in der Frauenbewegung neu und stellte ebenfalls eine Erweiterung in der Betrachtung der gesellschaftlichen Kontrolle der Reproduktion dar. Die Rolle, die dabei Kirche und Medizin spielten, war ebenfalls Gegenstand feministischer Analysen. Ein Plakat, das Jahre zuvor im Kampf gegen den § 218 StGB entwickelt worden war, erhielt durch diese Thesen neue Nahrung. Es zeigte eine nackte Frau auf Hände und Knie gestützt, auf deren Rücken ein Priester, ein Arzt und ein Richter saßen.

Vor allem in den 1980er Jahren betrachteten Wissenschaftlerinnen die Situation von Frauen weltweit und konnten einen weiteren Beleg für die systematische Vernichtung von Verhütungswissen nennen. Dies hatte es auch in den Kolonien durch Kolonialherren und Missionare gegeben (Sprenger 1985, S. 14, 19, Wichterich 1985, S. 10 und 17). Einheimische Frauen seien zur Menschenproduktion gezwungen worden, um mehr Arbeitskräfte/Sklaven zu haben, mit deren Ausbeutung mehr Fläche landwirtschaftlich genutzt und mehr Rohstoffe abgeschöpft werden konnten. Mies sah sowohl die Hexenverbrennungen als auch die koloniale Bevölkerungspolitik den Sklaven gegenüber als Teil der ursprünglichen Akkumulation des Kapitals (Mies 1989, S. 103 ff, 110 ff).

Wie schon bei dem, was ich über Friedrich Engels referiert habe, geht es mir auch hier nicht um historische Wahrheit in jedem Detail. Wichtig ist mir jedoch der gegenüber der marxistischen Theorie um die volle Dimension der Reproduktion erweiterte feministische Blick. Mies hatte 1985 formuliert: »Fortpflanzungsverhältnisse oder ›Reproduktionsverhältnisse‹ sind immer Teil der Produktionsverhältnisse« (Mies 1985, S. 44) und deutlich gemacht, dass dies auch im Sozialismus damaliger Prägung nicht nur nicht gesehen, sondern sogar abgestritten würde. Über diesen grundsätzlichen Zusammenhang hinaus haben feministische Wissenschaftlerinnen empirische Kenntnisse anderer ForscherInnen benutzt, um die Rolle der Geschlechter bezogen auf die Fortpflanzung und die Hierarchie zwischen ihnen zu beschreiben.

Zusammenfassung und Fazit

- Feministische Wissenschaftlerinnen haben die »Reproduktion« im Sinne von Fortpflanzung als eine Form weiblicher Arbeit erkannt, als bewusste Aneignung der Natur und damit des eigenen Körpers, einschließlich der Möglichkeiten, die Vermehrung zu regulieren, dem Bedarf der jeweiligen Produktionsverhältnisse entsprechend.
- Diese Fortpflanzungskontrolle durch Frauen wurde gewaltsam gebrochen, das Wissen vernichtet, Strukturen und Institutionen wie Ehe und Familie etabliert, innerhalb derer sich Fortpflanzung entsprechend den Bedürfnissen der Gesellschaft geregelt vollziehen sollte. Dies entsprach der ursprünglichen Akkumulation des Kapitals, war eine gewaltsame Aneignung der Fortpflanzungsfähigkeit durch das Kapital.
- Auch entstand ein ideologischer Überbau, bei dem Kirchen und Wissenschaft tragende Rollen spielten, und der der Absicherung einer Geschlechterhierarchie diente.
- Diese Verhältnisse wurden nicht nur in den Industriestaaten, sondern auch in den Kolonien errichtet.

4.2.2 Globale ökonomische Verwertungsinteressen an Bevölkerungsvermehrung

Die Vernichtung von Verhütungswissen in den kolonisierten Ländern ist aber nur eine Maßnahme, die von den Kolonialherren zur Kontrolle der Bevölkerungsvermehrung angewandt wurde. Plantagenbesitzer hatten »als gute Kapitalisten«, wie Maria Mies sich ausdrückt, auch erkannt, dass es billiger sein kann »zu kaufen als zu züchten« (Mies 1989, S. 113). Um Arbeitsausfälle und Kosten für die Aufzucht der Kinder von Sklavinnen zu vermeiden, wurde es z. B. in der Karibik Sklavinnen verboten, zu heiraten und Kinder zu haben. Ende des 18. und zu Beginn des 19. Jahrhunderts wiederum empfanden es britische Kolonisatoren als profitabler, die »lokale Zucht« von SklavInnen auf den Plantagen zu fördern (Mies 1989, S. 112 ff). Die Vermehrung dieser Bevölkerungsgruppen war also völlig den jeweiligen ökonomischen Prioritäten untergeordnet.

Christa Wichterich bemerkte 1985, dass die industrialisierten Zentren kein Interesse mehr an einer wachsenden »Menschenproduktion« hätten, da mit der

Ausdehnung kapitalintensiver Landwirtschaft und Industrialisierung der Einsatz von Arbeitskräften zurückgegangen sei und weiter zurückgehe (1985, S. 10). Ein Geburtenrückgang sei damit funktional geworden. Wichterich fügt hinzu, dass im Zuge der Verschärfung wirtschaftlicher Krisen und sozialer Gegensätze in sog. Entwicklungsländern »mit schöner Regelmäßigkeit die ›Über‹bevölkerung beschworen« (ebd., S. 11) und diese als Ursache für Armut angegeben werde. Diese These hatte Thomas Robert Malthus 1798 aufgestellt. Da die Bevölkerung wie eine geometrische Reihe, die Nahrung dagegen nur wie eine arithmetische wachse (Gesetz vom abnehmenden Bodenertrag), drohe eine Überbevölkerung, der mit Enthaltsamkeit und Heiratsverboten zu begegnen sei (Schlebusch 1994, S. 10 f).

Eine Wiederbelebung erfuhr die Malthussche Theorie nach dem 2. Weltkrieg, als in den (ehemaligen) Kolonien Befreiungsbewegungen um sich griffen und die ehemaligen Kolonialmächte um ihre Ressourcen und Einflusszonen fürchteten (Sprenger 1985, S. 19; Mies 1985, S. 35). Dies geschah umso mehr, je zahlenmäßig stärker diese wurden und umso eher, wenn zu befürchten war, dass diese sich um Hilfe an sozialistische Staaten wenden und vom Westen abkehren würden (Schlebusch 1994b, S. 6). So gründete John D. Rockefeller III. 1952 zusammen mit anderen finanzstarken Unternehmern und Wissenschaftlern in den USA den »Population Council«, dessen Ziel und Aufgabe es war, die wissenschaftliche Basis zur Anerkennung von Bevölkerungsplanung und -kontrolle zu legen (Sprenger 1985, S. 19). Seit den 60er Jahren begann ein zuerst von den Kolonialmächten, später den Industriestaaten, allen voran den USA aber auch der UNO massiv betriebener Eingriff in das Bevölkerungswachstum der Entwicklungsländer. In den 60er Jahren formulierte Präsident Lyndon B. Johnson: »5 gegen das Wachstum der Bevölkerung investierte Dollar sind wirksamer als 100 für das wirtschaftliche Wachstum investierte Dollar« (zit. nach Schlebusch 1994b, S. 8). Konsequent gewährten die USA 1966 Nahrungsmittelhilfe nur, wenn das betreffende Land ein Familienplanungsprogramm verabschiedete, dessen Kontrolle die US Agency for International Development (USAID) übernahm, die zum größten Finanzier bevölkerungspolitischer Aktivitäten in drei Kontinenten wurde (Schlebusch 1994a, S. 62). 1969 begann eine Entwicklungshilfeorganisation der Weltbank ihr erstes bevölkerungspolitisches Programm in Kenia. Bei Kreditvergaben wurden Drittweltländer gedrängt, nationale bevölkerungspolitische Programme einzuführen (Schlebusch 1994b, S. 13, 27).

Dabei waren Frauen im Fokus. Bei der Vergabe von Kleinkrediten an Frauen mussten diese einen höheren Zins zahlen, wenn sie entgegen den Vereinbarungen schwanger wurden (Schlebusch 1994b, S. 13, 28). Die Akzeptanz und Verbreitung von Verhütungsmitteln wurde zum Maß für den Erfolg dieser Politik (ebd., S. 23 f, 34, 41). Je sicherer das Mittel, desto beliebter seine Anwendung. Folglich war in den 1980er Jahren die Sterilisation (zu 80 Prozent an Frauen vorgenommen) die am häufigsten verbreitete Methode (ebd., S. 44, 24). Über die Endgültigkeit des Eingriffs wurden die Frauen nicht immer aufgeklärt; so geschehen in über 40 Prozent der Familienplanungszentren (ebd., S. 54, 49). Demgegenüber wurden Diaphragma und Kondom kaum empfohlen (ebd., S. 45), wohl aber hormonelle Verhütungsmittel, obwohl diese z. T. (noch) nicht genügend untersucht worden waren; ein Mittel wurde in den USA wegen hohen Krebsrisikos 1978 verboten, in den Ländern des Südens dagegen galt es als sicher (ebd., S. 49 f). Pharmafirmen benutzten »Drittweltfrauen« bedenkenlos als Versuchskaninchen für Verhütungsmittel (Mies 1989, S. 153 ff). Fruchtbarkeitskontrolle war wichtiger als ein gesundheitliches Risiko (Schlebusch 1994b, S. 50). Auch vor Zwangssterilisationen wurde nicht zurückgeschreckt (Baureithel 2007, S. 26).

Im gleichen Jahr, in dem der Bericht des Club of Rome über die Grenzen des Wachstums erschien, 1972, veröffentlichte der Humanökologe Paul Ehrlich seine Studie »Die Bevölkerungsbombe«, mit der er sehr effektvoll vor den Gefahren des Bevölkerungswachstums warnte. Die Metapher von der Bevölkerungsexplosion, die durch die starke Vermehrung der Menschen in den »Ländern des Südens« drohe, verbreitete sich sehr schnell (Schlebusch 1994a, S. 51 f).

Über Jahre war Bevölkerungspolitik ein Schwerpunkt der Entwicklungspolitik. Allerdings kam es dabei im Laufe der Zeit zu einer Akzentverschiebung. Man hatte erkannt, dass die Geburtenrate zurückgeht, wenn sich die Lebenssituation verbessert, insbesondere die von Frauen. Konsequent wurde Frauenförderung von den 80er Jahren an auch als flankierende Maßnahme für Bevölkerungspolitik angesehen (Schlebusch 1994b, S. 37 f). Im Interesse einer Effektivierung der Entwicklungs- und Bevölkerungspolitik wurden Frauen funktionalisiert. Ihre Lebenssituation sollte verbessert werden, damit sie weniger Kinder bekämen. Soweit einige Fakten, die feministische Wissenschaftlerinnen recherchiert hatten.

Die theoretische Klammer für diese Forschungsergebnisse hatte Maria Mies sehr prägnant geliefert. Denjenigen, die sich gegen die Gefahr der »Bevölkerungsexplosion« engagierten, ginge es nicht um das quantitative Wachstum (Mies 1985, S. 35). Schon Malthus hatte die Bedrohung der Reichen durch die wachsende Zahl von Armen gesehen, woraufeine eugenische Forderung abgeleitet wurde: »Mehr Kinder von den Tüchtigen, weniger von den Minderwertigen« (zit. nach Wichterich, 1985, S. 11). Dementsprechend wurde die Bevölkerung aufgeteilt in Teile, die zu schnell, und Teile, die zu langsam wachsen, Menschen, deren Vermehrung erwünscht, und andere, deren Vermehrung unerwünscht war und das weltweit (Mies 1985, S. 35). Gleichgültig ob es sich um pro- oder anti-natalistische Maßnahmen handele, um Auslese oder Ausmerze, so der Titel des 14. Bandes der Beiträge zur Feministischen Theorie und Praxis 1985, immer ginge es um die Kontrolle der Gebärfähigkeit von Frauen. »Der Sexismus, der sich gegen die ›eigenen‹

Frauen richtet, ist (...) immer gekoppelt mit einem Rassismus, der sich gegen die Frauen der ›anderen‹ unterworfenen Klassen und Völker richtet.« (ebd. S. 36)

Nicht nur wurde hier der Zusammenhang zwischen Klasse, Rasse und Geschlecht betont, einen Unterschied zwischen Frauen sah Mies auch bzgl. ihrer ökonomischen Rolle. Zwar gebe es die grobe geschlechtsspezifische Aufteilung in Mann = Ernährer und Frau = Hausfrau, Hausfrau sei jedoch international und klassenmäßig nicht gleich Hausfrau. Es gebe solche, die hauptsächlich produzieren also erwerbstätig sein, und solche, die hauptsächlich konsumieren sollten. Erstere fänden sich überwiegend in den unterentwickelten Ländern und unterentwickelten Klassen und Sektoren, letztere in den überentwickelten Ländern und überentwickelten Klassen und Sektoren. Mies führte dazu die Doppelbegriffe Hausfrauen-Produzentinnen und Hausfrauen-Konsumentinnen ein, um zum Ausdruck zu bringen, dass die vorrangige Bestimmung die der Hausfrau ist, was zur Folge hat, dass ihnen als Zubrotverdienerinnen niedrigere Löhne gezahlt werden können und sie für die Puffer-Funktion der Reservearmee prädestiniert seien. Diese Aufteilung in Hausfrauen-Konsumentinnen und Gebärerinnen einerseits, Hausfrauen-Produzentinnen andererseits sei »nicht das Ergebnis eines allgemeinen Frauenhasses seitens der Männer« (Mies 1985, S. 38), sie sei vielmehr Ausdruck eines grundlegenden Dilemmas der kapitalistischen Produktionsweise. Dieses umriss Mies kurz so: »Einerseits versucht das Kapital die Kosten für die menschliche Arbeitskraft so weit wie möglich zu senken, andererseits will es die von billigen Arbeitskräften erzeugten Waren so teuer wie möglich verkaufen, denn ohne Verkauf keine Kapitalakkumulation. Die weltweite koloniale und klassenmäßige Aufspaltung von billigen Produzenten und kaufkräftigen Konsumenten ist der Versuch, diesen Widerspruch zu lösen.« (ebd., S. 38) Anders als Marx, der laut Mies in den Menschen zunächst Warenproduzenten sehe, hob die Soziologin die Bedeutung des Konsums hervor, denn für den Kapitalismus ist die Realisierung des erwirtschafteten Mehrwerts, also der Verkauf der Waren, lebensnotwendig.

Mit der Kolonialisierung und verstärkt mit der Globalisierung hat eine weltweite Aufspaltung begonnen derart, dass weite Teile der Warenproduktion von den Industriestaaten in die Entwicklungsländer verlagert wurden, unter Ausnutzung der Arbeitskraft junger Frauen, während man für die Konsumtion auf die reichen Länder setzte, denn »um die in den ›Billiglohnländern‹ produzierten Waren zu vermarkten, brauchte das Kapital in den Ländern, wo akkumuliert wird, wiederum Frauen als Spezialistinnen für den Konsum.« (Mies 1985, S. 40) Dabei verkannte Mies nicht die Rolle von Männern als Konsumenten etwa von Luxusgütern und technischen Waren, Unterhaltungselektronik etc. (ebd., S. 42). Bei dieser Aufteilung sind schwangere Frauen in den Entwicklungsländern ein Störfaktor bei der Billiglohnproduktion, in den Industrieländern dagegen ist Nachwuchs auch für den Absatz der Produkte wichtig.

Ganz wichtig ist die Forderung, die Mies aus ihrer Analyse für die Frauenbewegung ableitet: Autonomie über den eigenen Körper und das Leben müsse sich gegen jegliche Verstaatlichung der Gebärfähigkeit richten. Das sei jedoch nicht identisch mit Privatisierung und Individualisierung, denn diese sei die notwendige »andere« Seite der Vergesellschaftung, »einen neuen Begriff von Kollektivität, der jenseits dieses Scheinwiderspruchs von ›privat‹ und ›gesellschaftlich‹ steht, bei dem die Autonomieforderung nicht zu individualistischem Egoismus verkommt, haben wir noch nicht« (Mies 1985, S. 47). Dieser von Mies herausgearbeitete Unterschied zwischen Selbstbestimmung über den eigenen Körper bezogen auf dessen reproduktive Fähigkeiten und Individualisierung und Privatisierung wird für den Neoliberalismus besonders relevant werden.

Zusammenfassung und Fazit

- Waren die bevölkerungspolitischen Ziele in der Kolonialzeit noch wechselhaft, je nachdem, ob es für die Plantagenbesitzer einen größeren finanziellen Vorteil bedeutete, SklavInnen zu kaufen oder zu »züchten«, so stellte sich durch Technisierung und Industrialisierung der dortigen Landwirtschaft nicht mehr die Notwendigkeit eines Bevölkerungswachstums.
- Zudem stieg die Angst, bevölkerungsstarke, verarmende Drittweltländern könnten sich den Ostblockstaaten, dem Sozialismus zuwenden und die kapitalistischen Industriestaaten würden nicht nur an Einfluss verlieren, sondern könnten auch den Zugang zu Ressourcen einbüßen.
- Daher betrieben vor allem die USA im Verbund mit der UNO eine bevölkerungspolitisch ausgerichtete Entwicklungspolitik. Diese bestand in der Koppelung der Kreditvergabe mit Auflagen für ein »Familienplanungsprogramm« und massiven Eingriffen in die Gesundheit der weiblichen Bevölkerung durch Ausgabe unzureichend erforschter Empfängnisverhütungsmittel.
- Umgekehrt sollten sich Frauen der gehobenen Schichten in den kapitalistischen Ländern vermehren, um den Bevölkerungsrückgang und damit den Bedeutungsverlust zu bremsen, aber auch um eine ausreichend große Zahl von KonsumentInnen zur Realisierung des Mehrwerts, d. h. den Verkauf der Produkte zu haben.
- Die feministischen Theorien zu diesem Themenkomplex gingen über klassisch marxistische Thesen hinaus, indem sie den Konsumbereich gleichwertig neben dem Produktionsbereich einbezogen. Zuvor hatte dies ausführlich Rosa Luxemburg in ihrem Hauptwerk »Die Akkumulation des Kapitals« beschrieben, in dem sie die Bedeutung des Konsums für den Kapitalismus hervorhob und damit dessen weltweite Ausdehnung zur Eroberung von Absatzmärkten. Feministinnen thematisierten dabei sowohl Klassenunterschiede als auch Ras-

sismus in der von ihnen kritisierten Bevölkerungspolitik. Sie benutzten Teile marxistischer Theorien als Ausgangspunkt.

- Es trifft für diese Wissenschaftlerinnen nicht zu, dass sie Frauen als einheitliche Menge angesehen und insbesondere keine Unterschiede zwischen Rassen gemacht hätten, wie KritikerInnen Jahre später behaupteten.

4.2.3 Die Entwicklung der »Reproduktivkräfte« – Technisierung der Fortpflanzung

Ab den 1960er Jahren hatte sich in der Entwicklung technischer Mittel und Methoden im Bereich der Fortpflanzung eine Reihe von entscheidenden Veränderungen ergeben. In Anlehnung an den Begriff Entwicklung der Produktivkräfte möchte ich daher von der Entwicklung der Reproduktivkräfte sprechen.

Worin bestanden die Veränderungen, was war ab Mitte der 1960er Jahre möglich geworden?

Da war einmal die hormonelle Empfängnisverhütung, die erwünschte Schwangerschaften planbar machte, dann die »programmierte« Schwangerschaft durch Vorsorgeuntersuchungen, insbesondere die Amniozentese (Fruchtwasseruntersuchung auf mögliche Behinderungen des Fötus), die überwachte Geburt, die »Befruchtung im Reagenzglas«, medizinisch In-vitro-Fertilisation genannt, verbunden mit vorgeburtlicher Selektion bei Vorliegen von Schädigungen und Behinderungen des Fötus, Leihmutterschaft, Methoden gegen Unfruchtbarkeit. Dies waren damals bereits laut Gundula Kayser zentrale politische Themen (1985, S. 65), um nur die wichtigsten zu nennen. Durch die genannten Mittel und Methoden wurde eine Trennung der Sexualität von der Fortpflanzung, aber auch eine Trennung der Fortpflanzung von der Sexualität möglich.

»Wer zieht einen Nutzen daraus?«, fragten Feministinnen 1985 in mehreren Texten, die im Heft 14 der Beiträge zur feministischen Theorie und Praxis erschienen, das den Titel »Frauen zwischen Auslese und Ausmerze« trug. Zum einen die Pharmaindustrie, befördert durch die Entwicklungspolitik als Bevölkerungspolitik gegenüber den Ländern der sog. Dritten Welt, gefördert z. B. in den USA durch Forschungsprojekte für Kontrazeptiva (Sprenger 1985, S. 19). Die Entwicklungsländer stellten dabei einen wachsenden Absatzmarkt dar und ein erweitertes Experimentierfeld dann, wenn in den Erzeugerländern der Produkte strenge gesetzliche Vorschriften Versuche zur Feststellung von Nebenwirkungen unmöglich machten (ebd., S. 20). Zum anderen die Ärzteschaft. Beispielsweise können nur ÄrztInnen »Pille« und »Spirale« verschreiben und die dafür nötigen Untersuchungen durchführen, auch Schwangerschaftsvorsorgeuntersuchungen und Geburt waren und sind fast völlig in ärztlicher Hand. Ab Ende der 1960er Jahre hatten demzufolge die Ärzteschaft und die Pharmaindustrie in den Industriestaaten, letztere durch ihren Absatz auch in den Entwicklungsländern, einen Macht- und Profitzuwachs zu verbuchen. Sehr bald nach Aufkommen der genannten Mittel und Methoden haben Frauen im Umkreis der Frauenbewegung erkannt, dass sie durch diese technische Entwicklung der Reproduktivkräfte einen Autonomieverlust hinnehmen mussten. Frauen wurden einer kontinuierlichen Kontrolle unterzogen, ÄrztInnen zu »gesellschaftlich bestallten Experten (...) zu den ›Sachwaltern‹ weiblicher Fruchtbarkeit.« (Kontos 1985, S. 70). Ich erinnere mich noch gut an die ablehnende Haltung, die viele Gynäkologen gegenüber dem Diaphragma in den 1970er und 1980er Jahren einnahmen, das Frauen die Empfängnisverhütung in höherem Maße in die eigenen Hände legte als andere Mittel. An einer Selbstkontrolle von Frauen bestand wenig Interesse, nicht in der »ersten« und schon gar nicht in der »Dritten« Welt.

Eine Reihe von Frauen wollte sich in den 1980er Jahren von dieser Art Technik befreien und praktizierte während ihrer fruchtbaren Tage mit Männern Sexualität so, dass keine Zeugung/Empfängnis möglich war. Dabei mussten sie lediglich auf ein Fieberthermometer als technischem Hilfsmittel zurückgreifen. Auch kam der Wunsch nach »natürlicher« Geburt auf, nach Entbindung zu Hause oder in Entbindungshäusern, die von Hebammen betrieben wurden, einen geringeren Technikeinsatz versprachen und Frauen weitgehende Kompetenz und Kontrolle über den Geburtsvorgang zusicherten.

Neben die feministische Kritik am Kontrollverlust über die eigene generative Kompetenz traten noch weitere Kritikpunkte. Ein wichtiger Einwand war, es werde nicht zu sozialen, gesellschaftlichen und ökologischen Ursachen von Fortpflanzungsproblemen geforscht, etwa über einen möglichen Zusammenhang zwischen Umweltverschmutzung und Unfruchtbarkeit (Kayser 1985, S. 65). Misserfolge oder nur sehr geringe Erfolgsquoten der neuen Methoden würden öffentlich verschwiegen oder heruntergespielt. Soziale Hilfen für einige Probleme würden nicht diskutiert, meinte etwa die Soziologin Silvia Kontos, die sich auch schon mit Aufsätzen zur Hausarbeit in der Frauenbewegung einen Namen gemacht hatte, bezogen auf Unfruchtbarkeit: »Ein unerfüllbarer Kinderwunsch ist ein psychosoziales Problem, das schließlich auch durch die soziale Bedeutung und Organisation der Mutterschaft mit verursacht wird und z. T. eben auch dort zu lösen ist. Kollektive Formen der Kinderbetreuung würden individuelle Kinderlosigkeit wesentlich mildern« (1985, S. 76). Sie mutmaßte weiter, dass mit immer perfekteren medizinischen Test- und Kontrollverfahren Ängste bekämpft werden sollen, die andere Ursachen haben und bei denen es weniger um die Befürchtung geht, ein behindertes Kind zur Welt zu bringen. Mir erscheinen die von Kontos genannten Befürchtungen werdender Mütter plausibel, Ängste, ob ihnen die lebenslange Mutter-Kind-Beziehung gelingen und ob der Vater des Kindes ein verlässlicher

Partner in der Kindererziehung sein wird. Auch andere Zukunftsängste könnten eine Rolle spielen wie steigende Arbeitslosigkeit, Umweltprobleme etc. (Kontos 1985, S. 72). Für das Aussprechen solcher Ängste gebe es kaum einen Ort.

Von Feministinnen wurde auch kritisiert, dass Reproduktionsentscheidungen einer gesamtgesellschaftlichen Planung zugänglich würden (Kontos 1985, S. 70). Was das bedeuten könnte, hat Gundula Kayser mit zwei Zitaten belegt: »›Keine Eltern werden in Zukunft das Recht haben, die Gesellschaft mit verunstalteten oder schwachsinnigen Kindern zu belasten‹ (Bentley Glass in seiner Antrittsrede als Präsident der ›Amerikanischen Vereinigung zur Förderung der Wissenschaften‹ 1971) ›Die Menschheit befindet sich an der Schwelle, das Leben selbst zu modifizieren ... Eines Tages werden wir jene DNS Sequenzen, die Intelligenz reproduzieren, lokalisieren und einem Embryo implantieren können. Wir sprechen von Manipulation und wir sprechen von Kontrolle.‹ (Richard Seed, Spezialist für Embryo-Transplantation an der Chicagoer ›Reproduction and Fertility Clinic‹ 1983)« (Kayser 1985, S. 55)

Feministinnen und feministische Wissenschaftlerinnen hatten so eine Reihe von Themen angesprochen und Kritik geübt. Sie hatten:

- den Stand der Entwicklung der Reproduktivkräfte in einen gesellschaftlichen Kontext gesetzt,
- den Kontrollverlust von Frauen kritisiert, den Gewinn für die Pharmaindustrie und Ärzteschaft herausgestrichen,
- weitergehende Ursachenforschung für Reproduktionsprobleme angemahnt,
- deutlich gemacht, dass andere soziale Rahmenbedingungen (wie kollektive Formen der Kinderbetreuung) sinnvoll seien und
- die Gefahren der gesamtgesellschaftlichen Steuerung in einem noch höheren als bislang bekannten Maß aufgezeigt.

Damit leisteten sie einen wichtigen Beitrag zu einer Kritik der herrschenden Reproduktionsverhältnisse.

So einheitlich, wie es in meiner Zusammenfassung erscheint, war das Bild Mitte der 1980er Jahre jedoch nicht. In dem oben genannten Heft der Beiträge zur feministischen Theorie und Praxis klang ausgerechnet bei Silvia Kontos, die in ihrem Text immer wieder darauf hinwies, wie nötig es sei, die gesellschaftlichen Rahmenbedingungen in Angriff zu nehmen, noch ein anderer Gedanke an. Sie wirft die Frage auf: »Warum ist es eigentlich in der Frauenbewegung nicht mehr möglich, zu denken, welchen möglichen Autonomiegewinn die neuen Fortpflanzungstechnologien für Frauen bedeuten könnten, warum gilt Shulamith Firestones Phantasie der Retortenzeugung (Firestone 1975) nur noch als Ausgeburt eines männlich-technokratischen Hirns?« (Kontos 1985, S. 75). Mit dieser Frage hat Kontos den von ihr selbst vorgegebenen Blick von den gesellschaftlichen Verhältnissen abgewendet, nicht mehr gefragt, was Autonomie bedeutet und unter welchen gesellschaftlichen Bedingungen die »Retortenzeugung« einen Gewinn darstellt, wer davon profitiert und welche medizinischen Probleme damit verbunden sind. Dieses Herauslösen aus einem größeren gesellschaftlichen Zusammenhang, das an diesem kleinen Beispiel deutlich wird, möchte ich als Entbettung bezeichnen, als einen Schritt heraus aus der linken politischen Heimat, der sich zu dem Zeitpunkt die meisten feministischen Wissenschaftlerinnen noch verbunden fühlten.

Zusammenfassung und Fazit

Feministische Wissenschaftlerinnen haben ökonomische und machtpolitische Hintergründe der globalen Bevölkerungspolitik benannt.

- Die Entwicklung der »Reproduktivkräfte« ist seit den 1960er Jahren durch eine medizinisch-technisch induzierte Trennung zwischen Sexualität und Fortpflanzung gekennzeichnet, einige Jahre danach darüber hinaus durch eine immer größer werdende Abkopplung der Fortpflanzung von der Sexualität.
- Dadurch gewannen Pharmaindustrie und Ärzteschaft Kontrolle über Frauen, auch profitierten sie finanziell davon. Im gleichen Zug büßten Frauen mehr und mehr Autonomie und Selbstbestimmung über ihren Körper ein.
- Diese Entwicklung ist sowohl bezogen auf Frauen in Europa, vor allem aber gegenüber den Frauen in den Entwicklungsländern gewollt.
- Feministische Wissenschaftlerinnen haben diese Zusammenhänge seit den 1970er Jahren dargestellt, die zugrunde liegenden Herrschaftsinteressen offen gelegt und damit der Zweiten Frauenbewegung Material für Agitation gegen die Machthaber geliefert.
- Gleichzeitig haben einige feministische Wissenschaftlerinnen den gesellschaftskritischen theoretischen Rahmen in Teilen verlassen und damit angefangen, sich von linker Theorie zu entfernen.

4.3 Feministische Kritik an der psychoanalytischen Theorie weiblicher Entwicklung und Sexualität

Zwar hatte die marxistische Theorie auch das Konzept eines Sozialcharakters beinhaltet, also eine Summe von Charaktereigenschaften, die entsprechend gesellschaftlicher Bedürfnisse hervorgebracht werden, wie genau der Prozess der Verinnerlichung bestimmter Eigenschaften abläuft, musste sie offen lassen. Wie wichtig aber gerade Kenntnisse darüber sind, wurde vielen Frauen im Umkreis der Frauenbewegung zunehmend am eigenen Leben bewusst. Sie merkten z. B., dass sie sich immer wieder in denselben Typ Mann verlieben, obwohl dieser ihnen auf lange Sicht nicht gut tat. Sie merkten auch, wie schnell sie bereit waren, in einer Liebesbeziehung mit einem Mann eigene, nicht nur sexuelle Bedürfnisse zurückzustellen. Sie merkten, wie sehr sie begannen ihrer eigenen Mutter zu ähneln, gerade in Verhaltensweisen, die sie eigentlich ablehnten usw. Die Frankfurter Soziologie-Dozentin Ulrike Prokop hatte in diesem Klima neuer, tiefergehender Nachdenklichkeit 1976 ein wichtiges Stichwort eingeführt, das vielen Frauen nachvollziehbar war. Die sprach vom »Motiv von der Vermeidung von Erfolg« (Prokop 1976, S. 89 ff). Damit meinte sie, »daß die freie Äußerung von Leistungsorientierung (auch bei sonst positiv motivierten jungen Frauen) durch Dispositionen der Angst vor den negativen Konsequenzen (sozialer Ablehnung, Gefühl der Unweiblichkeit) des gewünschten Erfolges verhindert wird.« (ebd., S. 89) Es genügte offenbar nicht, sich theoretisch über die Zusammenhänge zwischen kritisierten, gesellschaftlich gewünschten Eigenschaften im Klaren zu sein, um diese auch bei sich selbst ablegen zu können. Tiefere Ebenen des Bewusstseins waren berührt.

Solche persönlichen Erfahrungen traten in einer Zeit auf, in der sich innerhalb linker Wissenschaften eine als Freudo-Marxismus bezeichnete Richtung entwickelte, die versuchte, die Ergebnisse Freuds mit denen von Marx in Einklang zu bringen. Bei dem Wunsch beides miteinander zu verbinden, ging es besonders um die Frage des Sozialcharakters und dessen Entstehen. Hier sollte die psychoanalytische Theorie weiter helfen, indem sie tiefer ging und die Verankerung des Sozialcharakters im Unbewussten aufzeigen konnte. Durch das Erleben persönlicher Grenzen war dieses Thema für Feministinnen von großem Interesse. Gleichzeitig hatten Feministinnen besondere Schwierigkeiten, sich auf die Psychoanalyse als Theorie einzulassen. Deren Konzepte von Weiblichkeit wurden heftig kritisiert, waren sie doch verbunden mit Stichworten wie Minderwertigkeit (bezogen auf die Klitoris im Vergleich zum Penis) oder mit »Lernzielen« (Übergang vom klitoralen zum vaginalen Orgasmus), die nicht akzeptiert wurden, weil sie zum Teil – psychologisch gesprochen – eine schwere narzisstische Kränkung bedeuteten.

Dazu kam ein gerade in linken Kreisen wichtiger Vorbehalt gegenüber der Psychoanalyse als Therapie. Das war besonders aktuell, da Ende der 1970er Jahre ein Psychoboom aufgekommen war. Der Markt an Therapieformen weitete sich aus, viele nahmen diese individuell oder als Gruppenangebote für sich in Anspruch. Es gab aber zugleich eine in jener Zeit vor allem bei politisch links Eingestellten verbreitete Furcht, durch TherapeutInnen an Bedingungen angepasst zu werden, die aus linker Perspektive zu kritisieren und bekämpfen waren. Diese Einstellung wurde in der Frauenbewegung geteilt. Dies war ein weiterer Grund, der es Feministinnen schwer machte, einen theoretischen Zugang zur Psychoanalyse zu finden. Umso bemerkenswerter scheint es, dass diese geistigen Barrieren von einer Reihe von Feministinnen überwunden werden konnten, ebenso übrigens wie die Furcht vor der Psychoanalyse als Therapie. Hilfreich für letzeres war, dass auch einige PsychoanalytikerInnen ihre Kritik an klassischen Freudschen Positionen artikulierten.

Claudia Minoliti bezeichnete 1995 das Verhältnis von Psychoanalyse und Feminismus als Hassliebe (Frankfurter Rundschau vom 7.3.), wobei chronologisch – vereinfacht gesprochen – der Hass der Liebe voranging. Gründe für den Hass, zum Teil eine heftige Ablehnung der Psychoanalyse, die in eine theoretische feministische Kritik mündete, möchte ich im Folgenden darstellen, weil es sich bei der psychoanalytischen Theorie um eine Theorie der Sexualität und der Entwicklung des weiblichen Sozialcharakters, der Weiblichkeit schlechthin handelt, also zwei Bausteine, die eine wesentliche Ergänzung eines linken Theorieverständnisses bedeuten.

4.3.1 Probleme von Feministinnen mit Freuds Theorie

Luce Irigaray machte den Hass auf psychoanalytische Theorie in einer Acht-Punkt-Liste dessen, was Freud als Besonderheiten von Weiblichkeit bezeichnet hat (Irigaray 1980, S. 143 f), verständlich.

Nach Freud ist eine reife Frau gekennzeichnet durch:

- ein höheres Maß an Narzissmus,
- die aus dem Penisneid herrührende körperliche Eitelkeit,
- die Scham als exquisit weibliche Eigenschaft, die der Absicht entspricht, den Defekt des Genitale zu verdecken,
- die geringen Entdeckungen und Erfindungen von Frauen in der Kulturgeschichte; ihr Beitrag sei vor allem die Technik des Flechtens und Webens, als Nachahmung der Natur aus der Verfilzung der Schamhaare weiter entwickelt, wobei diese den Zweck hat, das Genitale zu verhüllen,
- wenig Sinn für Gerechtigkeit, da Neid im Seelenleben der Frau überwiegt,
- schwächere soziale Interessen,
- geringere Fähigkeit zur Triebsublimierung, also zur Umwandlung sexueller in desexualisierte Energie und
- erschreckend häufig anzutreffende psychische Starrheit und Unveränderlichkeit von Frauen um die Dreißig.

Man/frau braucht keinE PsychoanalytikerIn zu sein, um zu erkennen, dass solche Thesen in ihrer Verallgemeinerung nicht richtig sind; ich möchte sie daher hier nicht im Einzelnen widerlegen und verweise auf Irigarays Ausführungen hierzu (ebd., S. 158 ff).

Um die oben genannten psychoanalytischen Thesen Freuds nachvollziehen zu können, ist es wichtig, sich die besondere Aufgabe und Vorgehensweise der Psychoanalyse als Wissenschaft klar zu machen. Sie macht das Unbewusste bewusst, nicht nur als therapeutische Technik, sondern als Methode, durch die sie zu ihren theoretischen Erkenntnissen gelangt. Dazu rekonstruiert sie nicht-wahrgenommene, fragmentierte und inkohärente Mythen und Ideen, macht sie kohärent und präsentiert sie als das, was sie sind, Repräsentanten von Ideen und Ideologien, wie die aus Neuseeland stammende in der Londoner Women's Liberation Group aktive Wissenschaftlerin Juliet Mitchell prägnant zusammenfasst (Mitchell 1974, S. 368 f). Einer der wichtigsten Ansatzpunkte der Psychoanalyse ist dabei die sexuelle Entwicklung, denn die Einstellung des Individuums zum Sexuellen erscheint als Prototyp der Einstellung zum Rest des Lebens (Horney 1973, S. 149). Die sexuelle Entwicklung vollzieht sich in verschiedenen biologischen Reifungsstadien mit primären Objekten und deren verinnerlichten Repräsentanzen, in denen es immer um die psychische Verarbeitung von Konflikten geht, die im Mittelpunkt der Lehre Freuds stehen (Mitscherlich-Nielsen 1975, S. 776 f).

Zusammengefasst sah die Psychoanalyse nach Freud folgende Stadien, worin die weibliche von der männlichen Entwicklung abweicht:

Die Differenzen beginnen in der ödipalen Phase. Bis zu diesem Zeitpunkt gebe es zwischen den Geschlechtern keinen wesentlichen Unterschied. Freud: »Wir müssen (…) anerkennen, das kleine Mädchen ist ein kleiner Mann« (zit. nach Fliegel 1975, S. 824). Für beide Kinder spiele nur ein zentrales Organ in der folgenden Phase eine Rolle, der Penis; daher spricht man vom phallischen Monismus. In dieser Phase habe das Mädchen das männliche Genitalorgan gesehen, »weiß, daß sie es nicht hat, und will es haben. An dieser Stelle zweigt der sogenannte Männlichkeitskomplex des Weibes ab« (Freud zit. nach Gillespie 1975, S. 794). Das Mädchen nehme den anatomischen Geschlechtsunterschied wahr, sei traumatisiert und gezwungen die Realität anzuerkennen, denn verglichen mit dem Knaben besitze sie nur ein verkümmertes Geschlechtsteil, die Klitoris. Aufgrund ihrer Genitalien habe das Mädchen besondere Schwierigkeiten. Es könne nur die Tatsache ihrer Kastration und damit die Überlegenheit des männlichen Organs anerkennen (Gillespie 1975, S. 797, 803). Widerstrebend entschließe sich das Mädchen dann zur Weiblichkeit, als Ersatz für den Penis wünsche sie sich vom Vater ein Kind. Die Vagina bleibe bis zur Pubertät unentdeckt (Mitscherlich-Nielsen 1975, S. 771 f). Die Vagina sei der einzige weibliche Besitz und habe keine Entsprechung beim Mann. Daher wird argumentiert, sie sei eine zweite erogene Zone, die Frauen zur Verfügung stehe. In der Pubertät werde die kindliche Klitorissexualität, »ein Stück männlichen Sexuallebens«, verdrängt. Beim »endlich zugelassenen Sexualakt«

werde die Klitoris erregt und habe die Rolle, »diese Erregung an die benachbarten weiblichen Teile weiterzuleiten, etwa wie ein Span Kienholz dazu benutzt werden kann, das härtere Brennholz in Brand zu setzen« (Freud 1908, zit. nach Gillespie 1975, S. 792). Die weibliche Entwicklung werde – so Freud – durch die sogenannte biologische Bisexualität der Frau bestimmt und kompliziert (Sherfey 1973, S. 33).

Feministinnen, aber auch einige PsychoanalytikerInnen haben sich an vier Aspekten der psychoanalytischen Theorie Freuds gerieben und moniert,

- dass die Begriffe phallisch und männlich weitgehend synonym für stark und aktiv verwendet werden,
- dass der Penis das einzige Genitale sei, das für Kinder in der genitalen Phase Bedeutung haben solle (der phallische Monismus),
- dass der Penisneid das anatomische Schicksal der Frau sei
- und dass die reife Frau den klitoralen Orgasmus zugunsten eines vaginalen aufgeben und von einer aktiven Sexualität zu einer passiven wechseln sollte.

Im Folgenden möchte ich nachweisen, dass feministische Kritik an der psychoanalytischen Theorie der weiblichen Sexualität und Weiblichkeit Herrschaftskritik bedeutet. Dazu beschränke ich mich auf einige wichtige Beiträge. Diese habe ich danach ausgewählt, dass sie mehr leisten, als das verbreitete Argument, Freuds Vorstellungen seien eben aus seiner Zeit heraus zu verstehen (wie z. B. von Mitscherlich-Nielsen 1975, S. 772). Hier soll vielmehr die Bedeutung eines feministischen Diskurses herausgestellt werden, weshalb ich nur auf solche AutorInnen eingehen werde, die am Androzentrismus, der Männerzentriertheit, ansetzen, dessen Vorurteilscharakter verdeutlichen und die von der Frauenbewegung beeinflusst oder von ihr wiederentdeckt wurden.

4.3.2 Das Verschwinden früher psychoanalytischer Kritik an Freud

Was die psychoanalytische Kritik an Freuds Thesen zur Weiblichkeit angeht, so scheint diese über Jahrzehnte eher verhalten gewesen zu sein. In den 1920er und frühen 1930er Jahren dagegen gab es, wie die Psychoanalytikerin Zenia Odes Fliegel 1975 referierte, unter PychoanalytikerInnen eine lebhafte Auseinandersetzung über die Psychologie der Frau, die damals »allen wohlbekannt gewesen sein dürfte« (1975, S. 814). Aus der psychoanalytischen Geschichtsschreibung sei sie 1931 nach Freuds Veröffentlichung über die Sexualität weitgehend verschwunden (ebd., S. 832). Fliegel berichtet von einem »seltsamen Phänomen«, dem Unterschied zwischen zeitgenössischen Auffassungen zu Freuds Theorie und der Standard-Literatur, ein Unterschied, den es ihrer Meinung nach bei anderen theoretischen Formulierungen in dieser Form nicht gebe. Freuds Thesen würden in der psychoanalytischen Literatur selten direkt in Frage gestellt (ebd., S. 813 f). Siegfried Bernfeld liefert eine mögliche Erklärung zu den von Fliegel beschriebenen Phänomenen. Für viele seiner Anhänger sei Freud Mittelpunkt ihrer Welt, ein unvergleichlicher Führer gewesen, »für deren Unbewußtes (...) aber Vater und Gott« (Bernfeld zit. nach Fliegel 1975, S. 831). Fliegel deutet an, dass das Bekanntwerden von Freuds Krebserkrankung, sein »Tod und seine Auferstehung« 1923/24 seine Ein- und Wertschätzung zusätzlich geprägt haben (ebd., S. 832) – im Sinne einer Beisshemmung, wage ich zu vermuten. Auch hatte Freud laut Fliegel auf »fremde Gedanken (...) wie auf eine Bedrohung der Reinheit seiner Theorie (...) mit dem vielleicht dogmatischsten Widerstand während seiner Laufbahn« reagiert (ebd., S. 832). »Darüber hinaus kam die Kritik an Freuds Vorurteilen gegenüber den Frauen oft aus Kreisen, die ihm feindlich gesonnen waren und versuchten, seine Leistungen insgesamt zu entwerten, was es seinen Anhängern zweifellos erschwerte, sich diesem Thema leidenschaftslos und offen zu nähern.« (ebd., S. 833)

Was auch immer die Gründe dafür gewesen sein mögen, dass die weibliche Entwicklung in der Standard-Literatur von kritischen Positionen bereinigt dargestellt wurde, Tatsache bleibt, dass es einer Wiederentdeckung der Kritik an Freuds Weiblichkeitstheorie bedurfte, die denn auch tatsächlich Ende der 1960er Jahre erfolgte. Zudem meldeten sich in dieser Zeit Pyschoanalytikerinnen und Feministinnen zu Wort, so dass die zeitgenössische Debatte im Rahmen späterer Thesen und Ergebnisse eine Renaissance erfuhr.

4.3.3 Widerlegung der These von der Klitoris-Organminderwertigkeit

Freud hatte den Begriff »phallisch« in die Psychoanalyse eingeführt, um damit die Macht, die Potenz zu beschreiben, die psychologisch und überhöht mit dem Penis, dem männlichen Organ, verbunden wird. Unter diese Bezeichnung mussten sich folglich aktive Strebungen und Stärken auch dann subsumieren lassen, wenn sie sich auf Mädchen oder Frauen bezogen. So spricht die Psychoanalytikerin Ruth M. Brunswick von der phantasierten »phallischen« Mutter. Dieser Begriff sei »der beste Ausdruck für die allmächtige Mutter, die Mutter, die alles kann und alle Wertattribute besitzt« (Brunswick zit. nach Chasseguet-Smirgel 1974, S. 39). Freud wird dahingehend zitiert, dass er glaubte, die sexuellen Wünsche des kleinen Mädchens seien wesentlich »männlicher Natur, d. h. phallisch und aktiv« (Gillespie 1975, S. 801). »Das Männliche faßt das Subjekt, die Aktivität und den Besitz des Penis zusammen, das Weibliche setzt das Objekt und die Passivität fort.

Die Vagina wird nun als Herberge des Penis geschätzt« (Freud zit. nach Fliegel 1975, S. 830). Es wird hier ein Dreiklang phallisch – männlich – aktiv/potent auf Mädchen und Jungen, Frauen und Männer angewandt. Die Stärke von Frauen wird nicht etwa durch ein weibliches Organ symbolisch beschrieben. In Freuds nach seinem Tod 1938 veröffentlichten Abriss der Psychoanalyse nahm dieser zwar die Gleichsetzung von männlich mit aktiv, weiblich mit passiv zurück: »Zur Unterscheidung des Männlichen vom Weiblichen im Seelenleben dient uns eine offenbar ungenügende empirische und konventionelle Gleichstellung. Wir heißen alles, was stark und aktiv ist, männlich, was schwach und passiv ist, weiblich« (Freud zit. nach Fliegel 1975, S. 831). Dennoch bleibt die Polarisierung, klitoral gleich männlich, vaginal gleich weiblich, auf Körper und Psyche der Frau bezogen bestehen. Die Libido definierte Freud 1905 als »regelmäßig und gesetzmäßig männlicher Natur, ob sie nun beim Mann oder beim Weibe vorkomme« (Freud zit. nach Fliegel 1975, S. 816).

Nicht nur wird die Klitoris als das einzige bekannte Sexualorgan, von dem die sexuelle Energie ausgeht, als männlich bezeichnet (Gillespie 1975, S. 803), sie gilt auch biologisch als männlich. Wegen ihrer Kleinheit und »offensichtlichen Funktionslosigkeit« erscheine sie als verkümmerter Penis (ebd., S. 802). Die Psychoanalytikerin und Zeitgenossin Freuds, Helene Deutsch, nannte die Klitoris sogar ein überflüssiges Organ, das für die weibliche Entwicklung eine hemmende Rolle spiele (Chasseguet-Smirgel 1974, S. 33) und ihre Kollegin Marie Bonaparte sah in dem »kleinen Phallus« ein vergängliches Organ, das sie mit dem Thymus vergleicht: »Nachdem sie (Klitoris und Thymus, U. M.) vorübergehend eine Rolle gespielt haben, müssen sie den Wirren erliegen« (Bonaparte zit. nach Chasseguet-Smirgel 1974, S. 42).

Ganz anders dagegen Ernest Jones, ein Zeitgenosse Freuds, der 1933 die Klitoris ohne Einschränkung als Teil des weiblichen Genitales sah (Fliegel 1975, S. 827) und »die Frau als ein geborenes Weib und nicht als ein ›homme manquée‹« (Jones zit. nach Chasseguet-Smirgel 1974, S. 66). Eine der ersten und laut William Gillespie (1975, S. 795) vielleicht die entschiedenste Kritikerin Freuds, Karen Horney, die einzige, die sich bzgl. Freuds Ansichten über die weibliche Sexualität vom Freudianismus gelöst habe, schrieb 1926 in ihrem Aufsatz »Die Flucht aus der Weiblichkeit«, sie könne nicht nachvollziehen, warum die Klitoris nicht legitimerweise zum weiblichen genitalen Apparat gehören und ein integraler Bestandteil desselben sein solle, trotz deren Evolutionsgeschichte (Horney 1973, S. 65). Diese letzte Bemerkung hervorzuheben ist mir besonders wichtig, denn man/frau muss sich vergegenwärtigen, dass Freud und seine ZeitgenossInnen davon ausgingen, die Klitoris sei bzgl. ihrer embryonalen Entwicklung ein verkümmerter Penis. Während aber nun Freud aus dieser Annahme die o. g. Thesen der Männlichkeit und Minderwertigkeit der Klitoris ableitet, zogen Jones und allen voran Horney, beim selben Wissensstand andere Schlüsse. Mehr noch, sie legten die Vorurteilsstruktur hinter solchen Thesen offen. Jones tat dies, indem er Vorurteile von Analytikern und Analytikerinnen benannte: »Die männlichen Analytiker neigen zu ›phallozentrischen‹ Gesichtspunkten und unterschätzen die Bedeutung der weiblichen Organe« (Jones zit. nach Chasseguet-Smirgel 1974, S. 53), Horney verwies auf Vorurteile, indem sie fragte, inwieweit die weibliche Entwicklung nach männlichen Standards gemessen wurde und inwieweit es diesem Bild nicht gelinge, die wahre Natur von Frauen darzustellen (Horney 1973, S. 57).

Um die Bedeutung der Frauenbewegung und des aus ihr entwickelten feministischen Blicks würdigen zu können, möchte ich AnalytikerInnen zitieren, die sich 1975 des Themas angenommen haben. Da werden Ausführungen von Karen Horney von Fliegel als keine freundliche Reaktion auf Freuds Thesen bezeichnet, ihre Hinweise auf andere analytische Autoren seien nicht höflich, sondern schlichtweg polemisch (Fliegel 1975, S. 820). Eine Spur von Verbitterung gar glaubt Fliegel zu erkennen, wenn Horney zu eher soziokulturellen Erklärungen greift wie: »Ferner sehen wir, daß der Mann offenbar eine größere Nötigung dazu empfindet, die Frau zu entwerten als umgekehrt. Daß das Dogma der Minderwertigkeit der Frau von einer unbewußten männlichen Tendenz geschaffen war, konnte uns als Erkenntnis erst aufdämmern, nachdem man angefangen hatte, an der realen Berechtigung dieser Anschauung zu zweifeln« (Horney zit. nach Fliegel 1975, S. 820). In Horneys Aussagen sehe ich anders als Fliegel auch Mut, dem »Führer« und »Gott« Freud (ebd., S. 831) eine eigene, abweichende Meinung entgegen zu setzen.

Hier wird auch deutlich, warum Feministinnen ein kritischer Zugang zur Psychoanalyse erschwert wurde. Nicht selten trat an die Stelle einer inhaltlichen Auseinandersetzung mit theoretischen Positionen eine Deutung des Verhaltens und tiefer liegender Motive der KritikerInnen, wie hier bezogen auf Horney: nicht freundlich, nicht höflich, verbittert. Es konnte passieren, dass denjenigen, die sich dagegen zu verwahren versuchten, ihre Reaktion ebenfalls gedeutet wurde, z. B. als Abwehr. Frustration, Ohnmacht und Abkehr von der Psychoanalyse waren oft Folgen bei den derart Gedeuteten.

Freudsche Aussagen hat auch die Medizinerin Mary Jane Sherfey hinterfragt. Sie ging seiner biologischen These nach und stellte klar: Der frühe Embryo ist weder undifferenziert (Sherfey 1973, S. 38) noch bisexuell (also zweigeschlechtlich) (ebd., S. 45), sondern weiblich. Alle Embryonen sind morphologisch weiblich. Damit sich ein männlicher Fötus entwickeln kann, ist Androgen erforderlich, dann vollzieht sich die Entwicklung langsam zwischen der 7. und 12. Schwangerschaftswoche, danach ist die männliche Natur voll entwickelt. (ebd., S. 40). Die weibliche Entwicklung nimmt dagegen einen gradlinigen Verlauf, die reproduktiven Organe unterliegen keiner hormonell *differenzierenden* Transformation (ebd., S. 45 f). Die männliche Entwicklung kann folglich als Abweichung vom grundlegend weiblichen Typus begriffen werden (ebd., S. 49). »Embryologically speaking, it *is* correct to say that the penis is an exaggerated clitoris, the scrotum is derived from the labia majora, the original libido is feminine, etc. (...) For all mammals, modern embryology calls for an Adam-out-of-Eve myth!« (ebd., S. 46, Herv. im Original). Klitorale Erotik aufgrund der embryologischen Entwicklung als männlich zu bezeichnen, sei eine Verdrehung der Fakten.

Besonders verblüffend ist die Tatsache, dass die ursprüngliche Weiblichkeit der Säugetierembryonen bereits zwischen 1957 und 1958 nach vorangegangenen über 15 Jahre währenden Forschungsarbeiten fest etabliert war, »but the biologists recorded the fact with little comment« (Sherfey 1973, S. 48). Sherfey ihrerseits gibt einen Kommentar über einen weit größeren Sachverhalt ab: »I will bring in evidence to corroborate the thesis that the suppression by cultural forces of women's inordinately high sexual drive and orgasmic capacity must have been an important prerequisite for the evolution of modern human societies and had continued, of necessitiy, to be a major preoccupation of practically every civilization« (ebd., S. 52). Und in einer Fußnote fährt sie fort: »This key concept is far from new – it is inherent in the more archaic portions of most mythologies, e. g. Eve and her snake tempting Adam with apples. As a working anthropological thesis, however, it was completely rejected by modern anthropologists (...) because of the lack of evidence except in the symbolisms of the ancient myths.« (ebd., S. 52) Sherfey dagegen stellt den Zusammenhang mit den tausende Jahre dauernden Prozess der Unterdrückung von Frauen und der Herausbildung des Patriarchats her (ebd., S. 138).

Wie Freuds ZeitgenossInnen belegen, so lässt sich zusammenfassen, brauchte es die biologischen, genauer embryologischen Fakten nicht wirklich, um seine Thesen von der Männlichkeit der Klitoris in Zweifel zu ziehen. Es »genügte«, misstrauisch gegenüber dem Phallozentrismus bei Freud zu sein und in Freud selbst keine nicht zu kritisierende Führerpersönlichkeit zu sehen. Umgekehrt genügte es auch nicht, biologische Fakten gefunden zu haben, die die Männlichkeit der Klitoris bzgl. der Embryonalentwicklung widerlegen. Damit solche Forschungsergebnisse innerhalb der psychoanalytischen Gesellschaft und der »scientific community« weitgehende Beachtung finden, musste »die Zeit reif sein«, was in diesem Fall bedeutete, es musste eine ausreichend große, kritische Öffentlichkeit die Freudschen Thesen hinterfragen. Diese nun stellte die Frauenbewegung dar und aus ihr hervorgegangene oder ihr nahe stehende (feministische) Wissenschaftlerinnen, indem sie sich mit der Klitorisminderwertigkeit als einem psychisch zu verarbeitenden biologischen Schicksal nicht abfinden wollten und weiter forschten.

Aber nicht nur war das Klima Ende der 1960er Jahre derart gesellschaftskritisch, dass Theorien und Fakten, die gängigen Einstellungen widersprachen, günstig aufgenommen wurden, die Frauenbewegung hat auch dazu beigetragen, dass diese weite Verbreitung fanden. Noch gut kann ich mich daran erinnern, wie wir laut gelacht haben, als die Formulierung von Mary Jane Sherfey vom Penis als einer gewucherten Klitoris die Runde machte. Irigary fragt, ob das Lachen die erste Befreiung aus jahrhunderterlanger Unterdrückung sei: »Frauen unter sich fangen (...) damit an, daß sie lachen. Der bloßen Umkehrung der männlichen Position zu entgehen, heißt auf jeden Fall das Lachen nicht zu vergessen.« (Irigaray 1979, S. 169) Es ging tatsächlich nicht darum, nun Männer aufgrund der embryonalen Entwicklung herab zu setzen, sondern das »Gefühl von Wertlosigkeit«, das Freud mit seiner Theorie verstärkt hatte (Mitscherlich-Nielsen 1975, S. 772), abzuschütteln und die Fakten gerade zu rücken.

4.3.4 Die Klitoris als auslösendes Organ für jeden Orgasmus

Ganz ähnlich verhielt es sich mit Freuds Konzept des vaginalen Orgasmus als dem zu erreichenden Ziel und Ausdruck reifer Weiblichkeit. Wieder war es Mary Jane Sherfey, der auffiel, dass die für die klassische Freudsche Psychoanalyse zentrale These vom klitoral/vaginalen Transfer, von Freud in die Metapher vom Span Kienholz gebracht, (s. v. 4.3.1.) trotz vieler Zweifel von PsychoanalytikerInnen und PsychiaterInnen im wesentlichen unverändert bleib (Sherfey 1973, S. 21). Dem hielt sie nun entgegen, dass die Existenz/Nichtexistenz eines vaginalen Orgasmus eine biologische Frage sei und daher auch von der Biologie beantwortet werden müsse (ebd., S. 28). Als Antwort zitiert Sherfey erneut Forschungsergebnisse der 1950er Jahre, denn 1954 hatte J. Marmor gefolgert, dass der Orgasmus immer von der Klitoris initiiert werde, dass diese das orgastische Zentrum darstelle (ebd., S. 22). Diese Aussage wird von den Ergebnissen der Untersuchungen von Masters und Johnson bestätigt. Je sensibler die Glans Klitoris, desto besser fungiert sie bei der Produktion des Orgasmus mit intravaginalem Stoßen. Daher folgt Sherfey:

- Es gibt keine psychopathologische klitorale Fixierung (1973, S. 115).
- Es gibt keinen vom klitoralen Orgasmus verschiedenen vaginalen Orgasmus. Die Natur jedes Orgasmus ist dieselbe, unabhängig von der erogenen Zone, die ihn hervorruft.
- Bei voller Erregung können Frauen viele Orgasmen haben (ebd., S. 142).
- Das erotogene Potenzial der Glans Klitoris ist vermutlich größer als das des unteren Drittels der Vagina (ebd., S. 143).

- Der Gynäkologe William H. Masters und die Psychologin und Sexualtherapeutin Virginia E. Johnson hatten Pionierarbeit zum menschlichen sexuellen Reaktionszyklus mit Laborversuchen geleistet und ihre Ergebnisse 1966 unter dem Titel »Human Sexual Response« veröffentlicht. Ihre Forschungsergebnisse zum sexuellen Reaktionszyklus von Frauen verlangten eine Änderung der psychoanalytischen Theorie (ebd. S. 144).

Weiter stellte Sherfey einen historischen, gesellschaftlichen Zusammenhang her, indem sie den biologisch vorgegebenen ungeheuren Sexualtrieb und die große orgastische Kapazität von Frauen betrachtete. Deren Unterdrückung durch kulturelle Kräfte müsse eine bedeutende Grundvoraussetzung in der Evolution der modernen Gesellschaft und damit praktisch jeder Zivilisation sein, folgerte sie (ebd., S. 52).

Anne Koedt hat diesen Gedanken in ihrem Aufsatz »Der Mythos des vaginalen Orgasmus«, der in Deutschland 1973 veröffentlicht wurde, zugespitzt. Sie geht ebenfalls darauf ein, dass das Wissen darüber schon länger vorhanden war, meint, dass aufgrund der männlichen Machtstruktur keine Veränderung der weiblichen Rolle gewünscht war (Koedt 1973, S. 10). »Das Empörendste (...) war, daß man Frauen einredete, die völlig sexuell gesund waren, daß sie es nicht seien« (Koedt 1973, S. 10). Als Gründe, warum Männer auf diesem Mythos des vaginalen Orgasmus bestehen, nennt sie (ebd. S. 11 ff):

- Männer bevorzugen sexuelles Eindringen,
- Frauen sollen nicht gleichberechtigt am sexuellen Akt teilnehmen,
- Männlichkeit wird als das Nicht-Weibliche definiert und daraus Überlegenheit abgeleitet,
- Männer fürchten sexuell überflüssig zu werden und
- wollen Kontrolle über Frauen.

Letzteres belegt sie anhand der in einigen Ländern praktizierten Klitorisbeschneidungen (ebd., S. 14). Die Empörung, die Anne Koedt in ihrem Artikel erwähnte, hatte sich durch die Veröffentlichung ihres Textes in die Frauenbewegung und ihr nahe stehenden Kreisen fortgepflanzt. Gleichzeitig haben Frauen mit enormer Erleichterung reagiert. Viele Frauen hatten gefürchtet, dass das, was sie fühlten, nicht das war, was sie fühlen sollten (Sherfey 1973, S. 26). Damit war nun Schluss.

4.3.5 Flucht aus einem Konflikt mit der Mutter in den Penisneid

Zum Penisneid war es wieder Karen Horney, die dem Freudschen Entwicklungsschema ein differenzierteres Bild entgegen setzte. Sie unterschied einen primären und einen sekundären Penisneid. Ersteren datiert sie in die anale Phase (Mitscherlich-Nielsen 1975, S. 778). Er äußere sich als Wunsch, wie ein Mann urinieren zu können. Beim Urinieren kann der Junge sein Genitale zeigen, es betrachten. Dies ist ihm sogar erlaubt, sodass er seine sexuelle Neugierde befriedigen kann, soweit es seinen eigenen Körper betrifft. Unbewusst nehme das Mädchen an, dem Jungen sei es erlaubt zu masturbieren, da er beim Urinieren sein Genitale anfassen darf (Horney 1973, S. 40 f, Fliegel 1975, S. 815). Jedes Mädchen, das nicht eingeschüchtert wurde, zeige diesen Penisneid offen und ohne Scheu. Er basiere auf dem anatomischen Unterschied, weswegen Horney ihn als primär bezeichnete (Horney 1973, S. 63).

Ausgangspunkt für den von Horney postulierten sekundären Penisneid ist – verkürzt gesprochen – die Angst vor einer Verletzung des Körperinneren, hervorgerufen z. B. durch die Beobachtung von Menstruationsblut. Dazu kommt die Unmöglichkeit, sich der Intaktheit der eigenen Genitalien durch Anschauen zu versichern (Horney 1973, S. 158 f). Diese Ängste seien mit Schuldgefühlen wegen der Masturbation verknüpft (ebd., S. 66 f), genauer wegen des Übertreten des Masturbationsverbots. Aus der Angst vor Verletzung entsteht die Phantasie der Kastration. Der Wunsch nach einem Penis, nach Aufhebung der Kastration wird vor dem Hintergrund der Schuldgefühle wegen der Masturbation dann zum Beweis der Schuldlosigkeit (ebd., S. 69).

Wichtig sind mir hier nicht so sehr die einzelnen, für psychoanalytische Laien nicht leicht nachvollziehbaren Schritte, die Horney aufgrund dessen, was sie bei ihren Analysandinnen erfahren hat, aufzeigte. Wichtig ist mir vielmehr, dass Horney eine der ersten war, die die These aufstellte, der Penisneid verdecke andere, frühe Verluste und Entbehrungen, tiefere weibliche Wünsche und Misserfolge in der Entwicklung (Fliegel 1975, S. 824). Hierbei spielen offenbar die Masturbationswünsche des Mädchens eine sehr wichtige Rolle, die ihm verwehrt werden, worauf sie große Schuldgefühle empfindet, wenn sie das Verbot übertritt.

Ende der 1960er Jahre wurden nicht nur Horneys, Freud widersprechende Schriften erneut publiziert, Psychoanalytikerinnen machten sich ebenfalls ihrerseits daran, mit einem anderen Blick auf das zu schauen und mit anderem Ohr auf das zu hören, was sie in der Analyse von Frauen erfuhren. Der für Feministinnen jener Zeit wichtigste Text war eine Arbeit von Maria Torok, die 1974 in deutscher Übersetzung erschien und vor allem Studentinnen ansprach, die mit der damals immer noch kursierenden psychoanalytischen These von der Klitorisminderwertigkeit auf Kriegsfuß standen. In diese Situation schlug der Satz von Torok:

»[B]eim ›Penisneid‹ ist nichts weniger wichtig als der Penis selbst« (Torok 1974, S. 195) wie eine Bombe ein, vergleichbar dem vom Penis als gewucherter Klitoris. Dieser Text traf in die Zeit des »Psychobooms«. In diesem Klima wurde Maria Torok von Feministinnen »entdeckt«. Mit ihrem Artikel hat sie mehr geleistet, als den Penis zu entthronen und Freud für seinen Biologismus zu kritisieren, indem sie die psychoanalytische bzw. Freudsche Darstellung der kindlichen Entwicklung, die die Biologie »zu Hilfe ruft«, als Bankrotterklärung bezeichnete (ebd., S. 193). Sie betont auch, es sei genauso unzulänglich, den Penisneid als ausschließlich extraanalytisch motiviert darzustellen, ihn also allein auf die tatsächliche Benachteiligung zurückzuführen, in der sich die Frau auf der Ebene ihrer soziokulturellen Selbstverwirklichung befinde (ebd., S. 194). Dies reiche als Erklärung für den Penisneid nicht aus. Torok ging rein psychoanalytisch vor, indem sie zunächst die bei beiden Geschlechtern vorhandene Überzeugung konstatierte, bei sich selbst Entbehrungen wahrzunehmen und beim anderen Vergnügen zu sehen und/oder zu phantasieren. Auffällig sei dabei jedoch, dass nur die Frau ihren Mangelzustand auf die Natur ihres Geschlechts zurückführt (ebd., S. 192).

Wie Horney und andere sah Torok hinter dem Penisneid einen tieferen Konflikt, der unter dem Schein des Neids vergraben ist (ebd., S. 194). Den Mangel, der empfunden wird, als Sache zu bezeichnen, die eine Frau selbst nicht hat, könne nie ein natürlicher Mangel sein, sondern die Auswirkung einer Versagung oder eines Verzichts. Zu Gunsten eines unerreichbaren externen Objekts, ein idealisierter Penis, wird etwas Kostbares, ein sehr wichtiger Wunsch aufgegeben. Die Überbesetzung der begehrten Sache mache den hohen Wert des aufgegebenen Wunsches deutlich, der an einer unüberwindlichen Barriere zerbrochen sei (ebd., S. 198 f). Bei dem aufgegebenen Wunsch handele es sich um nichts Geringeres als die Autonomie von der Mutter, die durch Masturbation oder orgastische Kinderspiele ermöglicht werde, womit der Weg zu einer genitalen Geschlechtsreife beschritten werden kann. Wenn diese Betätigung von der Mutter verboten wird, geht die Möglichkeit sich von dieser unabhängig zu machen, verloren. Es entsteht eine Lücke, ein unvollständiger Körper (ebd., S. 204 f). Die Fähigkeit autonom zu sein und genießen zu können, verkümmert (ebd., S. 210). Als Ausweg sichere das Mädchen der Mutter ihre Vorrechte und identifiziere sich mit dem Vater, dadurch bleibe dem Mädchen ein frontaler Angriff auf das verinnerlichte Mutterbild und ihr Ausbruch aus der mütterlichen Herrschaft »erspart« (ebd., S. 229).

So verzichteten/verzichten auch viele erwachsene Frauen auf Aktivität, Kreativität, auf ihre eigenen Möglichkeiten, das Leben zu meistern, wie Torok sich ausdrückt, und bleiben lieber abhängig (ebd., S. 227 f). Dies bringe nicht nur Frauen, sondern auch Männern Vorteile, letztere machten sich zu »Komplizen des Abhängigkeitszustandes« (ebd., S. 230). Dem kleinen Jungen gelinge es, sich von der Mutter zu befreien, indem er sich mit dem Vater, dem »Phallus«-Besitzer identifiziere. In ihm sieht er zunächst einen Verbündeten, weniger den Rivalen der ödipalen Phase. Bleibt es dabei und gelinge es dem Jungen nicht, die wichtige ödipale Leistung zu erbringen, sich mit dem Vater zu identifizieren und in ihm den Rivalen auszuschalten, entstehe auch beim Jungen eine Lücke in der Identifikation. Für einen solchen Mann mache es Sinn, den »Penisneid« beim anderen Geschlecht zu begünstigen, denn je stärker der Penis begehrt wird, desto mehr steigt sein Wert. Daher ziehe ein Mann, der selbst nicht zur Reife gelangt ist, also eine lückenhafte Identität aufweist, eine abhängige, neidische, sich verstümmelt fühlende Frau einer reifen, kreativen Partnerin vor (ebd., S. 230 f). So erklärt Torok aus dem affektiven Leben beider Geschlechter, warum beide Vorteile aus der institutionellen Ungleichheit zwischen Männern und Frauen in der Gesellschaft ziehen können (ebd., S. 228): Eine sich minderwertig fühlende Frau begnügt sich mit einer untergeordneten Position im Leben, auch in einer Beziehung zum Mann, ein Mann mit lückenhafter männlicher Identität kann sich dank einer sich unterordnenden Partnerin überlegen fühlen.

4.3.6 Der kastrierte Mann

Ende der 1970er Jahre vollzog sich bei einigen Feministinnen und Frauen, die sich einem feministischen Umfeld zurechneten, eine bemerkenswerte Veränderung. War es zu Beginn der Frauenbewegung nahezu ein Credo, dass Frauen für sich ganz persönlich sprechen und daraus politische Forderungen entwickeln sollten (vor allem in Consciousness-Raising-Gruppen), verließen eine Reihe von Feministinnen diese Position und nahmen sich der Männer als Gegenstand ihrer wissenschaftlichen Betrachtung an. Gerade in Frauenprojekten dominierte die Haltung: »Wir sind parteilich für Frauen. Ja, Männer mögen ihre Probleme haben, aber damit sollen sich Männer beschäftigen.« Vor diesem Hintergrund war es ein enormer Schritt, als feministische Wissenschaftlerinnen begannen, Männer als Objekte ihrer Forschung zu betrachten. Allein in den Jahren 1979/80 erschienen mindestens fünf Veröffentlichungen von Frauen über Männer (Müller 1984, S. 111 ff).

Dieses erwachende Interesse an Männern zu einer Zeit, in der psychische Prozesse im Allgemeinen und die Psychoanalyse im Besonderen im Fokus eines weitreichenden Interesses standen, führte in feministischen Kreisen zunächst zu der durch die Diskussion um den Penisneid ausgelösten Frage, ob es denn auch einen auf den weiblichen Körper und seine Potenz bezogenen Neid bei Männern gebe. Margarete Mitscherlich-Nielsen deutet dies in ihrem Vorwort zu dem Buch »Männer« an: »Dem Psychoanalytiker sind natürlich auch Neidgefühle des Mannes auf die Frau gut bekannt, z. B. sein Gebär- und Brustneid« (Diedrich und Mitscherlich 1980, S. 18).

Feministische Kritik an der psychoanalytischen Theorie 117

Im Folgenden möchte ich nur stichwortartig einige psychoanalytische Texte über männliche Probleme mit Frauen referieren, die über Neidgefühle hinausgehen (eine ausführlichere Darstellung in Müller 1988, S. 107 ff):

- Lillian Rotter beschrieb 1934 Ohnmachts- und Angstgefühle des Jungen, wenn er erlebt,»daß mächtige lustvolle Gefühle und körperliche Veränderungen (Erektion) ohne sein Zutun und durch den Einfluß von Mädchen und Frauen ausgelöst werden. Dies weckt Gefühle der narzißtischen Kränkung, der Ohnmacht und Angst. Alle diese Gefühle setzen Abwehr-Dispositive ingang« (Benz zit. nach Müller 1988, S. 110).
- Nach Rotter werden Frauen auch dafür beneidet, dass sie sexuell erregt sein können, ohne dass ihre Erregung sichtbar wird.
- Karen Horney beschrieb 1932 eine weitere Ursache männlicher Unterlegenheitsgefühle, die dadurch entstehen, dass Frauen ohne jegliche sexuelle Erregung den Geschlechtsverkehr mit vollziehen können.»Der Mann muß vor den Frauen be-stehen, er muß sich produzieren, um sich reproduzieren zu können; sie dagegen kann frigide und trotzdem kreativ sein, Kinder bekommen« (Müller 1988, S. 110).
- Dazu kommt der Neid auf die Produktivität der Frau/der Vagina, der Gebärneid, den bei sich selbst zu entdecken, schrieb Andreas E. Benz in seinem Aufsatz über den Gebärneid 1984, ihm erst nach der eigenen (Lehr-)Analyse gelang. Erst danach erkannte er ihn und dessen Abwehr an vielen Fakten der eigenen Lebensgeschichte sowie bei seinen Analysanden (ebd., S. 110 f).
- Horney hat sich mit der männlichen Angst vor der Frau beschäftigt. Sie ging von einer instinktiven Suche des kleinen Jungen nach einer geeigneten Köperöffnung in der Frau für seine phallischen Strebungen aus. Dieser Drang zur Penetration erfahre eine Ablenkung vom Sexualziel aus Angst:»Der Knabe (...), der fühlt oder instinktiv abschätzt, dass sein Penis viel zu klein ist für das mütterliche Genitale, reagiert mit der Angst, nicht zu genügen, abgewiesen, ausgelacht zu werden« (Horney zit. nach Müller 1988, S. 108). Und sie fährt fort: »Die Angst, zurückgewiesen, ausgelacht zu werden, ist nach meiner Erfahrung ein typisches Ingredienz sämtlicher an Männern ausgeführten Analysen, ganz gleich welche Mentalität oder welche Neurosenstruktur vorliegt« (Horney zit. nach Müller 1988, S. 108).

Soweit einige Formen von Ängsten und Neid, die PsychoanalytikerInnen bei ihren Analysanden entdeckten und die diese am weiblichen Körper festmachten.

Noch viel tiefer schienen mir die Gefühle verborgen zu sein, die den männlichen Körper selbst betreffen. Diesen Eindruck gewann ich, nachdem ich über ein Freud-Zitat in dessen Aufsatz über die weibliche Sexualität gestolpert war:

»Zunächst ist es unverkennbar, daß die für die menschliche Anlage behauptete Bisexualität beim Weib viel deutlicher hervortritt als beim Mann. *Der Mann hat doch nur* eine leitende Geschlechtszone, *ein Geschlechtsorgan,* während das Weib deren zwei besitzt: die eigentliche weibliche Vagina und die dem männlichen Glied analoge Klitoris« (Freud zit. nach Müller 1988, S. 107, Herv. von mir). Der Mann habe nur *ein* Geschlechtsorgan? Da hatte Freud doch wohl etwas übersehen und außerdem etwas überhört, denn in einer Fußnote schreibt er: »Aus den Analysen könnte man nicht erraten, daß noch *etwas anderes* als der Penis zum Genitale gehört« (Freud 1940, zit. nach Müller 1988, S. 113, Herv. von mir). Er schien sich zu scheuen, dieses Etwas, die Hoden, beim Namen zu nennen.

Derart irritiert begab ich mich in den 1980er Jahren auf die Suche und stieß auf einen Artikel der Psychoanalytikerin Anita I. Bell von 1961, Some observations on the role of the scrotal sac and testicles. Bell schildert darin zunächst einige anatomische Besonderheiten:

- die anatomische Lage des Scrotums zwischen Anus und Penis,
- die Tatsache, dass die Hoden das einzige sichtbare Organ sind, das die Fähigkeit besitzt, zu verschwinden und zwar vollständig,
- der Entwicklung bis zur Pubertät: Beim Neugeborenen und während der Latenzphase sind Hoden und Skrotum größer als der nicht-erigierte Penis. Während der Pubertät verändern sie sich hinsichtlich Größe, Form, Gewicht und Schmerzempfindlichkeit (Müller 1988, S. 114).

Diesen biologischen Gegebenheiten schreibt sie psychologische Bedeutungen zu, die z. T. auch von anderen Psychoanalytikern bestätigt wurden:

- Aus der embryologischen Entwicklung leitet Bell eine mögliche, »weibliche« Bedeutung der Hoden ab, die sie einerseits auf deren Rolle bei der Fortpflanzung zurückführt. Andererseits werden die Hoden von Kindern, aber auch von Erwachsenen, wie Bell von ihren Analysanden erfahren hat, mit den Brüsten der Frau gleichgesetzt (ebd., S. 115).
- Ähnliche Erfahrungen hatte vor Bell der Psychoanalytiker Brian Bird anhand der Vorhaut in seinem Aufsatz »A study of the bisexual meaning of the foreskin« 1958 beschrieben. Auch er erfuhr von Kastrationsängsten, die sich bei einem von ihm analysierten Jungen nicht nur auf den Penis bezogen, und von einer »weiblichen« Bedeutung des männlichen Genitales (ebd., S. 116). So klärt ein kleiner Junge seine Schwester über die prokreative Funktion der Hoden auf: »There are two, one to make boys and one to make girls« (Bell zit. nach Müller 1988, S. 115)

Daher halte ich es für angebracht, Freuds phallischen Monismus aus männlicher Perspektive zu kritisieren, weil die psychologische Bedeutung des *gesamten* männlichen Genitales von ihm nicht berücksichtigt wurde. Freud hat den Mann quasi nur kastriert wahrgenommen. Bell hatte darauf hingewiesen, dass es Jahre der Analyse gebraucht habe, bis die durch defensive Kräfte tief zurückgedrängten Gefühle und Phantasien zur Oberfläche gekommen seien (Müller 1988, S. 115). So wie einige PsychoanalytikerInnen klar gestellt hatten, dass die Klitoris ein genuin weibliches Organ ist, dessen biologische Funktion für den Orgasmus und seine psychische Repräsentanz im Körper-/Selbstbild zu integrieren sind, so müssen in einer gelungenen männlichen Entwicklung die Hoden als genuin männliche Organe in ihrer biologischen Funktion für die Fortpflanzung und in ihrer psychischen Repräsentanz in das männliche Körper-/Selbstbild integriert werden. Gefühle für Rundungen, für das lose Hängende und Schwingende, für Weichheit, Empfindlichkeit usw. sind genuin männlich, ebenso wie die mit dem gesamten Genitale verbundenen Ängste vor Verlust und Verletzlichkeit. Gelingt es Männern wie Frauen, die entsprechenden Gefühle zuzulassen und zu verarbeiten, so ergibt sich nicht die Polarität, die immer wieder mit den Geschlechtern assoziiert wird, vielmehr rücken beide sehr nahe zueinander, erleben sie im Verlauf ihrer Entwicklung doch ähnliche Konflikte, die vom eigenen Körper und besonders von den Genitalien ausgehen. Für den weiblichen Körper sind es die orgastische Potenz der Klitoris, die Angst vor der Verletzung des Körperinneren, festgemacht an der Vagina, besonders im Zusammenhang mit dem Menstruationsblut, und deren Produktivität beim Geburtsvorgang. Für den männlichen Körper sind es Ängste vor dem Verlust der Hoden, das Erleben ihrer Empfindlichkeit, die Potenz des Penis bei Erektion, Ejakulation und beim Orgasmus, aber auch die Peinlichkeit, dass sexuelle Erregung offensichtlich wird, wenn dies lieber nicht gezeigt würde. Damit wäre eine Basis für eine weit größere Verständigung zwischen den Geschlechtern gegeben.

Wenn einige der genannten Gefühle bei Männern nicht als »weiblich« bezeichnet und umgekehrt das Bewusstsein der eigenen Potenz bei Frauen nicht als »männlich/phallisch« deklariert werden, so ist ein enormer Schritt weg von polarisierenden Zuschreibungen männlich/weiblich geleistet. Während dies für die Frau in der Theorie erfolgt ist, war es auf den Mann bezogen in den 1980er Jahren auch nicht ansatzweise geleistet. Feministinnen haben für diesen Weg jedoch eine bedeutende Weiche gestellt.

4.3.7 Feministische Liebe zu Freuds psychoanalytischer Theorie

Wie steht es nun mit der eingangs zitierten These von einer Hass-Liebe des Feminismus zur Psychoanalyse? Die in den 1970er/1980er Jahren von mir zusammengetragene, z. T. wieder entdeckte Kritik an der Psychoanalyse hat diese nicht grundsätzlich in Frage gestellt, sondern Korrekturen angebracht, die unterschiedlich stark emotional vorgetragen wurden. Von Hass zu sprechen wäre etwas überzeichnet.

Welche Feministinnen sind nun der Psychoanalyse mit »Liebe« begegnet? Da wäre einmal Elisabeth Janeway zu nennen, der es gelang, Freud als frauenfreundlichen Kulturkritiker darzustellen, indem sie seine Kritik an der Ehe und deren negativen Auswirkungen auf Frauen zitierte, die er in »Die kulturelle Sexualmoral und die moderne Nervosität« ausgeführt hatte. Frauen würden unter den Enttäuschungen der Ehe an schweren, das Leben dauernd trübenden Neurosen erkranken: »Die Ehe hat unter den heutigen kulturellen Bedingungen längst aufgehört, das Allheilmittel gegen die nervösen Leiden des Weibes zu sein; und wenn wir Ärzte auch noch immer in solchen Fällen zu ihr raten, so wissen wir doch, daß im Gegenteil ein Mädchen recht gesund sein muß, um die Ehe zu ›vertragen‹ ... Das Heilmittel für die aus der Ehe entspringende Nervosität wäre vielmehr die eheliche Untreue« (Freud zit. nach Janeway 1979, S. 176 f). Freud sieht klar die Wurzel des Übels: »Ganz besonders greifbar sind die Schädigungen, welche durch die strenge Forderung der Abstinenz bis zur Ehe am Wesen der Frau hervorgerufen werden« (Freud zit. nach Janeway 1979, S. 177). Janeway interpretiert: »Freud leistet nichts weniger als eine Beschreibung davon, wie ein soziales Milieu dazu tendiert, mit seinen sozialen Erlassen Neurosen in denen zu produzieren, welche der libidinösen Belohnung am meisten beraubt sind« (Janeway 1979, S. 178).

Eine der wichtigsten »Liebhaberinnen« der Psychoanalyse war in jenen Jahren zweifellos Juliet Mitchell. Sie hat vor allem in ihrem 1974 erschienenen Buch »Psychoanalysis and Feminism«, aber auch in anderen Texten eine Lanze für Freud und die Psychoanalyse gebrochen und sich von bekannten feministischen Freud-Kritikerinnen deutlich abgegrenzt. Sie geht einen anderen Weg als Janeway, indem sie sich der Frage zuwendet, *wie* die innerpsychische Verankerung eines weiblichen Sozialcharakters von statten geht. Noch anders gefragt: Wie kommt es, dass Frauen unbezahlte Arbeit verrichten und dies als ihren Ausdruck von Liebe begreifen? (Hagemann-White 1979, S. 70). Mitchell versteht die Psychoanalyse als die Wissenschaft, die aufgezeigt hat, wie sich – in der Terminologie Freuds – eine Weiblichkeit herausbildet, die Inferiorität und Minderwertigkeitsgefühle einschließt. »[T]he status of women is held in the heart and the head as well as the home: oppression has not been trivial or historically transitory – to maintain itself so effectively it courses through the mental and emotional bloodstream« (Mitchell 1974, S. 362).

Carol Hagemann-White verstärkte die Auffassung von Juliet Mitchell in ihrem Buch »Frauenbewegung und Psychoanalyse« von 1979, indem sie ebenfalls darauf verwies, dass gesellschaftliche Verhältnisse ihren Niederschlag im Unbewussten finden (Hagemann-White 1979, S. 85 f). Sie suchte gleichfalls Antworten auf die Frage, wie es komme, dass ein Mädchen die objektive Unterdrückung der Frau als subjektives Gefühl eigener Minderwertigkeit in sich aufnimmt. Die Psychoanalyse zeige, wie es funktioniere (ebd., S. 27, 30).

Auf Frauen bezogen interpretiert Mitchell die Psychoanalyse als Theorie, die den Prozess der Verinnerlichung patriarchaler Ordnung erklärt hat: »Freud's (...) theories give us the beginnings of an explanation of the inferiorized and ›alternative‹ (second sex) psychology of women under patriarchy. (...) Freud shows quite explicitly that the psychoanalytic concept of the unconscious is a concept of mankind's transmission and inheritance of his social (cultural) laws. In each man's unconscious lies all mankind's ›ideas‹ of his history; a history that cannot start afresh with each individual but must be acquired and contributed over time. Understanding the laws of the unconscious thus amounts to a start in understanding how ideology functions, how we acquire and live the ideas and laws within which we must exist.« (Mitchell 1974, S. 402 f) Das Unbewusste, das Freud analysiert und beschrieben hat, sei die Reproduktion der Kultur oder der Ideologie (ebd., S. 413). Die Psychoanalyse verhelfe laut Mitchell zu einem Verständnis, wie die Ideologie funktioniere, wie wir uns die Ideen aneignen und leben, innerhalb derer wir existieren *müssen*.

Es ist nicht verwunderlich, dass alle drei hier zitierten Wissenschaftlerinnen, Janeway, Mitchell und Hagemann-White, in Freuds Schriften die kulturellen Bezüge ansprechen. Ihre »Liebe zur Psychoanalyse« gründet sich auf diesen Aspekt. Demgegenüber hat der »Hass auf die Psychoanalyse« seine Wurzeln in den Thesen zur Entwicklung der Weiblichen und weiblichen Sexualität.

Für Feministinnen, die sich nicht nur als Wissenschaftlerinnen sondern auch als Teil einer politischen Bewegung verstehen, drängt sich an die Interpretation psychoanalytischer Erkenntnisse als Beschreibung der Verinnerlichung gesellschaftlicher Machtverhältnisse die Frage auf, wie frau mit einem patriarchalen Weiblichkeitskonzept, das im Herzen, im Hirn und im Heim (heart, head and home) verankert ist, wie Juliet Mitchell es ausdrückte, zur Handlung gegen die herrschende Kultur und deren Ideologie, gelangen kann. Die Erkenntnis, wie tief sich sexistische Vorstellungen im Individuum eingefressen haben, hatten ja vielen Frauen im Umkreis der Frauenbewegung inzwischen gemacht, aber sie wollten weiter kommen, wollten sich und die Gesellschaft verändern.

Ob eine psychoanalytische Therapie der geeignete Weg sei, politisch handlungsfähig zu werden, zweifelten einige Feministinnen anhand der von Freud und anderen vertretenen Auffassungen an. So hatte Freud zwar die Gefahr der Ehe für Frauen, wie sie zu seiner Zeit institutionalisiert war, mit vorehelicher weiblicher Enthaltsamkeit etc., klar erkannt, dann aber als Arzt zur Ehe geraten. Elisabeth Janeway hatte sich mit solchen Fragen auseinandergesetzt und meinte, die Machtlosigkeit von Frauen nicht zu akzeptieren, hätte die Herausforderung der gesamten sozialen Struktur erfordert und ergänzt, Freud habe ein solches Unterfangen als verlorene Mühe angesehen. »Sogar Adler, der Sozialist, vermochte sich nicht vorzustellen, daß der ›maskuline Protest‹, wie ihn seine weiblichen Patientinnen verspürten, ihr verordnetes Schicksal hätte verändern können. ›Wenn wir (einem Mädchen) helfen wollen‹, schrieb er (…), ›müssen wir einen Weg finden, sie mit ihrer weiblichen Rolle zu versöhnen … Die Erziehung der Mädchen muss angelegt werden auf die Mutterschaft, das Ziel, Mutter zu werden erstrebenswert machen: Sie muß als kreative Aktivität angesehen werden, als Rolle, die, wenn sie mit ihr im späteren Leben konfrontiert wird, nicht zu Enttäuschung führen darf.‹« (Janeway 1979, S. 181). Diese erschreckenden Äußerungen Adlers stammen aus dem Jahr 1931, in dem Frauen durchaus andere Wege offen standen als die der Ehe und Mutterschaft. Das Zitat bestätigt zugleich die Skepsis von Feministinnen gegenüber einer psychoanalytischen Therapie, die Befürchtung, auf ein traditionelles Lebenskonzept hin ausgerichtet zu werden.

Zu nicht ganz so problematischen Ergebnissen, was die Ziele einer psychoanalytischen Behandlung angeht, kam Adrienne Windhoff-Héritier, die Anfang der 1970er Jahre 32 zeitgenössische Analyseberichte ausgewertet hatte. Die therapeutische Zielrichtung gehe von einer Orientierung an den klassischen Geschlechtsrollen ab. So werde z. B. die aktive Entfaltung in Beruf, Ausbildung und selbständigem Handeln bewusst gefördert (Windhoff-Héritier 1976, S. 169). Viele frauenbewegte Frauen, die in den 1970er und 1980er Jahren eine (psychoanalytische) Therapie machten, haben positive Erfahrungen gemacht. Zu der theoretischen Frage jedoch, wie das psychisch verankerte Patriarchat überwunden werden könne, hatten feministische Wissenschaftlerinnen wenig beizutragen. Mitchell wie Hagemann-White, kamen zu dem Ergebnis, dass Frauen sich nur gemeinsam aus der Situation befreien können: »Women have to organize themselves as a group to effect a change in the basic ideology of human society« (Mitchell 1974, S. 414). Mitchell vertrat die Auffassung, die Ideologie habe eine gewisse Autonomie gegenüber der kapitalistischen Ökonomie, was einen besonderen Kampf, eine kulturelle Revolution erfordere. Darin komme dem revolutionären Feminismus eine Speerspitzenfunktion zu (ebd., S. 414). Das war nicht neu, hatte doch Karin Schrader-Klebert schon 1969 die Notwendigkeit einer kulturellen Revolution beschrieben (1969) und auch der Slogan »Gemeinsam sind wir stark!« ist mit den Anfängen der Zweiten Frauenbewegung verbunden, in dem das Bestreben sich mit anderen Frauen zu solidarisieren ausgedrückt wurde. Meine Einschätzung derjenigen Feministinnen, die der Psychoanalyse mit Liebe begegneten, ist daher ambivalent. Indem sie sich vor allem auf Freuds kulturtheoretische Schriften bezogen und in der Psychoanalyse die Wissenschaft sahen, die beschreibt, wie gesellschaftliche Machtverhältnisse und die Ideologien des Patriarchats im Unbewussten verankert werden, haben sie eine wichtige Interpretation geliefert. Diese stellt einen bedeutenden, bis dahin noch fehlenden Baustein in der Erklärung der Entwicklung des Patriarchats dar, die Beschreibung der Entstehung des weiblichen Sozialcharakters. Mit ihrer Wertschätzung haben diese feministischen Wissenschaftlerinnen vielen Frauen einen positiven Zugang zur Psychoanalyse ermöglicht. Ihre eigene Interpretationsleistung haben sie dabei meines Erachtens zu wenig deutlich gemacht, da sie die Darstellung des Prozesses der Verinnerlichung patriarchaler Ideologie weitgehend Freud zuschrieben. Einen Weg zur Überwindung des verinnerlichten Patriarchats, der über die längst erhobene Forderung und den vielfach artikulierten Wunsch nach Zusammenschluss und Solidarität unter Frauen hinausging, konnten sie allerdings nicht aufzeigen.

Auch für das Thema Sexualität gilt, was in den vorangegangenen Abschnitten bereits deutlich wurde: Feministische Wissenschaftlerinnen haben keine gänzlich neue Theorie entwickelt, ihr großes Verdienst besteht vielmehr darin, bestehende, bedeutende theoretische Konzepte kritisiert, korrigiert und vervollständigt und ihnen aus feministischer Sicht wichtige Aspekte hinzugefügt zu haben. Dadurch wurden diese sehr stark verändert, da traditionelle Positionen widerlegt wurden. Für die Theorie der Sexualität haben Feministinnen zweierlei geleistet: Sie haben PsychoanalytikerInnen, die Freud kritisierten, wieder entdeckt und deren Forschung gewürdigt und die Psychoanalyse fundiert kritisiert.

Zusammenfassung und Fazit

- In den 1920er und frühen 1930er Jahren gab es eine lebhafte Auseinandersetzung unter PsychoanalytikerInnen über Freuds Thesen zur weiblichen sexuellen Entwicklung, die erst in den 1960er Jahren wieder aufgenommen wurde (Hagemann-White 1979, S. 15 f). Letzteres geschah zu einem Zeitpunkt, als eine »sexuelle Revolution« und ein linker Freudo-Marxismus ein wachsendes Interesse an der Psychoanalyse beförderte, vor allem aber mit dem Aufkommen der Zweiten Frauenbewegung.
- Was Freuds ZeitgenossInnen ihm vorwarfen, war sein Androzentrismus, Phallozentrismus und Biologismus, mit dem er die Minderwertigkeit von Frauen als naturgegeben, schicksalhaft bezeichnete und damit festschrieb.

- Es lässt sich nicht aufrechterhalten, dass Freuds Thesen auf mangelndem Faktenwissen beruhten, da seine zeitgenössischen KontrahentInnen bei gleichem Wissensstand zu anderen Ergebnissen gekommen waren. Vielmehr muss davon ausgegangen werden, dass ein Interesse an der Aufrechterhaltung einer anatomischen Minderwertigkeit der Frau bestand, was sich auch daran zeigt, dass bis in die 1970er Jahre hinein die Standardliteratur von Freud abweichende Meinungen nicht wiedergab.
- Psychoanalytische und feministische KritikerInnen von Freuds Theorie stellten die darin zwar nicht durchgängig, aber doch an entscheidenden Stellen zum Ausdruck kommende Begründung für männliche Überlegenheit in Frage und leisteten damit Herrschafts- und Ideologiekritik.
- Bereits in den 1950er Jahren gab es Forschungsergebnisse zur embryonalen Entwicklung und zum weiblichen Orgasmus, die Freuds biologische Aussagen widerlegten. Diese erfuhren jedoch keine weite Verbreitung und Wertschätzung. Erst als die gleichen Ergebnisse in den 1960er/1970er Jahren erneut bestätigt wurden (durch Sherfey sowie Masters und Johnson), setzten sie sich durch und wurden von einer breiteren Öffentlichkeit zur Kenntnis genommen. Zu deren Verbreitung trug sowohl das durch die zweite Frauenbewegung erzeugte gesellschaftliche Klima als auch die Frauenbewegung selbst bei.
- Dadurch wurden an der psychoanalytischen Theorie wichtige Korrekturen angebracht. Diese betrafen:
  - Die Nicht-Existenz eines vaginalen Orgasmus. Jeder weibliche Orgasmus geht von der Klitoris aus.
  - Aufgrund ihrer embryologischen Entwicklungsgeschichte ist die Klitoris kein verkümmerter Penis, vielmehr ist der Embryo in einer frühen Phase rein weiblich, der Penis kann als gewucherte Klitoris begriffen werden. Embryologisch stammen Hoden und Eierstöcke, Scrotum und große Schamlippen jeweils aus demselben Gewebe.
  - Der Penisneid der genitalen Phase verdeckt einen tiefer liegenden Konflikt. Er stellt eine inadäquate Lösung der Schuldgefühle dar, die die Masturbation beim Mädchen auslöst angesichts eines von der Mutter bzw. von ihrem Bild direkt oder indirekt vermittelten Masturbationsverbots.

  Durch die Flucht in den Penisneid gelingt es dem Mädchen nicht, sich von der Mutter zu lösen, autonom zu werden. Ein späterer Partner der Frau kann von der geringen Autonomie und dem Abhängigkeitsbedürfnis der Frau profitieren, vor allem dann, wenn seine eigene Entwicklung lückenhaft verlaufen ist.
- Weitere Korrekturen betrafen die männliche Entwicklung:
  - Vor allem Freuds Zeitgenossin Karen Horney hat das Augenmerk auf männ-

liche Ängste vor der Frau gelenkt, z. B. die Angst, vor der Frau sexuell zu versagen, die beim kleinen Jungen entwickelt werde.
- Die Potenz des weiblichen Körpers kann beim Jungen und Mann Neidgefühle auslösen, die Sexualität, die Brüste und die Gebärfähigkeit betreffend.
- Freuds Phallozentrismus versperrte ihm den Blick auf männliche Gefühle, vor allem auf Ängste, die beim kleinen Jungen von den anderen männlichen Genitalien, Scrotum und Hoden, ausgelöst werden und unter anderem seine Verletzlichkeit psychisch repräsentieren.
- Mädchen und Junge, Frau und Mann verfügen über mehrere Genitalien, die aktive wie passive Impulse vermitteln. Die Polarisierung von männlich gleich aktiv und stark, weiblich gleich passiv und schwach, lässt sich daher (psychoanalytisch) nicht aufrechterhalten.
- Das besondere Verdienst von den von mir referierten Freud-KritikerInnen besteht meines Erachtens darin, dass sie zwar auf die sozialen Rahmenbedingungen verweisen, die weibliche Minderwertigkeitsgefühle verstärken und unterstützen, dabei aber im Rahmen der psychoanalytischen Methodik bleiben und nicht sozusagen mit soziologischen Argumenten psychologische zu entkräften versuchen.
- Die ebenfalls von Feministinnen vertretene Auffassung, Freud habe den Prozess beschrieben, durch den gesellschaftliche, insbesondere patriarchale Verhältnisse sich im Unbewussten niederschlagen, ist bedingt zutreffend. Zwar hat Freud in seinen kulturkritischen Schriften darüber deutliche Aussagen gemacht, es ist jedoch das Verdienst von Juliet Mitchell und anderen, Freud bzw. die Psychoanalyse in dieser Weise interpretiert zu haben.
- Einen Weg zur Überwindung des *verinnerlichten* Patriarchats, z. B. internalisierter Minderwertigkeitsgefühle von Frauen, konnten feministische Wissenschaftlerinnen nicht aufzeigen. Sie verwiesen auf die Notwendigkeit eines Zusammenschlusses von Frauen, um gegen die herrschende Ideologie anzugehen.

Literatur

Autorinnenkollektiv (1978) Reproduktionsarbeit der Frau und mitmenschliche Beziehungen. In: Dokumentationsgruppe der Sommeruniversität e. V. (Hrsg) (1978) Frauen als bezahlte und unbezahlte Arbeitskräfte. Beiträge zur 2. Berliner Sommeruniversität für Frauen. Oktober 1977. Berlin, S. 317–327

Baureithel Ulrike (2007) Baby Bataillone. Demographisches Aufmarschgebiet: Von Müttern, Kinderlosen und der »Schuld« der Emanzipation. Prokla 146 Zeitschrift für kritische Sozialwissenschaft, 37. Jg. 1/2007, S. 25–37

Bell Anita I. (1961) Some observations on the role of the scrotal sac and testicles. In: Journal of the American Psychoanalytic Association, Vol IX, S. 261–286

Biesecker Adelheid und Hofmeister Sabine (2010) Im Focus: Das (Re)Produktive. Die Neubestimmung des Ökonomischen mithilfe der Kategorie (Re)Produktivität. In: Bauhardt Christine und Çağlar Gülay (Hrsg) (2010) Gender and Economics Feministische Kritik der politischen Ökonomie. VS Verlag für Sozialwissenschaften/Springer Fachmedien, Wiesbaden, S. 51–80

Bundesministerium für Familie, Senioren, Frauen und Jugend (Hrsg) (2004) Lebenssituation, Sicherheit und Gesundheit von Frauen in Deutschland, Bonn

Bock Gisela und Duden Barbara (1977) Arbeit aus Liebe – Liebe als Arbeit Zur Entstehung der Hausarbeit im Kapitalismus. In: Gruppe Berliner Dozentinnen (Hrsg) (1977) Frauen und Wissenschaft Beiträge zur Berliner Sommeruniversität für Frauen Juli 1976. Courage, Berlin, S. 118–199

Bock Gisela und Glökler Mona (1978) Lohn für Hausarbeit – Frauenkämpfe und feministische Strategie. In: Dokumentationsgruppe der Sommeruniversität e. V. (Hrsg) (1978) Frauen als bezahlte und unbezahlte Arbeitskräfte. Beiträge zur 2. Berliner Sommeruniversität für Frauen – Oktober 1977. Berlin, S. 206–217

Burghard Roswitha (1978) Lohn für Hausarbeit. In: Dokumentationsgruppe der Sommeruniversität e. V. (Hrsg) (1978) Frauen als bezahlte und unbezahlte Arbeitskräfte. Beiträge zur 2. Berliner Sommeruniversität für Frauen – Oktober 1977. Berlin, S. 218–224

Chasseguet-Smirgel Janine (Hrsg) (1974) Psychoanalyse der weiblichen Sexualität. edition suhrkamp, Suhrkamp, Frankfurt am Main

Dierichs Helga und Mitscherlich Margarete (1980) Männer – Zehn exemplarische Geschichten. Fischer/Goverts, Frankfurt am Main

Eckmann Eleonore (1978) Die Forderung Lohn für Hausarbeit im Kontext der italienischen Frauenbewegung. In: Dokumentationsgruppe der Sommeruniversität e. V. (Hrsg) (1978) Frauen als bezahlte und unbezahlte Arbeitskräfte. Beiträge zur 2. Berliner Sommeruniversität für Frauen – Oktober 1977. Berlin, S. 232–242

Enders-Dragässer Uta (1981) Die Mütterdressur. Eine Untersuchung zur schulischen Sozialisation der Mütter und ihren Folgen, am Beispiel der Hausaufgaben Mond-Buch, Basel

Firestone Shulamith (1970) The Dialectic of Sex. The Case For a Feminist Revolution. Bantam, New York.

Deutsche Übersetzung (1975) Frauenbefreiung und sexuelle Revolution. Fischer Frankfurt am Main

Fliegel Zenia Odes (1975) Freuds Theorie der psychosexuellen Entwicklung der Frau. Psyche 9: 813–834

Fortunati Polda und Duden Barbara (1978) Frauen, Staat und Widerstand in den Anfängen des Kapitalismus. In: Dokumentationsgruppe der Sommeruniversität e. V. (Hrsg) (1978) Frauen als bezahlte und unbezahlte Arbeitskräfte. Beiträge zur 2. Berliner Sommeruniversität für Frauen – Oktober 1977. Berlin, S. 196–205

Franke Marlis (1978) Geschlecht und Klasse: Zur politischen Ökonomie des modernen Patriarchats. In: Dokumentationsgruppe der Sommeruniversität e. V. (Hrsg) (1978) Frauen als bezahlte und unbezahlte Arbeitskräfte. Beiträge zur 2. Berliner Sommeruniversität für Frauen – Oktober 1977. Berlin, S. 308–316

Gillespie William (1975) Freuds Ansichten über die weibliche Sexualität. Psyche 9: 789–804
Irigaray Luce (1979) Das Geschlecht, das nicht eins ist. Merve, Berlin
Irigaray Luce (1980) Speculum – Spiegel des anderen Geschlechts. edition Suhrkamp, Suhrkamp, Frankfurt am Main
Janeway Elizabeth (1979) Über »weibliche Sexualität«. In: Hagemann-White Carol (Hrsg) (1979). Stroemfeld/Roter Stern, Basel, S. 163–182
Hagemann-White Carol (1979) Frauenbewegung und Psychoanalyse. Stroemfeld/Roter Stern, Basel
Hauschild Thomas, Staschen Heidi, Troschke Regina (1979) Hexen – Katalog zur Ausstellung. Hochschule für bildende Künste Hamburg, Hamburg
Horney Karen (1973) Feminine Psychology. The Norton Library, New York
Kayser Gundula (1985) Industrialisierung der Menschenproduktion – Zum faschistischen Charakter der Entwicklung neuer Technologien der Geburtenkontrolle. In: Sozialwissenschaftliche Forschung und Praxis für Frauen e. V. (Hrsg) (1985) Eigenverlag des Vereins Sozialwissenschaftliche Forschung und Praxis für Frauen, Köln, S. 55–67
Kickbusch Ilona (1978) Weibliche Dienstleistungen: Was hat Hausarbeit mit Sozialarbeit zu tun? In: Dokumentationsgruppe der Sommeruniversität e. V. (Hrsg) (1978) Frauen als bezahlte und unbezahlte Arbeitskräfte. Beiträge zur 2. Berliner Sommeruniversität für Frauen – Oktober 1977. Berlin, S. 259–267
Koedt Anne (1973) Der Mythos vom vaginalen Orgasmus. In: Frauenforum II, Nr. 4, S. 18–24
Kontos Silvia (1985) Wider die Dämonisierung der Technik. In: Beiträge zur Feministischen Theorie und Praxis Heft 14, Sozialwissenschaftliche Forschung und Praxis für Frauen e. V. (Hrsg) (1985), Eigenverlag des Vereins Sozialwissenschaftliche Forschung und Praxis für Frauen, Köln, S. 68–77
Kontos Silvia und Walser Karin (1978) Hausarbeit ist doch keine Wissenschaft. In: Sozialwissenschaftliche Forschung und Praxis für Frauen e. V. (Hrsg) (1978) Beiträge zur Feministischen Theorie und Praxis Heft 1, Frauenoffensive, München, S. 66–80
Luxemburg Rosa (1975) Die Akkumulation des Kapitals. In: Gesammelte Werke Bd 5, Dietz, Berlin, S. 9–411
Madörin Mascha (2010) Care Ökonomie – eine Herausforderung für die Wirtschaftswissenschaften. In: Bauhardt Christine und Çağlar Gülay (Hrsg) (2010) Gender and Economics Feministische Kritik der politischen Ökonomie. VS Verlag für Sozialwissenschaften/Springer Fachmedien, Wiesbaden, S. 81–104
Marx Karl (1972) Das Kapital. In: Marx-Engels-Werke Bd 23
Metz-Göckel Sigrid und Müller Ursula (1985) Redaktion Brigitte (Hrsg) Brigitte Untersuchung 85 Der Mann Bericht, Gruner + Jahr, Hamburg
Mies Maria (1980) Gesellschaftliche Ursprünge der geschlechtlichen Arbeitsteilung. In: Sozialwissenschaftliche Forschung und Praxis für Frauen e. V. (Hrsg) (1980) Beiträge zur feministischen Theorie und Praxis Heft 3, Frauenoffensive, München, S. 61–78
Mies Maria (1989) Patriarchat und Kapital – Frauen in der internationalen Arbeitsteilung. rotpunktverlag, Zürich

Minoliti Claudia (1995) Den Schirm schon vor dem Regen aufgespannt. Familienromanzen: Die Haßliebe zwischen Psychoanalyse und Feminismus. In: Frankfurter Rundschau vom 7.3.1995

Mitchell Juliet (1974) Psychoanalysis and Feminism. Penguin, London

Mitscherlich-Nielsen Margarete (1975) Pychoanalyse und weibliche Sexualität. Psyche 9: 769–788

Müller Ursula G. T. (1984) »Die Zukunft liegt in den Eiern«, Thesen zum Wandel des Männerbildes in der Neuen Frauenbewegung. Psychosozial 21: 99–120

Müller Ursula G. T. (1988) Neue Männerforschung braucht das Land! In: Hagemann-White Carol u. Rerrich Maria S. (Hrsg.) (1988) FrauenMännerBilder. Männer und Männlichkeit in der feministischen Diskussion. AJZ-Verlag/FF2, Bielefeld, S. 98–119

Prescod-Roberts Margaret (1978) Schwarze Frauen, Sozialhilfe und Dritte Welt. In: Dokumentationsgruppe der Sommeruniversität e. V. (Hrsg) (1978) Frauen als bezahlte und unbezahlte Arbeitskräfte. Beiträge zur 2. Berliner Sommeruniversität für Frauen – Oktober 1977. Berlin, S. 179–189

Prokop Ulrike (1976) Weiblicher Lebenszusammenhang. Von der Beschränktheit der Strategien und der Unangemessenheit der Wünsche. edition suhrkamp, Suhrkamp, Frankfurt am Main

Schlebusch Conny (1994a) Bevölkerungspolitik I Hunger durch Überbevölkerung? Pohl Reinhard (Hrsg) (1994) Broschürenreihe »BRD und Dritte Welt« BD 50 = Heft 6/93, Magazin Verlag, Kiel

Schlebusch Conny (1994b) Bevölkerungspolitik II Geburtenkontrolle als Entwicklungshilfe. Pohl Reinhard (Hrsg) (1994) Broschürenreihe »BRD und Dritte Welt« BD 49 = Heft 5/93, Magazin Verlag, Kiel

Schrader-Klebert Karin (1969) Die kulturelle Revolution der Frau. In: Enzensberger Hans Magnus (Hrsg) (1969) Kursbuch 17, S. 1–46

Schröder Hannelore (1978) Unbezahlte Hausarbeit, Leichtlohnarbeit, Doppelarbeit. Zusammenhänge und Folgen. In: Dokumentationsgruppe der Sommeruniversität e. V. (Hrsg) (1978) Frauen als bezahlte und unbezahlte Arbeitskräfte. Beiträge zur 2. Berliner Sommeruniversität für Frauen – Oktober 1977. Berlin, S. 108–118

Sherfey Mary Jane (1973) The Nature and Evolution of Female Sexuality. Vintage Books, Random House, New York

Sozialistischer Frauenbund (1978) Wir wollen keinen Lohn für Hausarbeit. In: Dokumentationsgruppe der Sommeruniversität e. V. (Hrsg) (1978) Frauen als bezahlte und unbezahlte Arbeitskräfte. Beiträge zur 2. Berliner Sommeruniversität für Frauen – Oktober 1977. Berlin, S. 129–140

Sprenger Ute (1985) Wer hilft wem auf dem kontrazeptiven Sektor? In: Beiträge zur Feministischen Theorie und Praxis Heft 14, Sozialwissenschaftliche Forschung und Praxis für Frauen e. V. (Hrsg) (1985), Eigenverlag des Vereins Sozialwissenschaftliche Forschung und Praxis für Frauen, Köln, S. 19–23

Torok Maria (1974) Die Bedeutung des »Penisneides« bei der Frau. In: Chasseguet-Smirgel Janine (Hrsg) (1974) Psychoanalyse der weiblichen Sexualität., edition suhrkamp, Suhrkamp, Frankfurt am Main, S. 192–232 von Werlhof Claudia (1978) Frauenarbeit: Der blinde Fleck in der Kritik der politischen Ökonomie. In: Sozialwissenschaftliche Forschung und Praxis für Frauen e. V. (Hrsg) (1978) Beiträge zur Feministischen Theorie und Praxis, Heft 1, Frauenoffensive, München, S. 18–32

Wichterich Christa (1985) Der Mythos der Überbevölkerung als Mittel zur Kolonisierung der Frauen in der Dritten Welt. In: Beiträge zur Feministischen Theorie und Praxis Heft 14, Sozialwissenschaftliche Forschung und Praxis für Frauen e. V. (Hrsg) (1985), Eigenverlag des Vereins Sozialwissenschaftliche Forschung und Praxis für Frauen, Köln, S. 9–18

Windhoff-Héritier Adrienne (1976) Sind Frauen so, wie Freud sie sah? Weiblichkeit und Wirklichkeit. Rowohlt, Reinbek bei Hamburg

5 Zusammenfassung des ersten Teils und weiterführende Fragen

Diesen ersten Teil habe ich wegen der vielen Zitate und Quellen, die Meilensteine des Feminismus als politischer Bewegung und theoretischer Positionen darstellen, als Lesebuch bezeichnet. Aber er ist mehr als das. Anhand historischer Materialien konnte ich eine Reihe von Thesen belegen:

- Frauenbewegungen sind aus anderen gesellschafts- und herrschaftskritischen, im weitesten Sinne linken, Bewegungen hervorgegangen. Die darin aktiven Frauen haben sich daran entzündet, dass ihre Herkunftsorganisationen Frauen nicht die gleichen Rechte zuerkennen wollten wie Männern und sie von willensbildenden Prozessen ausschlossen. Dies traf vor allem auf das 18. und 19. Jahrhundert zu.
- In ihren Argumentationen für Frauenrechte übernahmen die frühen Feministinnen die Begründungen der Männer in ihren Herkunftsorganisationen (Naturrecht, göttliches Recht) dehnten diese lediglich auf Frauen aus, eröffneten aber keine neue Denkrichtung.
- In ihren frühen Phasen beanspruchten die Frauenrechtlerinnen nicht nur gleiche bürgerliche Rechte, sie erhoben vor allem auch Forderungen, die die gesellschaftliche Organisation der Re-/Produktion von Menschen und ihrer Arbeitskraft betrafen, worunter auch Fortpflanzung und Sexualität zu zählen sind. Im Fokus standen von der Zeit der Französischen Revolution bis zur autonomen Frauenbewegung der DDR die Institutionen Ehe und Familie, die dort unbezahlt geleistete Arbeit, die die Grundlage für Lohnarbeit darstellt. Im Laufe der Zeit, vor allem aber in den 1960er/70er Jahren kamen als weitere Schwerpunkte Sexualität und Bevölkerungspolitik hinzu. Die Gesamtheit dieser Themen habe ich als die andere Hälfte der Welt bezeichnet. Diese war vor dem Intervenieren der Frauen eher randständig gewesen. Die inhaltlichen Differenzen zu den Männern waren dabei erheblich.

- Nicht nur inhaltlich lagen die Frauen mit den Männern ihrer Organisationen über Kreuz, sie kritisierten vor allem in der Zweiten Frauenbewegung ab Ende der 1960er Jahren auch den Sexismus ihrer Kollegen heftig.

Mit den Differenzen zu Männern ihrer jeweiligen Herkunftsorganisationen gingen die Frauen in der zweiten Hälfte des 19. Jahrhunderts unterschiedlich um.

- Sozialistinnen betonten die Gemeinsamkeiten mit ihren Genossen im Kampf gegen den Kapitalismus. Sie bauten einen schiefen Klassengegensatz zwischen proletarischen und bürgerlichen Frauen auf, indem sie Frauen der Klasse ihrer (Ehe-)Männer zuordneten, obwohl die Frauen des Bürgertums in der Ehe weitgehend recht- und mittellos waren, also alles andere als Privateigentümerinnen der Produktionsmittel. Bewusst verschärften die Sozialistinnen damit Differenzen zu bürgerlichen Frauengruppen und wehrten deren Versuche einer Annäherung ab und kritisierten sie als »feministisch«.
- Dabei hatten sozialistische Theoretiker, allen voran August Bebel, dann auch Friedrich Engels, das besondere Abhängigkeitsverhältnis der Frauen von ihren Ehemännern klar erkannt und sogar mit dem Bild des Klassenverhältnisses beschrieben. Diese Analyse spielte jedoch für die sozialistischen Frauen keine nennenswerte Rolle. Damit folgten sie dem »Mainstream« ihrer Partei, der sich auf Lohnarbeit konzentrierte und in Proletarierinnen in erster Linie Lohnarbeiterinnen sah, die ganz besonders arm dran waren.
- Die besondere Arbeitssituation der Hausarbeit wurde innerhalb der Sozialdemokratie nicht analysiert. Sie galt als vorkapitalistisch und als eine durch Technologie und Vergesellschaftung abzubauende Art der Tätigkeit. Für ihre immer wieder beschworene Gemeinsamkeit mit Männern gaben die Frauen geistige Unabhängigkeit in Bereichen auf, die quer zu den Kategorien Lohnarbeit und Kapital standen. Die Beschwörung der Gemeinsamkeit mit den Genossen im Kampf gegen den Kapitalismus kann daher als Unterwerfungsgeste gesehen werden.
- So verblieben die sozialdemokratischen Frauen in ihrer politischen Heimat mit den Männern und erreichten, dass diese bis zu einem gewissen Grad ihre Forderungen übernahmen. Diese wurden jedoch nicht in ein in sich stimmiges, theoretisches Konzept eingeordnet.
- Man/frau orientierte sich an einem humanistischen Weltbild, wie es letztendlich auch für die politisch heimatlosen bürgerlichen Frauen charakteristisch war. Deren Bewegung zerfiel, splitterte sich auf und konnte in Teilen mangels eines Gesellschaftskonzepts in nationale, z. T. sogar nationalsozialistische Parteien und Bewegungen eingehen. (Darauf bin ich hier nicht eingegangen, da mein Fokus auf dem Verhältnis des Feminismus zur Linken liegt.)

In der zweiten Hälfte des 20. Jahrhunderts wiederholte sich vieles von dem, was sich in den Anfängen der Ersten Frauenbewegungen ein Jahrhundert zuvor abgespielt hatte.

- Von Männern aus der eigenen linken Organisation abgelehnt, lächerlich gemacht, ihre theoretischen Ansätze als Nebenwiderspruch kritisiert, wählten die rebellierenden Frauen den Weg in die Unabhängigkeit von ihren Genossen, bezeichneten sich als autonom, blieben aber dem Anspruch, für eine andere Gesellschaftsform einzutreten, treu. In dieser solle Unterdrückung aufgehoben, Frauen wie Männer nicht in Zwänge und Rollenstereotypen gepresst und ausgebeutet werden. Sie traten für eine Verbindung von Feminismus und Sozialismus ein.
- Die Autonomie der Zweiten Frauenbewegung setzte Energien frei. Diese floss einerseits in den Aufbau einer eigenen politischen Kultur, andererseits in Forschung. So entstanden neue innerorganisatorische Strukturen und entscheidende theoretische Beiträge zu Hausarbeit, Bevölkerungspolitik, sowie zu weiblicher Entwicklung und Sexualität.
- Gemessen am ursprünglichen Anspruch der Frauen, eine andere Gesellschaftsform schaffen zu wollen, konzentrierte sich die theoretische Arbeit damit auf die Bereiche, die innerhalb der Herkunftsorganisationen und innerhalb der Linken vernachlässigt worden waren.
- Dabei haben die Frauen keine eigenständige Theorie entwickelt. Ihre Beiträge erscheinen rückblickend wie Untersuchungen, die die Baufälligkeit von Teilen linker Theoriegebäude nachweisen konnten. Konsequent haben sie diese Teile abgerissen, Umbauten vorgenommen und Teile des umgebenden Gartens neu gestaltet. All das veränderte die linke und herrschaftskritische Theorie. Feministinnen haben dadurch ihre theoretische linke Heimat stark zum Positiven verändert.
- Demgegenüber stagnierte linke Politik zur »Frauenfrage«. Dies wurde in den Beiträgen der DDR-Frauen besonders deutlich, die die Frauenpolitik des DDR-Regimes kritisierten und Ende der 1980er Jahre für Feminismus, aber auch für einen anderen Sozialismus eintraten.
- Wie ca. hundert Jahre zuvor hatte man in der DDR in der Erwerbsarbeit die Emanzipation der Frau gesehen. Hausarbeit lief nebenher und blieb Frauensache. Abtreibung war möglich, womit die bekanntesten alten Forderungen umgesetzt waren, mehr aber auch nicht. Im Wesentlichen, so auch die Kritik der aufbegehrenden Frauen, wurde eine Angleichung an die Lebenssituation von Männern angestrebt. Alles, was darin nicht aufging, führte ein politisches Schattendasein. Damit lag die andere Hälfte der Welt im Schatten.

Feminismus zeichnete sich durch zwei Standbeine aus: Er war eine politische und soziale Bewegung und eine theoretische Richtung. In beiderlei Hinsicht erfuhr er in den Anfangsphasen Ablehnung. Innerhalb der Wissenschaft ist besonders auffällig, dass frühe kritische Positionen (hier am Beispiel der Psychoanalyse und Theorien zur weiblichen Entwicklung aufgezeigt) lange Zeit keine Beachtung fanden. Erst durch die Zweite Frauenbewegung wurden länger zurückliegende Erkenntnisse diskutiert, grundsätzlich positiv aufgenommen und einer größeren Öffentlichkeit zugänglich gemacht. Darin zeigt sich die große Bedeutung der Frauenbewegung auch für die Wissenschaft.

Wie war es aber nun um die politische Heimat bestellt, die sich die autonomen Frauen selbst gegeben haben? Auf diese Frage habe ich in zweierlei Weise geantwortet.

- Die Utopien und Ziele, die die Frauen in der Anfangsphase der Zweiten Frauenbewegungen vor Augen hatten, weisen viele Gemeinsamkeiten mit sozialistischen Idealen auf. Sie mögen naiv formuliert gewesen sein, aber auch nicht naiver als die von Marx gezeichnete Utopie einer postrevolutionären Gesellschaft, in der die Menschen dann nach eigenem Gutdünken fischen und jagen. Für eine Einschätzung der politischen Richtung genügt das nicht.
- Deshalb habe ich als ein Kernstück dieses ersten Teils die Frage aufgeworfen, ob die autonome Frauenbewegung mit ihren Forderungen systemstabilisierend oder systemsprengend gewesen ist. Zur Beantwortung muss die politökonomische und sozialpsychologische Entwicklung kapitalistischer Ländern ab den 1960er Jahren betrachtet werden. Dies habe ich am Beispiel der Bundesrepublik Deutschland unternommen. Auf einen ersten, vordergründigen Blick könnte es so erscheinen, als habe die Frauenbewegung jener Jahre geholfen, spätkapitalistische Bedürfnisse wie etwa die nach stärkerer weiblicher Erwerbstätigkeit und Rückgang des Bevölkerungswachstums in den Industrieländern zu befriedigen. Dass dies nicht zutrifft, wird sichtbar, wenn man/frau würdigt, dass die Anliegen von Feministinnen tiefer und weiter gingen als die ökonomischen Ziele ab den 1960er Jahren.

Aus diesem Teil ergibt sich nun eine Reihe von Fragen:

- Was ist aus den systemsprengenden Forderungen geworden?
- Haben Feministinnen ihre eigene, neu gestaltete, linke politische Heimat pflegen und über ihren eigenen Kreis hinaus bekannt machen können?
- Hat linke Politik feministische Theorieansätze integriert?

- Haben sich linke Organisationen und/oder sich politisch links verstehende Männer die andere Hälfte der Welt als Betätigungsfeld für ihre Politik angeeignet?
- Was ist aus dem feministischen Politikstil geworden? Haben linke Organisationen ihn ganz oder teilweise übernommen?

Darauf werde ich in den beiden nächsten Teilen eingehen.

Zweiter Teil
Über die Un-/Verträglichkeit von Neoliberalismus und Feminismus – Ein Handbuch

Im Folgenden mache ich einen zeitlichen Sprung in die Jahre nach 1990, weil ab diesem Zeitpunkt Veränderungen in Frauenpolitik und Feminismus immer deutlicher zutage traten. Solche Entwicklungen spielen sich nie unabhängig vom gesellschaftlichen und politökonomischen Kontext ab, sondern ergeben sich entweder in der bewussten Auseinandersetzung mit diesen Prozessen oder vollziehen sich eher unreflektiert, wobei die Bewegung dann wie ein Papierschiffchen im Hauptstrom, dem Mainstream, treibt. Daher ist es zum Verständnis wichtig, eben diesen Strom der gesellschaftlichen Entwicklung zu skizzieren.

Neoliberalismus und Globalisierung verändern die Welt gravierend

1

Eigentlich ist es für den Zeitabschnitt nach 1990 korrekter, um im Bilde zu bleiben, von einem Zweistromland zu sprechen, wobei die beiden Ströme, die ich meine, der Neoliberalismus und die Globalisierung, über ihre Ufer getreten sind, sodass sie sich mischen und in ihrer Wirkung verstärken, ohne dass die Wasser immer auf den einen oder anderen der beiden Ströme zurückverfolgt werden können. Sie haben aber kein fruchtbares Ackerland hinterlassen, sondern in vielerlei Weise Zerstörungen bewirkt.

1.1 Globalisierung des Freihandels und die Durchsetzung des Neoliberalismus

Wiewohl der Begriff »Neoliberalismus« bereits 1938 entstand, setzte sich das darunter verstandene Konzept erst ab der ersten Hälfte der 1970er Jahre durch (Ptak 2007, S. 21 f). Nach Ende des 2. Weltkriegs standen zunächst die Zeichen günstig für ein anderes Modell wirtschaftlichen und vor allem politischen Handelns, den Keynesianismus, benannt nach dem Ökonomen John Maynard Keynes, dessen Anliegen es war, durch gezielte, nachfrageorientierte staatliche Eingriffe in die wirtschaftlichen Entwicklung eine (Welt-)Wirtschaftskrise wie Ende der 1920er Jahre zu vermeiden (Eine kurze Darstellung beider Konzepte und der Entwicklung s. Müller 2009, S. 9 ff). Dazu gehörten auch sozialstaatliche Maßnahmen, um Armut zu reduzieren und eine Lohnpolitik, die in den Erwerbstätigen auch KonsumentInnen sah, deren Rolle bzgl. der Binnennachfrage es zu stärken galt. Eine solche, für ArbeitnehmerInnen und die ärmere Bevölkerung günstige Politik bekam in den Nachkriegsjahren, der Zeit des Kalten Kriegs, durch die »Systemkonkurrenz« zwischen Kapitalismus und Sozialismus Rückenwind. Allerdings konnte der Keynesianismus die in ihn gesetzten Hoffnungen auf Dauer nicht erfüllen, ab

Mitte der 1970er Jahre machten sich Mängel bemerkbar, die Inflationsrate stieg, ebenso die Arbeitslosigkeit (Müller 2009, S. 10, s. auch Ptak 2007, S. 15). Dazu kamen immer wieder Weltwirtschaftskrisen, z. B. die von 1974/75 und die von 1982.

In den 1990er Jahren, nicht zuletzt durch den Zusammenbruch des Ostblocks, erfuhr der Neoliberalismus einen enormen Aufschwung und wurde zur dominanten Ideologie des Kapitalismus (Ptak 2007, S. 14). Er ist in mehrerlei Hinsicht das Gegenteil des Keynesianismus. Setzte letzterer auf Nachfrage, geht es ersterem um Angebot. Gegensätze bestehen auch bzgl. der Rolle des Staates und des Marktes, der Politik und der Ökonomie (Müller 2009, S. 11). Dem Neoliberalismus geht es um die Stabilisierung der Marktgesellschaft, das Zurückdrängen staatlicher Einflüsse vor allem auf die Wirtschaft, also um die Priorität der Ökonomie vor der Politik, während der Keynesianismus der Politik, genauer staatlichen Interventionen im ökonomischen Bereich Priorität vor der Ökonomie einräumte. Daher spricht man von einem Paradigmenwechsel, einer radikalen Änderung des Blickwinkels (Ptak 2007, S. 17).

Der Neoliberalismus ist jedoch mehr als eine Wirtschaftstheorie. Ausgehend von der Ökonomie als dem Zentrum entwickeln sich auch philosophische, rechts- und politikwissenschaftliche sowie soziologische Positionen (Ptak 2007, S. 26). Einige dieser Aspekte möchte ich etwas näher beleuchten und gleichzeitig aufzeigen, was das Neue am *Neo*liberalismus ist.

Neu ist vor allem die internationale Ausdehnung des Freihandels. Da damals noch der Keynesianismus dominierte, halte ich es für gerechtfertigt, diese Entwicklung noch nicht als Neoliberalismus, sondern als Globalisierung zu bezeichnen. Sie wurde bereits 1948 mit dem allgemeinen Zoll- und Handelsabkommen GATT (General Treaty on Tarrifs and Trade) eröffnet. Dieses stellt ein wirtschaftspolitisches Instrument zur Regelung des Welthandels dar und hat das Ziel, existierende Handelsschranken und protektionistische Maßnahmen abzubauen, mit denen Regierungen die eigene Wirtschaft vor ausländischer Konkurrenz zu schützen pflegen. Dazu kamen im Laufe der Zeit weitere internationale Abkommen. Zur Kontrolle der Umsetzung dieser Abkommen wurde 1995 die Welthandelsorganisation, World Trade Organisation WTO, gegründet (Müller 2009, S. 32 ff). Durch die genannten Abkommen sollen alle legalen, sozialen, ökologischen, kulturellen, insbesondere aber nationalen Hemmnisse des Freihandels abgebaut werden (von Werlhof 2010, S. 28).

Durch die internationalen Abkommen büßten die Nationalstaaten an Bedeutung ein. Auch ein Stück Demokratie ging verloren. Letzteres ist darauf zurückzuführen, dass Entscheidungsprozesse in internationalen Organisationen wie der WTO, der Weltbank und dem Internationalen Währungsfond (IWF) wenig demokratisch ablaufen, sondern sich die Stimmenzahl eines Staates aus dessen Finanzkraft ergibt, wodurch die reichen Länder die armen dominieren (Müller 2009,

S. 6 ff). Horst Köhler, 2000 noch Chef des Internationalen Währungsfonds, IWF, und späterer deutscher Bundespräsident, war sich dessen durchaus bewusst, als er auf seine eigene Organisation bezogen meinte: »Der Währungsfond muss künftig den Eindruck vermeiden, nur das Instrument seiner wichtigsten Anteilseigner zu sein.« (Köhler zit. nach Burak und Schneider 2004, S. 53) Er wies darauf hin, dass hinter den Auflagen des IWF nicht selten »handfeste nationale Interessen der Industrieländer« (ebd., S. 53) stünden.

Wirtschaftlich und politisch starke Nationen sind in der Lage, ihre Positionen auszubauen, z. B. durch eine Kreditvergabepolitik der von ihnen dominierten Organisationen wie IWF und Weltbank. Die daran geknüpften Bedingungen beinhalten neoliberale Wirtschaftsforderungen, vor allem nach Privatisierung und Zurückdrängen (sozial-)staatlicher Einflüsse (Müller 2009, S. 17 ff). Auch werden die in internationalen Abkommen und Organisationen etablierten Regeln nicht auf alle Mitgliedsstaaten in gleicher Weise angewandt. So wird etwa den Ländern der »Dritten Welt« bei Kreditaufnahmen der Abbau von Protektionismus, also dem Schutz der eigenen Wirtschaft, abverlangt, während viele Industriestaaten ihrerseits ihre Landwirtschaft subventionieren, sodass deren Agrarprodukte zu Dumpingpreisen exportiert werden können. Damit wurde die Landwirtschaft der »Länder des Südens« geschädigt, sodass sich in einer Reihe von Staaten Hunger und Armut verschlimmerten (von Werlhof, 2010, S. 51 f). Solche Folgen werden in Kauf genommen. Weiterhin setzen Transnationale Konzerne ihre Interessen durch gezielte Lobbyarbeit und wirtschaftliche Stärke durch, ohne daran durch politische Kontrolle gehindert zu werden (ebd., S. 25, 29). Durch Drohungen, ihre Produktion ins Ausland zu verlagern, üben sie ihre Macht aus.

Hatte der Keynsianismus die Wirtschaft durch Umsetzung gesellschaftlicher Interessen und staatlicher Interventionen zu lenken beabsichtigt, hat der Neoliberalismus das kapitalistische Wirtschaftssystem aus diesem »gesellschaftlichen Bett« heraus gehoben. Dieser Begriff der Entbettung geht auf den ungarisch-österreichischen Wirtschafts- und Sozialwissenschaftler Karl Polanyi zurück, der damit die Entkoppelung des marktförmigen Tauschs von allen sozialen Bezügen und Werten bezeichnet hatte. Heute beschreibt Entbettung eine wirtschaftswissenschaftliche Position, die zudem den Anschein erweckt, ökonomische Prozesse beruhten auf einem Rationalitätsprinzip (Altvater und Mahnkopf 2007, S. 90), sie wirkten wie ein Naturgesetz (von Werlhof 2010, S. 25), stellten einen Sachzwang dar und seien daher alternativlos.

Um dem wenigstens partiell entgegen zu wirken, wurde in den 1990er Jahren unter anderem auf Initiative von Willy Brandt ein Netzwerk Globaler Steuerung etabliert, Global Governance (Lösch 2007, S. 257 ff, Mies 2001, S. 178 ff, Müller 2009, S. 31, 34). Diese wurde als dezentrale, netzwerkartige und horizontale Form politischer Steuerung und im Gegensatz zur hierarchischen und zentralistischen staatlichen Politik gesehen. Die Vereinten Nationen kündigten eine Serie von Konferenzen, Normen und Regelwerken für eine neue Weltordnungspolitik an. Leitprinzip für das Handeln sollte Partnerschaft zwischen Nord, Süd und Ost, Regierungen, Zivilgesellschaft (Hengsbach 2004, S. 154 f) und Privatwirtschaft sein. Nicht-Regierungsorganisationen wurden als »Hilfstruppen« zur Beratung und zur Ideenlieferung akzeptiert (Wichterich 2003, S. 76 f).

Diesen Vorstoß erwähne ich, weil daraufhin auch Frauenorganisationen und -netzwerke, die sich als neue Internationale Frauenbewegung oder Global Women's Lobby verstanden, sehr bestimmt ihre Beteiligungsansprüche anmeldeten. Sie definierten das Menschenrechtskonzept der UN aus feministischer Perspektive neu, indem sie die sog. Privatsphäre mit einbezogen, eine Empowerment-Strategie entwickelten und Freiheit von allen Formen von Gewalt gegen Frauen im öffentlichen wie privaten Raum forderten, was eine große Mobilisierungswirkung hatte (Wichterich 2003, S. 77). Daraus entwickelten sie eine eigene politische Kultur. Es fand ein langer Frauenmarsch in die globale Politik statt (ebd., S. 78). Viel Energie wurde aufgewandt, um in UN-Dokumente und internationale Abkommen Frauenrechte zu verankern, eine geschlechtsspezifische Perspektive einzufügen und die Sprache zu korrigieren. Der politische Einfluss dieser Frauenorganisationen war jedoch gering. Ihre Gestaltungsspielräume wurden um so kleiner, je härter die Ressorts waren, also je mehr es um Finanz-, Wirtschafts-, Sicherheits- und konventionelle Außenpolitik ging. Hier gewann die Privatwirtschaft, denn Frauenförderung wurde von neoliberalen Kräften für ein Wettbewerbshindernis gehalten, also ungern gesehen (ebd., S. 79).

1.2 Neoliberale Sozialstaatspolitik

Die neoliberale Wirtschaftstheorie sieht nicht im Marktmechanismus Ursachen von ökonomischen Krisen, sondern in Staatsinterventionen (Ptak 2007, S. 68 f). Insbesondere sozialstaatliche Aktivitäten verhinderten die freie Entfaltung der Marktkräfte. Einen überbordenden Wohlfahrtsstaat, »der seiner Klientel eine ›Rundumversorgung‹ gewähre und damit den individuellen Müßiggang und eine ›soziale Vollkaskomentalität‹ fördere« (Butterwegge 2007, S. 136), gelte es nach Auffassung neoliberaler Theoretiker abzubauen. Wolfgang Schäuble sprach 1994 als CDU/CSU-Fraktionsvorsitzender von einer Hypertrophie des Sozialstaats (ebd., S. 172). Roman Herzog hieb als Bundespräsident 1997 in seiner Berliner Ruck-Rede in dieselbe Kerbe: »Wir haben so viel Sozialstaat aufgebaut, dass er unsozial geworden ist« (Herzog, zit. nach Butterwegge 2007, S. 173). Er fuhr fort: »für viele ist es komfortabler, sich vom Staat aushalten zu lassen, als sich anzustrengen und etwas zu leisten« (Butterwegge 2007, S. 173). Und Peer Steinbrück, damals nordrheinwestfälischer Ministerpräsident, meinte 2003: »Soziale Gerechtigkeit muss künftig heißen, eine Politik für jene zu machen, die etwas für die Zukunft unseres Landes tun: die lernen und sich qualifizieren, die arbeiten, die Kinder bekommen und erziehen, die etwas unternehmen und Arbeitsplätze schaffen, kurzum, die Leistung für sich und unsere Gesellschaft erbringen. Um die – *und nur um sie* – muss sich Politik kümmern« (Steinbrück, zit. nach ebd. S. 157 f, Herv. von mir). Um die anderen kümmern sich Staat und Politik natürlich auch – nur in anderer Weise. Sie werden zur Arbeit (z. B. in 1 €-Jobs) gezwungen, weggesperrt oder ausgewiesen. Hier entfaltet der Staat Aktivitäten, »denn mit der in Kauf genommenen Zuspitzung gesellschaftlicher Widersprüche steigen Aufwand und Kosten zur Sicherung der Einkommens- und Eigentumsverhältnisse. Die hohen Ausgaben der führenden kapitalistischen Staaten (...) für die innere und äußere Sicherheit belegen dies eindringlich« (Ptak 2007, S. 67). »Was die Parlamentsmehrheit dem Wohlfahrtssystem an Ressourcen entzieht, wendet sie später für Maßnahmen gegen den Drogenmissbrauch, Kriminalität und Gewalt auf. Justiz, Polizei und (private) Sicherheitsdienste verschlingen jenes Geld, das beim Um- bzw. Abbau des Sozialstaates vorgeblich ›eingespart‹ wird,« (Butterwegge 2007, S. 189) analysiert Christoph Butterwegge und vergleicht das System mit kommunizierenden Röhren (ebd., S. 189). Diese Metapher geht von einem Bild eines U-förmiges Rohrs aus, in denen sich eine bestimmte Menge Flüssigkeit befindet. Je mehr deren Pegel im einen Rohr sinke, desto mehr steige er im anderen an, was nebenbei bemerkt nicht der physikalischen Realität entspricht. Auch der Rückbau des bisherigen Sozialversicherungssystems und die höhere Schwelle bei der Berechtigung für soziale Unterstützung zieht einen Ausbau der Überwachungsbürokratie nach sich (ebd., S. 190).

Bei der Begründung dieses sozialpolitischen Umbaus und der Absicherung der Vormachtstellung der Industriestaaten werden zwei verschiedene Argumentationsstränge benutzt, den einen möchte ich bevölkerungsbezogen nennen, den zweiten globalisierungskonform. Ersterer bedeutet, auf Deutschland angewandt, dass die demographische Entwicklung, also die »Überalterung« der Bevölkerung, dramatisiert wird, um damit Leistungskürzungen zu begründen (z. B. Teil-Privatisierung der Altersvorsorge in Form der Riester-Rente, Nullrunden bei der Rente und Verlängerung der Lebensarbeitszeit). Diese Maßnahmen werden als alternativlos bezeichnet. Die demographische Entwicklung wird als Katastrophenszenario dargestellt und aus ihr wird der Zwang zur Anpassung der sozialen Sicherungssysteme an diese Entwicklung hergeleitet (Butterwegge, S. 146 ff). Das zweite, globalisierungskonforme, Argument wurde besonders nach der Vereinigung der damaligen BRD mit der DDR transportiert: Sozialpolitik sei ein Hemmschuh der Wirtschaftsentwicklung und schwäche den eigenen Industriestandort im weltweiten Konkurrenzkampf (ebd, S. 145). Die Standortkonkurrenz führt dazu, dass Sozialpolitik nicht mehr verstanden wird als Schutz vor sozialen Risiken, sondern als Handelshemmnis. Kennzeichnend für den Neoliberalismus ist auch, dass die Macht der Gewerkschaften beschnitten wurde und wird (Lösch 2007, S. 252), z. B. indem Flächentarife scharf kritisiert und immer häufiger betriebsbezogene Lohnvereinbarungen gefordert und umgesetzt werden. Gewerkschaften werden als kollektive Zwangsgemeinschaften diffamiert, wenn sie für höhere Löhne und Arbeitszeitverkürzungen eintreten (Ptak 2007, S. 24 f, 72, Lösch 2007, S. 252). Allerdings haben sich Gewerkschaften und Linke ebenfalls neoliberalen Argumenten angeschlossen (von Werlhof 2010, S. 43). So hätten sich weite Teile der europäischen Sozialdemokratie mit einer programmatischen Neuorientierung einem gemäßigten Neoliberalismus angenähert, meint Ralf Ptak (2007, S. 85). Ein Beispiel dafür ist das sogenannte Schröder-Blair-Papier, das als Vorläufer der Agenda 2010 angesehen werden kann. Auch haben *SPD* und *Bündnis 90/Die Grünen* den Abbau der Lohnnebenkosten unterstützt (Butterwegge, S. 145) und den – nicht belegten – Gedanken, dass private Unternehmen effizienter arbeiten und wirtschaften als öffentliche, übernommen.

1.3 Konsum und Konsumverhalten

Ab Ende der 1950er/Anfang der 1960er Jahre verlor der Produktionssektor in der »ersten Welt« an Bedeutung, während der Konsum, die Realisierung des Mehrwerts, an Bedeutung gewann. Es galt, immer neue Märkte, auch mehr Binnenmärkte zu erschließen. An zwei Beispielen möchte ich dies erläutern, den Ladenöffnungszeiten und der Werbung um Männer als Kunden.

Bei den Kämpfen um die Änderung der Ladenöffnungszeiten ging es nicht nur um deren Verlängerung, sondern auch um eine immer weitere Ausdehnung in den Freizeitbereich. Während früher Geschäfte zu einem großen Teil bereits ab 8 Uhr geöffnet hatten, haben sich heute die Anfangszeiten verschoben in der Regel zu 9.30 bis 10 Uhr; dafür sind viele Läden inzwischen bis in immer spätere Abendstunden geöffnet und streben danach, auch am Sonntag verkaufen zu dürfen. Diese neuen Öffnungszeiten sind ideal für Lust- und Frustkäufe, während in den frühen Morgenstunden sozusagen die Pflicht absolviert wurde. Einkaufslisten konnten schnell vor Beginn der Arbeit oder des Tagesablaufs abgearbeitet werden, Zeit für einen Einkaufsbummel war da nicht. Heute dagegen ist »shoppen« zu einer beliebten Freizeitbeschäftigung geworden und verlangt daher die entsprechende Muße dafür, die eher nach Feierabend und am Wochenende gegeben ist. Nur dort, wo vom Angebot her ein anderes Kundenverhalten vorherrscht, z. B. in Bäckereien, Reinigungen, bei der Post, beginnt der Tag etwas früher und endet dementsprechend auch früher. Für die Einkaufenden ist Disziplin und gut überlegtes »Timing« gefordert. Die Einkaufslisten müssen um den Aspekt, was kann wann am günstigsten erledigt werden, gedanklich erweitert werden. Der größeren »Selbstbestimmtheit« und »Freiheit«, mit der die Propaganda für flexible Öffnungszeiten einhergeht, stehen Disziplin und sorgfältige Planung gegenüber.

Der Zwang, immer neue Märkte, auch Binnenmärkte, erschließen zu müssen, führt zu einer Werbung um neue Käufergruppen. Waren früher Frauen die wichtigste Zielgruppe für Werbung und Produktentwicklung in der Textil-, Bekleidungs- und Kosmetikindustrie, wurde der Markt zunehmend auf Männer als potenzielle Kunden ausgedehnt. Dazu musste ein neues Männerbild lanciert werden. Dieses weist stark homosexuelle Züge auf. Der homosexuelle Mann habe »unerkannt eine Pionierfunktion« übernommen, meinte Reimut Reiche 2003 (Frankfurter Rundschau vom 9.9.2003). Es war genauer gesagt ein bestimmter Typus des homosexuellen Mannes, weder die Tunte, noch der Lederkerl, sondern ein – ich möchte sagen – heterokompatibler Schwuler, der diesen Männertypus verkörpert: sportlich, im Fitness-Studio body-gestylt mit gepflegtem Körper, sexuell körperbetont gekleidet (ebd.).

»Trendsetter« ist dieser Schwulentypus nicht wegen seiner sexuellen Präferenz, sondern wegen seines Lifestyles, den er sich aufgrund seiner Kaufkraft leisten kann (Gatterburg und Haegele 2001, S. 80). So haben Studien ergeben, dass weniger als 3 Prozent der männlichen Bevölkerung sexuelle Beziehungen zu Männern haben. Dass ein Teil von ihnen zu einem Männer-Leitbild geworden ist, beruht darauf, dass sie für Urlaub und Reisen, exklusive Markenkleidung, Hautpflege und Parfüms deutlich mehr Geld ausgeben als heterosexuelle Männer (ebd., S. 81). Bei Unterhaltungselektronik, Autos und Kapitalanlagen dagegen waren und sind heterosexuelle Männer führend und die entsprechende Werbung orientiert sich dementsprechend stärker an ihnen bzw. an diesem männlichen Typ.

Gleichzeitig wenden sich manche Hersteller immer mehr an Schwule als Zielgruppe ihrer Werbung. In Deutschland kam mit Holger und Max das erste homosexuelle Paar ins deutsche Werbefernsehen, um Iglo-Tiefkühlkost anzupreisen. Auch Seat, West, Ikea und die deutsche Telekom bemühten sich 2001 um diese Klientel, wobei der Geschäftsführer von Pride Company, die eine Kreditkarte für die Gay Community herausgebracht haben, die enorme Wirtschaftskraft dieser Zielgruppe betont (Barnhofer 2001). Bei den Vorbereitungen für den ersten us-amerikanischen Fernsehsender für Homosexuelle titelte die Frankfurter Rundschau 2002 »Die Werbewirtschaft wartet schon ungeduldig« (Siegle 2002). Medienfachleute bemängelten seit Jahren, Homosexuelle seien ein deutlich »unterbedientes« Nischenpublikum im US-Fernsehen. Dabei werden mit dem auch im Deutschen gängigen, »coolen« Oberbegriff »gay« oder dem doppeldeutigen »homosexuell« (homo aus dem griechischen gleich, aber auch homo aus dem lateinischen Mann) Schwule und Lesben in einen Topf geworfen. Noch 2001 befanden die Kieler Nachrichten dagegen, dass, von wenigen Ausnahmen abgesehen, für Lesben in der Werbung eher gelte: Fehlanzeige (O. Verf. 2001). Das zeigt ebenfalls, dass es hier nicht um Sexualverhalten, sondern um Geld, sprich Kaufkraft, und um Lebensstil geht. Was letzteren angeht, haben Lesben der Wirtschaft weniger zu bieten, da verlässt man sich besser auf mode- und kosmetikbewusste heterosexuelle Frauen. Wenn auch bei männlichen Homosexuellen als Zielgruppe für die Werbung die »pink Ökonomie« (Evans 2000, S. 77, 79) im Vordergrund steht, werden dadurch zugleich andere Lebensformen und andere Sexualitäten bis zu einem gewissen Grad sichtbar. Diese Sichtbarkeit sollte jedoch nicht mit Anerkennung verwechselt und unkritisch als Vorteil gewertet werden. Mit David T. Evans bin ich der Auffassung, dass diese Art von Integration auf Lifestyle-Konsum in segregierten Räumen beruht (ebd., S. 78).

1.4 Das neoliberale Menschenbild

Das neoliberale Menschenbild wird mit dem Begriff des »homo oeconomicus« bezeichnet, eine Kunstfigur, die nur der ihr von Ökonomen zugeschriebenen ökonomischen Rationalität folgt (Altvater und Mahnkopf 2007, S. 90). Dasjenige Individuum, das für den Neoliberalismus eine zentrale Rolle spielt, ist auf den Markt beschränkt, wo es sich als KonsumentIn und ProduzentIn bewegen kann: Dem Markt und seiner Ordnung unterwirft es sich in »Demut«, wie Ralf Ptak schreibt (2007, S. 60). Der Neoliberalismus unterstellt, dass das Gemeinwohl nur vom ungebremsten Egoismus des Einzelnen abhänge (von Werlhof 2010, S. 27). Zynisch wird von »Gutmenschentum« gesprochen, wenn Werte wie Mitgefühl, Solidarität oder soziale Gerechtigkeit verteidigt werden (Ptak 2007, S. 69). Das neoliberale Individuum zeichnet sich durch sein Streben nach Eigennutz aus (ebd., S. 60). Eigeninitiative und Selbstverantwortung werden von ihm verlangt. Ralf Ptak zeigt den ideologischen Charakter dieser Einstellung auf: »›Eigenverantwortung‹ wäre ein würdiges Unwort des Jahres, weil dieser neoliberale Kampfbegriff überdeckt, dass ihm öffentliche Verantwortungslosigkeit bzw. ein Rückzug der Gesellschaft und des Staates im Hinblick auf die Versorgung sozial Benachteiligter zugrunde liegt.« (Butterwegge 2007, S. 168).

Es geht aber nicht nur darum, dass der Mensch sich selbst versorgen und Verantwortung übernehmen soll, der neue Menschentyp wird als *Inhaber* seiner Arbeitskraft in einer Börsen-Sprache begriffen »sozusagen als shareholder [seiner] Human Assets« (Hartz zit. nach Haug 2008, S. 81). Von diesen neuen Menschen wird erwartet, dass sie ihr Humankapital vermehren. Dabei spielt die Zumutbarkeit eine große Rolle. Zumutbar sei es, sich Sprachen und IT-Fähigkeiten anzueignen, um sich im Hochleistungssystem halten zu können, das zudem nur funktionieren könne, wenn »Mitarbeiter zu Mit-Unternehmern« werden, so Peter Hartz (Hartz, zit. nach Haug 2008, S. 83). Menschliche Beziehungen werden dadurch vollständig ökonomisiert (Ptak 2007, S. 30). Im Zusammenhang mit der Bevölkerungsentwicklung gilt dies auch für Kinder, die quasi zum Privateigentum ihrer Eltern werden und für sie bzw. deren Rente eine Rendite erbringen müssen (Butterwegge 2007, S. 149). So hat sich tatsächlich ein neuer Typus von Beschäftigten herausgebildet, den Günter Voß und Hans Pongratz als Arbeitskraftunternehmen, Michel Foucault als Unternehmer seiner selbst bezeichnen (Winker 2007, S. 26).

Das Konzept der Eigenverantwortung hat nicht nur bei den Hartz-Gesetzen und darin im Besonderen der Ich-AG Pate gestanden, es ist auch im Alltag fest verankert in der Haltung »selbst dran schuld«. Seit Jahren gilt das für die Situation von Frauen (Müller 2004, S. 254ff). Verdienen Frauen weniger als Männer, dann haben sie eben den falschen Beruf gewählt oder sich bei Gehaltsverhandlungen nicht durchsetzen können. Selbst dran schuld. Emanzipation steht nicht mehr für einen kollektiv herbeizuführenden Veränderungsprozess, dessen Ziel die Befreiung von Unterdrückung ist, sondern für eine individuell von Frauen zu erbringende Leistung, meist verstanden als Vereinbarkeit von Beruf und Familie, von Kindern und »Karriere«.

Durch die beschriebene Ideologie hat eine Entsolidarisierung stattgefunden. Nicht nur ist es gelungen, die Kritik am unwirtschaftlich arbeitenden öffentlichen Dienst, die problemlos am negativen Beamtenbild in der Gesellschaft anknüpfen konnte, in der Bevölkerung zu verankern. Auch die negative Einstellung zu (früher Sozialhilfe – heute) ALG II-Empfangenden konnte sich etablieren. Ihnen wird vorgehalten, es sich in einer sozialen Hängematte gut gehen zu lassen. Die reduzierte Kampfkraft der Gewerkschaften kommt erschwerend hinzu. In die gleiche Richtung wirkt die verschärfte Konkurrenz. Um letztere anzukurbeln, ist es hilfreich, Gruppen zu haben, für deren Ausschluss von Ressourcen sich Mehrheiten finden lassen. (Kultur-)Rassismus, Ethnisierung von Ausschlussmechanismen belegen diese Tendenz. »In einer Situation, in der das ›ganze Volk‹ angehalten wird, ›den Gürtel enger zu schnallen‹, liegt es auf den Stammtischen, daß ›Fremde‹, seien es Arbeitsmigranten, Asylbewerber oder Flüchtlinge, nicht auch noch von den ohnehin knappen Mitteln bedient werden können. ›Deutsch sein‹ heißt unter den Bedingungen des modernen Wohlfahrtsstaates, den eigenen Wohlstand zu verteidigen und Ansprüche anderer Gruppen zu delegitimieren und abzuwehren« (Radtke, zit. nach Butterwegge 2007, S. 216f). Dazu kommt ein, gerade im Zusammenhang mit der Rentendiskussion geschürter Generationenkonflikt (Butterwegge 2007, S. 216ff, 163ff) und seit einiger Zeit ein Anti-Feminismus oder Maskulismus, von dem noch die Rede sein wird. Der Bielefelder Soziologe Wilhelm

Heitmeyer hatte Ende 2011 die letzten Forschungsergebnisse einer über zehn Jahre sich erstreckende Langzeitstudie über gruppenbezogene Menschenfeindlichkeit vorgelegt. Darin wurde festgestellt, dass Rassismus, Fremdenfeindlichkeit, Abwertung von Obdachlosen, Behinderten und Langzeitarbeitslosen deutlich zugenommen hat. Islamfeindlichkeit war etwa gleich geblieben, Sexismus, klassischer Antisemitismus und Homophobie dagegen haben kontinuierlich abgenommen (Rafael 2011).

Dem »neuen Menschen« des Neoliberalismus entspricht als Lebensform ein Single, findet Frigga Haug und kann sich dabei auf Peter Hartz' 2001 erschienenen Buch »Job Revolution« (Haug 2008, S. 75) berufen, in dem das Hohe Lied der Individualität gesungen wird. »[Jetzt] ist der ganze Mensch gefragt, mit seinen individuellen Möglichkeiten, seinem Talent und seiner Leidenschaft zu lernen, zu entdecken, etwas zu entwickeln und weiterzugeben. Es lebe der kreative Unterschied.« (Hartz zit. nach Haug 2008, S. 78) Das ist jedoch nur die eine Strophe des Liedes. Persönliche Beziehungen werden zunehmend warenförmig, so David T. Evans. Auf ihrer Suche nach Lust bewegen sich die Menschen durch ein Feld von Waren. »Das Streben nach dem warenförmigen Selbst ist das Streben nach dem sexuellen Selbst und umgekehrt, beide fetischisieren essentielle ›individuelle Einzigartigkeit‹, die durch die Aneignung und den Ausdruck unterschiedlicher Lifestyles augenfällig in Szene gesetzt wird.« (Evans 2000, S. 77) Frauen wie Männer müssten sich heutzutage als »sexy« inszenieren, hatte Reimut Reiche 2003 bemerkt. Was für Frauen »sexy« ist, wird allerdings stark von Männern geprägt. Auch die (meisten) Protagonistinnen der us-amerikanischen Fernsehserie, der Soap »The L-Word«, die Lesben darstellen, unterscheiden sich äußerlich nicht von heterosexuellen Frauen – nicht ganz so wie »im richtigen Leben«.

Der neue Zwang zur Selbstinszenierung hat für Frauen (und in sehr viel geringerem Maße auch für Männer) eine Schattenseite. Claudia Koppert betont, wie Selbstinszenierungen bei Frauen mit Unzufriedenheit an/im eigenen Körper, ja mit Selbsthass einhergehen (Koppert 2003b, S. 144). Fast alle Frauen machen regelmäßig Diäten, immer öfter unterziehen sie sich Schönheitsoperationen, konstruieren ihren Körper mit Rasiermessern, Silikon, Skalpell, Hormonen und Muskeltraining bis hin zu selbstzerstörerischer Praxis (ebd., S. 140). Britischen Soldatinnen wurden sogar in Einzelfällen Brustvergrößerungen mit Silikon aus dem Wehretat finanziert, »weil sie sonst unter Depressionen litten und den Dienst quittieren würden.« (Koppert 2003a, S. 18) Auch Männer helfen der Natur nach, greifen zu ähnlichen Mitteln, wenn auch bisher in geringerem Maße. In den USA häufen sich bei »[g]esund ausgestatteten Männern« operative Penisvergrößerungen (ebd., S. 19). Dabei gehe es – so Ernst Kasten – um Attraktivitätserhöhung, um die subjektive Empfindung (Kasten 2010, S. 67). »Ähnlich wie das Geweih eines Hirschs stellt ein großer Penis natürlich einen Ausdruck männlicher Dominanz dar und erhöht oft das Selbstbewusstsein.« (ebd., S. 57) Der Körper gewinnt in seiner erarbeiteten Erscheinung für die individuelle Identität an Bedeutung. Manchmal beängstigend an Bedeutung (Koppert 2003b, S. 140). So hätten Untersuchungen gezeigt, dass junge Frauen bei der Menstruation völlig irritiert sind, »weil sich in ihrem Körper etwas tut, das sich ihrer Kontrolle entzieht.« (ebd., S. 144) Das erscheint nachvollziehbar, wenn man sich vor Augen hält, dass sich das normative weibliche Ideal an den Körperformen vorpubertärer Mädchen orientiert, bei gleichzeitiger Vollbusigkeit. Die »neue Körperpolitik« (ebd., S. 140) verlangt die Schamhaarrasur bei Frauen, die Brusthaarrasur bei Männern bei gleichzeitigem Drei-Tage-Bart. Weibliche Models posieren in kaum zum Gehen geeigneten »High Heels«, drehen dabei die Zehen aber so nach innen, wie es kleine Kinder tun. Weiblichkeits- und Männlichkeitsbilder sind also voller Widersprüche. Gemeinsam ist ihnen, dass sie mit Zeitaufwand und Kosten herzustellen, bzw. nachzuahmen sind und das Gefühl der Unzulänglichkeit im eignen unbehandelten Körper voraussetzen und permanent erzeugen.

1.5 Verhältnis zur Natur im Neoliberalismus

Dass die kapitalistische Wirtschaftsweise die Natur unter Nützlichkeits- und Verwertbarkeitsgesichtspunkten betrachtet, ist ein wesentlicher Teil dieses Systems. Im Zeitalter neoliberaler Globalisierung kamen jedoch quantitativ und qualitativ neue Aspekte hinzu. Die Erde und die auf ihr lebenden Menschen und nichtmenschlichen Wesen wurden geschädigt, Tier- und Pflanzenarten sind ausgestorben oder vom Aussterben bedroht, Bodenschätze verbraucht, Landstriche und Meeresteile verschmutzt und vergiftet, Kulturen und Wissen indigener Völker vernichtet etc. (von Werlhof 2010, S. 60 f). Diese Art des Umgangs mit der Natur haben Maria Mies und Claudia von Werlhof als Ausplünderung bezeichnet (Mies und von Werlhof 2003).

Dazu kommt noch eine zweite, mindestens genauso gravierende Form, die der Manipulation der Natur. Ihren Anfang datiert Jeremy Rifkin mit dem Beginn des Zeitalters der Biotechnik (Rifkin 1988, S. 145). Mit der Entdeckung der Doppelhelix wurde der Grundstein gelegt Gene zu entschlüsseln, mit der Inbetriebnahme der ersten Computer begann eine neue Form der Informationsverwertung. Beides datiert Anfang der 1950er Jahre (ebd., S. 180). Rifkin beschreibt, wie technisches Denken in der Biologie Fuß fasste, indem lebende Organismen mehr und mehr anhand ökonomischer und technischer Kriterien beschrieben werden wie Informationswirkungsgrade, Kapital- und Betriebskosten. Lebende Systeme werden von Biologen als Informationssysteme angesehen, die Natur definiert als Speichern und Übertragen von Information innerhalb eines Systems (ebd., S. 188 f). Leben wird so zu einem Code aus Millionen von Informationsbits, die es zu entschlüsseln und neu zu programmieren gilt (ebd., S. 189 ff). Durch die Verbindung von Computerwissen und biotechnische Wissenschaft sei, so prognostizierte Rifkin 1983 in seinem Buch »Algeny« (auf Deutsch 1988: Genesis Zwei), eine neue Art von Weltwirtschaft möglich, die fast ausschließlich auf biotechnisch herstellbaren Gütern beruhe. Und tatsächlich hat die Genmanipulation diesen Weg beschritten, begünstigt durch staatliche Förderung, denn der Handel mit solchen Gütern versprach »den Anstieg der Wachstumskurve auf ewig zu sichern« (ebd., S. 196).

Wie viel Profitdenken in den manipulierten Produkten steckt, ist an vielen Beispielen offenbar geworden. So können fremde Erfindungen oder Errungenschaften, wenn bei ihnen eine technische Veränderung, z. B. durch Genmanipulation vorgenommen wurde, als Patent angemeldet werden, was dann als »Patent auf Leben« bezeichnet wird (von Werlhof 2010, S. 48). Dadurch erhalten InhaberInnen des Patents eine Monopolstellung. Wollen andere von deren Produkt Gebrauch machen, müssen sie einen Preis zahlen. Handelt es sich dabei um ein von alten Kulturen entwickeltes Naturprodukt, haben Konzerne sich verschiedentlich durch Patentierung das Vermarktungsrecht gesichert, während diejenigen, die das Produkt innerhalb ihrer Kultur entwickelt hatten, das Nachsehen haben. Als »Biopiraterie« wird dieses Vorgehen kritisiert, weil die Patentinhaber ohne nennenswerte Eigenleistung Profite verzeichnen (ebd., S. 48 f).

Dadurch sichern sich Transnationale Konzerne wie Monsanto und Syngenta, gestützt durch Regierungen der Industriestaaten gegenüber Bauern vor allem in Entwicklungsländern die Absatzmärkte – notfalls mit Gewalt. »So wurde im Irak nach der US-Okkupation (…) die Bestimmung erlassen, dass irakische Bauern ihr Saatgut zu verbrennen und nur noch genmodifiziertes Saatgut (…) zu verwenden hätten. (…) Hieran zeigt sich, dass es bei der Gentechnik nicht um Verbesserungen geht, sondern um die Errichtung von globalen Monopolen.« (ebd., S. 49) Kriege sind also in doppelter Hinsicht nützlich: zur Eroberung von Ressourcen und von Absatzmärkten. Durch die große weltweite Verbreitung von genmanipulierten Organismen (Genmodifizierte oder genmanipulierte Organismen = GMO) sind irreversible Zerstörungen eingetreten. In Nord- und Südamerika werden Millionen von Hektar Land mit GMO-Saatgut angebaut. Hilfsleistungen in Notgebiete bestehen fast nur noch aus GMO-Getreide (ebd., S. 49 f).

Die biotechnischen Möglichkeiten beziehen den Menschen als Anwendungsgebiet mit ein. Dazu bedient man sich der Eugenik, eliminiert systematisch biologisch unerwünschte Merkmale und verbessert Merkmale durch Genmanipulation im Interesse gesteigerter wirtschaftlicher Leistungsfähigkeit motiviert durch Nützlichkeitserwägungen und die Hoffnung auf finanziellen Gewinn (Rifkin 1988, S. 205 ff). Als »medizinische Revolution« wurde in der Wochenzeitschrift *Die Zeit* am 3.2.2011 ein Bericht bezeichnet, in dem es um eine Möglichkeit für den Menschen ging. »Jeder von uns trägt defekte Gene in sich. Partner können sie jetzt aufdecken.« hieß es auf der Titelseite und der reißerische Titel fragte: »Erst Test, dann Sex?« Von hier zur genetischen Manipulation scheint dann nur noch ein kleiner Schritt, durch den die menschliche Spezies zu einem technisch geplanten und aus perfekten Genen gefertigten Produkt herabgewürdigt wird (Rifkin 1988, S. 209).

So entsteht durch die biotechnologische Theorie, wonach Lebewesen Informationsbündel sind, eine immer stärker manipulativ werdende Beziehung der Menschen zu sich selbst ebenso wie zur Umwelt (Rifkin 1988, S. 198, 204, 221). Besonders interessant und wichtig ist mir an Rifkins Analyse, dass er davon spricht, im Rahmen dieser neuen Theorie werde Struktur aufgegeben. Da jeder Organismus neu programmiert werden kann, hat er keine klaren Konturen und Grenzen mehr. »Alles ist reine Aktivität, reiner Prozess.« (ebd., S. 204) Vor diesem Hintergrund gewinnt der bekannte Slogan »Der Weg ist das Ziel« noch eine weitere Bedeutung, wird doch auch hier überwiegend auf die Aktivität und den Prozess gesetzt. Gleichzeitig scheint das Denken in Strukturen zurück zu gehen, wie WissenschaftlerInnen bei jungen Menschen bemerkt haben (Nordmann 2011).

Zusammenfassung und Fazit

- Beim Neoliberalismus handelt es sich um ein Konzept, das sich in erster Linie auf die Wirtschaftspolitik bezieht. Es geht darum, den Markt durch Konzentration auf die Angebotsseite zu festigen. Der Markt ist dabei der zentrale Regulator des Wirtschaftsgeschehens, hinter dem der Staat zurückzutreten hat.
- Die Ökonomie gewinnt eine Dominanz gegenüber Staat und Gesellschaft, ihre Dynamik wird aus dem gesellschaftlichen Geschehen herausgelöst, »entbettet«.
- Zum philosophischen Grundgedanken des Neoliberalismus gehört eine scharfe Ablehnung des Kollektivismus und eine starke Betonung des Individualismus.
- Leitbild ist der auf den Markt bezogene »homo oeconomicus«. Ihn zeichnet aus, dass zwischenmenschliche Beziehungen ökonomisiert werden, unter anderem durch verschärfte Konkurrenz. Sie kann auch zur Ausgrenzung von Personengruppen und Polemisierung gegen diese führen (z.B. durch Rassismus, Ethnisierung von Ausschlussmechanismen, Generationenkonflikten und Anti-Feminismus).
- Die Natur wird einerseits in großem Stil rein ökonomisch als Rohstofflieferant betrachtet, andererseits wird sie dank der biotechnischen Entwicklung sehr stark manipuliert entsprechend der ökonomischen Verwendbarkeit.

- Dies betrifft auch die menschliche Natur bzw. den menschlichen Körper, z. B. durch Maßnahmen der Früherkennung von Krankheiten und/oder geschädigten Erbanlagen beim Fötus bis hin zu Schönheitsoperationen bei Erwachsenen.

Literatur

Altvater Emar und Mahnkopf Birgit (2007) Grenzen der Globalisierung – Ökonomie, Ökologie und Politik in der Weltgesellschaft. Westfälisches Dampfboot, Münster

Barnhofer Niels (2001) »Die Gay Community besitzt eine enorm hohe Wirtschaftskraft«. Immer mehr Firmen werben um die Gunst der konsumfreudigen Schwulen und Lesben. Bauchschmerzen bei Managern. In: Frankfurter Rundschau vom 28. 2. 2001

Burak Copur und Schneider Ann-Kathrin (2004) IWF und Weltbank: Dirigenten der Globalisierung. VSA-Verlag, Hamburg

Butterwegge Christoph (2007) Rechtfertigung, Maßnahmen und Folgen einer neoliberalen (Sozial-)Politik. In: Butterwegge Christoph, Lösch Bettina, Ptak Rolf (Hrsg) (2007) Kritik des Neoliberalismus. VS Verlag für Sozialwissenschaften, Wiesbaden, S. 135–219

Evans David T. (2000) Zwischen »moralischem« Staat und »amoralischem« Markt. In: Quaestio (Hrsg) Berger Nico J., Hark Sabine, Engel Antke, Genschel Corinna, Schäfer Eva (2000) Queering Demokratie [sexuelle Politiken]. Querverlag, Berlin, S. 67–82

Gatterburg Angela und Haegele Anja (2001) Exoten, witzig und wohlhabend. In: Spiegel Nr. 13/2001, S. 80–81

Haug Frigga (2008) Die Vier-in-einem-Perspektive. Politik von Frauen für eine neue Linke. Argument, Hamburg

Hengsbach Friedhelm (2004) Das Reformspektakel. Warum der menschliche Faktor mehr Respekt verdient. Herder, Freiburg im Breisgau

Kasten Erich (2010) Genitale Body-Modifikation bei Männern. In: Borkenhagen Ada und Brähler Elmar (Hrsg) (2010) Intimmodifikationnen. Spielarten und ihre psychosoazialen Bedeutungen. Psychosoazial-Verlag, Gießen, S. 51–69

Koppert Claudia (2003a) Post Feminismus: Komplexe Verhältnisse, widerspruchsvolle Lagen, tragische Heldinnen. In: Koppert Claudia und Selders Beate (Hrsg) (2003) Hand aufs dekonstruierte Herz. Ulrike Helmer Verlag, Königstein/Taunus, S. 10–26

Koppert Claudia (2003b) Post Feminismus: Eskalierende Anerkennungsbedürfnisse, Selbstabschaffungstendenzen und die Notwendigkeit aufgeklärter Konstruktionen. In: Koppert Claudia und Selders Beate (Hrsg) (2003) Hand aufs dekonstruierte Herz. Ulrike Helmer Verlag, Königstein/Taunus, S. 116–149

Lösch Bettina (2007) Die neoliberale Hegemonie als Gefahr für die Demokratie. In: Butterwegge Christoph, Lösch Bettina, Ptak Rolf (Hrsg) (2007) Kritik des Neoliberalismus. VS Verlag für Sozialwissenschaften, Wiesbaden, S. 221–283

Mies Maria (2001) Globalisierung von unten – Der Kampf gegen die Herrschaft der Konzerne. Rotbuch, Hamburg

Mies Maria und von Werlhof Claudia (2003) Lizenz zum Plündern. Das Multilaterale Abkommen über Investitionen – MAI. Globalisierung der Konzernherrschaft und was wir dagegen tun können. Europäische Verlagsanstalt/EVA, Hamburg

Müller Ursula G. T. (2004) Die Wahrheit über die lila Latzhosen – Höhen und Tiefen in 15 Jahren Frauenbewegung. Psychosozial Verlag, Gießen

Müller Ursula G. T. (2009) Globalisierung für AnfängerInnen – Anfänge der Globalisierung. In: Pohl Reinhard (Hrsg) (2009) Broschürenreihe BRD und Dritte Welt, Bd 5, Heft 4, Jg. 2008, Magazin Verlag, Kiel

Nordmann Anja (2011) Feminismus zwischen Alltag und Vision – Gestern, heute und (über-)morgen, unveröffentlichter Vortrag, gehalten am 8.3.11 in Kiel

O. Verf. (2001) Schwule sind längst nicht mehr tabu – Fernsehreklame hat Homosexuelle entdeckt:»Werbung muss sich am Zeitgeist orientieren«. In: Kieler Nachrichten vom 16.2.2001

Ptak Rolf (2007) Grundlagen des Neoliberalismus. In: Butterwegge Christoph, Lösch Bettina, Ptak Rolf (Hrsg) (2007) Kritik des Neoliberalismus. VS Verlag für Sozialwissenschaften, Wiesbaden, S. 13–86

Rafael Simon (2011) Deutsche Zustände 2011: Wer sich bedroht fühlt, agiert menschenfeindlicher. http://www.netz-gegen-nazis.de/artikel/deutsche-zustaende-2011-rechtsextremismus-rassismus-1817.

Reiche Reimut (2003) Die Homosexualitisierung der Gesellschaft – Nach der Trennung der Lust- von der Zeugungsfunktion hat sich das Geschlechtsleben gravierend verändert. In: Frankfurter Rundschau vom 9.9.2003

Rifkin Jeremy (1988) Genesis zwei. Biotechnik – Schöpfung nach Maß. Rowohlt, Reinbek bei Hamburg

Siegle Jochen (2002) Die Werbewirtschaft wartet schon ungeduldig. In den USA bereiten Medienunternehmen TV-Kanäle für Homosexuelle vor/MTV und Showtime gehen voran. In: Frankfurter Rundschau vom 28.1.2002

von Werlhof Claudia (2010) West-End – Das Scheitern der Moderne als »kapitalistisches Patriarchat« und die Logik der Alternativen. PapyRossa, Köln

Wichterich Christa (2003) Femme global – Globalisierung ist nicht geschlechtsneutral. VSA-Verlag, Hamburg

Winker Gabriele (2007) Traditionelle Geschlechterordnung unter neoliberalem Druck. Veränderte Verwertungs- und Reproduktionsbedingungen der Arbeitskraft. In: Groß Melanie und Winker Gabriele (Hrsg) (2007) Queer-/Feministische Kritiken neoliberaler Verhältnisse. Unrast, Münster, S. 15–49

2 Ab den 1990er Jahren ergeben sich in der Bundesrepublik Deutschland neue Widersprüche und Veränderungen im Geschlechterverhältnis

Von dem gesamten Spektrum, das den Neoliberalismus ausmacht, möchte ich mich auf die wichtigsten Aspekte beschränken. Dabei folge ich weitgehend der marxistisch-feministischen Terminologie, indem ich zunächst auf die Wirtschaft als den Produktionsbereich eingehe, was die Situation auf dem Arbeitsmarkt umfasst. Wegen der besonderen Bedeutung, die der Hausarbeit in der feministischen Theorie zukommt, behandle ich diese aufgeschlüsselt nach ihren bezahlten und unbezahlten Anteilen. Dieser Bereich ist zugleich derjenige, in dem sich neue Widersprüche auftun. Dann gehe ich auf die Reproduktion im Sinne von Bevölkerungsentwicklung ein, stelle die Frage nach dem Bedarf der Wirtschaft an Arbeitskräften. Die Ideologie, die mit Bevölkerungspolitik einhergeht und auf die ich bereits im ersten Teil anhand feministischer empirischer Ergebnisse und Analysen eingegangen bin, spielt im Neoliberalismus wieder eine Rolle, deshalb vertiefe ich das Thema. Ein weiterer Aspekt von Reproduktion besteht in der Fortpflanzung und der Technologie, die dabei angewandt wird. Auch dies ist eine Fortschreibung der Diskussion, die von Feministinnen der Zweiten Frauenbewegung angefangen wurde. Anknüpfend an die im ersten Teil herausgearbeitete Bedeutung der Sexualität, stelle ich das veränderte Sexual- und Beziehungsverhalten im Vergleich zu den 1960er/1970er Jahre dar.

2.1 Veränderungen in Wirtschaft und Arbeit

Obwohl ich mich auf den Bereich der Bundesrepublik beschränke, treffen die Beschreibungen in verallgemeinernder Form auch auf andere Industriestaaten zu. Einzelheiten, die besonders für die deutsche Entwicklung charakteristisch sind, werde ich besonders hervorheben.

2.1.1 Technologische Entwicklung und Auslagerung industrieller Produktion

Folgende Entwicklungen haben zu wichtigen wirtschaftlichen Veränderungen geführt: die Rationalisierung der Produktionsprozesse, der Anstieg des Dienstleistungssektors und die globale Ausdehnung des Markts. Durch die Technisierung sind immer weniger Arbeitskräfte erforderlich. Auch im Dienstleistungssektor wurde Personal z. B. durch den Einsatz von Automaten eingespart. Durch die Globalisierung des Freihandels hat sich die weltweite Konkurrenz verschärft, auch um Wirtschaftsstandorte. Das hat dazu geführt, dass vielfach Produktions- und Dienstleistungsstätten (z. B. Call Center) in sogenannte Billiglohnländer ausgelagert wurden.

Die Auswirkungen stellen sich im Einzelnen wie folgt dar:

- In allen Industrieländern begann in und seit den 1970er Jahren eine Verschiebung zwischen den Wirtschaftssektoren. Die Industrie trat ihre Vorrangstellung an den Dienstleistungsbereich ab.
- Nach Angaben des Statistischen Bundesamts (Statistisches Bundesamt Deutschland 2012) waren 1970 im produzierenden Gewerbe, dem sekundären Sektor, 46,5 Prozent der Erwerbstätigen beschäftigt gegenüber 45,1 Prozent im Dienstleistungssektor, dem tertiären Sektor; ab dem Jahr 1970 trat letzterer an die erste Stelle: 1990 mit 60,9 gegenüber 36,6 Prozent im sekundären Sektor; dort waren 2011 dann nur noch 24,6 Prozent beschäftigt, gegenüber fast drei Viertel (73,8 Prozent) im Dienstleistungsbereich.
- Die Lohnquote, das ist der Anteil des Arbeitnehmerentgelts am Volkseinkommen sinkt in Deutschland seit 2000. Im Jahre 2000 betrug die tatsächliche Bruttolohnquote 72,2 Prozent (strukturbereinigt 72,9 Prozent), dagegen waren es 2010 nur noch 65,5 Prozent, (strukturbereinigt 64,7 Prozent) (O. Verf. 2010a).
- Die Netto-Reallöhne sind in Deutschland seit Anfang der 1990er Jahre kaum gestiegen, von 2004 bis 2008 sogar zurückgegangen. Dies liegt nicht etwa an höheren Steuern und Abgaben, sondern an den außerordentlich schwachen Steigerungen der Entgelte (Brenke 2009).
- Der Global Wage Report der International Labour Organization (ILO) der Vereinten Nationen vom Dezember 2010 stellt fest: Deutschland hinkt bei der Lohnentwicklung im internationalen Vergleich hinterher. Zwischen 2000 und 2009 gingen die Löhne preisbereinigt um 4,5 Prozent zurück (O. Verf. 2011b).
- In den letzten Jahren hat eine De-Normierung der Beschäftigungsverhältnisse stattgefunden. Mini-Jobs wurden eingeführt, Leih- und Zeitarbeit, Teilzeitarbeit, befristete Tätigkeiten und/oder geringfügige Beschäftigungsverhältnisse wurden ausgeweitet und/oder sind neu entstanden.

- Noch 1996 hatte die Kommission für Zukunftsfragen von Bayern und Sachsen analysiert und prognostiziert, dass noch Anfang der 1970er Jahre einem Nicht-Normbeschäftigten fünf Normbeschäftige gegenüberstanden, Anfang der 1980er Jahre lag das Verhältnis bei 1:4, Mitte der 1980er Jahre bei 1:3, Mitte der 1990er Jahre bei 1:2 und der Trend setzte sich fort (Zedler 2010).
- Die Auswertung des Mikrozensus von 2009 hat ergeben, dass von den rund 9 Mio. Teilzeitbeschäftigten 1,9 Mio. (21,3 Prozent) lieber Vollzeit arbeiten möchten, davon sind 72 Prozent Frauen (DGB Bundesvorstand 2010). Etwa jeder 10. Mann gibt an, unterbeschäftigt zu sein, bei den Frauen sind es 12 Prozent. Anfang 2012 wird sogar von 2,2 Mio. berichtet, die ihre Teilzeit gerne aufstocken würden (Herrmann 2012).

Zwei Entwicklungen möchte ich hierbei besonders hervorheben: Zum einen die Tatsache, dass Nicht-Normbeschäftigung zunimmt, zum zweiten, dass Unterbeschäftigung kein Randphänomen darstellt. Von beiden Entwicklungen sind zwar Frauen überproportional betroffen, aber auch der Männeranteil ist keine zu vernachlässigende Größe. Da die Branchen, in denen überwiegend Männer beschäftigt sind, also der produktive Sektor, gegenüber dem eher von Frauen dominierten Dienstleistungssektor zugenommen hat, sind Männer also heute stärker in Bereichen zu finden, die früher Frauendomänen waren. Zudem befinden sie sich in Beschäftigungsverhältnissen, die ebenfalls eher frauentypisch waren und auch heute noch mehrheitlich von Frauen ausgeübt werden. WissenschaftlerInnen sprechen daher von einer Feminisierung des Arbeit, womit Erwerbsarbeit gemeint ist, oder einer Feminisierung von Beschäftigung. Damit wird neben der mit der Globalisierung, Deregulierung und Flexibilisierung von Erwerbsarbeit einhergehende Prozess der Ausweitung von Frauenerwerbsarbeit bzw. ihres Anteils an gesellschaftlicher Gesamtarbeit »die Angleichung männlicher Erwerbsbiografien an bis anhin für Frauen typische Beschäftigungsformen und -bedingungen« bezeichnet (Liebig o. J.)

Die Veränderungen in Wirtschaft und Beschäftigungsstruktur wirken sich unterschiedlich auf Frauen und Männer aus.

- So ist in der Krise 2008/2009 die Erwerbslosigkeit von Männern leicht gestiegen, bei Frauen leicht gesunken. Das ist darauf zurückzuführen, dass Männer eher in konjunkturabhängigeren, exportorientierten Industriebranchen arbeiten (Bundesagentur für Arbeit Hrsg. 2011, S. 3, 16).
- Diese Branchen wurden dann stärker von der Bundesregierung gefördert durch: Abwrackprämien, öffentliche Investitionen, Ausweitung der Kurzarbeit, Steuersenkungen, Kredite für Unternehmen. Die Politik hat in den vergange-

nen beiden Jahren viel Geld in die Hand genommen, um Wirtschaft und Arbeitsmarkt in der Krise zu stabilisieren (Hans Böckler Stiftung 2010).
- Ebenso profitieren Männer von arbeitsmarktpolitischen Förderprogramme wie den so genannten Eingliederungszuschüssen, bei denen die Arbeitsagentur vorübergehend einen Teil der Lohnzahlung übernimmt, häufiger als Frauen (Hans Böckler Stiftung 2009).
- Für Frauen veränderte sich die Erwerbstätigkeit in der BRD und der DDR bekanntlich unterschiedlich. Jahrzehntelang bewegte sich die Frauenerwerbsquote in der BRD um die 50 Prozent, noch 1980 betrug sie nur 50,2 Prozent, im Gegensatz zur DDR, wo sie seit den 1950er Jahren auf 73,2 Prozent im Jahr 1980 angestiegen war. Vor der Vereinigung war die Kluft bzgl. der Frauenerwerbsquote zwischen beiden Ländern besonders groß: 1989 betrug sie in der BRD 55,2 Prozent gegenüber 78,1 Prozent in der DDR. Unmittelbar danach, 1991, stieg sie im gesamten neuen Bundesgebiet auf 57,1 Prozent, sank aber aufgrund der in den ostdeutschen Bundesländern stark gestiegenen Frauenerwerbslosigkeit und erreichte erst im Jahr 2000 wieder 57,5 Prozent. Im Jahr 2005 waren es dann bereits 66,8 Prozent (gegenüber einer Männererwerbsquote von 80,4 Prozent) (wikipedia Frauenerwerbsquote).
- Diese Veränderungen gehen vor allem auf den Anstieg der Nicht-Vollzeitbeschäftigung von Frauen zurück. Wird die Erwerbstätigenquote nach Arbeitszeit in Vollzeitäquivalent-Arbeitsplätzen gewichtet und nicht allein nach Köpfen berechnet, wird dies deutlich. Hierfür liegen die Zahlen aus 2003 vor. Hinter der Frauenerwerbstätigenquote von 59 Prozent im Jahr 2003 verbergen sich lediglich 46 »Vollzeitäquivalent-Prozent«. Im Gegensatz zur einfachen Erwerbstätigenquote ist die weibliche Vollzeitäquivalent-Erwerbstätigenquote zudem von 1992 (48 Prozent) bis 2003 (46 Prozent) leicht gefallen. Diese Quote nahm im gleichen Zeitraum auch bei den Männern ab, sie sank von 76 Prozent auf 69 Prozent (Bundesministerium für Familie, Senioren, Frauen und Jugend Hrsg. 2005). In Vollzeitäquivalenten sank die Beschäftigungsquote von Frauen sogar unter den EU-Durchschnitt (Sachverständigenkommission und Fraunhofer-Gesellschaft 2011, S. 153).
- Im Geschlechtervergleich zeigt sich zudem, dass bei den Durchschnittsarbeitszeiten aller Vollzeit- und Teilzeitbeschäftigten die Kluft zwischen den Arbeitszeiten von Männern und Frauen in Deutschland weiter zunimmt. Während Männer 2001 durchschnittlich 8,8 Stunden länger gearbeitet haben als Frauen, waren es 2006 bereits 9,3 Stunden (Sachverständigenkommission und Fraunhofer-Gesellschaft 2011, S. 153).
- Jede dritte Frau arbeitete im Niedriglohnbereich. Trotz Vollzeitjob lagen 2,56 Mio. Frauen unterhalb der Niedriglohnschwelle, die in Ostdeutschland 1379 Euro, im Westen 1890 Euro betrug (O. Verf. 2011a).

2.1.2 Bezahlte Re-Produktionsarbeit

Was die Kapitalisierbarkeit von Hausarbeit angeht, so ist eine differenzierte Betrachtung nötig. Aus den Veränderungen auf dem Arbeitsmarkt haben sich für den Re-/Produktionsbereich unterschiedliche Konsequenzen ergeben. So führt die Privatisierung sozialer Sicherungssysteme zu einer Verschiebung der Risikowahrnehmung und -sicherung von der gesellschaftlichen auf die private Ebene. Absicherung von Krankheit, Alter oder Erwerbsunfähigkeit wird zunehmend eine private Aufgabe (Ganz 2007, S. 63 f.). In der BRD findet ein Prozess der Refamiliarisierung statt (Winker 2007, S. 36). Angehörige, in der Regel Frauen, sind für die Versorgung von Familienmitgliedern gefordert. So haben beispielsweise die Krankenhausreformen und -privatisierungen zu verkürzten Aufenthalten geführt, die Pflege geht zu Hause weiter – zu Lasten der Familienangehörigen. Diese Aufgabenzuweisung in die Familie wird seitens der Bundesregierung unterstützt. Das im Bundesfamilienministerium entwickelte Konzept für die Pflege von Familienangehörigen sieht vor, dass Beschäftigte dafür ihre Arbeitszeit reduzieren können sollen – unter Wegfall der Bezüge selbstverständlich.

Gleichzeitig hat für einen Teil von Haushalten aber auch eine Veränderung von unbezahlter zu bezahlter Arbeit stattgefunden. Dies bezieht sich vor allem, aber nicht ausschließlich auf Hausarbeit im engeren Sinne, also Putzen, Waschen, Kochen etc. Familien, Paare, aber auch Singles, die es sich finanziell leisten können, übertragen zunehmend diese Hausarbeitstätigkeiten an haushaltsfremde Personen. In der BRD sind es heute schätzungsweise 3 Mio. Haushalte, die zu 90 Prozent Migrantinnen in vorsichtig geschätzten 1,4 bis 2,4 Mio. sozialversicherungsfreien Arbeitsverhältnissen beschäftigen (Englert Kathrin 2007, S. 79).

Für das Entstehen dieses Arbeitsmarktes gibt es verschiedene Gründe:

- der Anstieg weiblicher Erwerbsarbeit,
- die nicht in ausreichendem Maße vom Staat vorgehaltenen Angebote (Englert 2007, S. 84, 90), wodurch eine private Lösung der Abspaltung von Hausarbeit im engeren Sinne begünstigt wird,
- die Feminisierung der Migration (Greve 2007, S. 106), also eine gestiegene Nachfrage von Migrantinnen nach Arbeit,
- die Tatsache, dass die wenigen legalen Arbeitsintegrationsformen vornehmlich auf die Migrationen von Männern ausgerichtet sind (Englert 2007, S. 86), wodurch Migrantinnen in die Illegalität gezwungen werden und nicht zuletzt
- die nach wie vor geringe Beteiligung von Männern an der Hausarbeit (Sachverständigenkommission und Fraunhofer-Gesellschaft 2011, S. 152 f.).

2.1.3 Unbezahlte Re-Produktionsarbeit und Refamiliarisierung

Im vorherigen Abschnitt ist offen geblieben, welchen zeitlichen Umfang bezahlte und unbezahlte Arbeit für Männer wie Frauen hat. Zu dieser Frage stütze ich mich auf Daten und Aussagen aus dem 2011 erschienenen von der Bundesregierung an eine Sachverständigenkommission vergebenen Gutachten »Neue Wege – Gleiche Chancen« für den ersten Gleichstellungsbericht der Bundesregierung. Die AutorInnen ziehen zur Erfassung unbezahlter Re-Produktionsarbeiten das Zeitbudget heran und betonen, dass sich die Verwendung der Ressource Zeit nach der sozialen Bedeutung der ausgeführten Tätigkeiten richtet, individuelle wie gruppenspezifische Präferenzen bei der Entscheidung mitwirken und nicht zuletzt strukturelle gesellschaftliche Zwänge zum Tragen kommen. An repräsentativen Daten zum Zeitbudget standen für den Bericht nur Erhebungen von 1991/1992 und 2001/2002 zur Verfügung, keine aktuelleren Studien (Sachverständigenkommission und Fraunhofer-Gesellschaft 2011, S. 151).

Es mag verblüffen, dass zu beiden Zeitpunkten der Zeitumfang, den die deutsche Bevölkerung ab 18 Jahren von ihrer aktiven Lebenszeit für unbezahlte Arbeit in Form von Hausarbeit, Kinderbetreuung, Pflege von Familienmitgliedern, handwerklichen Tätigkeiten und für bürgerschaftliches Engagement aufbringt, deutlich größer war als das Zeitvolumen, das bundesweit für Erwerbsarbeit eingesetzt wird. Dieses Ergebnis deckt sich mit internationalen Zeitstudien (Sachverständigenkommission und Fraunhofer-Gesellschaft 2011, S. 151).

Rechnet man nun unbezahlte und bezahlte Arbeit zusammen, so liegen Frauen und Männer nicht weit auseinander; Frauen leisten wöchentlich durchschnittlich 43, Männer 42 Stunden (ebd., S. 151 f.). Erwartungsgemäß verteilen sich diese Zeiten, aufgeschlüsselt in bezahlte und unbezahlte Arbeit, sehr unterschiedlich auf die Geschlechter. In allen Altersgruppen, selbst bei den 18- bis 29-Jährigen, leisten Frauen deutlich mehr unbezahlte Arbeit als Männer. Bei den über 30-Jährigen sind es über fünf Stunden täglich, wobei die Zeit für weibliche Erwerbsarbeit kontinuierlich abnimmt. Männliche Erwerbsarbeitszeit erreicht in der Altersgruppe der 30- bis 44-Jährigen ihren Gipfel mit gut fünf Stunden täglich. Die Stunden, die Männer pro Tag für unbezahlte Arbeit aufwenden, steigt mit dem Alter kontinuierlich (ebd., S. 152, Abb. 6.1), ihre Zeiten liegen aber immer unter dem Zeitaufwand von Frauen in derselben Altersgruppe. Zur unbezahlten Arbeit zählt auch ehrenamtliches Engagement. Die Anteile an ehrenamtlicher Arbeit bzw. Hausarbeit sind in dem Bericht jedoch nicht getrennt erfasst. Interessanterweise wächst das freiwillige Engagement von Männern bei steigender Arbeitszeit (ebd., S. 164). Das müssen jedoch nicht mehr Hausarbeit Leistende sein, es könnte sich bei einigen dieser stark engagierten Männern durchaus um »Nestflüchter« handeln. Die Arbeitsteilung in Paarhaushalten liefert keine weitere Aufklärung hierzu.

Trotz der zunehmenden weiblichen Erwerbsbeteiligung hat sich an der geschlechtsspezifischen Arbeitsteilung nach Angaben des Instituts für Demoskopie Allensbach von 2008 wenig verändert. Qualitative Studien kommen zum selben Ergebnis, sodass der Gleichstellungsbericht zusammenfasst: »Unabhängig davon, ob erwerbstätige Mütter viel verdienen oder wenig, ob sie einen hohen oder niedrigen Bildungsgrad haben, ob sie in Leipzig oder in Frankfurt am Main leben, die Hauptlast der Familienarbeit liegt auf ihren Schultern, und zwar auch dann, wenn sie 40 Stunden pro Woche und länger erwerbstätig sind (Ludwig/Schlevogt 2002: 136)« (ebd., S. 152). Nur wenige Mütter können auf verlässliche Alltagsarrangements mit dem Partner setzen. Auch wenn Frauen mit ihrem Nettoeinkommen zu mehr als 60 Prozent zum Haushaltseinkommen beitragen, erfahren sie in der Mehrheit durch ihren Partner nur wenig Entlastung im Haushalt und bei der Kinderbetreuung (ebd., S. 153). Das gilt sogar, wenn die Partner dieser Frauen erwerbslos sind. Dann »hadern viele von ihnen mit ihrer aktuellen Lebenssituation, die nicht dem klassischen Selbstkonzept des ›männlichen Familienernährers‹ entspricht, so dass selbst bei gegebenen Zeitressourcen keine verlässliche Übernahme der Betreuung von Kindern, pflegebedürftigen Eltern oder der Hausarbeit erfolgt.« (ebd., S. 153).

Trotz der starken beruflichen Ausrichtung von Männern wünschen diese sich, besonders wenn sie Väter sind, zu drei Viertel reduzierte Arbeitszeiten (ebd., S. 157). Haben sie eine überlange Vollzeittätigkeit, d. h. arbeiten sie mehr als 40 Wochenstunden, möchten sie sogar zu 96 Prozent lieber weniger arbeiten. Vor allem nicht gewünschte Überstunden stehen einer kürzeren Wochenarbeitszeit im Wege (ebd., S. 157). Acht von zehn Vätern wünschen sich die Einhaltung einer normalen Vollzeitbeschäftigung mit 35 und 40 Wochenstunden. Die Wunschwochenarbeitszeit von Vätern beträgt 37 Stunden. Diese Wünsche stehen konträr zur Realität. 2005 haben 62 Prozent der Männer Überstunden geleistet; wenn sie Kinder hatten, sogar noch häufiger, nämlich zu 67 Prozent (ebd., S. 155). Mütter dagegen möchten im Durchschnitt knapp 26 Wochenstunden erwerbstätig sein. Damit liegen die Wunscharbeitszeiten von abhängig beschäftigten Müttern und Vätern nur wenig niedriger als die von abhängig beschäftigten Frauen und Männern, die 30 bzw. 39 Wochenstunden betragen (ebd., S. 157) Die Aussagen über Wunscharbeitszeiten von Frauen und Männern konnte der Ende 2011 vorgelegte 8. Familienbericht voll bestätigen, danach wünschen sich Mütter eine 30-, Väter eine 35- bis 40-Stunden-Woche (Bundesministerium für Familie, Senioren, Frauen und Jugend Hrsg. 2011, S. 14).

Es gibt auch ausdrücklich Wünsche nach Aufstockung der Arbeitszeit. Solche Wünsche äußern vor allem teilzeitbeschäftigte Mütter. »Fast jede zweite würde ihre tatsächliche Arbeitszeit gerne aufstocken. Unter den Müttern, die mit weniger als 15 Wochenstunden einer marginalisierten Teilzeitbeschäftigung nachgehen, sind es mit 72 Prozent sogar fast drei Viertel, die ihre Arbeitszeit gerne verlängern würden.« (Holst zit. nach Sachverständigenkommission und Fraunhofer-Gesellschaft 2011, S. 157). In Paarkonstellationen, in denen der Mann Vollzeit, die Frau Teilzeit arbeitet, wollen Väter weniger, Mütter gerne mehr Stunden pro Woche arbeiten (Sachverständigenkommission und Fraunhofer-Gesellschaft 2011, S. 157). Während also die geschlechtsspezifische Arbeitsteilung bzgl. unbezahlter und bezahlter Arbeit nach wie vor besteht, entspricht diese nicht den Wünschen von Männern und Frauen und noch weniger denen von Vätern und Müttern.

Eine weitere Veränderung geht auf den Abbau sozialer Leistungen gemäß neoliberaler Grundsätze zurück. Die Kürzungen staatlicher Transferleistungen für Personen, die nicht in den Arbeitsmarkt integriert sind, wie z. B. Streichung des Elterngeldes für Hartz IV EmpfängerInnen, sind Ausdruck davon, dass und wie der Staat zum Erhalt des »Humankapitals« auf »Eigenverantwortung« setzt (Englert 2007, S. 82 ff). Arme sind voll auf unbezahlte Arbeit angewiesen, Besser-Verdienende können Hausarbeit und Versorgungstätigkeiten an externe Personen vergeben, überwiegend in prekären, z. T. illegalen Beschäftigungsverhältnissen, und zum geringeren Teil legal an Dienste. Dadurch ergibt sich sowohl eine Zunahme bezahlter, prekärer Arbeitsplätze in privaten Haushalten als auch eine Refamiliarisierung von Hausarbeiten im weiteren Sinn. Ein Trend oder ein Übergewicht der einen Arbeitsform (etwa der bezahlten) gegenüber der anderen (der unbezahlten) ist nicht erkennbar (s. Teil 1, 4.1.3). Diese Uneindeutigkeit der Entwicklung ergibt sich aus dem Doppelcharakter weiblicher Arbeit, der bezahlten und unbezahlten, sowie der Besonderheit der Care-Arbeit. Der Doppelcharakter macht es möglich, je nach Bedarf auf beide Tätigkeitsformen zurückgreifen zu können. Und genau das geschieht, indem sowohl auf unbezahlt geleistete Arbeit in der Familie zugegriffen, als auch auf weibliche Erwerbsarbeit, die durch die gesunkenen Männerlöhne immer notwendiger geworden ist. Die besondere Qualität der Sorge-Arbeit, die feministische Wissenschaftlerinnen seit den 1970er Jahren immer wieder ansprechen (s. Teil 1, 4.1.3) verhindert zudem, dass diese vollständig in bezahlte, von haushaltsfremden Personen ausgeübte Arbeit übergehen kann.

2.2 Veränderung des Familienmodells

Heute ist es so, dass zwei Familienmodelle als politische Leitbilder nebeneinander existieren: das immer noch virulente modifizierte Ein-Ernährer-Familienmodell mit dem Mann als Haupternährer durch Erwerbsarbeit und der Frau als nicht oder nur in Teilzeit Erwerbstätiger, und daneben das Modell einer Ehe, in der beide Erwachsene einer existenzsichernden Erwerbsarbeit nachgehen, dieses möchte ich als Individual-Familienmodell bezeichnen. Das erstgenannte Modell hat z. B. im Ehegattensplitting seinen Eingang gefunden hat, indem solche Ehen steuerlich begünstigt werden, in denen das Erwerbseinkommen des Ehemannes deutlich höher ist als das seiner Frau. Ebenso spielt dieses Modell bei den Bedarfsgemeinschaftsanrechnungsverfahren bei Hartz IV ein Rolle insofern, als selbst bei unverheirateten Paaren das Erwerbs-/Einkommen der einen Person auf die Höhe der Hartz IV Leistungen der anderen angerechnet wird, also nicht von zwei Individuen ausgegangen wird, die sich jeweils selbst zu versorgen haben.

Das zweite Modell wird aber ebenfalls von Seiten des Staates gefördert. Dieser übt einen Zwang zur Erwerbstätigkeit aus, der sich besonders stark an den verschärften Zumutbarkeitsregeln für ALG II-EmpfängerInnen zeigt (Winker 2007, S. 28 ff). Waren früher »Erwerbslose und ihre Ehefrauen über Arbeitslosengeld und -hilfe finanziell und sozial abgesichert – teilweise sicherlich auf niedrigem Niveau, jedoch nicht verpflichtet, jederzeit und an jedem Ort jegliche Erwerbsarbeit zu übernehmen, so hat sich dies für Frauen und Männer deutlich verändert. Für viele Frauen wird die Abhängigkeit vom Familienernährer ersetzt durch eine Pflicht zur Vermarktung der eigenen Arbeitskraft unter prekären Bedingungen oder durch ein Leben unter den rigiden Einschränkungen und Zwängen von ALG II.« (ebd., S. 31). Ich ergänze: und ohne dass staatlicherseits in ausreichendem und auch für Geringverdienende bezahlbarem Maße Kinderbetreuung oder Pflegeangebote vorgehalten werden. Auch die aktuelle Unterhaltsregelung, nach der Frauen spätestens drei Jahre nach einer Ehescheidung selbst für ihren Unterhalt durch Erwerbsarbeit aufkommen und keinen Unterhalt vom Ex-Ehemann erhalten sollen, es sei denn, es liegt eine Ausnahmesituation vor, z. B. bzgl. der Kinderbetreuung, wirkt wie ein Zwang zur Erwerbsarbeit. Auf dieses Gesetz werde ich später noch genauer eingehen (s. in diesem Teil 3.4.5). Zu dem Individual-Familienmodell passt auch, dass Verheiratetenzuschläge zunehmend entfallen und teilweise schon weggefallen sind (ebd., S. 34).

Verhält sich der Staat bezogen auf die beiden Familienmodelle ambivalent, ist die Wirtschaft hier eindeutiger. Die Struktur des Erwerbsbereichs kanalisiert die Beschäftigten in ein Familienmodell, bei dem der Mann vollzeiterwerbstätig ist, seine Arbeitszeit nach Bedarf durch Überstunden ausgedehnt wird, während die Erwerbsarbeitszeit von Frauen abnimmt. Dieses Familienmodell gibt der Arbeitsmarkt, geben Arbeitgeber vor. Das wurde nicht nur an den anders lautenden Wunscharbeitszeiten deutlich, es zeigt sich auch beim Vergleich von Ost- und Westdeutschland. Da in der DDR ein anderes Familienmodell und andere Erwerbsarbeitszeiten die Norm für beide Geschlechter waren, ist in Ostdeutschland noch heute die Müttererwerbstätigkeit und der Vollzeitanteil unter den erwerbstätigen Müttern bei jedem Alter der Kinder höher als in Westdeutschland. Auch sind in ganz Deutschland die Erwerbstätigkeitsquoten von Müttern mit Kindern, von denen das jüngste zwischen sechs und 17 Jahren alt ist, in den zehn Jahren des

Beobachtungszeitraums des Gleichstellungsberichts deutlich gesunken. Rückläufig war auch der Anteil vollzeiterwerbstätiger Mütter (Sachverständigenkommission und Fraunhofer-Gesellschaft 2011, S. 154 f.).
Wie sieht nun die Realität aus? Wie weit verbreitet sind die beiden Familientypen in Deutschland?

- Der Anteil von Männern, die mindestens zu 60 Prozent zum Familieneinkommen beitragen, geht zunehmend zurück. Zwischen 1991 und 2001 sank er im Westen Deutschlands von 63,7 auf 55,2 Prozent, im Osten von 41,6 auf 36,1 Prozent, dementsprechend stieg der Anteil von Frauen als Ernährerinnen der Familie (Jähnichen 2009, S. 19).

Dass Teilzeit-Tätigkeit von Frauen mehrheitlich kein Zubrot darstellt, wie es dem Ein-Ernährer-Familienmodell entsprechen würde, hat das Statistische Bundesamt bereits 2004 offen gelegt:

- Zwei von drei Teilzeitbeschäftigten sind auf ihren Verdienst als Existenzsicherung angewiesen, in Ostdeutschland sind es sogar drei Viertel (Weinkopf 2009, S. 10).

Die Angaben über den Männeranteil am Familieneinkommen machen deutlich, dass das Ein-Ernährer-Familienmodell nicht mehr dominiert, sondern den Rückzug angetreten hat. Der »Familienernährer« ist ein Auslaufmodell und zwar sowohl in der »klassischen« Form mit einer nicht-erwerbstätigen Ehefrau, als auch in der gemäßigten Form mit einer »Zubrotverdienerin« als Ehefrau. Demgegenüber zeigt der Blick auf die Fraueneinkommen, dass das Modell eines Individualeinkommens, also die Annahme, dass beide Personen in einer Ehe über ein existenzsicherndes Einkommen aus Erwerbsarbeit verfügen, weit von der Realität der Frauen (und angesichts sinkender Reallöhne mittlerweile auch von immer mehr Männern) entfernt ist. Dennoch sei das Individual-Familienmodell, im Gutachten »Neue Wege – Gleiche Chancen« als Doppel-*Karriere(!)*-Paare bezeichnet, keine zu vernachlässigende Größe mehr (Sachverständigenkommission und Fraunhofer-Gesellschaft 2011, S. 109). Offensichtlich kommen die beiden Familienmodelle auch schichtspezifisch vor: Für Besser-Verdienende ist das Individual-Familienmodell zu realisieren, für die unterbeschäftigten Frauen dagegen nicht.

Anscheinend gibt es, was das Familienmodell angeht, auch geschlechtsspezifische Unterschiede, zumindest bei jungen Leuten. Dafür spricht die sogenannte »40/80-Misere«. Damit sind Aussagen zu einem egalitäten Partnerschaftsmodell gemeint, das junge Frauen zu 80 Prozent befürworten gegenüber 40 Prozent der jungen Männer (Sachverständigenkommission und Fraunhofer-Gesellschaft 2011,

S. 154). Letztere wünschen sich vor allem viel Zeit für die eigene Karriere, eine romantische Beziehung und viel Freizeit (ebd., S. 154); ihr Engagement in der Familie soll möglichst nicht zu Lasten des Berufs gehen. Männerforscher bestätigen einen Rollenkonflikt, da männliche Identität fest mit Erfolg in der Erwerbswelt verknüpft ist. Diese Auffassung teilen auch einige Frauen. Frauen stellen nach Einschätzung der AutorInnen des Gleichstellungsberichts kaum Ansprüche an ihre Partner, vor allem nicht im Pflegebereich (ebd., S. 153).

Es scheint kein Zufall zu sein, dass in dem Maße, wie sich das Individual-Familienmodell als gesellschaftliches Leitbild durchsetzt, auch die Akzeptanz gleichgeschlechtlicher Beziehungen steigt, diese sogar legalisiert werden können, sei es als eingetragene Partnerschaften oder andere Formen einer »Homo Ehe« oder »Homo-Ehe-light«, die sich inzwischen in vielen Ländern durchgesetzt haben. Das Geschlecht der Personen, die in einer Ehe oder eheähnlichen Beziehung leben, wird weniger wichtig, wenn keine geschlechtsspezifische Arbeitsteilung und finanzielle Abhängigkeit mehr das Wesen der Ehe ausmacht. Dadurch verliert die gesellschaftliche Norm der Heterosexualität an Bedeutung.

Während also das Ein-Ernährer-Familienmodell mehrheitlich nicht mehr der Realität entspricht, wird das »Eine-unbezahlte-Versorgerin-Familienmodell«, also eine Familie, in der die Mutter/Frau den überwiegenden Teil der unbezahlten Haus- und Versorgungsarbeit leistet, durch die Struktur des Erwerbsbereichs und mangelhafte Betreuungsangebote immer weiter für das Gros der Bevölkerung festgeschrieben. Genau das aber macht seine »Attraktivität« für den Staat aus: Er spart an Betreuungseinrichtungen und die Arbeitgeber an Frauenlöhnen, denn würden Haus- und Betreuungsarbeiten als Regelfall extern vergeben und bezahlt, müsste das Familienbudget erhöht werden. Das könnte aber nur bedeuten, dass vor allem für Frauen die Einkünfte aus Erwerbsarbeit steigen müssten.

Die Tatsache, dass bei staatlichen Maßnahmen beide Familienmodelle Leitbildcharakter haben, könnte dazu verleiten anzunehmen, dass sich GesetzgeberInnen jeweils die kostengünstige Variante zu eigen machen. Das ist jedoch nicht der Fall. Das Ehegattensplitting lässt sich der Staat 18,5 Mrd. Euro kosten (O. Verf. 2007). Dass dem Staat ein Steuergesetz einen solchen Betrag wert ist, drängt zu der Frage, worin der Vorteil für den Staat besteht. Angesichts der Berechnungen, wonach ein Mann mit einem Durchschnittseinkommen von 5000 Euro monatlich 473 Euro spare, wie Heide Härtel-Herrmann errechnet hat (Oestreich 2011), könnte man/frau meinen, hier werde das Patriarchat, die geschlechtsspezifische Arbeitsteilung, subventioniert. Das scheint immer noch kostengünstiger zu sein, als die Bereitstellung von Betreuungseinrichtungen, die Frauen eine höhere Erwerbsbeteiligung möglich macht.

Zusammenfassung und Fazit

- In sämtlichen Industrieländern hat eine Verschiebung innerhalb der Wirtschaftssektoren stattgefunden. Technisierung und Rationalisierungsmaßnahmen sowie die Auslagerung mancher Produktionsstätten in sog. Billiglohnländer haben zu einem Rückgang des Produktionssektors geführt. Gleichzeitig hat sich der Dienstleistungssektor ausgeweitet.
- Die internationale Konkurrenz und der Wettbewerb um Standortvorteile hat ten Auswirkungen auf die Einkommen. In Deutschland fand eine besonders ausgeprägte Umverteilung »von unten nach oben« statt, die Lohnquote und die Reallöhne sanken.
- Auch war hierzulande die De-Normierung von Beschäftigungsverhältnissen besonders stark. Atypische Beschäftigungsverhältnisse wie prekäre und Teilzeitbeschäftigung haben zugenommen.
- Wegen der Abnahme des industriellen, traditionell männlich dominierten Sektors und des Rückgangs der Löhne und Arbeitszeiten spricht man von einer Feminisierung der Beschäftigung.
- Der Feminisierung männlicher Beschäftigungsverhältnisse entspricht keine »Maskulinisierung« der Frauenerwerbstätigkeit. Frauen haben von der Ausdehnung des traditionell frauendominierten Dienstleistungssektors nicht profitieren können. Sie sind bei nicht-existenzsichernden Arbeitsverhältnissen überrepräsentiert.
- Zwar steigt die Frauenerwerbsquote, diese Zunahme geht jedoch auf den Anstieg von Nicht-Vollzeitbeschäftigten zurück. Rechnet man dagegen nicht nach Personen, sondern bildet Vollzeitäquivalente, ergibt sich eine sinkende Quote für Frauen; diese liegt unter dem EU-Durchschnitt.
- Geschlechtsspezifische Unterschiede bei den Erwerbsarbeitszeiten weiten sich aus. Für die Durchschnittsarbeitszeiten zeigt sich eine zunehmende Kluft zwischen Männern und Frauen.
- Der Staat übt einen Zwang zur Vollzeiterwerbstätigkeit aus, besonders auf Frauen.
- Dem steht entgegen, dass durch die Privatisierung sozialer Sicherungssysteme die Absicherung von Krankheit, Alter oder Erwerbsunfähigkeit zunehmend zur privaten Aufgabe wird, die nur zum Teil fremdvergeben werden kann. Mehrheitlich wird sie von Frauen unbezahlt übernommen. Es findet eine Refamiliarisierung der Haus- und Sorgearbeit statt.
- Gleichzeitig steigt die Zahl der Arbeitsplätze in personenbezogenen Dienstleistungsbereichen.
- Nur in Haushalten von Besserverdienenden können Haus- und Betreuungs-

arbeiten an familienfremde Personen, zu 90 Prozent Migrantinnen, vergeben werden, die ihrerseits überwiegend prekär und nicht sozial abgesichert beschäftigt sind.
- Zwar leisten Männer und Frauen annähernd gleich viel Arbeit, Frauen jedoch deutlich mehr unbezahlte.
- Männer sind wegen der real zurückgegangenen Löhne immer seltener in der Lage den Hauptanteil am Familieneinkommen zu erbringen. Der Typ des Ein-Ernährer-Familienmodells mit einem männlichen Haupternährer ist ein Auslaufmodell.
- Das ideologisch propagierte Individual-Familienmodell konnte vor allem in besser-verdienenden Paarhaushalten umgesetzt werden, für die Mehrheit der Bevölkerung stellt es keine Option dar.
- Bei jungen Menschen sind Frauen mehrheitlich (80 Prozent) für ein egalitäres Partnerschaftsmodell, Männer, die dies befürworten sind demgegenüber in der Minderheit (40 Prozent).
- Die Hauptzuständigkeit für Haus- und Sorgearbeit hat sich in Händen von Frauen stabil erhalten. Realität ist die »Eine-unbezahlte-Versorgerin-Familie«.

Folgende Widersprüche sind besonders hervorzuheben:

- Im Erwerbsbereich findet für Männer eine Feminisierung statt, für Frauen bleibt deren Überrepräsentanz in de-normierten Beschäftigungsverhältnissen bestehen.
- Der Rückgang der Erwerbsarbeitszeiten durch die Zunahme de-normierter Beschäftigungsverhältnisse (insbesondere bei Frauen) und der gleichzeitig vom Staat ausgeübte Druck, einer Vollzeittätigkeit nachzugehen.
- Die Zunahme sowohl bezahlter als auch unbezahlter Haus- und Sorgearbeit.
- Die zunehmende Bedeutung des Leitbilds der Individualfamilie bei real stabiler Eine-unbezahlte-Versorgerin-Familie.

2.3 Bevölkerungsentwicklung, -politik und -ideologie

Wie ich im ersten Teil definiert habe, wird die Bevölkerungsgröße danach bewertet, ob sie angesichts der Wirtschaftsweise deren Bedarf deckt, darunter oder darüber bleibt. Je nachdem muss von einer relativen Überbevölkerung gesprochen werden oder von einem Mangel. Dementsprechend wird Bevölkerungspolitik betrieben, entweder mit dem Ziel, das Wachstum zu steigern oder zu bremsen. Selten werden diese Ziele klar benannt. Oft wird eine die Maßnahmen legitimierende Ideologie verbreitet. Im Folgenden stellt sich nun die Frage, welche Ziele sich Deutschland für seine Bevölkerungsentwicklung setzt, wie diese begründet werden und wie sie umgesetzt werden sollen.

2.3.1 Der Bedarf an Arbeitskräften in Deutschland

Die Bevölkerungsentwicklung in den Industriestaaten zeigt seit Jahren niedrige Wachstumsraten. Sogar weltweit ist die Geburtenrate nach UN-Angaben bereits in jedem zweiten Land der Erde auf das so genannte Ersatzniveau gesunken, d. h. auf 2,1 Kinder pro Frau (Gresh et al. 2009, S. 38). Für die Industriestaaten besteht ein ökonomisches Interesse an Menschen, um den Bedarf an Arbeitskräften zu decken. Was die Menge an Arbeitskräften angeht, so sinkt die Nachfrage, haben doch in den letzten Jahren Technisierung und Rationalisierung in der Produktion, aber auch im Dienstleistungssektor zu Personalabbau und Massenarbeitslosigkeit geführt. In die gleiche Richtung weist ein langfristiger Trend sinkenden Arbeitsvolumens. »Die Zahl der in Erwerbsarbeit verbrachten Arbeitsstunden ist in Westdeutschland zwischen 1970 und 1991 von 52,3 auf 48,7 und zwischen 1991 und 2005 gesamtdeutsch von 59,8 auf 55,8 Mrd. Stunden zurückgegangen.« (Ebert und Kistler 2007, S. 50) Der Geburtenrückgang in Deutschland (und in den meisten Industriestaaten) wäre demnach ausgesprochen sinnvoll und entspräche den Veränderungen, die die Entwicklung der Produktivkräfte mit sich gebracht hat.

Nun ist die kapitalistische Produktionsweise auch auf das angewiesen, was Marx und andere eine »industrielle Reservearmee« genannt haben. Das bedeutet, dass den Unternehmern daran gelegen ist, dass stets mehr potenzielle Arbeitskräfte vorhanden sind, als tatsächlich aktuell eingestellt werden können. Einerseits, um bei Bedarf kurzfristig auf diese zurückgreifen zu können, andererseits um bei einem Überangebot an Arbeitskräften, also bei einem bestimmten Maß an Arbeitslosigkeit, gewerkschaftlichen Lohnforderungen Stand halten zu können, bzw. ihnen nur bedingt entsprechen zu müssen. Andreas Ebert und Ernst Kistler haben formuliert: »Nichts fürchten die Arbeitgeber so sehr wie eine Vollbeschäftigungssituation« (2007, S. 50), wären dadurch doch die Vertretungen der ArbeitnehmerInnen in einer starken Position und könnten diese für starke Forderungen nutzen.

Wie ist es nun zu verstehen, dass sich, bezogen auf die künftige Entwicklung des Arbeitsangebots Arbeitgeberverbände eingeschaltet und einen bald eintretenden Arbeitskräftemangel beschworen haben? Beruhigend hätte auf sie wirken können, dass in der 10. koordinierten Bevölkerungsvorausberechnung bis 2020 kein Rückgang des Erwerbspersonenpotenzials prognostiziert wird. Erst danach sei eine Abnahme zu erwarten (Ebert und Kistler 2007, S. 51 ff), wobei Demographen immer wieder betonen, wie unsicher Vorhersagen über einen solchen, relativ langen Zeitraum sind: Strukturbrüche sind möglich, ebenso wie politisches Eingreifen, Veränderungen in den Leistungsfähigkeiten und Produktivitätssteigerungen (Bosbach2004).

Doch die Besorgnis der Arbeitgeber und ihrer Interessenvertreter bezieht sich noch auf einen anderen Aspekt. Ihnen geht es nicht nur um die Quantität, sondern zunehmend auch um die Qualität der benötigten Arbeitskräfte, Fachkräftemangel ist die aktuelle Befürchtung. Das den Gewerkschaften nahestehende Deutsche Institut für Wirtschaftsforschung (DIW) ist der Frage nachgegangen, ob ein Engpass in diesem Bereich zu erwarten ist und hat im November 2010 eine Studie veröffentlicht, in der das Problem als »Fata Morgana« bezeichnet wird, für die es keine Belege gebe (O. Verf. 2010b). Auch das DIW vertritt die Position, es ginge den Unternehmern letztlich um die Löhne. »Damit sich die Löhne auch in den nächsten Jahren wenig bewegen, muss (...) ein reichliches Angebot an Arbeitskräften verfügbar sein – etwa durch Zuwanderungen. (...) Bei Knappheiten auf dem Arbeitsmarkt geht es immer um die Löhne.« (Brenke et al. 2010b)

Auf der anderen Seite steht die Angst der Arbeitgeber (Brenke et al. 2010b) vor einem drohenden Fachkräftemangel, die vom Staat geteilt wird. Noch bis vor Kurzem schien es eine Kontroverse zu geben, die man pointiert »Frauen und MigrantInnen statt Zuwanderer« benennen könnte, also um die Deckung des Bedarfs durch Rückgriff auf einheimische Reserven, z. B. durch Frauen, nötigenfalls durch deren Weiterbildung und Förderung, sowie Anerkennung von im Ausland/ Herkunftsland erworbenen Qualifikationen. Der oben dargestellte Zwang zur Erwerbsarbeit und das vor allem von eher links stehenden Parteien propagierte Leitbild von der möglichst voll erwerbstätigen Frau deuten in diese Richtung. Diesen Maßnahmen gemeinsam ist die Tatsache, dass sie relativ schnell Erfolge bringen könnten und der Geburtenrückgang dabei keine Rolle spielt. Inzwischen hat sich die Bundesregierung unter weitgehender Zustimmung der Opposition für die Blue Card entschieden, die den Zuzug von hochqualifizierten Fachkräften aus dem Nicht-EU-Ausland erleichtern soll. Das DIW hält jedoch an seiner kritischen Position gegenüber den von Arbeitgeberseite geäußerten Befürchtungen fest. Dessen Referent für Arbeitsmarkt und Regionalforschung, Karl Brenke, meint, die Wirtschaft klage über einen Mangel an Fachkräften, »die bereit sind, zu niedrigen Löhnen zu arbeiten.« (Bax 2012) Er sieht in der Blue Card keine »Willkommenskultur, sondern die Botschaft: »[I]hr könnt kommen, aber bitte zu niedrigen Löhnen.« (ebd.) Demgegenüber hätten Analysen des DIW ergeben, »dass es bis weit in das nächste Jahrzehnt hinein gar keinen Fachkräftemangel geben wird. Da droht sogar eher eine Fachkräfteschwemme.« (ebd.) Denn die Zahl der StudienabgängerInnen habe sich im Vergleich zu der Generation, die jetzt in den Ruhestand geht, verdoppelt.

Heute wird staatlicherseits nicht nur Arbeitspolitik sondern auch Bevölkerungspolitik mit langfristigen Zielen betrieben – in Form von Familienpolitik. Hier hat sich ein entscheidender Paradigmenwechsel in der Familienpolitik vollzogen. Bisher war dem Staat jedes Kind gleich viel wert. Mit diesem Grundsatz wurde gebrochen (Kahlert 2007, S. 63, 69 f). »Familienpolitik wurde in Deutschland (...) bisher überwiegend als finanzielle Unterstützung von Familien verstanden – die Entwicklung der Bevölkerung spielte weniger eine Rolle. (...) Inzwischen setzt sich das Bewusstsein immer mehr durch, dass eine ›bevölkerungsorientierte Familienpolitik‹ die Geburtenrate wieder steigern könnte. Ziel dieser Überlegungen ist es, Familien nicht mehr ausschließlich materiell zu fördern, sondern die Bedingungen für das Kinderkriegen allgemein zu verbessern.« (Bundesministerium für Familien, Senioren, Frauen und Jugend zit. nach Kahlert 2007, S. 63) Tatsächlich geht es der Regierung weniger darum, die Bedingungen für das Kinderkriegen *allgemein* zu verbessern, vielmehr ist es Ziel einer aktiven staatlichen Geburtenförderung die »Qualität« der Bevölkerung zu sichern bzw. zu steigern. Das einkommensabhängige Elterngeld spielt dabei eine Schlüsselrolle. Es soll bewirken, dass vor allem Akademikerinnen bzw. hoch qualifizierte Frauen (mehr) Kinder bekommen (Winker 2007, S. 32). Kinderlose Akademikerinnen dagegen werden stigmatisiert (Kahlert 2007, S. 71). Durch das einkommensabhängige Elterngeld stehen sich gut Verdienende deutlich besser als zuvor mit dem einheitlichen, in der Höhe für alle EmpfängerInnen begrenzten Erziehungsgeld. Einkommensschwache Eltern dagegen werden schlechter gestellt. ALG II Empfängerinnen verschlechtern sich am meisten, da ihnen das Elterngeld ersatzlos gestrichen wurde.

Die PISA-Studie hatte einen Schock ausgelöst, weil ein »im Vergleich zu anderen Ländern ausgesprochen großer Abstand der Kompetenzen von Kindern mit Müttern mit geringerer Bildung zu Kindern (...), deren Mütter sehr hoch qualifiziert sind« (Bundesministerium für Familien, Senioren, Frauen und Jugend, zit. nach Kahlert 2007, S. 69), festgestellt wurde. Dem sollte nun aber nicht mit einer gezielten Förderung von Kindern aus ärmeren Familien begegnet werden, wie es sie in den 1950er und 1960er Jahren gab. Förderungswürdig findet es das Bundesfamilienministerium vielmehr, bei hochqualifizierten Müttern anzusetzen, da »sich ein hoher Bildungsstandard der Mutter auf die Kompetenz der Kinder positiv auswirkt und damit die Studierfähigkeit junger Menschen befördert. (...) Eine anhaltend hohe Kinderlosigkeit unter Akademikerinnen kann die bildungspolitischen Probleme weiter verschärfen und zu Engpässen beim Fach- und Führungskräfte-Nachwuchs führen.« (Bundesministerium für Familien, Senioren, Frauen und Jugend, zit. nach Kahlert 2007, S. 69) Im Interesse der Wirtschaft würden manche sogar noch weiter gehen wollen. Vor einigen Jahren wollte Hans-Werner Sinn, damals Präsident des Ifo-Instituts für Wirtschaftsforschung in München, eine »aktive Bevölkerungspolitik« betrieben wissen. »Wer kein Kind in die Welt setzt, soll nur noch eine um 50 Prozent verringerte Rente erhalten. Vergab die NS-Diktatur das Mutterkreuz, um das Gebären zu prämieren, soll künftig die ›Gebärverweigerung‹ der Menschen noch viele Jahre später – mit Altersarmut bestraft werden.« (Butterwegge 2004)

Zusammenfassung und Fazit

- Die Sorge wegen eines drohenden Arbeitskräftemangels ist unbegründet, die wegen Fachkräftemangels umstritten.
- Beide Themen sind im Hinblick auf die Lohn drückende Funktion eines über Bedarf hinausgehenden Angebots an Arbeitskräften zu bewerten.
- Die Regierung unterstützt Maßnahmen, um dem Fachkräftemangel zu begegnen, diese beziehen sich in erster Linie auf die Anerkennung von im Ausland von MigrantInnen erworbene Berufsabschlüsse, weniger ausgeprägt sind solche, die sich an Frauen richten.
- Auch Anwerbung von Fachkräften aus dem Ausland wird mittels der sog. Blue Card in Angriff genommen.
- Ausgesprochen bevölkerungspolitische Maßnahmen kommen als familienpolitische daher und zielen auf eine langfristige Verbesserung der Humanqualität durch schichtspezifisch variierendes, weil einkommensabhängiges Elterngeld.

2.3.2 Bevölkerungsgröße als Machtfaktor und Ideologie

Die Politik reagiert nicht nur auf den tatsächlichen oder vermeintlichen Bedarf an Arbeitskräften, sondern auch auf die weltweite Bevölkerungsentwicklung. Die Ideologie von der »Bedrohung« der Industriestaaten angesichts hoher Geburtenraten in der sog. Dritten Welt spielt dabei, wie schon im ersten Teil für die Zeit ab ca. 1960 beschrieben (s. 1. Teil 4.2.2.), eine wichtige Rolle. Sie hat ihr Pendant in der geschürten »Angst vor dem Aussterben«, besonders in Deutschland. Beides geht auf demographische Prognosen zurück. Gerd Bosbach, Prof. für Statistik und Empirische Wirtschafts- und Sozialforschung, hat demographische Zahlen des Statistischen Bundesamts systematisch hinterfragt. Er nennt die verwendeten Verfahren, vor allem die Anwendung auf große Zeiträume von 50 Jahren, in seinem Fazit moderne Kaffeesatzleserei. Sehr problematisch findet er, dass solche fragwürdigen Prognosen für politische Entscheidungen herangezogen werden, mit denen Bevölkerungsentwicklung beeinflusst werden soll, wie zu steuernde Wanderungsbewegungen und eine familien- und kinderfreundliche Politik (Bosbach 2004). Christoph Butterwegge spricht gar von Demagogie, wenn Demographie benutzt wird, um eine angeblich sachliche Begründung für politische Maßnahmen zu liefern (2004).

Worin besteht die »Demagogie«, welche »Mythen«, wie andere WissenschaftlerInnen sich ausdrücken (Ebert und Kistler 2007, S. 39 ff), kursieren? Dazu möchte ich nur zwei weit verbreitete Argumente herausgreifen:

- Zum einen wird behauptet, durch die sehr stark wachsende Bevölkerung in den Entwicklungsländern nehme die Weltbevölkerung derart schnell zu, dass in absehbarer Zeit die Ernährung so vieler Menschen nicht mehr gewährleistet ist.
- Demgegenüber haben WissenschaftlerInnen gezeigt, dass durch eine falsche Agrarpolitik, die auf eine industrialisierte Landwirtschaft auf großer Fläche, mit Monokulturen, künstlichem Dünger und Pestiziden setzt, die Produktivität unteroptimal ist. Eine regionale, kleinbäuerliche Agrarwirtschaft dagegen brächte höhere Erträge und durch eine entsprechende Umstellung könnte eine hohe Produktivität erzielt werden kann, sodass es sogar möglich wäre, im Jahr 2050 nicht nur die prognostizierten 9 Mrd., sondern sogar 11 oder 12 Mrd. Menschen zu ernähren, besonders dann, wenn der Fleischkonsum weltweit stark reduziert würde (Olbrich 2012).
- Zum anderen wird auch von linken, progressiven, sich alternativ verstehenden Menschen behauptet, durch den starken Anstieg der Bevölkerung in den Entwicklungsländern, verschärfe sich die Umwelt- und Klimakatastrophe.
- Tatsächlich ist es aber die Bevölkerung der Industriestaaten, die in wesentlich höherem Maße durch ihren Konsum und ihren Lebensstil Ressourcen verbraucht und der Umwelt schadet. Diese Länder liegen immer noch weit vor den Schwellenländern, deren steigender Verbrauch an Rohstoffen und deren umweltfeindliche Energieversorgung gerne als Schreckgespenst beschworen werden. 1985 kritisierte Christa Wichterich den Begriff der Bevölkerungsexplosion und verwies stattdessen auf die Explosion des Konsumerismus und steigende Ansprüche, die de facto das Leben vieler Menschen in Afrika, Asien und Lateinamerika bedrohen (Wichterich 1985, S. 14). Heute können wir sagen: Sie bedrohen das Leben aller Menschen auf der Erde.

Auch zeigen die oben genannten Geburtenzahlen von 2,1 Kindern pro Frau in jedem zweiten Land der Erde, dass sich das Bevölkerungswachstum auch in den Entwicklungsländern bereits verringert hat (Gresh et al. 2009, S. 38).

Was steckt also hinter den geschürten Ängsten? Was sind die wahren Gründe für eine zweigeteilte Bevölkerungspolitik außer den schon genannten ökonomischen? Ulrike Bauriethel hat beobachtet, dass von Demographie immer dann die Rede ist, wenn es eigentlich um Anderes geht (2007, S. 26). An historischen Beispielen erläutert Christa Wichterich, dass es stets die Furcht der Besitzenden ist, durch die wachsende Massen von Armen ihrer politischen und wirtschaftlichen Macht beraubt zu werden und stets bietet man als Lösung für die vermeintlichen Probleme (Aussterben der Nation) oder auch tatsächlichen (Ernährungsknappheit durch falsche Agrarpolitik), die Armen sollten ihre Kinderzahl beschränken. Es gehe offenbar darum, die Armen und nicht die Armut zu bekämpfen (Wichterich 1985, S. 11 und Kontos 1985, S. 64). Als im Oktober 2011 der neue Weltbevölkerungsbericht vorgestellt wurde, ging es darin wieder um die Reduktion der Armen. Gegenüber den 1960er Jahren sind die Maßnahmen seit den 1990er Jahren unverändert, sie sind zwar weniger gewaltsam, haben aber prinzipiell das gleiche Ziel. »Für die armen Länder wird vor allem eine Senkung der Geburtenrate als Lösung vorgeschlagen – zu erreichen durch bessere Bildung, besseren Zugang zu Maßnahmen reproduktiver Gesundheit und moderne Familienplanung. Die Grundzüge dieses Ansatzes waren 1994 bei der Weltbevölkerungskonferenz in Kairo gelegt worden – einer der größten UN-Konferenzen der 90er Jahre.« (Pickert 2011)

Diese Politik hat, wie ich im ersten Teil gezeigt habe, eine lange Tradition. Heute herrscht Angst vor dem Verlust der Weltmarktstellung, Angst um den Wirtschaftsstandort Deutschland und Angst vor dem Rückgang des Bruttoinlandsprodukts und damit des Wachstums (Kahlert 2007, S. 61f). Es geht also darum, die nationale Herrschaft zu stärken und auszubauen.

Als ideologisch, also der Herrschaftssicherung dienend, möchte ich die Tatsache bezeichnen, dass sich die dargestellten bevölkerungspolitischen Maßnahmen überwiegend an Frauen richten und/oder Frauen eine Schuld zuweisen (Wichterich 1985, S. 15f), was verschiedene Wissenschaftlerinnen hervorgehoben und verurteilt haben (Bauriethel 2007, S. 26). Auch in Deutschland wenden sich, wie Heike Kahlert kritisiert, familienpolitische Maßnahmen im Wesentlichen an Frauen als (potenzielle) Mütter, während Männer als (potenzielle) Väter »weit weniger politische Aufmerksamkeit erregen« (Kahlert 2007, S. 72). Wie eminent wichtig es wäre, beim Thema Geburtenzahlen beide Geschlechter zu betrachten, betont auch Nora Reich vom Weltwirtschaftsinstitut in Hamburg. Sie bezieht sich dabei auf Befragungen zum Kinderwunsch. Dieser lag bei Frauen im Durchschnitt bei 1,75 Kindern (1,74 in West-, 1,78 in Ostdeutschland) und damit weit höher als die reale Zahl von 1,37 Kindern pro Frau. Männer wünschen sich im Schnitt 1,59 Kinder (1,59 in West-, 1,46 in Ostdeutschland) (Sachverständigenkommission Siebter Familienbericht 2005, S. 113f). Damit liegt diese Zahl deutlich unter dem Wunsch von Frauen, aber immer noch ebenso deutlich über der Zahl von 1,37 Kindern pro Frau, die das Rostocker Zentrum für demographischen Wandel (www.zdwa.de) für 2010 angab. Allerdings hat die Max-Planck-Institut Gesellschaft (www.mpg.de) diese Zahl im September 2011 korrigiert und mit 1,6 Kindern pro Frau angegeben. In jedem Fall ist die Wunschkinderzahl von

Frauen höher als die von Männern. Bei einer repräsentativen Bevölkerungsbefragung im Jahr 2003 gab knapp jeder vierte Mann zwischen 20 und 39 Jahren (23 Prozent) an, gar keine Kinder zu wollen; bei Frauen waren es dagegen nur 15 Prozent. Dazu kommt das Ergebnis einer Analyse des Deutschen Instituts für Wirtschaftsforschung, wonach der Anteil Kinderloser bei Männern in allen Altersgruppen bis 65 Jahren weit höher ist als der von Frauen; 56,7 Prozent der Männer zwischen 30 und 34 Jahren sind kinderlos, hingegen 27,8 Prozent der Frauen. In der Altersgruppe zwischen 40 und 44 Jahren sind Männer mit knapp 24 Prozent doppelt so häufig kinderlos wie Frauen.»Diese Phänomen bleibt auch bei der Differenzierung nach Bildungsgruppen bestehen: Akademiker unter 45 Jahren sind häufiger kinderlos als Akademikerinnen (49,6 bzw. 45%). Bei Personen mit einem Hauptschulabschluss ist der Anteil Kinderloser bei den Männern sogar doppelt so hoch wie bei Frauen (...). Hier wird offensichtlich, dass im Kontext der Kinderlosigkeit von Frauen (...) auch thematisiert werden muss, warum viele Männer keine Väter werden (wollen).« (Reich 2009/2010, S. 31) Offenbar fürchten Männer die Belastung durch Kinder mehr als Frauen und das, obwohl sie im Durchschnitt weniger Zeit für Kinderbetreuung aufwenden – ein erklärungsbedürftiges Phänomen.

Hierzu bietet Eva Illouz eine interessante Überlegung, die dieses männliche Verhalten soziologisch erklärt, es nicht psychologisch pathologisiert, sondern darin eine Antwort auf neue gesellschaftliche Verhältnisse sieht. Dabei handelt es sich weniger um rationales Verhalten von Individuen, wohl aber um ein Phänomen, das im gesellschaftlichen Gesamtzusammenhang logisch erscheint (Illouz 2011, S. 138 f). Zunächst stellt sie fest, dass traditionelle Säulen der Männlichkeit in westlichen Industriegesellschaften bröckeln. Hierzu verweise ich auf Zusammenhänge, die ich bereits dargestellt habe: Autorität in der Familie geht Männern dadurch verloren, dass diese mehrheitlich nicht mehr Hauptfamilienernährer sind. Durch den Anstieg des Dienstleistungsbereichs, den Rückgang des industriellen Produktionssektors und sinkende Löhne, also dem, was mit Feminisierung der Arbeit gemeint ist, geht für Männer die Möglichkeit, sich im Feld der Erwerbsarbeit zu profilieren, zurück (ebd., S. 140 f). Und schließlich ist eine große Kinderzahl für die Wirtschaftsweise westlicher Industriestaaten nicht länger erforderlich. Daraus folgert Illouz:»In Gesellschaften, in denen das Patriarchat angefochten ist, stehen Männer normativ unter einem wesentlich geringeren Fortpflanzungsdruck« (ebd., S. 146). Männlichkeit müsse sich nicht mehr durch viele Kinder beweisen.

Umgekehrt sei der Erwerbsbereich für Frauen trotz des gestiegenen und weiter steigenden Drucks (Vollzeit-) erwerbstätig zu sein, von geringerer Bedeutung als der familiäre. Sie wiesen laut Illouz eine größere Bindungsbereitschaft und ein Streben nach Mutterschaft (Illouz 2011, S. 145 f). Frauen falle »die soziologische

Rolle zu, Kinder zu kriegen *und* Kinder kriegen zu wollen.« (ebd., S. 147, Herv. im Original). Die größere Bindungsbereitschaft von Frauen geht einher mit der Tatsache, dass Frauen mehrheitlich immer noch eher ihren Status durch Heirat verbessern können als durch eine berufliche Karriere, wie Illouz feststellt (ebd., S. 111). Zugespitzt formuliert auch die Präsidentin des Wissenschaftszentrums Berlin: »Der Heiratsmarkt zahlt sich [für Frauen] mehr aus als der Arbeitsmarkt.« (zit. nach Oestreich 2012). Die These von der größeren Bindungsbereitschaft von Frauen deckt sich mit Ergebnissen von Waltraud Cornelißen, die nachgewiesen hat, dass stabile Partnerschaftsbeziehungen und die Möglichkeit, berufstätig zu bleiben, für junge Frauen eine größere Bedeutung haben als die erwartete, auf sie zukommende Belastung (Baureithel 2007, S. 32).

Die Einseitigkeit und Schieflage, die durch die nahezu ausschließliche Konzentration auf Frauen bei der Diskussion der Geburtenzahl entsteht, unterstützt letztlich diejenigen Männer, die sich aus der Verantwortung für Kinder heraushalten wollen, bleiben sie und ihre Motive doch im Dunkeln und damit unbehelligt von Kritik, die sich voll auf die »karriereorientierten«, kinderlosen Akademikerinnen richtet. Deshalb habe ich die Fokussierung auf Frauen als ideologisch bezeichnet. Das politische und öffentliche Interesse in Deutschland konzentriert sich auf Frauen, auf gut ausgebildete kinderlose ebenso, wie auf kinderreiche arme und Migrantinnen. Beide Gruppen werden stigmatisiert. So wird ein Klischee von der selbstsüchtigen Karrierefrau und den Deutschland mit immer neuen Kopftuchmädchen überschwemmenden MuslimInnen aufgebaut. Auf die Notwendigkeit von Feindbildern habe ich in der Darstellung des neoliberalen Menschenbildes bereits hingewiesen.

Zusammenfassung und Fazit

- Angesichts des gesunkenen Arbeitsvolumens, der Technisierung und der Massenarbeitslosigkeit, also eines geringeren Bedarfs an Arbeitskräften, ist der in allen Industrieländern zu verzeichnende Geburtenrückgang ökonomisch sinnvoll.
- Dennoch klagen Arbeitgeber über Arbeitskräftemangel, insbesondere den von Fachkräften und Hochqualifizierten.
- Dahinter vermutet die Arbeitnehmerseite, die keinen zukünftigen Mangel vorhersagt, einen Bedarf bei Arbeitgebern an (Fach-)Arbeitskräften, die bereit sind, zu niedrigen Löhnen zu arbeiten. Dazu ist es wichtig, dass eine gewisse Zahl von Arbeitslosen (Reservearmee) vorhanden ist.
- Der Staat geht auf die umstrittenen Befürchtungen der Arbeitgeberseite ein.
- Weiterhin betreibt der Staat eine auf qualitatives Bevölkerungswachstum angelegte Familienpolitik, indem er Familienförderung schichtspezifisch angeht,

um eine höhere Geburtenrate hochqualifizierter Frauen, eine niedrigere von ärmeren Familien zu erreichen.
- Die gleichen Ziele werden international verfolgt. In den reichen Industrieländern soll die Geburtenrate steigen, in armen Ländern soll sie sinken. Die für letzteres angeführten Argumente (Reduktion des Hungers, Klima- und Umweltschutz) verschleiern, dass die globale Agrarpolitik und der Konsumismus der »ersten Welt« die Probleme der »Dritten Welt« erst erzeugen, die dann durch eine rassistische Bevölkerungspolitik bekämpft werden sollen. Außerdem verschleiert wird die Angst der Industrieländer vor (bevölkerungs-)starken armen Ländern.
- Unlogisch, widersprüchlich und letztlich der Absicherung bestehender Verhältnisse dienend ist die nationale Bevölkerungs- bzw. Familienpolitik in Deutschland, da sie sich an Frauen richtet, obwohl deren Kinderwunsch höher ist als die tatsächliche Geburtenrate, während der von Männern dieser entspricht. Damit bleiben mögliche Motive von Männern, weniger Kinder haben zu wollen, wie geringere Bindungsbereitschaft und Verantwortungsübernahme unhinterfragt. Sie erfahren sozusagen Unterstützung durch Nicht-Beachtung.

2.3.3 Die Weiterentwicklung der Fortpflanzungstechnologie

Die Fortpflanzung ist ebenso wie deren Verhütung fest in medizin-technischer Hand. Die in den 1970er Jahren sich abzeichnenden Tendenzen haben sich ausgeweitet. Bei der Fortpflanzung spielte die Möglichkeit, ein Kind mit Behinderung nicht bekommen zu dürfen, eine Rolle. Auch Feministinnen stellten die eugenische Indikation beim Schwangerschaftsabbruch nicht in Frage. Heute geht es bei In-vitro-Fertilisationen und der Präimplantationsdiagnostik (PID) um die Früherkennung von Missbildungen. Immer mehr scheint sich die Auffassung zu verbreiten, es bestehe ein Recht auf ein gesundes Kind, bzw. ein Recht zum frühest möglichen Zeitpunkt ein absehbar behindertes Kind ablehnen zu dürfen.

Noch ausgeprägter ist die Vorstellung vom Recht auf ein eigenes Kind mit Hilfe aller technisch zur Verfügung stehender Mittel. So hatten 2004 zehn Paare das Land Costa Rica vor der Interamerikanischen Menschenrechtskommission verklagt mit der Beschwerde, ihr Menschenrecht auf die Bildung einer Familie werde durch das Verbot der In-vitro-Fertilisation missachtet, und Recht bekommen (Romero und Keppeler 2011). Anders hatte der Europäische Gerichtshof für Menschenrechte (EGMR) im November 2011 entschieden. Dort hatte ein österreichisches Paar geklagt, das eine Eizellenspende wollte, weil die Frau keine Eizellen produzieren kann. Das Paar hatte sich auf den Schutz des Privat- und Familienlebens berufen. Das Gericht hatte entschieden, das Verbot von Eizellenspenden sei zwar ein Eingriff in das Privatleben der Bürger, man dürfe aber das weit verbreitete Unbehagen gegenüber der modernen Fortpflanzungsmedizin berücksichtigen (Rath 2011). Ausdrücklich betonte der EGMR, es handle sich um eine Einzelfallentscheidung. Wenn sich das Unbehagen legen sollte, so lässt sich folgern, wäre eine andere Entscheidung denkbar, zumal andere Länder wie Tschechien und Spanien dies bereits praktizieren. Schon jetzt floriert offenbar der illegale Handel mit Eizellen armer Frauen. In den Internetwerbungen tschechischer Kliniken, in denen fremde Eizellen legal eingesetzt werden, rühmen sich ihrer hohen Erfolgsraten, ohne die hohe Belastung für die Frau anzusprechen. Dass es dabei ums Geschäft geht, ist klar (Robienski 2011).

Finanzielle Zuschüsse für teure medizin-technische Hilfen für ungewollt kinderlose Paare hat Bundesfamilienministerin Schröder ins Gespräch gebracht. Vielleicht werden auch in Deutschland bald nordamerikanische Verhältnisse einkehren, um zusätzlich Abhilfe zu schaffen. So hat Radio Hot 89,9 in Ottawa sich ebenfalls das Ziel gesetzt, Paaren mit unerfülltem Kinderwunsch finanziell zu helfen. Der kanadische Sender verlost im Web drei künstliche Befruchtungen im Wert von umgerechnet je 26 000 Euro. BewerberInnen müssen nur einen Brief schreiben. Die Aktion »Win A Baby« gilt als großer Erfolg, wie der *Stern* berichtete (O. Verf. 2011d).

Schon 1985 hatte Gundula Kayser das Stichwort »Sterilität als Folge der Vergiftung der Welt« in die Diskussion um »Industrialisierung der Menschenproduktion« eingebracht (Kayser 1985, S. 65). In den 1990er Jahren wurde von einem Rückgang der Spermienqualität in den Industrieländern berichtet (O. Verf. 1999). Demgegenüber gibt das Deutsche Ärzteblatt 2011 an, dieser Trend sei gestoppt (O. Verf. 2011c). Beide Berichte stimmen jedoch insofern überein, als sie unter anderem eine schlechte Spermienqualität mit Umweltgiften in Verbindung bringen. Es verwundert, dass bei den öffentlichen Diskussionen um unerfüllte Kinderwünsche zwar finanzielle und medizin-technische Hilfen eine Rolle spielen, mögliche Umweltursachen dagegen kaum thematisiert werden. Ein möglicherweise durch Technisierung mit verursachtes Problem wird durch Reproduktionstechnik zu lösen versucht.

Reproduktionstechnik kommt aber nicht nur bei ungewollt Kinderlosen zum Einsatz. Zu Leihmüttern greifen schwule Paare, um sich ihren Kinderwunsch zu erfüllen. Zwar wird die Forderung nach Adoption für gleichgeschlechtliche Paare, die einige Parteien in Deutschland erhoben, aber von künstlicher Befruchtung und Leihmüttern wird weltweit ebenfalls Gebrauch gemacht, sogar von einem prominenten heterosexuellen Paar, ohne dass ein biologisch unerfüllbarer Kinderwunsch vorgelegen hatte. Das zweite Kind von Nicole Kidman hat – anders als ihr erstes – eine Leihmutter ausgetragen. Dadurch, dass solche Beispiele publik werden, erscheinen die technischen Möglichkeiten harmlos und unproblematisch. Dass dies nicht der Fall ist, kommt dagegen seltener zur Sprache. Von einem »chemischen Großeinsatz gegen das weibliche Hormonsystem« spricht etwa Florian Hanig und schildert an einem Fallbeispiel das gesamte Verfahren (2011).

Gegenüber früheren Jahren sind die medizin-technischen Verfahren also kostspieliger und für die beteiligten Frauen belastender geworden.

2.4 Veränderungen im Sexual- und Beziehungsverhalten

Nach der sogenannten sexuellen Revolution der 1960er Jahre haben sich das Sexual- ebenso wie das Beziehungsverhalten deutlich verändert:

- Die Sexualforschung hat ermittelt, dass 1970 im Vergleich zu 1960 Verabredungen, Küsse, Petting und Geschlechtsverkehr etwa drei Jahre früher beginnen (Sigusch 2005c). Bei den Geburtenjahrgängen 1950 bis 1954 findet bei Frauen ein statistischer Sprung statt: Diejenigen, die 1968 zwischen 14 und 18 Jahren alt waren, ziehen, was das Alter beim ersten Koitus angeht, mit Männern gleich (Reiche 2003). In der ersten Dekade des 21. Jahrhunderts hat sich demgegenüber kaum etwas verändert (Sigusch 2005c).
- Was früher als »pervers« galt, ist heute Teil des Sexuallebens. Es gibt, wie der Sexualwissenschaftler Volkmar Sigusch es nennt, eine »sexuelle Buntscheckigkeit«, von der frühere Generationen nicht einmal träumen konnten (2005b).
- Onanie gewinnt an Bedeutung und zwar sowohl in sexuell befriedigenden Beziehungen (Sigusch 2005b), als auch in Form von Cybersex, also virtuellem Sex mit Hilfe technologisch avancierter Bildvorlagen (Reiche 2003). Junge Frauen praktizieren Selbstbefriedigung ebenso früh wie Männer; sie erleben also Sexualität zuerst mit sich selbst und nicht wie früher im Verkehr mit einem Mann (Reiche 2003).
- Ausnahmslos alle seriösen, wissenschaftlichen Untersuchungen über das sexuelle Verhalten in den entwickelten Industriegesellschaften stimmen darin überein, dass die gesamte heterosexuelle Bevölkerung immer inaktiver wird: abnehmende Koitushäufigkeit, abnehmende außereheliche Beziehungen bei Verheirateten, relative Abnahme der Bedeutung des Koitus innerhalb des »total sexual outlet« (Reiche 2003).

Soweit einige Fakten. Diese zu begründen, erweist sich als schwierig, geht sexuelles Verhalten doch nicht auf rationale Erwägungen zurück. Erklärungen sind daher bestenfalls plausibel, aber nicht im strengen wissenschaftlichen Sinn bewiesen. So ist Siguschs Bemerkung, Sexualität sei heute sehr viel selbstverständlicher, ja banaler geworden und könne daher auch unterbleiben (Sigusch 2005c), für mich nur bedingt nachvollziehbar. Anders dagegen das Konzept des Entspannungssex (recreational sex), dessen Herausbildung seit dem Zweiten Weltkrieg zahlreiche Forscher gesehen haben (Illouz 2011, S. 94). Eva Illouz zitiert in dem Zusammenhang eine Psychologin, die in ihrer Beratung beobachtet hat, dass Männer weniger Sex, genauer eine weniger fordernde Form von Sex wollen (ebd., S. 198). Das ist sicher auch ein Motiv für das Aufsuchen einer Prostituierten (dazu unten mehr, s. auch 2. Teil, 3.4.4). Als »männliches Dilemma« bezeichnet Christiane Howe die heutige heterosexuelle Praxis (2008, S. 249). Aus der hohen Bedeutung des Orgasmus der Frau entstehe ein neues Bewertungskriterium für männliche Heterosexualität. »Potenz heißt nun Kompetenz, und zwar erarbeitete Kompetenz und nicht mehr naturwüchsige Geschlechtsstärke« (Früchtel, zit. nach Howe 2008, S. 249). Ein Sexualtechniker sei heutzutage gefragt, wozu rationale Kontrolle, klares Bewusstsein, ein hohes Maß an Selbstkontrolle und eine Distanzierung von der eigenen Erregung erforderlich seien (Howe 2008, S. 249f). Der eigene Genuss, die Konzentration auf sich selbst müsse beim Geschlechtsverkehr mit einer Frau in den Hintergrund treten, anders als bei der Onanie oder dem Besuch bei einer Prostituierten. Daraus entstehe für Männer ein Dilemma. Dem setzt Howe die »Selbstverantwortung für den eigenen Genuss« (ebd. S. 251) bezogen auf Heterosexualität entgegen. »Für den Mann hieße es, passiv und hingebungsvoll in der Sexualität sein zu können, sich streicheln lassen, sich öffnen und ausliefern zu können, um die Kontrolle und Verantwortung aufzugeben. Es hieße auch, in Ruhe ganz bei sich selbst sein zu können, *was vielfach nicht ausgehalten wird* und ein schlechtes Gewissen oder auch Schuldgefühle erzeugt (…) Für die Frau hieße es, aktiv und begehrend in der Sexualität sein zu können, beherzt zuzugreifen, das eigene Begehren und die eigene Lust aktiv wahrzunehmen und ausdrücken zu können sowie Kontrolle und Verantwortung zu übernehmen« (ebd., S. 251, Herv. von mir).

Dass vor allem Männer vor sexuellen Anforderungen zurückschrecken, scheint sich mit Aussagen junger Frauen zu ihrem Sexualleben zu decken, die eine relativ hohe Unzufriedenheit angaben, wie aus einer 2005 veröffentlichten Zusammenstellung von Befragungsergebnissen hervorgeht. Von befragten Medizin-Studentinnen war jede fünfte unzufrieden, zudem gaben 15 Prozent an, dass sie beim Sex viel zu selten zum Orgasmus kämen (Dick 2005). In einer repräsentativen Umfrage von 345 Frauen zwischen 18 und 59 Jahren war von den 18- bis 34-Jährigen jede zweite unzufrieden und wollte erfahren, wie Sex aufregender werden könne, 21 Prozent wünscht sich öfter und mehr Sex (O. Verf. 2000). Es ist also denkbar, dass diese Frauen von männlichen Partnern als fordernd erlebt werden. Ob der Rückgang der Koitushäufigkeit auf eine häufigere Verweigerung von Männern oder Frauen zurückzuführen ist, geht aus den Literaturhinweisen nicht hervor.

Festzuhalten bleibt, dass Onanie ebenso wie der für Männer mögliche Kauf sexueller Dienstleistungen sexuelle Entspannung frei von Forderungen einer Partnerin/eines Partner gewährleistet. Letzteres wird auch dadurch bestätigt, dass Freier überwiegend orale Stimulation nachfragen (Howe 2008, S. 252) und sich wünschen, die Prostituierte würde ihre Wünsche erspüren und es ihnen abnehmen, diese auszuhandeln (ebd., S. 258).

Entspannungssex kann auch einen Ausgleich zu Anspannung und Forderungen im Erwerbsbereich darstellen, in dem psychischer Druck zugenommen hat. JedeR dritte Erwerbstätige habe psychische Probleme, berichtete die *Welt Online* am 13.11.2009 und berief sich dabei auf eine repräsentative Untersuchung. Die Zahl der Krankschreibungen wegen psychischer Probleme und Verhaltensstörungen ist rapide gestiegen. Im Jahr 2011 wurden aus diesen Gründen 53,5 Mio. Fehltage gezählt, 10 Jahre zuvor waren es nur 33,6 Mio., das bedeutet eine Zunahme der Krankschreibungen von 6,6 auf 13,1 Prozent (O. Verf. 2012b) Dazu kann dann auch noch Belastung durch zusätzliche familiäre Verpflichtungen kommen.

Der Einfluss der Ökonomie auf das Sexualverhalten hat noch andere Aspekte. Im Abschnitt 1.3. des zweiten Teils habe ich am Beispiel eines neuen Männerbilds in der Werbung einen Zusammenhang zwischen Konsum und Sexualität dargestellt. Diesen Aspekt beschreibt auch Eva Illouz: »Eine ganze Phalanx von Industriezweigen trug dazu bei, die Sexualisierung von Frauen und, später, von Männern, voranzutreiben und zu legitimieren. Der Körper wurde nunmehr als sinnlicher Körper verstanden, der aktiv auf sinnliche Befriedigung, Vergnügen und Sexualität aus ist. Eine solche Suche nach sinnlicher Befriedigung ging in die Sexualisierung des Körpers über: Der Körper konnte und sollte Sexualität und Erotik evozieren, in anderen hervorbringen und ausdrücken. Die Konstruktion erotisierter Körper war somit eine der eindrucksvollsten Leistungen der Konsumkultur« (Illouz 2011, S. 86). Illouz spricht von einer penetranten Kommerzialisierung von Sex und Sexualität, die »sexuelle Attraktivität« oder »Sexyness« zu einer eigenen kulturellen Kategorie gemacht und diese zunehmend von Fortpflanzung, Ehe, langfristiger Bindung und selbst dem Gefühlsleben abgesondert habe (ebd., S. 88ff). Sexyness wurde zu einem neuen Bewertungskriterium. Als ich in der zweiten Hälfte der 1960er Jahre in die USA kam, war ich verblüfft über die weit verbreitete Sorge von Frauen, sie könnten nicht genügend sex appeal ausstrahlen (ebd., S. 91ff). Heute ist es Standard geworden, dass regelmäßig der/die »sexiest wo/man alive« gewählt werden. Auf die Notwendigkeit, sich als sexy zu inszenieren, bin ich in 1.4 dieses Teils bereits eingegangen.

Zwar verweist Illouz – ähnlich wie Herbert Marcuse in seinem Konzept der repressiven Entsublimierung (s. Abschnitt 3.2 des ersten Teils) – auf die Kanalisierung der Veränderungen durch die sogenannte sexuelle Revolution in wirtschaftliche Notwendigkeiten, sie setzt jedoch noch einen anderen Akzent, wenn sie schreibt: »Der Triumph der Liebe und der sexuellen Freiheit stand im Zeichen des Eindringens der Ökonomie in die Maschine des Begehrens.« (ebd., S. 113) Der sexuelle Wettbewerb habe das Begehren dahingehend verändert, dass es »die Eigenschaften des ökonomischen Austauschs annimmt, also durch die Gesetze wie Angebot und Nachfrage, Knappheit und Überangebot geregelt wird.« (ebd., S. 113) Diese Stichworte sind zunächst in einem sehr direkten Sinn auf die Partnerwahl bezogen zu verstehen. Dadurch dass kaum noch religiöse, ethnische und klassenbezogene Grenzen bestehen, habe im Prinzip jedeR Zutritt zum Heiratsmarkt. So kommt es zu einer Vermehrung des Angebots an tatsächlichen oder potenziellen PartnerInnen, verstärkt durch die Möglichkeiten des Internets (ebd., S. 174). Diese veränderte Angebotssituation wirkt sich auf die PartnerInnenwahl aus. Der flotte Spruch »Drum prüfe, wer sich ewig bindet, ob sich nicht noch was Bess'res findet« ist heute Realität. Während Bindung bedeutet, den Prozess des Suchens und Entscheidens zu beenden (ebd., S. 187), gibt es heute eine Reihe von Prozessen, die tendenziell unabgeschlossen sind und damit einem anderen Modus folgen als dem, der einer Entscheidung für eine Bindung an eine feste Partnerin bzw. einen festem Partner zugrunde liegt. Zu den tendenziell unabgeschlossenen Prozessen gehört, laut Illouz, auch das Ideal der Selbstverwirklichung, die als lebenslanger Vorgang begriffen wird, der es erforderlich macht, eigene Optionen für immer offen zu halten (ebd., S. 189). Dies entspricht weitgehend der Realität der Erwerbsarbeitswelt, in der Menschen heute nicht mehr selbstverständlich im erlernten Beruf auch in Rente gehen. Von Erwerbstätigen wird erwartet, dass sie permanent bereit sind, neue Qualifikationen zu erwerben. Lebenslanges Lernen wird als positiver Wert propagiert.

Auch im Beziehungsverhalten macht sich lebenslanges Suchen bemerkbar. Dies spiegelt sich in einer gewandelten Bedeutung der Ehe und in dem, was als serielle oder sequentielle Monogamie bezeichnet wird, wider (Reiche 2003, Illouz 142). Indikatoren hierfür sind (Illouz 118 f, 131):

- eine radikal neue Einstellung zu vorehelichem Sex seit den 1960er Jahren,
- ein Anstieg des durchschnittlichen Heiratsalters seit Anfang der 1980er Jahre in den USA,
- vermehrtes Zusammenleben unverheirateter Paare,
- die gestiegene Zahl nicht-ehelicher Geburten,
- höhere Scheidungszahlen,
- die kürzere durchschnittliche Ehedauer.

Für die veränderte Bedeutung der Ehe spricht auch die relative Legitimität nichtmonogamer Verhaltensweisen (ebd., S. 132). »Zunehmend wird verhandelt, welche sexuellen Praktiken an welchem Ort, wie oft, mit wem die Partnerschaft nicht gefährden, also erlaubt und welche Arten von Partnern, Praktiken und Dates untersagt sind« (Reiche 2003). Dies findet nicht nur im Privaten statt, sondern ganz öffentlich. Wenn prominente Männer außereheliche Verhältnisse haben und deren Ehefrauen ihnen dann öffentlich verzeihen, kommt das gut an. Man/frau denke nur an Bill Clinton und Dominique Strauß-Kahn. Die Frauen, mit denen die Männer ihre Ehefrauen betrogen haben, ziehen dabei allerdings den Kürzeren. Letzteres deutet die Asymmetrie zwischen den Geschlechtern und sozialen Klassen an.

Es ist das Verdienst von Eva Illouz, geschlechtsspezifische Aspekte des veränderten Verhaltens herausgearbeitet zu haben, die zu referieren mir in diesem Kontext wichtig sind. Unterschiede im Verhalten zwischen Männern und Frauen sieht sie vor allem bzgl. der Bindungsbereitschaft. (Ich ziehe diesen Begriff dem von Illouz verwendeten der Bindungsangst vor, weil letztere stärker auf eine psychisch problematische Verfasstheit hin deutet, die Illouz soziologischer Analyse nicht entspricht.) Im Zusammenhang mit unterschiedlichen Kinderzahlen, die sich Männer und Frauen wünschen, habe ich in Abschnitt 2.3.2. dieses Teils auf die je verschiedenen Situationen von Frauen und Männern hingewiesen, wie sie von Illouz beschrieben werden: auf den gesunkenen Druck auf Männer, ihre Männlichkeit durch eine hohe Kinderzahl beweisen zu müssen einerseits und die höhere Bindungsbereitschaft von Frauen andererseits, die auch im Zusammenhang mit einer angestrebten Mutterschaft zu sehen ist. Frauen schrecken, so Illouz, wesentlich weniger vor einer Bindung zurück, während Männer sich zögerlicher und ambivalenter gegenüber Bindungen und langfristigen, stabilen Beziehungen verhielten (Illouz 2001, S. 134). So entstehe eine emotionale Ungleichheit zwischen den Geschlechtern (ebd., S. 196 f). Dadurch sei eine neue Form der emotionalen Herrschaft von Männern über Frauen entstanden. Diese wird dann ausgeübt, »wenn eine Seite eher fähig ist, die emotionale Interaktion zu kontrollieren, weil sie distanzierter ist, sowie über ein größeres Potential verfügt, selbst auszuwählen« (ebd., S. 198). Letzteres bezieht Illouz auf den biologischen Unterschied, durch den die Zeitspanne der Fortpflanzung für Frauen begrenzt ist; Frauen, die ein Kind wollen, haben also einen größeren Zeitdruck für das Eingehen einer Bindung als Männer. Ein Herrschaftsgefälle entstehe durch die Verfügbarkeit von Frauen und dem Zögern von Männern, sich an Frauen zu binden. Dabei betont Illouz, dass diese Darstellung vereinfacht und zugespitzt ist und daher die Variationsbreite innerhalb der Geschlechter nicht wiedergibt.

Geringe Bindungsbereitschaft erhält durch das kulturelle Motiv der Autonomie eine höhere Weihe. Die Bitte, ein Versprechen abzugeben, Verbindlichkeit zuzusichern, wird dann als Ausüben von Druck betrachtet. »Diese Vorstellung ergibt nur vor dem Hintergrund einer Auffassung (...) Sinn, für die ein Versprechen eine Einschränkung der Freiheit bedeutet (...). Nachdem eine Einschränkung der eigenen Freiheit als illegitim gilt, wird die Aufforderung zu einer Bindung als Entäußerung der eigenen Freiheit interpretiert. (...) In dem Maß, in dem die Männer in der Moderne den Diskurs der Autonomie verinnerlicht und mit Nachdruck verfochten haben, wirkt sich Autonomie als symbolische Gewalt aus« (ebd., S. 250 f). Populäre psychologische Ratgeber wenden sich angesichts der ungleichen Bindungsbereitschaft von Männern und Frauen an Letztere mit der Aufforderung, Eigenliebe zu entwickeln und nicht zu sehr zu lieben (ebd., S. 273 f). Dabei bedienen sie sich bisweilen einer wirtschaftlichen Terminologie, indem sie Frauen nahelegen, ihr »Überangebot« an Gefühlen zu reduzieren, »Knappheit« zu erzeugen. Damit wird nicht nur eine Angleichung an männliche Verhaltensweisen und psychische Dispositionen (mittels Therapie) angestrebt, das Ideal deckt sich mit dem auf Individualität ausgerichteten neoliberalen Menschenbild, das als homo oeconomicus zudem wirtschaftliche Aspekte integriert hat.

Illouz kritisiert solche Ratschläge. Dabei knüpft sie an feministische Thesen der 1970er Jahre wie die von Shulamith Firestone (1970), aber auch die von Bock und Duden (Arbeit als Liebe, siehe dazu den Abschnitt 4.1. im ersten Teil) an, die in der Liebe einen Schlüssel zur Unterdrückung von Frauen gesehen haben (ebd., S. 308). Indem Männer mit Distanziertheit und dem Einfordern von Autonomie und Freiheit Strategien einsetzen, behalten sie Kontrolle über Beziehungen (ebd., S. 136). So sei Kontrolle, die Männer früher als (Haupt-)Ernährer der Familie ausüben konnten, auf Sexualität und Beziehungen übertragen worden. »Distanziertheit in der Sexualität signalisierte und gestaltete (...) die grundsätzlichere Figur der Autonomie und damit der Männlichkeit. Emotionale Distanziertheit ließe sich als Metapher für eine männliche Autonomie verstehen« (ebd., S. 143).

Zusammenfassung und Fazit

- Bezogen auf Fortpflanzung setzt sich die seit den 1960er Jahren bestehende Tendenz fort, die in der Dominanz der Reproduktionsmedizin besteht und zwar sowohl bzgl. der Empfängnisverhütung wie in der Behandlung ungewollter Kinderlosigkeit. In der Zeugungsverhütung stagniert die Entwicklung.
- Fortgeschrieben und weiterentwickelt wurde die Medizintechnik bei der Früherkennung von Missbildungen (von der eugenischen Indikation für einen Schwangerschaftsabbruch bis zur PID), die dazu dient, nur gesunden Nachwuchs zu er-/zeugen. Dies liegt ganz auf der Linie qualitativer Bevölkerungspolitik.
- Weiter fortgeschritten ist die Trennung der Fortpflanzung von der Sexualität (In-vitro-Fertilisation, Zuhilfenahme von Samenspenden und in manchen Ländern auch von Eizellenspenden und Leihmutterschaften). Die nicht-sexuelle Fortpflanzung ist zu einer selbstverständlich anwendbaren Therapie bei

ungewollter Kinderlosigkeit geworden. Dadurch verliert das Geschlecht an Bedeutung, da auch lesbische (mittels Samenspende) und schwule Paare (mit Hilfe einer Leihmutter) Gebrauch davon machen können.
- Dabei wird die Belastung bei dieser Form der Zeugung für den weiblichen Körper, aber auch für die Psyche von Frauen und Männern seltener problematisiert, sodass die Verfahren öffentlich immer mehr Akzeptanz erhalten.
- Fragen nach Ursachen für ungewollte Kinderlosigkeit, insbesondere mögliche nachlassende Spermienqualität durch Umweltschäden, erscheinen gegenüber den technischen Möglichkeiten zweitrangig zu sein.
- Das seit der sexuellen Revolution veränderte Sexualverhalten, insbesondere die Integration von ehemals als pervers angesehener Praktiken, ist vor dem Hintergrund der ökonomischen Notwendigkeit eines neuen Sozialcharakters zu sehen. Eine lustbetonte Einstellung zur Sexualität hat erwünschte Auswirkungen auf das Konsumverhalten.
- Zu einer veränderten Konsumkultur gehört auch die Sexualisierung der Körper und das Aufkommen der Sexyness als neues kulturelles Bewertungskriterium, unabhängig von Fortpflanzung, langfristiger Bindung und dem Gefühlsleben. Es entsteht ein Druck auf Frauen und Männer, sich als »sexy« zu inszenieren.
- Der inszenierten Sexyness stehen die Abnahme sexueller Aktivitäten und die Zunahme von Selbstbefriedigung gegenüber.
- Das veränderte Sexualverhalten wird als »Entspannungssex« bezeichnet. Dieser könnte eine Reaktion auf gestiegenen Stress und Belastung im Erwerbsleben darstellen bzw. auf den Stress, der aus der Vereinbarkeit von Erwerbsarbeit mit unbezahlter Haus- und Sorgearbeit, vor allem bei Frauen, resultiert.
- Für Männer hat die sogenannte sexuelle Revolution eine Tendenz zur Abspaltung unterschiedlicher sexueller Bedürfnisse bzw. Verhaltensweisen geführt: Im heterosexuellen Verkehr agieren einige Männer wie kompetente, kontrollierte Technokraten, im Bestreben, der Partnerin zum Orgasmus zu verhelfen; Wünsche, passiv ganz den eigenen Bedürfnissen leben zu können, werden von manchen außerhalb einer intimen Beziehung z. B. in der Onanie oder bei Prostituierten ausgelebt.
- Beziehungen sind seriell monogam. Gleichzeitig gibt es eine relative Toleranz gegenüber Formen nicht-monogamen Verhaltens wie Untreue und Seitensprünge, sowohl von den Betroffenen als auch in der Gesellschaft.
- Serielle Monogamie wird nicht nur durch die vor allem mittels des Internets enorm gestiegene Zahl möglicher PartnerInnen erklärt. Die Entscheidung für eine Bindung bedeutet den Prozess des Suchens zu beenden, ein Verhalten, das im Gegensatz zu tendenziell unabgeschlossenen Prozessen in anderen gesellschaftlichen Bereichen, insbesondere im Erwerbsbereich steht.

- Bindungsbereitschaft ist geschlechtsspezifisch geprägt. Distanziertheit, der Wunsch nach Freiheit und Autonomie scheint bei Männern stärker ausgeprägt zu sein als bei Frauen.
- Dadurch entsteht ein emotionales Gefälle zwischen den Geschlechtern, durch das Männern eine stärkere Kontrolle über die Beziehung möglich wird.
- Mit dieser Form der Herrschaft könnte möglicherweise der Verlust an Macht ausgeglichen werden, der dadurch entstanden ist, dass Männer in der Familie und im Erwerbsbereich an Autorität verloren haben.

Literatur

Baureithel Ulrike (2007) Baby Bataillone. Demographisches Aufmarschgebiet: Von Müttern, Kinderlosen und der »Schuld« der Emanzipation. Prokla 146 Zeitschrift für kritische Sozialwissenschaft, 37. Jg. 1/2007, S. 25–37

Bax Daniel (2012) »Aber bitte zu niedrigen Löhnen«. Fachkräfte Mit der Blue Card will die Regierung Hochqualifizierte anlocken. Karl Brenke vom DIW warnt vor einer Billiglohnstrategie, die Deutschland mehr schadet als nutzt. In. taz vom 30. 4. 2012

Bundesagentur für Arbeit (Hrsg) (2011) Der Arbeitsmarkt in Deutschland. Arbeitsmarktberichterstattung. Frauen und Männer am Arbeitsmarkt im Jahr 2010. Nürnberg

Bundesministerium für Familie, Senioren, Frauen und Jugend (Hrsg) (2005) Gender Datenreport. http://www.bmfsfj.de/Publikationen/genderreport(2-Erwerbstaetigkeit-arbeitsmarktintegration-von-frauen-und-maenner/2-3-entwicklung-der-erwerbsbeteiligung-von-frauen-und.maennern-in-deutschland.html.

Bundesministerium für Familie, Senioren, Frauen und Jugend (Hrsg) (2011) Zeit für Familie. Ausgewählte Themen des 8. Familienberichts. Familienforschung Ausgabe 26. Berlin

Bosbach Gerd (2004) Die modernen Kaffeesatzleser. Gerd Bosbach hat die demographischen Zahlen wider den Strich gebürstet und einen Gesamtrahmen erstellt. In: Frankfurter Rundschau vom 23. 2. 2004

Brenke Karl (2009) Reallöhne in Deutschland über mehrere Jahre rückläufig. In: Wochenbericht des DIW Nr. 33/2009, Berlin, http://www.diw.de/sixcms/detail.php?id=diw_02.c.289465.de

Brenke Karl, Plümmecke Axel, Koppel Oliver (2010) Pro und Contra: Droht Deutschland ein Fachkräftemangel? In: Handelsblatt vom 18. 11. 2010

Butterwegge, Christoph (2004) Demographie als Demagogie. Die Bevölkerungsentwicklung wird von der Politik benutzt, um die Demontage des Sozialstaats zu verklären. In: Frankfurter Rundschau vom 4. 5. 2004

DGB Bundesvorstand (2010) Unfreiwillige Teilzeit und Unterbeschäftigung – Niedriglohnstrategien stoppen! Themen vom 6. 7. 2010, http://www.dgb.de/themen/++co++7ebb19ca-88f5-11df-6571-00188b4dc422/

Dick Stanislaw (2005) Die Last mit der Lust. Für die Wissenschaft ist das Sexualleben der Frauen nur schwierig in Messkurven zu fassen. In: Frankfurter Rundschau vom 8.2.2005

Ebert Andreas und Kistler Ernst (2007) Demographie und Demagogie. Mythen und Fakten zur »demographischen Katastrophe«. In: Prokla 146 Zeitschrift für kritische Sozialwissenschaft, 37. Jg. 1/2007, S. 39–59

Englert Kathrin (2007) Globalisierte Hausarbeiterinnen in Deutschland. In: Groß Melanie und Winker Gabriele (Hrsg) (2007) Queer-/Feministische Kritiken neoliberaler Verhältnisse. Unrast, Münster, S. 79–101

Firestone Shulamith (1970) The Dialectic of Sex. The Case for a Feminist Revolution. Bantam, London, New York, Toronto

Frauenerwerbsquote wikipedia

Graf Julia (2010) Aufstocker/innen im SGB II – Feministische Implikationen der Gleichzeitigkeit von Erwerbstätigkeit und Grundsicherung. In: Jährling Karen und Rudolph Clarissa (Hrsg) (2010) Grundsicherung und Geschlecht. Westfälisches Dampfboot, Münster, S. 117–130

Ganz Kathrin (2007) Neoliberale Refamiliarisierung & queer-feministische Lebensformenpolitik. In: Groß Melanie und Winker Gabriele (Hrsg) (2007) Queer-/Feministische Kritiken neoliberaler Verhältnisse, Unrast-Verlag, Münster, S. 51–77

Gresh Alain, Radvanyi Jean, Rekacewicz Philippe, Samary Catherine, Vidal Dominique (Hrsg) (2009) Atlas der Globalisierung, Le Monde diplomatique, Paris Berlin

Greve Dorothee (2007) Migrantinnen in der Hausarbeit und feministischer Widerstand. In: Groß Melanie und Winker Gabriele (Hrsg) (2007) Queer-/Feministische Kritiken neoliberaler Verhältnisse, Unrast-Verlag, Münster, S. 103–127

Hanig Florian (2011) Leihmutterschaft. In: Geo, Heft 12, 2011, S. 142–162

Hans Böckler Stiftung (Hrsg) (2009) Frauen auf sich selbst gestellt. Böckler Impuls, Ausgabe 20/2009, http://www.boeckler.de/pdf/impuls_2009:20:1.pdf

Hans Böckler Stiftung (Hrsg) (2010) Krisenhilfe stützt Männerbranchen. Böckler Impuls, Ausgabe 10/2010, http://www.boeckler.de/22568.htm

Herrmann Ulrike (2012) Die Lüge der Deutschen. In: taz vom 3.1.2012

Howe Christiane (2008) Männer(bilder) im Rahmen von Prostitution. In: Luedtke Jens und Baur Nina (2008) Die soziale Konstruktion von Männlichkeit. Hegemoniale und marginalisierte Männlichkeiten in Deutschland. Barbara Budrich Verlag, Opladen & Farmington Hills, S. 239–263

Illouz Eva (2011) Warum Liebe weh tut. Suhrkamp, Berlin

Jähnichen Traugott: (2009) Niedriglohn und Geschlechtergerechtigkeit – Sozialethische Perspektiven für Kirche und Gesellschaft. In: Evangelischer Pressedienst epd (Hrsg) (2009) Dokumentation der Fachtagung »Mein Lohn ist, dass ich darf? Frauen im Niedriglohn« Frankfurt am Main 14. April 2009, S. 17–26

Kahlert Heike (2007) Demographische Frage, »Qualität« der Bevölkerung und pronatalistische Politik – ungleichheitssoziologisch betrachtet. In: Prokla 146 Zeitschrift für kritische Sozialwissenschaft, 37. Jg. 1/2007, S. 61–75

Kontos Silvia (1985) Wider die Dämonisierung der Technik. In: Sozialwissenschaftliche Forschung und Praxis für Frauen e.V. (Hrsg) (1985), Eigenverlag des Vereins Forschung und Praxis für Frauen, Köln, S. 68–77

Liebig Brigitte (o. J.) Feminisierung der Arbeit. In: Wörterbuch der Sozialpolitik. http://www.socialinfo.ch/cgi-bin/dicopossode/show.cfm?id=217.
Oestreich Heide (2011) Hausfrauen sind richtig teuer. In: taz v. 9.11.11
Oestreich Heide (2012) Was Frauen wert sind. In: taz vom 22.3.2012
Olbrich Jochen (2012): Ernährungskapazität der Erde oder: Wie viele Menschen kann die Erde überhaupt ernähren? http://www.jochenolbrich.homepage.t-online.de/ErnaehrungskapazitaetErde.htm
O. Verf. (1999) Chemikalienpolitik. Rückgang der Spermienqualität in Deutschland und Europa. Ein Bericht des Instituts für angewandte Toxikologie und Umwelthygiene an der Universität Oldenburg. http://www.freiheitistselbstbestimmtesleben.de/pdf/Rueckgang_Spermienqualitaet_Studie-WMF.pdf
O. Verf. (2000) Der Traum-Mann. Umfrage über sexuelle Zufriedenheit in Deutschland.http://www.tagesspiegel.de/weltspiegel/der-traum-mann-umfrage-ueber-sexuelle-zufriedenheit
O. Verf. (2007) Ehegattensplitting: »Reformmodelle werden überschätzt«. http://www.uni-hohenheim.de/news/ehegattensplitting-reform-modelle-werden-ueberschaetzt-8
O. Verf. (2010a) Entwicklung von Lohnquote und Gewinnquote. http://www.sozialpolitik-aktuell.de/tf_files/sozialpolitik-aktuell/_Politikfelder/Einkommen-Armut/Datensammlung/PDF-Datein/tabIII2.pdf
O. Verf. (2010b) Viel Panik, nichts dahinter. In: Süddeutsche Zeitung vom 16.11.2010
O. Verf. (2011a) Jede dritte Frau mit Vollzeitstelle bekommt Niedriglohn. Spiegel online vom 7.3.2011, http://www.spiegel.de/wirtschaft/soziales/0,1518,749434,00.html
O. Verf. (2011b) ILO-Bericht: Deutschland Schlusslicht bei der Lohnentwicklung. http://www.initiative-mindestlohn.de/umfragen-studien/dumpingloehne/deutschland-schlusslicht-bei-der-lohnentwicklung/
O. Verf. (2011c) Spermienqualität nicht weiter rückläufig. In: Deutsches Ärzteblatt vom 7.6.2011 http://ww.aerztblatt.de/nachrichten/46158
O. Verf. (2011d) Baby zu gewinnen. In: Der Stern vom 15.9.2011
O.Verf. (2012b) Psychische Belastung im Job. Woher der Stress kommt. In Süddeutsche Zeitung online vom 1.5.2012. http://www.sueddeutsche.de/karriere/psychische-belastung-im-job-woher-der-stress-kommt
Pickert Bernd (2011) Reiche reicher, Arme mehr. In: taz vom 27.10.2011
Rath Christian (2011) Eizellenspenden bleiben auch künftig verboten. In: taz vom 4.11.2011
Reich Nora (2009/2010) Kinderlosigkeit in Deutschland. Gleichbehandlung von Frauen und Männern in der amtlichen Statistik gefordert. In: Innovative. Zeitschrift des Nordelbischen Frauenwerks, Kiel, Nr. 21, S. 31
Reiche Reimut (2003) Die Homosexualisierung der Gesellschaft. Nach der Trennung der Lust von der Zeugungsfunktion hat sich das Geschlechtsleben gravierend verändert. In: Frankfurter Rundschau vom 9.9.2003
Robienski Jürgen (2011) EGMR urteilt zur Eizellenspende. Kein Ende des lukrativen Geschäfts mit der Hoffnung. Legal Tribune online, http://www.lto.de/recht/hintergruende/h/egmr-urteilt-zur-eizellenspende-kein-ende-des-lukrativen-geschaefts-mit-der-hoffnung/

Romero Cecibel und Keppeler Toni (2011) Katholischer Streit um das Ei im Reagenzglas. In: taz vom 30./31. 7. 2011

Sachverständigenkommission Siebter Familienbericht (Hrsg) (2005) Familie zwischen Flexibilität und Verlässlichkeit. Perspektiven für eine Lebenslaufbezogene Familienpolitik. Berlin

Sachverständigenkommission zur Erstellung des Ersten Gleichstellungsberichtes der Bundesregierung und Fraunhofer Gesellschaft zur Förderung der angewandten Forschung e. V. (Hrsg) (2011) Neue Wege – Gleiche Chancen Gleichstellung von Frauen und Männern im Lebensverlauf. Gutachten der Sachverständigenkommission an das Bundesministerium für Familie, Senioren, Frauen und Jugend für den ersten Gleichstellungsbericht der Bundesregierung.

Sigusch Volkmar (2005a) Ein überschätztes Phänomen. Der Sexualwissenschaftler Volkmar Sigusch untersucht den Wandel des Liebeslebens von der Wollust zur Wohllust. In: Frankfurter Rundschau vom 11. 5. 2005

Sigusch Volkmar (2005b) Auf dem Niveau einer Kulturbeutel-Kultur. Geschlecht und Trieb: Durch die »neosexuelle Revolution« der letzten Jahrzehnte hat sich das Sexualleben lautlos, aber grundlegend gewandelt. In: Frankfurter Rundschau vom 5. 7. 2005

Sigusch Volkmar (2005c) Wollust und Wohllust. Das Sexualleben der jungen Generation schwankt zwischen romantischer Treue und schriller Selbstinszenierung. In. Frankfurter Rundschau vom 29. 11. 2005

Statistisches Bundesamt Deutschland (2012) Arbeitsmarkt Erwerbstätigenrechnung. Tabelle: Erwerbstätige im Inland nach Wirtschaftssektoren Deutschland

Weinkopf Claudia (2009) Hat Niedriglohn ein Geschlecht? Auswirkungen der aktuellen Beschäftigungssituation auf Frauen und Männer. In: Evangelischer Pressedienst epd (Hrsg) (2009) Dokumentation der Fachtagung »Mein Lohn ist, dass ich darf? Frauen im Niedriglohn« Frankfurt am Main, 14. April 2009, S. 8–12

Wichterich Christa (1985) Der Mythos der Überbevölkerung als Mittel zur Kolonisierung der Frauen in der Dritten Welt. In: Sozialwissenschaftliche Forschung und Praxis für Frauen e. V. (Hrsg) (1985), Beiträge zur feministischen Theorie und Praxis. Heft 14, Frauen zwischen Auslese und Ausmerze, Eigenverlag des Vereins Sozialwissenschaftliche Forschung und Praxis für Frauen, Köln, S. 9–18

Winker Gabriele (2007) Traditionelle Geschlechterordnung unter neoliberalem Druck. Veränderte Verwertungs- und Reproduktionsbedingungen der Arbeitskraft. In: Groß Melanie und Winker Gabriele (Hrsg) (2007) Queer-/Feministische Kritiken neoliberaler Verhältnisse. Unrast, Münster, S. 15–49

Zedler Lothar (2010) Sie wissen nicht, was sie tun, aber sie tun es. In: Linkes Forum Paderborn vom 13. 5. 2010. http://www.linkesforum-paderborn.de/neoliberalismus.htm.

Feministisches Denken und Handeln wird vom Neoliberalismus beeinflusst, geht aber nicht völlig darin auf

Bewusst spreche ich nicht von einer Einschätzung der Frauenbewegung oder des Feminismus. Ich teile die Auffassung von vielen, dass es heute keine Frauenbewegung mehr gibt; es gibt Frauenprojekte, Frauen-Blogs im Internet, gelegentlich Demonstrationen, aber keine Bewegung vergleichbar mit den früheren, die sich unter anderem durch lockere Organisationsstrukturen aber regelmäßige Treffen, Diskussionen über politische Forderungen und theoretische Themen auszeichneten. Dazu kamen bundesweite Treffen, Vernetzungen durch Publikationen, Demonstrationen und öffentlich erhobene politische Forderungen. Das Fehlen dieser Ausdrucksformen macht es schwer, in diesem Kontext Aussagen über Feminismus zu treffen. Dieser Schwierigkeit versuche ich zu begegnen, indem ich mich auf ein kleinstes gemeinsames Vielfaches beziehe, darüber hinaus für wichtige, im ersten Teil benannte feministische Ziele nach der Schnittmenge mit neoliberalen Entwicklungen frage und solche politischen Maßnahmen einordne und bewerte, die in jüngerer Vergangenheit als Frauen und/oder Gleichstellung fördernd bezeichnet wurden. Zuletzt wende ich mich der in Deutschland in bestimmten politischen Kreisen sehr bekannten Theorie der Dekonstruktion zu, um herauszufinden, ob diese für eine Frauen- oder Geschlechterpolitik eine Leitfunktion haben kann, die kritisch zum Neoliberalismus angelegt ist.

3.1 Neue Vielfalt von Feminismen

Immer häufiger wird betont, man/frau müsse heute korrekterweise von Feminis*men* sprechen. So listet allein wikipedia unter dem Stichwort »Feminismus« dreizehn (!) verschiedene Feminismen auf. Wie ist mit feministischer Pluralität – nicht unbedingt im Sinne von wikipedia – umzugehen?

Wie breit gefächert das Spektrum mittlerweile ist, wurde mir bewusst, als ich erfuhr, dass es selbst unter rechtsradikalen Frauen, genauer beim Mädel Ring Thüringen, eine Zeit lang einen »nationalen Feminismus« gab, bevor dieser einem antifeministischen Backlash innerhalb der extremen Rechten gewichen ist (Sanders 2000, S. 4 f). Dieser nationale Feminismus wandte sich typischerweise an deutsche Frauen und positionierte sich – für viele sicher überraschend – gegen das Patriarchat, indem verkündet wurde: »Deutsche Frauen wehrt euch gegen das Patriarchat und politische Unmündigkeit« und erstaunlich ebenfalls: »Wir wollen eine übertriebene Stilisierung der Mutterrolle vermeiden.« Die Zeit sei gekommen, eine Alternative anzubieten, diese stelle der nationale Feminismus dar. »Nationaler Feminismus voran!« (ebd., S. 4) Zwar war diese Position nur von kurzer Dauer, sie ist meines Erachtens jedoch für die feministische Vielfalt symptomatisch und macht den Mangel an theoretischem Fundament oder politischem Konzept deutlich. (Für eine Analyse des rechten Feminismus s. auch Bitzan 2000 und 2005.) Rechter Feminismus ist zwar als politische Richtung extrem, aber inzwischen werden liberale und konservative Feminismen ausgemacht (Wolf 2011). Diese Entwicklung wurde damit kommentiert, es sei gut, dass sich der Feminismus von seiner linken Vergangenheit gelöst habe. Der Cyberfeminismus versteht sich als Bewegung, die darauf setzt, dass Frauen sich digitale Techniken aneignen und für ihre eigene politische Vernetzung nutzen. Er behält sich Vielfalt vor, alle politischen und sonstigen Strömungen von sozialistisch bis konservativ sind erlaubt und ausdrücklich willkommen (Rönicke 2011). Viele, vor allem jüngere Frauen, begrüßen die Vielfalt ebenfalls (z. B. Purtschert und Ruef 2003, S. 30, 38 f).

Die breite Auffächerung des Feminismus begann zeitgleich mit dem Aufkommen der Postmoderne als philosophischer Richtung. Letztere wurde wegen ihrer Unschärfe und Unsicherheit von Paul Feyerabend als ein Phänomen des »anything goes« beschrieben und kritisiert (http://www.bible-only.org/german/handbuch/Postmoderne.html). Ausführlich hat Sheila Benhabib das »feministische Bündnis mit der Postmoderne« dargestellt und als prekär bezeichnet (Benhabib 1993, S. 9 ff). Die Ähnlichkeit zwischen einem postmodernen »anything goes« und einer neuen Toleranz für Feminismen (fast) aller Couleur ist nicht zufällig, sondern Teil einer gesellschaftlichen Veränderung innerhalb des Überbaus, die mit dem Zusammenbruch des Ostblocks vollzogen wurde und den damit verbundenen Erfahrungen, dass die großen, teilweise monokausalen »Erzählungen«, mit denen Geschichte erklärt und politische Ziele begründet wurden, unglaubwürdig geworden waren (ebd., S. 16).

3.2 Bedeutungswandel der feministischen Schlüsselbegriffe Selbstverwirklichung und Gleichheit

In Veröffentlichungen zum Thema Feminismus herrscht nicht nur große Einigkeit darüber, dass es ein breites Spektrum von Feminismen gibt. Zum Glück für meine Betrachtung hier beschreiben viele Autorinnen deren Gemeinsamkeiten übereinstimmend. Diese bestünden in zentralen Begriffen und damit auch in Zielen politischen Handelns: Selbstverwirklichung/Selbstbestimmung/Autonomie/Befreiung aus persönlicher Abhängigkeit einerseits und Gleichheit andererseits (siehe dazu Sezgin 2008, Kron 2004, Thürmer-Rohr 2009, S. 2, 6, Gerhard 1999, S. 29). Im Folgenden möchte ich daher den Begriffen Selbstverwirklichung/Selbstbestimmung, worunter ich der Einfachheit halber auch Autonomie und Befreiung aus persönlicher Abhängigkeit fassen werde, und Gleichheit nachgehen und fragen, ob und wenn ja, inwieweit eine Nähe zu neoliberalen Werten bzw. Ideologien besteht.

Zum erstgenannten Stichwort werde ich nicht auf das Problem eingehen, dass einer Selbstverwirklichung von Frauen wie von Männern innerhalb jeder Gesellschaft Grenzen gesetzt sind. Ich gehe davon aus, dass von den Autorinnen in diesem Kontext Selbstverwirklichung innerhalb des vorgegebenen gesellschaftlichen Rahmens gemeint ist. Wichtig ist mir jedoch, daran zu erinnern, dass Selbstbestimmung ein feministischer Kampfbegriff der 1970er Jahre und mit bestimmten Forderungen verbunden war. Zunächst ging es darum, dass die Entscheidung über das Kinderkriegen allein bei Frauen liegen, von ihnen selbst bestimmt werden solle. Die Slogans »Ob Kinder oder keine entscheiden wir alleine« und »Mein Bauch gehört mir« brachten dies auf den Punkt. Die GegnerInnen dieser Forderungen waren der Auffassung, ungewollt schwangere Frauen hätten dieses Schicksal anzunehmen. Sie wollten einen Abbruch nur tolerieren, wenn andere, insbesondere ÄrztInnen sich dafür aussprachen, nicht aber die betroffenen Frauen. Zu einer zweiten, weniger vehement vorgebrachten Forderung nach Selbstverwirklichung gab es keine lautstarke Opposition, nämlich der Forderung nach Erwerbstätigkeit, ohne die Erlaubnis des Ehemanns einholen zu müssen, wie es der bis 1977 gültige § 1356 BGB vorsah. Hier hatte die Realität das Gesetz bereits überholt.

Diese Verhältnisse, gegen die sich die Frauenbewegung mit dem Schlagwort Selbstbestimmung wehrte, bestehen heute zwar noch bis zu einem gewissen Grad beim gültigen § 218 StGB, stellen aber im Bewusstsein und in der Handhabung des Gesetzes keine große Einschränkung mehr dar. Wer daher heute von Selbstverwirklichung spricht, muss klarstellen, was er/sie damit meint. Ist abstrakt von Selbstverwirklichung die Rede, ohne dass der Begriff in einen aktuellen politischen Kontext gestellt wird, entsteht eine inhaltliche Beliebigkeit, die keine

Zu- oder Einordnung mehr möglich macht. Tatsächlich kann heute nahezu alles, was eine Frau tut, als Selbstverwirklichung bezeichnet werden, sei es, dass sie sich für eine Ausbildung in Informationstechnik entscheidet, sei es, dass sie sich ihre Brüste operativ vergrößern lässt und Ähnliches. Auch im Bereich der Reproduktion im Sinne von Fortpflanzung taucht der Begriff Selbstverwirklichung auf, wenn es um ein Recht auf Elternschaft geht, womit das Recht gemeint ist, die technologischen Möglichkeiten der Reproduktionsmedizin in Anspruch nehmen zu können. Indem dies geschieht, rückt Selbstverwirklichung nahe an das neoliberale Menschenbild heran. Selbstverwirklichung wird jetzt umgedeutet als »Selbstoptimierung durch das Individuum«, wie Mechthild Bereswill feststellt (2004, S. 59).

Als ein *erstes Ergebnis* möchte ich festhalten: Selbstverwirklichung, losgelöst von einer gesellschaftskritischen Bewertung und konkreten politischen Forderungen, lässt sich mühelos in neoliberale Werte integrieren und dient daher der Unterstützung dieses Gesellschaftssystems.

Auch Gleichheit war ursprünglich ein politischer Kampfbegriff, meist verwendet im Zusammenhang mit dem Einfordern gleicher (bürgerlicher) Rechte. Im Kontext von Frauenförderung und Quotierung war der Gleichheitsgedanke der übergeordnete Rahmen, da die genannten Maßnahmen dazu führen sollten, berufliche Diskriminierung abzubauen und daraufhin zu arbeiten, dass die Hälfte der qualifizierten Arbeitsplätze von Frauen eingenommen werden. Diese Gleichheitsforderung, verstanden als Herstellung eines »fifty-fifty«, wird manchmal mit dem daraus sich ergebenden Nutzen für Unternehmer begründet. So hatte Renate Schmidt 2003 in ihrer Eröffnungsrede des damals von ihr geleiteten Bundesministeriums für Familie, Senioren, Frauen und Jugend gesagt: »Der unternehmerische Ansatz, die individuellen Fähigkeiten so intensiv wie nur möglich nutzbar zu machen, verbietet per se die Schlechterstellung eines Geschlechts, denn damit würde das Ziel der höchstmöglichen Potenzialausschöpfung der Belegschaft nicht erreicht, der Betrieb bliebe dann unter seinen Möglichkeiten und das ginge zu Lasten des Unternehmens.« (zit. nach Bereswill 2004, S. 55) Das Zitat könne aus einem Handbuch der Personalentwicklung stammen, kommentiert Bereswill. Geschlechtergerechtigkeit wird der Privatwirtschaft als Optimierungsstrategie nahe gebracht und kommt langsam aber sicher auch bei einigen Unternehmen an.

Bereits in der feministischen Diskussion der 1970er/80er Jahre tauchte ein Gedanke auf, der im Kern eine Gleichstellungsvorstellung enthüllt: Der Weg zur Befreiung der Frau führe über deren Befreiung von der Biologie, genauer vom Gebären. Dadurch könne Gleichheit mit Männern hergestellt werden. Zuerst 1970 von Shulamith Firestone (1970, 1975 auf deutsch erschienen) ausgesprochen, dann von anderen, beispielsweise von Silvia Kontos 1985 aufgegriffen und als sehr bedenkenswert dargestellt (Kontos 1985, S. 75), erlebt diese These aktuell eine Variante durch Elisabeth Badinter. Ihr Buch »Der Konflikt – Die Frau und die Mutter« ist von vielen Feministinnen und Frauenpolitikerinnen sehr positiv aufgenommen worden. So nennt Barbara Vinken in der Zeitschrift Emma und in der taz das Buch eine Rettung (2010). Auch Inge Wettig-Danielmeier geht mit Badinter in der Kritik an Frauen konform, für die der Beruf zur Nebensache wird (Wettig-Danielmeier und Oerder 2011, S. 36). Badinter polemisiert gegen das Stillen und setzt ihm ihr Ideal von Gleichheit zwischen Müttern und Vätern vermittels des Babyfläschchens entgegen (wobei sie sich, nebenbei bemerkt, über diejenigen mokiert, die ForscherInnen Glauben schenken, die Gesundheitsschäden durch Plastikfläschchen ermittelt hatten). Dank des Babyfläschchens könnten nun beide Eltern ihr Kind in gleicher Weise versorgen. Solche Überlegungen kommen meines Erachtens einer Selbstkastration nahe. Die reproduktive weibliche Potenz wird ignoriert und durch technische Mittel ersetzt, vom Babyfläschchen bis hin zur sprichwörtlichen Retorte bei der In-vitro-Fertilisation. Ziel ist es dabei vor allem, Gleichheit zwischen Männern und Frauen auf dem Erwerbsarbeitsmarkt herzustellen, de facto eine Angleichung an Männer, genauer gesagt an die in unserer Gesellschaft vorherrschende männliche Lebensweise.

Als *zweites Ergebnis* fasse ich zusammen: Gleichheit hat eine politische Umdeutung hin zur Angleichung an Männer erfahren, ganz im Einklang mit der veränderten kapitalistischen Struktur des Arbeitsmarkts und der Notwendigkeit desselben, Frauen einzubinden.

3.3 Neoliberale Veränderungen und feministische Forderungen zur Individualfamilie, Feminisierung des Arbeitsmarktes und Neuorganisation der Hausarbeit

Nun möchte ich das Thema von der anderen Seite her angehen und fragen, wo im neoliberalen Kapitalismus Veränderungen stattgefunden haben, die Frauen und das Geschlechterverhältnis betreffen und was diese an Vor- und Nachteilen gebracht haben. Dabei werde ich mich auf drei Auswirkungen beziehen: das Modell der Individualfamilie, die Feminisierung des Arbeitsmarkts und die Neuorganisation der Hausarbeit.

Die Idee der *Individualfamilie* entspricht feministischen Vorstellungen. Während sie im Neoliberalismus eine Folge von Lohnkürzungen bei Männern und damit eine Abkehr vom männlichen Familienlohn war, bedeutete Individualfamilie für Frauen Lösung aus persönlicher Abhängigkeit durch existenzsichernde Erwerbstätigkeit. Die Individualfamilie ist jedoch nicht in großem Umfang verwirklicht. In der Mehrheit der Familien reduziert die Frau ihre Erwerbsarbeitszeit, wenn sie ein Kind bekommt, erhält dann in den seltensten Fällen ein existenzsicherndes Einkommen und gerät zudem meist in Altersarmut (Schmollack 2012b). Die ökonomische Abhängigkeit vom Partner ist zumindest für die »Kinderphase« nicht aufgehoben.

Ich halte fest: Es gibt Überschneidungen zwischen dem feministischen Ziel der ökonomischen Unabhängigkeit von Frauen und der Ideologie der Individualfamilie, wobei letztere an der Realität gebrochen wird.

Unter *Feminisierung des Arbeitsmarkts* wurde die Entwicklung gefasst, die immer mehr Männer in Arbeitsverhältnisse bringt, die bislang überwiegend von Frauen eingenommen wurden (s. in diesem Teil 2.1.1). So sind z. B. unter den Menschen, die 2011 zwei Teilzeittätigkeiten ausüben, ca. 60 Prozent Frauen, also immerhin 40 Prozent Männer. Es liegt auf der Hand, dass eine Prekarisierung der Arbeit weder für Frauen noch für Männer zu feministischen Zielvorstellungen gehört. Hier divergieren Feminismus und Neoliberalismus. Allerdings wird das Thema Prekariat, wie mir scheint, eher von links stehenden Parteien und Gruppierungen aufgegriffen, als von Frauenorganisationen, bei Linken häufig jedoch, ohne den geschlechtsspezifischen Aspekt zu thematisieren. Ob die Entwicklung dahin geht, dass die Angleichung zwischen den Geschlechtern weiter voran schreitet, also der Männeranteil bei Minijobs, im Niedriglohnbereich etc. steigen wird, oder ob der hohe Frauenanteil bei schlecht bezahlten, prekären Arbeitsplätzen »das Lebensexilier des neoliberalen Kapitalismus« (Fraser 2009, S. 56) darstellt, vermag ich nicht zu prognostizieren.

Das Ergebnis ist eindeutig: Die Feminisierung des Arbeitsmarkts ist im neoliberalen Kapitalismus vorangetrieben worden. Sie widerspricht allen feministischen Forderungen.

An die im Neoliberalismus erfolgte *Neuorganisation der Hausarbeit im weitesten Sinn* möchte ich in Stichworten erinnern: die Zunahme warenförmiger Dienstleistungen, darunter die Fremdvergabe von Hausarbeit durch private Haushalte an meist illegalisierte Migrantinnen einerseits und die Refamiliarisierung von Hausarbeit andererseits. Die politischen Konzepte zu diesem Bereich sind gespalten. Forderungen etwa nach außerhäuslicher, bezahlter Kinderbetreuung stehen neben Projekten, die für Frauen und im Prinzip – aber sehr viel seltener in der Realität – auch für Männer gesetzlich die Reduktion der Arbeitszeit zu ermöglichen, um unbezahlt Betreuungsaufgaben zu übernehmen. Frigga Haug meint: »vor allem die Kämpfe um die Anerkennung der Hausarbeit als Arbeit wurden aufgenommen ins neoliberale Projekt.« (Haug 2009, S. 404) Dem kann ich mich nicht anschließen. Von dem, was in den 1970er Jahren unter Lohn für Hausarbeit angedacht war, ist nicht viel zu spüren, die Anrechnung von Kindererziehungszeiten bei der Rente ausgenommen. Auch wird nach wie vor mit dem Bruttoinlandsprodukt gearbeitet, bei dem unbezahlte Arbeit nicht einbezogen wird, also gerade

nicht als Arbeit berücksichtigt ist. Wo diese Anerkennung sich abspielt und wieso dies Teil des neoliberalen Projekts sei, führt Haug nicht aus.
Fremdvergabe von Hausarbeit und Refamiliarisierung finden gleichzeitig statt. Ein Trend in die eine oder andere Richtung ist derzeit nicht zu erkennen. Der neoliberale Kapitalismus braucht die Möglichkeit, im Bedarfsfall Hausarbeit in die Familie zurückweisen zu können ebenso wie die Schaffung weiterer Dienstleistungsarbeiten. Was letzteres angeht, bin ich der Auffassung, dass insbesondere Sorgetätigkeiten nicht einfach in bezahlte Dienstleistungen umzuwandeln sind und dass gerade die dreifache Form, in der Hausarbeiten geleistet werden, bezahlt außer Haus, bezahlt im Haus und unbezahlt im Haus, weiterhin gebraucht werden, um flexibel auf Bedürfnisse und ökonomische Notwendigkeiten reagieren zu können. Genau diese Flexibilität ist sehr nützlich für die Gesellschaft, da je nach Bedarf und Situation Verschiebungen möglich sind.

Es besteht zwar in Teilbereichen eine entfernte Ähnlichkeit zwischen zunehmenden Angeboten von hausarbeitsnahen, warenförmigen Dienstleistungen und feministischer Vorstellungen vergesellschafteter Hausarbeit, die Realität hat jedoch weder mit der alten, auch damals schon nur teilweise von Feministinnen unterstützten Forderung nach Lohn für Hausarbeit, noch mit dem ebenso alten Konzept einer gleichen Aufteilung von unbezahlter Hausarbeit zwischen Männern und Frauen etwas gemein. Anders ausgedrückt: Der Teil feministischer Forderungen, der außerhalb der Schnittmenge mit dem Neoliberalismus liegt, ist deutlich größer.

Zusammenfassung und Fazit

- Wenn heute feministische Kernbegriffe wie Selbstverwirklichung und Gleichheit aus dem historischen Kontext, in dem sie als Kampfbegriffe entstanden sind, herausgelöst werden, werden sie unpräzise, nebulös und erlauben es, Vieles, auch Widersprüchliches, hineinzulegen. Sie haben daher eine Nähe zur Vielfalt oder auch zur Unschärfe aktueller Feminismen.
- Insbesondere der Gleichheitsbegriff orientiert sich dabei an kapitalistischen Interessen (Profitmaximierung durch weibliche Führungskräfte), und/oder am männlichen Lebenszusammenhang (Vollzeiterwerbsarbeit).
- Das Leitbild der Individualfamilie deckt sich zwar mit feministischen Vorstellungen von Gleichberechtigung in Ehe und Familie, ist jedoch im Neoliberalismus nur partiell verwirklicht.
- Eine Feminisierung des Arbeitsmarkts entspricht nicht einem feministischen Konzept.
- Zur Hausarbeitsorganisation gibt es im Neoliberalismus keine einheitliche Tendenz – ebensowenig wie in der aktuellen feministischen Diskussion.

Insgesamt erscheint die Schnittmenge zwischen aktuellen, feministischen Konzepten und Neoliberalismus etwas größer als die außerhalb der Schnittmenge gelegenen Teile.

3.4 Einschätzung frauenpolitischer Themen, Forderungen und Gesetze

Da es heute keine Frauenbewegung mehr gibt, kann nicht wie im ersten Teil die Bewertung von Forderungen danach, ob sie systemkonform oder systemsprengend sind, erfolgen. Heutzutage haben die meisten Parteien ein frauenpolitisches Konzept und auch große traditionelle Frauenorganisationen haben frauenpolitische Positionen entwickelt oder unterstützen andere. Daher muss die Verortung der entsprechenden Themen im Neoliberalismus diese unter die Lupe nehmen. Unter frauenpolitischen Themen verstehe ich dabei solche, die in den letzten ca. 20 Jahren in der Bundesrepublik aktuell waren oder es noch sind und weitgehend öffentlich als »frauenförderlich« eingestuft wurden. Ich habe sie so ausgewählt, dass dabei die Bereiche Produktion und Reproduktion vertreten sind, aber auch Themen aus dem rechtlichen Überbau.

Als Bewertungsrichtlinie gebe ich zwölf Fragen vor, die auf die acht von Bill Moyer entwickelten Phasen für soziale Bewegungen, bzw. auf seinen Movement Action Plan (MAP), zurückgehen (Moyer 1987):

- Frage 1: Steht das Thema auf der politischen Agenda?
- Frage 2: Sind MeinungsführerInnen und relevante gesellschaftliche Institutionen damit befasst?
- Frage 3: Haben sich Machthaber von der herrschenden Meinung abgespalten und ihre Position geändert?
- Frage 4: Haben Machthaber in der Öffentlichkeit Ängste vor Alternativen und Aktivismus geschürt, die sie mit dem Thema in Verbindung brachten?
- Frage 5: Wurden Versuche eines Rückschlags abgewehrt?
- Frage 6: Gibt es in der Bevölkerung eine große Mehrheit, die sich bezogen auf das Thema in Opposition zur herrschenden Politik befindet?
- Frage 7: Werden oder wurden zu dem Thema in großem Stil Kampagnen und/oder skandalisierende Aktionen durchgeführt?
- Frage 8: Ist es gelungen, zu dem Thema oder Problem Alternativen voranzutreiben?
- Frage 9: Wurden neue, stärkere Gesetze, Verordnungen o. ä. beschlossen?
- Frage 10: Wurde ein Paradigmenwechsel angestrebt?

- Frage 11: Ist es gelungen, nicht nur Reformen, sondern einen Paradigmenwechsel zu erreichen?
- Frage 12: Ist es gelungen zu zeigen, dass »der Feminismus« alle Bereiche der Gesellschaft betrifft?

Diese Fragen möchte ich an folgende Themen stellen, die sämtlich in den vergangenen Jahren breit öffentlich diskutiert und/oder umgesetzt wurden:

- Frauenquote für Aufsichtsräte DAX-notierter Unternehmen
- Lohndifferenz zwischen Männern und Frauen (Gender Pay Gap)
- Nachtarbeitsverbot für Arbeiterinnen und Zulassung von Frauen zur Bundeswehr
- Prostitution bzw. Sexarbeit
- Änderungen im Ehe- und Familienmodell
  - Strafbarkeit der Vergewaltigung in der Ehe
  - Vätermonate
  - Unterhalts-, Umgangs- und Sorgerecht
  - Eingetragene gleichgeschlechtliche Partnerschaften
- Männergewalt gegen Frauen in der Familie
- Kopftuch- und Burkaverbot

Zur Frage nach einem Rückschlag (Frage 5) werde ich kurz auf antifeministische Bestrebungen eingehen und die Frage (12) versuche ich für die Bereiche Wirtschaft, Politik und Öffentlichkeit zu beleuchten; dabei habe ich die Bereiche Kultur und Wissenschaft bewusst weggelassen, weil sie so vielfältig sind, dass ich ihnen in diesem Rahmen nicht gerecht werden könnte. (Im Folgenden werde ich – soweit möglich – in Klammern die Nummern der oben aufgelisteten Fragen einschieben, auf die sich die jeweils vorangehende Aussage bezieht.)

3.4.1 Frauenquote für Aufsichtsräte in DAX-notierten Unternehmen

Dieses Thema gehört derzeit zu den stark diskutierten Forderungen. So hat Mitte Dezember 2011 ein parteiübergreifendes Bündnis in einer sog. Berliner Erklärung Unterschriften für eine Frauen-Quote von 30 Prozent für Aufsichtsräte gesammelt. In den Medien genießt das Thema eine hohe Priorität (Frage 1). Eine Reihe von Institutionen haben die Forderungen befürwortet, ebenso Frauenorganisationen, aber auch Gewerkschaften und Parteien des eher linken Spektrums (Frage 2), wobei die Prozentangaben für die jeweils gewünschte Quote variieren. Innerhalb der CDU hat die Haltung der früheren Frauen- und jetzigen Arbeitsministerin Ursula von der Leyen große öffentliche Aufmerksamkeit erfahren, weil sie mit ihrer Befürwortung einer Quote aus dem traditionell und aktuell mehrheitlich Quoten ablehnenden CDU-Lager ausgeschert ist (Frage 3). Besonders entschiedene GegnerInnen sind – wie eh und je – WirtschaftsführerInnen und deren Organisationen. Allein zielführend seien unternehmensspezifische, differenzierte Ziele, meinte Arbeitgeberpräsident Hundt Ende April 2011 (O. Verf. 2011d). Die Bevölkerung scheint bzgl. des Themas gespalten zu sein. Im Februar 2011 hat eine Umfrage des Magazins *Der Stern* ergeben, dass Frauen zu 58 Prozent für eine »Quote in den Führungsetagen großer Unternehmen« sind, Männer zu 53 Prozent dagegen (O.Verf. 2011a). Gerne werden Frauen und Männer zitiert, die die weit verbreitete Auffassung vertreten, Frauen sollten sich nicht durch ihr Geschlecht, sondern durch ihre Qualifikation an die Spitze von Unternehmen hocharbeiten. Damit wird der bekannte Gegensatz zwischen Qualifikation und Frauenquote verstärkt (Frage 6).

In gewisser Weise knüpft die aktuelle Kontroverse an die in den 1980er Jahren heftig geführte Quotendiskussion an. Zur Einschätzung möchte ich daher etwas ausholen und die in den 1980er Jahren geführte Diskussion in Erinnerung rufen. Damals wurde die Forderung, die Hälfte aller qualifizierten Arbeitsplätze an Frauen zu vergeben, zunächst für den Öffentlichen Dienst erhoben, weil für diesen die jeweiligen demokratisch gewählten Gremien auf kommunaler, Landes- und Bundesebene entsprechende Beschlüsse zur Umsetzung fassen können. Frauenförderpläne bzw. entsprechende Gesetze wurden verabschiedet. Vor allem durch die Arbeit von Frauen- bzw. Gleichstellungsbeauftragten, sowie mancher Frauen- bzw. GleichstellungsministerInnen war öffentlich gemacht worden, dass bei Einstellung und Beförderung sehr häufig nicht nach Leistung, Eignung und Befähigung, den Einstellungsprinzipien für den Öffentlichen Dienst, entschieden wurde. Parteizugehörigkeit, sogenannte soziale Gründe oder eine »stimmende Chemie« bei der Auswahl einer Person spielten/spielen explizit oder implizit eine wichtige, oft die ausschlaggebende Rolle. Soziale Gründe bedeuteten dabei in der Regel, dass ein verheirateter Mann mit Kindern als Familienernährer gesehen und folglich als bedürftiger eingestuft wurde, als eine verheiratete Frau, die – gerade auch in der Auffassung von Personalratsmitgliedern, also Gewerkschaftern – lediglich als Zubrotverdienerin galt. Obwohl die hohe Bedeutung von Kriterien, die nichts mit Leistung, Eignung und Befähigung zu tun hatten, innerhalb der öffentlichen Verwaltung wohlbekannt war und von den Parteien mitgetragen wurde, wenn es darum ging, eigene Leute in der Verwaltung unterzubringen, also politischen Filz zu erzeugen, gelang es kaum, dies (öffentlich) zu skandalisieren. Es konnte nicht deutlich gemacht werden, dass bei einer Quotenregelung *gleiche Qualifikation* Grundvoraussetzung war, d. h. dass dadurch gerade eine Hinwendung zu reinen Leistungskriterien und die tendenzielle Abkehr von nicht leistungsbezogenen Bewertungen verfolgt wurde. Das Insistieren auf gleicher Leistung bedeutete daher gegenüber der gängigen personalpolitischen Praxis einen Paradigmenwechsel. Diesen auch tatsächlich eingeleitet zu haben, verdankt der Öffentliche Dienst meines Erachtens vor allem der Beteiligung und Intervention von Frauenbeauftragten bei Personalangelegenheiten (Frage 11).

Ins öffentliche Bewusstsein ist dies jedoch nicht transportiert werden. Bei gleicher Leistung, Eignung und Befähigung einer Frau den Vorrang zu geben, löste einen Aufschrei gegen die Quotenregelung aus. Die Forderung wurde verfälscht und gegen die Fälschung polemisiert. Frauen sollten nur wegen ihres Geschlechts und ohne die geforderte Qualifikation vorweisen zu können, in höhere Positionen gelangen, hieß es. Schnell machten abwertende Begriffe wie Quotenfrau und Quothilde die Runde, sodass Frauen selbst sich von Quotenregelungen abwandten und darauf bestanden, nur wegen ihrer Leistung eingestellt oder befördert zu werden. So entstand das ideologisch genutzte Gegensatzpaar Qualifikation versus Quote. Diese interessensgeleitete Fehlinterpretation der Quotenforderung ließ auch in den Hintergrund treten, dass Quoten stets in eine Reihe von Frauenfördermaßnahmen eingebettet waren, die weit mehr enthielten, z. B. auch die Förderung von Frauen in niedrig vergüteten Bereichen und die von Teilzeitkräften.

Die Forderung nach einer Frauenquote für Aufsichtsräte erscheint auf den ersten Blick wie eine Fortsetzung dieser Frauenförderpolitik. Dazu kommt aber eine weitere Begründung pro Quote: Ein Frauenanteil von ca. 30 Prozent wirke sich positiv auf Gewinne und Renditen der betreffenden Unternehmen aus, wobei auf entsprechende Erfolge in Norwegen verwiesen wird. Eine Studie der Friedrich-Ebert-Stiftung zitiert Untersuchungen, die größere wirtschaftliche Erfolge bei Unternehmen ausmachten, deren Geschäftsführung eine größere Diversität, nicht nur bezogen auf das Geschlecht, aufweisen (Storvik und Teige 2010, S. 11). Im Zusammenhang mit einem auf ca. 30 Prozent erhöhten Frauenanteil taucht häufig eine weitere Behauptung auf: Ab diesem Anteil fände ein »Sprung von der Quantität in die Qualität« statt, d. h. die Politik des Unternehmens könne sich nicht nur quantitativ auf die Höhe von Gewinnen und Renditen bezogen, sondern sogar qualitativ verändern, verbessern lassen. Für eine qualitative Veränderung durch einen höheren Frauenanteil gibt es meines Wissens jedoch kaum Belege (einige wenige werden in der Friedrich-Ebert-Studie aufgeführt). Die Annahme vom qualitativen Wandel durch mindestens 30 Prozent Frauen in Entscheidungsgremien würde ja voraussetzen, dass diese sich sämtlich nicht nur bzgl. bestimmter Inhalte einig sind, sondern dass diese Inhalte zudem verändernden Charakter hätten. All dies lediglich, weil es sich um Frauen handelt. Dass dies an der Realität vorbei geht, liegt auf der Hand, werden doch hier Unterschiede in den Meinungen von Frauen geleugnet. Bei dem heute angeführten Argument, ein deutlich erhöhter Frauenanteil in Aufsichtsräten könnte die Rendite des Unternehmens verbessern, wird offensichtlich, wie weit sich insbesondere Gewerkschaften, SPD und Linkspartei von einer linken Position entfernt haben, sollen doch nun Frauen zur Optimierung kapitalistischen Gewinnstrebens beitragen. Die Forderung nach Frauenquoten in Aufsichtsräten ist daher voll im kapitalistischen und neoliberalen Wirtschaftskonzept angesiedelt, das Gewinnmaximierung als oberstes Ziel wertet. Diese Frauenquote unterscheidet sich von der Forderung der 1980er Jahre, die Hälfte aller qualifizierten Arbeitsplätze an qualifizierte Frauen zu vergeben, ging es doch damals um die ökonomische Verbesserung der Situation von Frauen und nicht um die von Unternehmen. Das wurde eben auch dadurch deutlich, dass in den Frauenförderplänen gleichzeitig Maßnahmen entwickelt worden waren, die der Verbesserung der Situation von Frauen in niedrig vergüteten Bereichen dienen sollten.

3.4.2 Lohndifferenz zwischen Männern und Frauen (Gender Pay Gap)

Dank der 2008 aus den USA nach Europa gekommenen Einrichtung eines »Equal-Pay-Day« ist auch in Deutschland das Bewusstsein gestiegen, dass Frauen und Männer nicht gleich bezahlt werden. Mit »Equal-Pay-Day« ist der Tag gemeint, bis zu dem Frauen arbeiten müssten, um das Einkommen zu erzielen, das Männer im vergangenen Jahr erhalten hatten. In Deutschland ist dies am 25. März der Fall. Auf Stundenlöhne umgerechnet liegt die Differenz bei 23 Prozent.

Obwohl dieser Tag von den Medien begleitet wird und vor allem Gewerkschaften hierzu auch Aktionen durchführen, handelt es sich dabei nicht um große Kampagnen oder Aktionen (Frage 7); dennoch ist die Skandalisierung der Differenz weitgehend gelungen. Auf die politische Agenda ist die Forderung nach gleichem Lohn für vergleichbare Arbeit noch nicht in ausreichendem Maße gelangt (Frage 1). Unter dem Schlagwort »gleicher Lohn« wird derzeit eher an LeiharbeiterInnen im Vergleich zum Stammpersonal gedacht. Hier ist die Ungerechtigkeit leichter zu vermitteln, während die frauenspezifische Ungerechtigkeit für manche nicht so sehr ins Auge springt. Besonders interessant ist die Tatsache, dass der Unterschied in der Bezahlung in hohem Maße auf die schlechte Vergütung in Frauenberufen zurückzuführen ist. (Zur Erinnerung: Dabei handelt es sich um Berufe, in denen mindestens zu 80 Prozent Personen des betreffenden Geschlechts beschäftigt sind.) Kaum wurde dies öffentlich, machten sich genau daran Gegenstimmen fest. Es wird argumentiert, Frauenberufe dürften nicht in die Berechnung einbezogen werden, sie müssten im Gegenteil herausgerechnet werden. Das ist auch geschehen und das Ergebnis sind sehr viel weniger beunruhigende 8 Prozent Unterschied (O. Verf. 2011b, S. 17f). Zu den Gegenargumenten kommt das für den Neoliberalismus typische Individualisierungsdenken. Frauen verhandelten eben schlechter, müssten bessere Verhandlungsstrategien erlernen. Außerdem wird Frauen vorgehalten, sie wählten freiwillig die falschen, weil schlecht bezahlten Berufe. Beide Argumente münden darin, dass Frauen eben selbst schuld seien. Dabei handelt es sich um sehr fragwürdige Vorschläge, um die Situation zum Positiven zu verändern (Frage 8).

Dass es heute auch Stimmen gibt, die – wie zuletzt 1989 besonders laut die DDR-Feministinnen – eine bessere Bezahlung in Frauenberufen fordern, kann als ein Bestreben gewertet werden, einen Paradigmenwechsel herbeizuführen (Frage 10). Denn seit den 1980er Jahren wurde ein anderer politischer Weg beschritten. Es gab und gibt bis heute Versuche, Männerberufe für Mädchen und Frauen attraktiv zu machen. Als früheste Aktion lief die Kampagne »Mädchen in Männerberufe«, heute sind es die »Girl's Days«, mit denen ähnliche Ziele verfolgt werden. Durch eine andere Berufswahl, nämlich von besser bezahlten (Männer-)Berufen, können Mädchen mehr Geld verdienen. Die Bezahlung in Frauenberufen wurde und wird damit nicht kritisiert, sondern stillschweigend akzeptiert. Wenn jetzt Forderungen nach besserer Bezahlung in Frauenberufen laut werden, so wird damit ein Schritt zur Aufhebung der finanziellen Ungleichheit der geschlechtsspezifischen Arbeitsteilung gegangen. Bis daraus eine Kampagne oder Aktionen werden, die über den »Equal-Pay-Day« hinausgehen, muss allerdings noch einiges geschehen.

3.4.3 Aufhebung des Nachtarbeitsverbot für Arbeiterinnen und Zulassung von Frauen zur Bundeswehr

Diese beiden Gesetzesänderungen nenne ich in einem Atemzug, da sie meines Erachtens in eine ähnliche Richtung weisen. Die Aufhebung des Nachtarbeitsverbots für Arbeiterinnen erfolgte 1994, die Zulassung von Frauen zur Bundeswehr besteht seit dem 1.1.2001.

Hinter dem ursprünglichen Verbot der Nachtarbeit und des im Grundgesetz verankerten Ausschlusses von Frauen aus der Bundeswehr standen einerseits Schutzgedanken, andererseits Wünsche, die besondere soziale Situation von Frauen zu berücksichtigen. Geschützt werden sollten Arbeiterinnen vor der Nachtarbeit, weil sie unter dieser »wegen ihrer Konstitution« stärker litten als Männer. Geschützt werden sollten Frauen als Soldatinnen vor den Angriffen der Feinde, denen sie besonders ausgesetzt seien. Für das Nachtarbeitsverbot spräche zudem die besondere Situation, die dadurch entstünde, dass Frauen, die »üblicherweise durch familiäre Verpflichtungen als Hausfrau und Mutter« belastet seien, eine zusätzliche Belastung erfahren würden (Epping 2009, S. 359). Auch wurde die größere Gefährdung von Frauen auf dem nächtlichen Weg zur Arbeit und zurück für das Nachtarbeitsverbot angeführt.

Diese Argumente standen von vornherein auf schwachen Füßen insofern, als das Nachtarbeitsverbot nur für Arbeiterinnen, nicht aber für Angestellte und Beamtinnen galt. Gegen das Verbot aus den genannten sozialen Gründen wurde angeführt, die familiären Verpflichtungen seien kein hinreichendes geschlechtsspezifisches Merkmal; zudem würde dadurch die geschlechtsspezifische »Rollenverteilung« verhärtet (ebd., 359 ff). Da die soziale Situation von Frauen es nicht rechtfertige, »alle Arbeiterinnen zu benachteiligen« und sie bei der Stellensuche und bei der freien Verfügung über ihre Arbeitszeit zu behindern und es ihnen unmöglich gemacht werde, Nachtarbeitszuschläge zu verdienen (ebd., S. 359 ff) und da es weiterhin keine arbeitsmedizinisch gesicherten Anhaltspunkte auf eine für Nachtarbeit unzuträgliche Konstitution hinwiesen, wurde das Verbot aufgehoben.

Beide Gesetze, das Nachtarbeitsverbot für Arbeiterinnen und der Ausschluss von Frauen aus der Bundeswehr, wurden als Verstöße gegen den Gleichberechtigungsartikel 3 des Grundgesetzes interpretiert, neue Gesetze wurden verabschiedet, die einem »Abbau von gesellschaftlichen Nachteilen der Frau« dienen sollten.

Die Argumentation gegen das Nachtarbeitsverbot spiegelt die kapitalistischen Arbeitsbedingungen wider, die auch für Frauen im vollen Umfang gefordert wurden: die erweiterte »Freisetzung« von Frauen, ihre Arbeitskraft auch in den Nachtstunden zu verkaufen und der Nachteil finanzieller Art, also die hohe Bewertung des Geldes. Dazu kommt ein patriarchales Moment. Es wird von einer Benachteiligung bzgl. dieser Aspekte Männern gegenüber gesprochen, die nun abgebaut werden solle. Es ist also männliche Erwerbsarbeit, an der die weibliche gemessen wird.

Inzwischen ist erwiesen, dass Schichtarbeiter deutlich häufiger unter Schlafstörungen, Übergewicht, Diabetes und Herz-Kreislauf-Problemen leiden (Bachmann, 2011, S. 134). Zudem kam die Internationale Agentur für Krebsforschung, ein Arm der Weltgesundheitsorganisation WHO, 2007 zu der Einschätzung, dass Schichtarbeit »wahrscheinlich krebsauslösend« sei. Bereits 1999 hat eine Studie von Karen Spannhake und Gine Elsner für das Institut für Arbeitsmedizin Frankfurt fünf Jahre nach Aufhebung des Nachtarbeitsverbots für Arbeiterinnen bei der Befragung von 405 Frauen aus sechs Betrieben der Automobilindustrie und ihrer Zulieferer ergeben, dass knapp ein Drittel der Befragten gesundheitliche Verschlechterungen erlebten wie Schlafstörungen und Appetitlosigkeit (O. Verf. 2000). In den letzten Jahren gibt es zudem Indizien dafür, dass Nachtarbeit für Frauen das Brustkrebsrisiko steigert. So haben 2008 dänische Behörden die Brustkrebserkrankungen von knapp 40 Nachtarbeiterinnen als beruflich bedingt anerkannt und den Frauen Entschädigungen zugesprochen. Das ist umso bemerkenswerter, als es für die These des erhöhten Brustkrebsrisikos durch Nachtarbeit noch keine *kausalen* Zusammenhänge, wohl aber Korrelationen gibt und Unternehmen nicht eben dafür bekannt sind, ohne hieb- und stichfeste Beweise Entschädigungen zu zahlen. Eine epidemiologische Studie, die das aus Satelittendaten gewonnene Beleuchtungsniveau in 164 Ländern mit Tumorraten abgleicht, entdeckte einen Zusammenhang von Licht und Brustkrebsrisiken (Bachmann, 2011, S. 137), auch Tierversuche weisen in diese Richtung. Um zweifelsfrei wissenschaftlich nachzuweisen, dass Nachtarbeit generell gesundheitsschädlich, für Frauen speziell Brustkrebs auslösend sein kann, bedarf es aber offenbar noch weiterer Forschung. Dann aber wäre es wünschenswert, das Thema Nachtarbeit erneut aufzugreifen und auf Verbote oder doch zumindest starke Einschränkungen für Frauen, aber auch für Männer zu dringen.

Dem steht die Tendenz des kapitalistischen Wirtschaftssystems entgegen, Maschinen rund um die Uhr zu nutzen und immer weniger zwischen Tag und Nacht zu unterscheiden. Die Produktionsweise und die Arbeitszeiten kritisch zu hinterfragen, wird immer schwieriger, sind doch gegenwärtig in den Industriestaaten rund 20 Prozent der Beschäftigten außerhalb der »normalen« Arbeitszeiten tätig und deren Zahl steigt kontinuierlich an (ebd., S. 129 ff). So ist auch nach Aufhebung des Nachtarbeitsverbots für Arbeiterinnen, deren Beschäftigung in den sechs von Spannhake und Elsner untersuchten Betriebe sprunghaft gestiegen, was die Forscherinnen als »Steigerung der Ausbeutung von Frauen in Betrieben« interpretieren.

Was die Situation von Frauen in der Bundeswehr angeht, so erwies sich das Schutzargument als fragwürdig insofern, als der Forschungsbericht 82 »Truppenbild mit Dame« zeigte, dass Soldatinnen sexueller Belästigung *durch ihre Kameraden* ausgesetzt sind (Kümmel 2008, S. 75 ff). Neuere Angaben aus Armeen anderer Länder zeigen z. B. im Jahr 2010 für die USA 1 358 sexuelle Gewalttaten von Kameraden, Schätzungen gehen von 19 000 Fällen aus und 90 Prozent weiblichen Opfern, 68 Prozent zwischen 16 und 24 Jahren alt (Böge 2012). Die Bedrohung für Soldatinnen geht also nicht nur vom Feind, sondern in beträchtlichem Maße auch vom »Freund« aus. Der Schutzgedanke spielte allerdings letztlich bei dem Urteil keine Rolle. Die junge Frau, die durch ihre Klage vor dem Europäischen Gerichtshof den Stein ins Rollen gebracht hatte und damit eine Grundgesetzänderung auslöste, hatte sich an der Situation von Männern orientiert, der gegenüber sie sich benachteiligt fühlte. Dies wurde gerichtlich bestätigt, erneut, indem Frauen an Männern gemessen wurden, was ich als patriarchal bezeichnet habe, »Der Mann als Maß aller Dinge«.

Was hat es nun mit diesem patriarchalen Argument auf sich? Es wird – ideologisch – als Gleichheitsargument ausgegeben, womit der Bezug auf Männer als Maßstab verschleiert wird. Das Gleichheitsargument hat im Laufe seiner Geschichte eine Wandlung erfahren. In den Anfängen der Frauenbewegungen ging es einerseits um gleiche bürgerliche Rechte, um das Wahlrecht, das Ehe- und Scheidungsrecht etc., andererseits aber auch immer darum, Unterschiede zwischen Frauen und Männern angemessen zu berücksichtigen. Diese bezogen sich auf biologische und soziale Unterschiede zwischen den Geschlechtern.

In der Folgezeit wurde »Gleichheit«, so ja auch der Titel der von Clara Zetkin herausgegebenen Frauenzeitschrift, mit linker Politik identifiziert, »Differenz« dagegen galt eher als bürgerlich und konservativ. Interessant ist dabei, dass in dem Moment, wo Frauen unter Hinweis auf ihre aus der Mutterfunktion herrührende Andersartigkeit für Werte eintraten, die mit linken Forderungen konform gingen, das verwendete Differenz-Argument nicht kritisiert wurde. Ein wichtiges Beispiel – und deshalb führe ich es hier im Zusammenhang mit der Bundeswehr an – ist die Frauenfriedensbewegung. Schon in der sozialistischen Frauenbewegung bildete sich mit Ausbruch des 1. Weltkriegs eine Frauenfriedensaktion, die von Clara Zetkin in einem Aufruf an die sozialistischen Frauen aller Länder mit initiiert worden war (Notz 2011, S. 55). Zetkin wandte sich entschieden gegen den Krieg: »Wenn die Männer töten, so ist es an uns Frauen, für die Erhaltung des Lebens zu kämpfen. Wenn die Männer schweigen, so ist es unsere Pflicht, erfüllt von unseren Idealen, die Stimme zu erheben« (Zetkin zit. nach Notz 2011, S. 55 f). Nicht ohne leichte Häme kommentiert Gisela Notz diesen Aufruf mit den Worten: »Nun wollte sie (Clara Zetkin, U. M.) nicht mehr Schulter an Schulter mit den Männern kämpfen, auch nicht mit denjenigen aus ihrer Klasse.« (Notz, S. 55) Noch wichtiger als das implizite Aufkündigen der Solidarität mit den Genossen ist mir jedoch, dass Zetkin hier Frauen ohne weitere Begründung als die Erhalterinnen des Lebens anspricht und dies zur Grundlage einer Friedenspolitik erklärt. Hier wurde nicht der männliche Lebenszusammenhang, sondern eine behauptete weibliche Position zum Maßstab gemacht.

Mit dem Verweis auf Gleichheit als Angleichung an die Rechte von Männern wurden die beiden Gesetzesänderungen nach entsprechenden Klagen von Frauen durchgeführt. Die »Freisetzung« von Arbeiterinnen für die Nachtarbeit hat zu einem erhöhten gesundheitlichen Risiko geführt, die Erweiterung der Berufsmöglichkeiten durch Stellen in der Bundeswehr ein weiteres Feld für sexuelle Übergriffe in einer männerbündischen Organisation eröffnet. Gegenüber den Forderungen der ersten Frauenbewegung wurde von FrauenpolitikerInnen nicht problematisiert, welchem Zweck diese Angleichung an Männer dient, nämlich der kapitalistischen Ausbeutung und dem Kriegseinsatz. Beide Gesetze sind Reformen mit der Intention der Integration von Frauen in das gesellschaftliche System (Frage 10).

3.4.4 Prostitution beziehungsweise Sexarbeit

Es liegt in der Natur der Sexualität, dass diese nur in Teilbereichen als Thema auf die politische Agenda kommen kann, da deren Aufgabe im Beschließen von Gesetzen und Ähnlichem besteht. Ein wichtiges Gesetz ist das von der rot-grünen Bundesregierung beschlossene, am 1.1.2002 in Kraft getretene Prostitutionsgesetz (ProstG) zur Verbesserung der rechtlichen und sozialen Situation der Prostituierten (Frage 9). Es ging auf eine Initiative der *Grünen* zurück, die in dieser Frage mit den Lobby-Organisationen der Prostituierten zusammengearbeitet hatten. Ziel war es, sexuelle Dienstleistungen juristisch nicht länger als sittenwidrig zu bezeichnen und Prostituierten Schutz zu gewähren (Prostitutionsgesetz wikipedia). Zuvor schon hatte der Europäische Gerichtshof (EUGH) mit Urteil vom 20.11.2001 festgestellt, dass es sich bei der Prostitution um Erwerbstätigkeit handelt. Dem trägt auch die Bezeichnung Sexarbeit Rechnung. Juristisch gesehen stellt daher der Übergang von der Sittenwidrigkeit zur Erwerbstätigkeit einen Paradigmenwechsel dar (Frage 10).

Bei diesem Thema ist es für mich sehr schwierig zu einer Einschätzung zu kommen. In der marxistischen Theorie stellt Sexualität einen Aspekt der menschlichen Reproduktion/Regeneration dar. Dementsprechend könne man, ähnlich wie Gisela Notz argumentiert, das ProstG als einen Ansatz »zur Anerkennung der Arbeit von Prostituierten (sex-work) als bezahlte Reproduktionsarbeit« (Notz 2011, S. 87) betrachten. Notz sieht darin einen Anschluss an die Forderung nach Lohn für Hausarbeit bzw. nach deren Vergesellschaftung. Diese Schlussfolgerung bzw. Einordnung erscheint mir jedoch problematisch. Zum einen wurde Lohn für Hausarbeit für die innerhalb von Ehe und eheähnlichen Beziehungen, unbezahlt von Frauen für Männer und Kinder geleistete Arbeit gefordert, einschließlich sexueller Leistungen für den Partner. Auf Dienstleistungen außerhalb von heterosexuellen Zweierbeziehungen hatte sich die Lohn-für-Hausarbeits-Kampagne nicht bezogen. Außerdem sollte die Entlohnung vom Staat erfolgen, nicht von denjenigen, die sie in Anspruch nehmen. Daher erscheint es mir nicht gerechtfertigt, in dem Anspruch, Prostitution als Sexarbeit zu etablieren, eine Teil-Realisierung der Lohn-für-Hausarbeit-Forderung zu sehen.

Bleibt die Vergesellschaftungsthese. Wird eine weitgehend innerhalb einer ehelichen oder eheähnlichen Beziehung unbezahlt erbrachte Arbeit nun ausgelagert und bezahlt, ähnlich wie Kinderbetreuung oder andere zur Hausarbeit im weitesten Sinn zu rechnende Arbeiten, etwa Essen auf Rädern, Fensterputzer u. ä.? Besser noch: Ist vielleicht der Vergleich mit Hausarbeit im engeren Sinne zutreffend, wenn diese schlecht bezahlt und schlecht abgesichert überwiegend von Migrantinnen erbracht wird, deren Aufenthaltsstatus oft zudem illegal ist? Dieser Vergleich ist gut geeignet, die unterschiedlichen Bewertungen beider Tätigkeiten durch Feministinnen zu erkennen. Von der Übertragung von Hausarbeit im engeren Sinn an bezahlte Kräfte profitieren *alle* Familienmitglieder. Bei der Sexarbeit sind die Nutznießenden eindeutig nahezu ausschließlich Nutznieß*er*. Dazu kommt, dass es sich bei den erbrachten Dienstleistungen weder um Fußpflege noch um Bartrasuren handelt. Die »Sex-Arbeiterin« verkauft nicht nur ihre Arbeitskraft, sondern auch ihren Körper, dieser wird zur Ware. Gerade in jüngster Vergangenheit kamen Beispiele an die Öffentlichkeit, die schonungslos klar machten, wie die Ware Frau von den Käufern behandelt wird: Flatrates in Bordellen, »Sex-Orgien« als Belohnung für Angestellte (2005: Lustreisen beim VW-Konzern; 2007: Sexreise bei der Hamburg-Mannheimer-Versicherung nach Ungarn; 2010: Sexreise der Wüstenrot-Bausparkasse nach Brasilien, Schmollack 2012a). Nichts davon ist wirklich neu. So hatte Maria Mies in ihrem zuerst 1986 erschienenen Buch »Patriarchy and the Accumulation on a World Scale« (die deutsche, überarbeitete Version von 1989 trägt den Titel »Patriarchat und Kapital«) nicht nur den Zusammenhang von Prostitution und Militär und die Bedeutung der »Internationale der Zuhälter« bezogen auf den Sextourismus beschrieben (Mies 1989, S. 174 ff), sondern auch den »Belohnungsaspekt« von Prostitution. Dazu führte sie das Beispiel einer amerikanischen Firma an, die ihre auf einem militärischen Bauplatz beschäftigten Mitarbeiter, die aus Sicherheitsgründen vollkommen von ihrer Umgebung abgeschirmt waren, vierzehntägig nach Bangkok flog, damit diese sich von den in Massagesalons und Bars arbeitenden Frauen sexuell und emotional bedienen lassen konnten (ebd., S. 176).

Wie Mies bin ich der Auffassung, dass es dabei nicht um moralische Entrüstung gehen darf, obwohl es sich angesichts solcher Nachrichten anbietet, die Frage nach Menschenwürde und Menschenrechten zu stellen. Ich möchte hier die Frage nach der Funktion von Prostitution und nach den ökonomischen Rahmenbedingungen in den Vordergrund rücken:

Zur Beantwortung richte ich zunächst einen Blick auf die Profiteure der Prostitution. Schätzungen gehen davon aus, dass in Deutschland täglich etwa eine Million Männer sexuelle Dienstleistungen bei geschätzt 250 000 bis 400 000 Prostituierten nachfragen (O. Verf. 2011, S. 1). Bis zu 75 Prozent der Männer nehmen mindestens einmal im Leben – meist in jungen Jahren – sexuelle Dienste in Anspruch, etwa 20 Prozent von ihnen tun dies im Laufe der Zeit regelmäßig (Howe 2008, S. 240). Udo Gerheim prognostiziert eine steigende Nachfrage, wodurch die Marktmacht der Freier zunimmt. Das hat Auswirkungen auf das Angebot. Während in anderen Wirtschaftssektoren steigende Nachfragen zu steigenden Preisen führen, geht Gerheim davon aus, dass Freier künftig mehr sexuelle Leistungen für weniger Geld, häufiger Sex ohne Kondom verlangen, darüber hinaus Küsse, Emotionalität, authentische Lust, Nähe und Zuneigung fordern werden. Es habe »sowohl eine Ausweitung prekärer Angst-Prostitution, die Frauen zwingt, unter ökonomischen sozialen, gesundheitlich prekären und nicht selten gewaltförmigen Umständen in der Prostitution zu arbeiten« (2012, S. 300) stattgefunden, als auch eine »Ausdehnung des ›betrieblichen‹ bzw. arbeitsorganisatorischen Anforderungsprofils an die Sexarbeiterinnen« (ebd., S. 300). Diese sind zunehmend gezwungen, »ihre gesamte Persönlichkeit als sexuelle, emotionale, kommunizierende und Bindung aufbauende Person konstitutiv in die Interaktion mit dem Freier einzubringen.« (ebd., S. 300) Da der »Rohstoff für die Produktion der Ware sexuelle Dienstleistung«, die Frauen selbst, aufgrund ihrer wirtschaftlichen Situation in vielen Ländern leicht zu beschaffen ist, kann eine Art Discount-Angebot entstehen. Durch gestiegene Anforderungen an die sexuellen Dienstleistungen wird die Arbeit der Prostituierten deutlich erschwert. Aber auch dann, wenn es eine klare Trennung zwischen der sexuellen Dienstleistung und den Gefühlen der sie Erbringenden gibt, sei dies für Frauen auf längere Zeit schwer zu ertragen. Es käme zu Burn-out-Syndromen. »Einerseits müssen sich die Frauen emotional verschließen, um Intimverkehr als Ware verkaufen zu können; andererseits erwarten die Kunden, zwischenmenschliche Zuwendung und Aufgeschlossenheit. In diesem Wechselspiel liege (…) die eigentliche Grenzüberschreitung seitens der Kunden« (Westerhoff 2008, S. 27).

Angesichts der großen Nachfrage bedeutet Prostitution ein gutes Geschäft für die Sexindustrie. Zwischen 6 und 15 Milliarden jährlich wird der Umsatz der Prostitution in Deutschland geschätzt (O. Verf. 2012, S. 1). Christa Wichterich hat 2003 im Zusammenhang mit Frauenhandel folgende Rechnung aufgemacht: »7 500 Euro zahlt ein Bordellier in ländlichen Regionen Deutschlands für eine Frau aus der Ukraine oder Moldawien, wo 46 bzw. 38 % der Bevölkerung unter der Armutsgrenze von 2 Dollar Einkommen pro Tag leben. Amortisiert hat sich die Investition für den Bordellier nach einem Monat – so viel kann die Frau mit sexuellen Dienstleistungen erwirtschaften, während die Kosten für ihren Unterhalt keine 500 Euro betragen. Die kriminellen transnationalen Gewaltnetzwerke verknüpfen Diebstahls-, Drogen- und Waffenökonomie mit dem Frauenhandel und pflegen beste Beziehungen mit der formalen Ökonomie z. B. zur Geldwäsche« (Wichterich 2003, S. 53).

Was nun die Motivation von Freiern angeht, stimmen die Aussagen von Prostituierten mit denen von Freiern bezogen auf soziale Erwartungen überein. Frauen, die anschaffen gehen, haben mir gesagt, ihren Kunden/Freier ginge es darum, in ihrer Männlichkeit von Frauen bestätigt zu werden, bzw. sich im Verkehr mit ihnen bestätigen können. Das berichten auch die Organisatorinnen des Kongresses »Sex Sales«: Einige Prostituierte wiesen darauf hin, »dass es bei Prostitution nicht ausschließlich um Sex gehe, sondern dass ›eine kurze Beziehung (…), eine Vision des Angenommenwerdens, von Geborgenheit‹ verkauft würde« (Affront 2011, S. 183). Der gemeine Freier suche Nähe, Verständnis und Erfüllung (Westerhoff 2008, S. 27). Weiterhin schätzen Freier es, dass sie ohne Angst vor Ablehnung ihrer sexuellen Wünsche angenommen werden (Gerheim 2012, S. 233). Dazu führt Howe aus, dass eine solche Zurückweisung oft mit persönlicher Ablehnung und Infragestellung identifiziert werde (Howe 2008, S. 258). Damit einher geht ein Bedürfnis nach Anerkennung (Rosowski 2004).

Wenn solche Motive von Freiern selbst, etwa bei Befragungen, angegeben werden, raten ForscherInnen zu Skepsis. Die britische Soziologin Julia O'Connell Davidson glaubt, dass wahre Motive verschleiert würden. »In Wahrheit gehe es vielen Sex-Käufern darum, sich an Frauen zu rächen oder sie zu kontrollieren – auch wenn sie selbst etwas anderes erzählten.« (Westerhoff 2008, S. 27) Auch im World Wide Web äußerten sich Prostitutionskunden oft ganz anders als bei Interviews gegenüber ForscherInnen. Nikolas Westerhoff sieht Forscher in dieser Frage im Clinch. Der schwedische Soziologe Mannson hat nach einer Auswertung von zahlreichen Freierstudien eine überwiegend chauvinistische Einstellung bei diesen festgestellt. »Für viele Sexkäufer stelle das Bett der Prostituierten eine letzte antifeministische Bastion dar. Nur dort könnten Männer die alten Machtverhältnisse wiederherstellen und Frauen buchstäblich in die Vergangenheit zurückstoßen.« (ebd., S. 27) Viele Forscher meinen, dass deutsche Wissenschaftler (evtl. auch Wissenschaftlerinnen) den Sex-Käufer geradezu verklären (ebd., S. 27).

Egal, ob Prostitution als Ort angesehen wird, an dem Männer ihre Passivitätswünsche oder ihre antifeministischen, chauvinistischen Tendenzen ausleben können, in jedem Fall verhilft sie den Freiern dazu, ihr gespaltenes Männlichkeitsverständnis zu stabilisieren. Im ersten Fall, indem sie beim vom käuflichen Sex abgespaltenen, nicht-kommerzialisierten Sex den aktiven, Frauen-bedienenden Part übernehmen und Wünsche nach Passivität nicht in eine Beziehung einbringen, im zweiten Fall, indem sie negative Gefühle Frauen gegenüber ausagieren, die sie evtl. außerhalb dieses Rahmens stärker kaschieren. In beiden Fällen trägt Prostitution dazu bei, ein gespaltenes Männlichkeitskonzept in Bezug auf den Umgang mit Frauen aufrecht zu erhalten. Dies ist meiner Meinung nach im Interesse eines veränderten Männerbildes und Geschlechterverhältnisses nicht wünschenswert.

Was die Arbeitssituation angeht, gehen die Einschätzungen dazu auseinander. Gerheim ist ein Wissenschaftler, der eine konsensuale Geschäftsbeziehung zwischen Prostituierter und Freier sieht (Gerheim 2012, S. 75). Die kanadische Philosophin Christine Overall ist dagegen der Auffassung, dass Frauen, solange sie wirtschaftlich unterlegen seien, immer unter Zwang handeln (Westerhoff 2008, S. 25). O'Connell-Davidson betont, dass auch Prostituierte selbst oft an wechselseitige Freiwilligkeit glaubten, dadurch werde eine Gewaltbeziehung als Intimbeziehung mystifiziert (ebd., S. 25). Angesichts der auch von Gerheim eingestandenen »nicht selten gewaltförmigen Umständen in der Prostitution« (2012, S. 300)

scheint mir die Zwangslage stärker ins Gewicht zu fallen. Dass Freier höhere Ansprüche an sexuelle Dienstleistungen anmelden können, deutet ebenfalls darauf hin, dass Sexarbeiterinnen selbst nicht in der Position sind, ihrerseits Bedingungen zu stellen.
Was wird nun durch das Prostitutionsgesetz erreicht?

- Hat es Auswirkungen auf die Arbeitsbedingungen von Prostituierten? Insbesondere auf die ihnen abverlangten Leistungen?
- Stärkt es ihre Verhandlungsmacht?
- Hilft es Gewalt zu reduzieren, die von Freiern oder von BordellbetreiberInnen und anderen ArbeitgeberInnen ausgeht?

Im Jahr 2007 unterrichtete die Bundesregierung den Bundestag (Deutscher Bundestag 2007) über das Ergebnis einer 2004 bis 2005 durchgeführten Untersuchung über die Auswirkungen des Prostitutionsgesetzes. Hinsichtlich der Verbesserung der Arbeitsbedingungen in der Prostitution konnten kaum messbare positive Wirkungen in der Praxis festgestellt werden. Auch für einen kriminalitätsmindernden Effekt des ProstG gebe es bislang keine belastbaren Hinweise. Das ProstG habe einen sehr begrenzten Regelungsansatz gewählt, wird festgestellt (ebd., S. 44, s. auch Bundesministerium für Familie, Senioren, Frauen und Jugend, 2007, S. 256). Als ein starkes Hindernis bei der Umsetzung wird in dem Bericht gewertet, dass es für Prostituierte wie BordellbetreiberInnen einen finanziellen Nachteil bedeute, wenn über sozialversicherungspflichtige Beschäftigungsverhältnisse nachgedacht werden solle (ebd., S. 257). Auch hierin zeigt sich die Begrenztheit des ProstG.

Über das ProstG hinausgehende Vorschläge werden in einem Positionspapier formuliert, das der Senator für Inneres und Sport der Freien Hansestadt Bremen dem Bundesrat im Oktober 2010 vorgelegt hat. Darin werden unter anderem Initiativen aus den Bundesländern aufgeführt, die den Regulierungsbedarf im Zusammenhang mit der Prostitutionsausübung zur Bekämpfung des Menschenhandels und der Zwangsprostitution aufzeigen (Freie Hansestadt Bremen 2010). Einige davon betreffen Bordelle u. ä. Einrichtungen: die Erlaubnispflicht für Prostitutionsstätten und deren Meldepflicht. In anderen Ländern, z. B. in Belgien, Dänemark, Frankreich und Italien sind Bordelle verboten (Westerhoff 2008, S. 28). Andere Vorschläge zur Verbesserung der Lage von Prostituierten ergab eine von der Nicht-Regierungsorganisation SOLWODI (Solidarity with women in Distress! Solidarität mit Frauen in Not!) 2005 durchgeführte Befragung, an der sich fast 600 Personen beteiligt hatten, darunter 79 Prozent Frauen, 12,5 Prozent Männer, die restlichen hatten keine Angaben zum Geschlecht gemacht (SOLWODI 2005). Eine überwältigende Mehrheit sprach sich darin für eine Bestrafung von Freiern aus, die Zwangsprostituierte aufsuchen (96 Prozent der Frauen und 91 Prozent der Männer). Ein hoher Anteil war der Auffassung, dass erkennbar sei, ob die Prostituierte unter Zwang stehe (immerhin 40 Prozent der Männer und 52 Prozent der Frauen) (ebd.) Diese konkreten Beispiele, die stärkere Kontrolle oder gar das Verbot von Bordellen und die Bestrafung von Freiern von Zwangsprostituierten, habe ich angeführt, um die Notwendigkeit eines erweiterten Gesetzespakets zu illustrieren.

Da das Gesetz sich auf die Situation von Prostituierten beschränkt, weder die Freier im Auge hat noch die BordellbetreiberInnen, wird die Situation von Sexarbeiterinnen nicht verbessert. Zudem halte ich es für problematisch, dass die Institution Prostitution männlichem Chauvinismus Frauen gegenüber und/oder einem in aktive und passive Anteils aufgespaltenen Männlichkeitsbild eine Nische bietet. Um dem entgegen zu treten, muss allerdings anders angesetzt werden, als mit einem Gesetz. Zusammenfassend muss man sagen, dass durch das ProstG nicht nur dessen Ziel bislang nicht erreicht wurde, es hat die Institution Prostitution nicht verändert. Meines Wissens hat es bisher keine weitergehenden Gesetzesvorstöße gegeben, die hier als Ergänzungen und Korrektive wirken könnten. Daher werte ich das Gesetze zur Verbesserung der rechtlichen und sozialen Situation von Prostituierten als Reform, nicht aber als einen Paradigmenwechsel (Frage 10) und sehe die Sexismus fördernden Aspekte als negativ.

3.4.5 Das Ehe- und Familienmodell betreffende Gesetzesänderungen

Unter den Gesetzen, die zu einer Änderung in der Vorstellung dessen, was Inhalt einer Ehe sein sollte, war das Gesetz über die *Strafbarkeit der Vergewaltigung in der Ehe,* das 1997 in Kraft trat, das zeitlich früheste. Zunächst handelte es sich um ein Antragsdelikt, seit 2004 wird es von Amtswegen verfolgt. Es stellt einen klaren Paradigmenwechsel dar, gehörte doch Sexualität in den Vorstellungen vieler Menschen zu den ehelichen Pflichten der Frau (Frage 11). Die Weigerung der Frau, mit ihrem Ehemann Geschlechtsverkehr zu haben, wurde von Männern in einer 1985 veröffentlichten Befragung als nachvollziehbarer Grund für Gewalt gegen die Frau angesehen (Metz-Göckel und Müller 1985, S. 117). In der Diskussion eines Gesetzesentwurfs zur Strafbarkeit der Vergewaltigung in der Ehe wurde von konservativen Gegnern immer wieder angeführt, dadurch würde die Ehe gefährdet, sogar zerstört – durch die Möglichkeit einer Strafanzeige wohlgemerkt, nicht durch die Vergewaltigung (s. Teil 1, Abschnitt 4.1.3.).

Zwar hat das Gesetz, das Vergewaltigung in der Ehe unter Strafe stellt, keine große Wirkung erzielt, da selten von Frauen Anzeige erstattet wird. Auch bestand schon vor Verabschiedung des Gesetzes die Möglichkeit gegen einen Ehemann zu klagen, der seine Frau vergewaltigt hatte. Dennoch hat die neue Rechtslage vor allem in der Öffentlichkeit eine Veränderung bewirkt. Diese Wirkung auf das Bewusstsein ist meines Erachtens stärker als bei einer Reform (Frage 11). Im 21. Jahrhundert haben vier Gesetze Weichen hin zu einem etwas anderen Familientypus gestellt. Als erstes möchte ich die sogenannten *Vätermonate* nennen (Gesetz zum Elterngeld und zur Elternzeit Bundeselterngeld- und Elternzeitgesetz). Den Vätermonaten (und dem maximal 14 Monate lang zu zahlenden Elterngeld) liegt das am 1.1.2007 geltende Bundeselterngeld- und Elternzeitgesetz (BEEG) zugrunde. Es sieht vor, dass ein Elternteil maximal 12 Monate Elternzeit und Elterngeld in Anspruch nehmen kann, das zweite Elternteil dann noch weitere 2 Monate oder dass beide innerhalb der 14 Monate eine andere Aufteilung vornehmen. Da in der Regel Mütter 12, Väter – wenn überhaupt – die beiden verbleibenden Monate Elternzeit und -geld in Anspruch nehmen, wird von Vätermonaten gesprochen. Politisch wurde das Gesetz kontrovers diskutiert, in der Kritik stand vor allem die Tatsache, dass Hartz IV-EmpfängerInnen kein Elterngeld erhalten sollen und der Betrag sich am Einkommen orientiert, sodass Besserverdienende besonders davon profitieren. Auch wurde eingewandt, dass die Zeit zu kurz bemessen sei. Grundsätzliche Kritik kam aus den Reihen der CDU/CSU. CSU-Generalsekretär Markus Söder bemängelte 2006, das Gesetz sei eine Einmischung in das Familienleben. Als Familienministerin Kristina Köhler 2010 einen Vorstoß wagte, die Vätermonate von zwei auf vier auszuweiten, gab es innerhalb der CDU Differenzen darüber (Frage 3). Auch die Wirtschaft hatte Einwände. Der Vize-Präsident des Deutschen Industrie- und Handelskammertags Achim Dercks sah nicht nur fiskalische Probleme, sondern problematisierte auch die insgesamt längere Erwerbspause der Eltern (Geyer 2010).

Von einer gerechten Verteilung der Kinderbetreuung auf beide Eltern sind die »Vätermonate« weit entfernt. Auch wenn der Anteil der Väter, die sie in Anspruch nehmen, steigt, sind die derzeit bundesweit maximal 25 Prozent der Väter eine Minderheit, sodass hier von einer Reform, nicht jedoch von einem Paradigmenwechsel gesprochen werden muss (Frage 11).

Das seit dem 1.1.2008 geltende *Unterhaltsrecht* geht von dem Grundsatz der Eigenverantwortung aus. »Jeder Ehegatte«, wie es im Juristendeutsch heißt, hat selbst für seinen, ich ergänze: und ihren Unterhalt zu sorgen (§ 1569 Bürgerliches Gesetzbuch BGB). Ist sie/er dazu außerstande, hat sie/er Anspruch auf Unterhalt nach bestimmten Vorschriften. Zu diesen zählt der im § 1570 BGB angesprochene Fall der Betreuung eines Kindes. Hier besteht ein Anspruch auf Unterhalt für mindestens drei Jahre, eine Verlängerung ist möglich »soweit dies der Billigkeit entspricht«, wie immer das im Einzelfall auszulegen ist.

Ein weiteres Gesetz regelt das *Umgangsrecht*. Im Rahmen des Kindschaftsrechtsreformgesetzes, das am 1.7.1998 in Kraft trat, erweiterte das Umgangsrecht.

Danach hat das Kind das Recht zum Umgang mit jedem Elternteil (§ 1684 BGB). Im Falle einer Trennung der Eltern hat dasjenige Elternteil, bei dem das Kind seinen gewöhnlichen Aufenthalt hat, die Pflicht, den Umgang mit dem anderen Teil zu ermöglichen und jede Störung zu unterlassen (Gesetzestext s. http://dejure.org/gesetze/BGB/1684.html). Nur in besonderen Fällen kann der Umgang verweigert werden. Dabei ging der Gesetzgeber davon aus, dass dies grundsätzlich dem Kindeswohl diene. In dem Zusammenhang spielt das umstrittene Parental Alienation Syndrom (PAS) eine Rolle, das Elternentfremdungssyndrom, das Kinder angeblich entwickeln, wenn ein Elternteil im Kontext einer Trennung den anderen schlecht macht und Ähnliches (Väter wollen Väter sein 2007).

Auch bei der vom Bundesverfassungsgericht geforderten Prüfung der *Sorgerechtsregelung* geht es um die Ausübung der Elternschaft für beide Elternteile und zwar bei nicht miteinander verheirateten Eltern. Im Rahmen der Reform des Kindschaftsrechts von 1998 konnten diese, auch wenn sie nicht zusammen wohnten, gemeinsam sorgeberechtigt werden, wenn sie dies wünschten. Anderenfalls blieb die Mutter alleinige Sorgerechtsinhaberin für das nichteheliche Kind. 2003 wies das Bundesverfassungsgericht darauf hin, dass das Gesetz sich dann als unvereinbar mit dem Elternrecht des Vaters erweisen würde, wenn sich herausstellen sollte, dass es in größerer Anzahl aus Gründen, die nicht vom Kindeswohl getragen sind, nicht zur gemeinsamen Sorgetragung von Eltern nichtehelicher Kinder kommt. In seinem Urteil vom 3. 9. 2009 erklärte der Europäische Gerichtshof für Menschenrechte, dass der grundsätzliche Ausschluss einer gerichtlichen Überprüfung der ursprünglichen Zuweisung der Alleinsorge an die Mutter im Hinblick auf den Schutz des Wohls eines nichtehelichen Kindes, nicht verhältnismäßig sei (O. Verf. 2010). Ziel für ein neu zu beschließendes Gesetz soll nun ein gemeinsames Sorgerecht als Regelfall sein.

Diesen letztgenannten drei Gesetzen liegt ein neues Ehe- und Familienbild zugrunde. Eine andere Verteilung von Aufgaben auf die Geschlechter soll im Fall von Trennung und Scheidung bzw. bei Elternschaft außerhalb der Ehe praktiziert werden. Dann sollen beide sich finanziell selbst versorgen und gemeinsam für ihre Kinder sorgen. Der Frau wird also mehr bezahlte Arbeit zugemutet (Selbstversorgung), dem Vater mehr unbezahlte Kinderbetreuung zugesprochen (Umgangs- und Sorgerecht). Handelt es sich dabei nun um einen Paradigmenwechsel oder nur um Reformen? (Fragen 10 und 11).

Die finanzielle Eigenständigkeit der geschiedenen Eheleute wurde unter anderem damit begründet, dass es nun dem Mann leichter sein werde, eine neue Verbindung einzugehen und – wie ich ergänzen möchte – mit einer neuen Partnerin Kinder zu zeugen, ohne allzu sehr durch Unterhaltszahlungen belastet zu sein. Vielleicht spielte bei solchen Überlegungen sogar die Hoffnung eine Rolle, gegen die niedrige Geburtenrate anzugehen. Das mag weit hergeholt sein. Klar ist jedoch, dass die Eigenverantwortung erst *nach* der Scheidung einsetzt. Während der Ehe dominiert nach wie vor ein anderes Verständnis der finanziellen Situation der Eheleute, wie das Ehegattensplitting und die Bedarfsgemeinschaftsregelung in Rahmen der Hartz IV-Gesetze zeigen.

Beim Umgangs- und Sorgerecht wird mit dem Kindeswohl argumentiert. Dieses soll nach den Vorstellungen der Gesetzgeber für die Eltern einen größeren Wert haben, als die Konflikte zwischen ihnen in oder nach einer Partnerschaft. Es wird also angenommen, dass es möglich sein müsse, dass Eltern ihre Differenzen im Interesse der Kinder ausblenden werden und können. Das ist tatsächlich in vielen Fällen auch möglich. So hat eine repräsentative Untersuchung zur Lebenssituation, Sicherheit und Gesundheit von Frauen in Deutschland, deren Ergebnisse Schröttle/Müller 2004 veröffentlicht haben, ergeben, dass 75 Prozent der Befragten mit dem Umgangsrecht keine Probleme hatten. Von denen, die Probleme nannten, hatten 28 Prozent berichtet, dass sie beim Umgangskontakt angegriffen wurden; 6 Prozent hatten gar Mordversuche erlebt (Kavemann 2007, S. 22). Frauen, die in der Partnerschaft Gewalt erlitten hatten, berichteten sogar zu 41 Prozent, dass sie selbst, zu 10 Prozent, dass ihre Kinder beim Umgangskontakt angegriffen wurden. Es sprachen 11 Prozent von Mordversuchen, 27 Prozent von Drohungen, ihnen oder ihren Kindern etwas anzutun. Dennoch sahen in einer Befragung von MitarbeiterInnen von Jugendämtern nur 7 Prozent einen Eingriff in das Umgangsrecht eines gewalttätigen Vaters als Option, während 40 Prozent in solchen Fällen einen geschützten Umgang anbieten wollten (ebd., S. 28). Seit 1998, also nach in Kraft Treten des reformierten Kindschaftsrechts, sei es zu zahlreichen dramatischen Vorfällen gekommen (Heiliger 2008, S. 10). ForscherInnen sprechen von einer konzeptionellen Spaltung zwischen »gewalttätigen Männern« und »Vätern« (Kavemann 2007, S. 31) und Anne-Marie Barone kritisiert die dahinter stehende Vorstellung von der untrennbaren Familie als Ideologie (Barone 2008, S. 18–36).

Das Gesetz und seine AnwenderInnen gehen von einem Idealtypus von Trennung aus. Es wird nicht das gesamte Spektrum von Familiensituationen gesehen. Durch den nicht weit genug geöffneten Blick werden in solchen Problemfällen, in denen die Frau besonders schutzbedürftig ist, einseitig die Rechte von Männern in ihrer Funktion als Väter gegenüber denen von Frauen/Müttern gestärkt. Gleichzeitig werden keine neuen Regelungen geschaffen oder verschärft, um Väter zur Rechenschaft zu ziehen, die kaum Verantwortung übernehmen. In der öffentlichen Diskussion dieser Gesetze wurde auf die ca. 60 Prozent unterhaltspflichtiger Väter verwiesen, die dieser ihrer Pflicht entweder gar nicht oder nur teilweise nachkommen. Dadurch ist der Staat gezwungen in Vorleistung zu treten. In Deutschland bedeutet dies, dass aus der Unterhaltsvorschusskasse jährlich 800 Mio Euro gezahlt werden, wobei es dem Staat nicht gelingt, den größten Teil dieser vorgeschossenen Gelder wieder zurück zu holen. Im Jahr 2008 beispielsweise mussten 80 Prozent des Vorschusses als Verlust verbucht werden (O. Verf. 2011c, S. 1f).

Alle drei Gesetze wurden als Verwirklichung von mehr Gleichberechtigung begrüßt. Tatsächlich ging es hier um formale Gleichheit. Diese führt immer zu einer Schieflage, wenn sie nicht mit den tatsächlichen sozialen Verhältnissen übereinstimmt. So hatte schon der Sozialdemokrat und Jurist Anatole France diese faktische Ungerechtigkeit auf den Punkt gebracht, indem er sinngemäß formulierte: Das Recht in seiner majestätischen Gleichheit verbietet es dem Armen wie dem Reichen, Brot zu stehlen und unter Brücken zu schlafen. In Abwandlung dieses Zitats ließe sich sagen: Das Recht in seiner majestätischen Gleichheit gebietet es Frauen wie Männern ihren Lebensunterhalt selbst zu bestreiten und auch als getrennte oder unverheiratete Eltern gemeinsam für ihre Kinder zu sorgen.

Während nun einige Parteien in einer vergleichbaren Situation inzwischen die soziale Realität als mögliches Korrektiv eingeführt haben, geschieht bzgl. der Unterhaltsgesetzgebung nichts Vergleichbares. Ich spiele auf die Rente mit 67 an. Bei diesem Thema wurde kürzlich vereinbart, zu prüfen, inwieweit es älteren Menschen tatsächlich gelingt, bis 67 erwerbstätig zu sein. Ähnlich hätte man/frau fordern können, zu prüfen, ob und inwieweit es »dem nicht erwerbstätigen Ehegatten« nach einer Scheidung möglich ist, in »Eigenverantwortung« für ihren/seinen Lebensunterhalt zu sorgen. Gerade das Stichwort »Eigenverantwortung« passt darüber hinaus in das Vokabular des neoliberalen Menschenbildes, wie Ralf Ptak (Ptak 2007, S. 168) kritisiert hatte, was zumindest linke PolitikerInnen zu erhöhter Vorsicht und Kritik aufrufen sollte. Auch was das Umgangs- und Sorgerecht angeht, wäre eine Überprüfungsphase sinnvoll. Dabei müssten besonders solche Fälle betrachtet werden, bei denen es zu gravierenden bis hin zu gewalttätigen Konflikten zwischen den Eheleuten gekommen war. Sonderregelungen für diese Situationen erscheinen mir dringend geboten.

Aufgrund dieser Bedenken halte ich daher die drei genannten Gesetze nicht für begrüßenswerte Schritte zu mehr Gleichheit zwischen Frauen und Männern in der Familie oder gar für einen Paradigmenwechsel, sondern sehe in ihnen Reformen, die nicht in ein Gesamtpaket einer neuen Familienpolitik eingepasst sind (Frage 11). Insbesondere wird der ohnehin schwächeren Position von Frauen in Gewalt- oder Konfliktbeziehungen mit Männern nicht wirksam entgegen getreten. Daran wird sichtbar, dass sich das Gesetz bzgl. der Unterhaltsregelung am Individualmodell von Ehe- und Familie orientiert, da dies finanziell für den Staat vorteilhaft ist. Was dagegen den Vorschuss bei der Unterhaltsregelung angeht, nimmt der Staat wie schon beim Ehegattensplitting finanzielle Nachteile in Kauf.

3.4.6 Eingetragene Partnerschaften

Seit 2001 ist es möglich, eine gleichgeschlechtliche Partnerschaft eintragen zu lassen. Obwohl diese Neuerung weder ein frauenspezifisches Thema ist, noch das Verhältnis der Geschlechter zueinander unmittelbar berührt, nehme ich es in diesen Katalog auf, weil davon die Institution Ehe betroffen ist, die wichtigste Institution, in der Reproduktion organisiert und abgesichert wird. Eingetragene Lebenspartnerschaften wurden auch als Homo-Ehen light bezeichnet, weil sie in einer Reihe von Punkten hinter Ehen zurückbleiben bzw. geblieben sind, am bekanntesten das Adoptionsrecht. In den letzten Jahren sind verschiedene Änderungen gerichtlich erstritten worden, die eine Annäherung an die Ehe gebracht haben. So hat z. B. das Bundesverfassungsgericht 2010 die Ungleichbehandlung bei der Besteuerung der Erbschaft der Lebenspartnerin/des Lebenspartners aufgehoben (Rath 2010), im selben Jahr hat das Bundesverwaltungsgericht den Anspruch auf Familienzuschlag für »verpartnerte« Paare an den von Ehepaaren angeglichen (O. Verf. 2010b), was noch 2008 vom Bundesverfassungsgericht verneint worden war (Knapp 2008).

Noch in der ersten Hälfte der 1990er Jahre gab es innerhalb der Lesben- und Schwulenbewegung eine gespaltene Einstellung zur »Homo-Ehe«. Die einen traten für eine vollständige bürgerliche Teilhabe ein und wandten sich gegen einen Ausschluss aufgrund der Abweichung von der heterosexuellen Norm (Hark 2000, S. 29). Demgegenüber betonten andere das Ziel der Einrichtung einer gerechten Gesellschaft und ein ergebnisoffenes Ringen darum (ebd., S. 31). Sabine Hark beschreibt die Entwicklung als eine Tendenz der Verschiebung von einer universalistischen Bewegung, deren Ziele über die Besonderheit der eigenen Gruppen hinausgehen, hin zu partikularistischen Gemeinschaften, die dafür kämpfen, in bestehende Institutionen eingeschlossen zu werden und nennt ausdrücklich die Ehe und das Militär (ebd., S. 36). Dahinter stehe die Annahme einer stabilen, »nicht zu hinterfragenden Klasse von Heterosexuellen (...), nach deren Rechtsstatus die Forderungen von Lesben und Schwulen modelliert sind.« (ebd., S. 40)

Gut lässt sich Harks Einschätzung nachvollziehen, wenn man/frau sich daran erinnert, dass im Zusammenhang mit der Forderung nach einer Homo-Ehe einige Schwule auch das Recht verlangten, eine »Hausfrauenehe« praktizieren zu können und dafür die gleichen Steuervorteile zu erhalten wie Eheleute. Nun hat inzwischen der 4. Senat des Kölner Finanzgericht Ende Dezember 2011 die Klage zweier verpartnerter Männer, die die Steuerklasse IV, also die Vorteile des Ehegattensplittings, in Anspruch nehmen wollten, entschieden, dass die beiden Männer bis zur Entscheidung des Bundesverfassungsgerichts steuerlich wie ein Ehepaar zu behandeln sind (Rath 2011). Manfred Bruns vom Lesben- und Schwulenverband Deutschland sagte dazu: »›Wir freuen uns natürlich darüber‹, (...) Eigentlich fordere man aber die Abschaffung des Ehegattensplittings, weil dies eine ›unsinnige Förderung der Hausfrauenehe und damit unzeitgemäß‹ sei. Aber solange es solche ›überflüssigen Instrumente‹ noch gebe, müssten Schwule und Lesben gleichgestellt werden.« (Wrunsch 2011)

Damit gleichen die Argumente für die Homo-Ehe denen, die innerhalb und außerhalb der Frauenbewegung die Gleichheitsdiskussion unterstützt haben. Man müsse ein Recht erst haben, bevor man darauf verzichten könne (Hartwig 2000), heißt es. Es geht um Angleichung an die herrschende Norm, Forderungen nach strukturellen Änderungen werden nicht gestellt.

Wenn man/frau weiterhin bedenkt, dass es in Frankreich für zwei Menschen gleichen wie unterschiedlichen Geschlechts seit 1999 möglich ist, einen Zivilen Solidarpakt (Pacte civil de solidarité PACS) zu schließen, stellt sich die Frage, warum für den Lesben- und Schwulenverband in Deutschland etwas Vergleichbares nie eine Alternative war. Beim PACS handelt es sich um eine Gütergemeinschaft mit gemeinsamer steuerlicher Veranlagung und steuerlich günstigen Erbbestimmungen. Im Laufe der Jahre hat sich der PACS immer mehr der Ehe angeglichen. Anfangs, das heißt im Jahr 2000, waren es zu 42 Prozent gleichgeschlechtliche Paare, inzwischen machen diese nur noch 6 Prozent aus. Der Vorteil, der zugleich auch ein Nachteil sein kann, liegt vor allem darin, dass die inhaltliche Ausgestaltung des Vertrags den Vertragsparteien obliegt (Hauser 2000, S. 29 ff). Offenbar hat diese Form der rechtlichen Verbindung, obwohl der PACS im Vergleich zur Ehe zahlenmäßig unbedeutend ist, eine gewisse Attraktivität für Paare unterschiedlichen Geschlechts, die eine Alternative zur Ehe suchen.

Da die deutsche eingetragene Partnerschaft nie das Ziel verfolgte, eine Alternative zur Ehe darzustellen, kann nur von einer Reform, nicht aber von einem Paradigmenwechsel gesprochen werden (Frage 11).

3.4.7 Männergewalt gegen Frauen in der Familie

In der westlichen Welt kam Ende der 1970er Jahre das Thema Gewalt gegen Frauen und in diesem Zusammenhang auch die Gewalt von Männern gegenüber Frauen in der Familie ins öffentliche Bewusstsein. Auf die politische Agenda kam das Thema, als es um die Einrichtung von Frauenhäusern und deren Finanzierung ging (Frage 1). 1976 wurde das erste Frauenhaus als von der damaligen Bundesrepublik gefördertes, wissenschaftlich begleitetes Modellprojekt in Berlin eröffnet. Schnell gründeten sich Initiativen für Frauenhäuser in vielen Städten der BRD. Einerseits griffen Parteien die Forderungen auf (Frage 2), andererseits wurde dagegen gehalten, es gäbe auch Frauengewalt gegen Männer in der Familie (Frage 5).

Neben konservativen Gegnern von Frauenhäusern, die befürchteten, Frauen würden nun aus nichtigem Anlass ihre Männer verlassen und damit die Ehe gefährden, war es vor allem das Finanzierungsproblem, das die Frauenhausbewegung beschäftigte. Aktionen löste der damalige Vorschlag aus, die Finanzierung solle nach dem Bundessozialhilfegesetz (BSHG) geregelt werden, indem ein Frauenhaus als eine Einrichtung nach § 100 BSHG definiert wurde, die »Hilfe zur Überwindung besonderer Schwierigkeiten« nach § 72 BSHG Abs. 1 Nr. 5 leistet. Die Crux war der § 72, nach dem gutachterlich festzustellen war, dass bei der die Hilfe benötigenden Person besondere Schwierigkeiten der Teilnahme am Leben in der Gemeinschaft entgegen stehen, zu deren Überwindung in dem Fall die Frau aus eigener Kraft nicht fähig ist (§ 72 BSHG Abs. 1, zit nach Müller 2004, S. 301f). Das heißt, die Frau hätte für nur eingeschränkt handlungsfähig erklärt werden müssen, was insbesondere bei Sorgerechtsverhandlungen gegen sie hätte verwandt werden können. Dagegen lief die Frauenhausbewegung Sturm (Frage 7) und erreichte es, dass nach und nach ein Bundesland nach dem anderen eigene Frauenhausfinanzierungsgesetze beschloss, bei deren Formulierung die Frauenhausmitarbeiterinnen zum Teil aktiv mitwirkten (Frage 9). Durch Anwendung der Paragraphen 100 und 72 BSHG wäre die geschlagene Frau diskriminiert worden, der misshandelnde Mann dagegen unbeschadet geblieben. Es gelang, die sich bzgl. der Finanzierung anbahnende strukturelle Gewalt gegen misshandelte Frauen zu stoppen und zu angemessenen Finanzierungsmodellen zu finden (Fragen 10 und 11).

In den 1990er Jahren vollzog sich dann erneut ein bedeutender Wandel. Bis dahin hatten Feministinnen darauf bestanden, sich ausschließlich um betroffene Frauen und deren Kinder zu kümmern, ihnen Hilfe und Unterstützung anzubieten. Im Verlauf der Zeit wurde jedoch deutlich, dass sich diese anfangs außerordentlich wichtige Selbstbeschränkung zu einem Hindernis bei einem erfolgreichen Umgang mit dem Problem der Männergewalt gegen Frauen in der Familie zu entwickeln begann.

Die mit Männergewalt in der Familie befassten Institutionen unterzogen ihre Praxis keiner kritischen Revision und handelten dadurch unreflektiert im Interesse der Täter. Wurde etwa die Polizei wegen »Familienstreitigkeiten« (Polizeijargon jener Jahre) gerufen, ermittelten die Beamten nicht wie in anderen Fällen, das heißt sie sicherten keine Spuren, vernahmen keine ZeugInnen, sondern sprachen mit den Beteiligten, ermahnten sie, nahmen evtl. eine Anzeige auf, nicht ohne auf die Konsequenzen hinzuweisen. Im Regelfall wurde die Anzeige von den Frauen wieder zurückgezogen. So entstand ein Teufelskreis: Aufgrund der Erfahrung mit zurückgezogenen Strafanzeigen wurde diese Form der Gewalt nicht den polizeilichen Regeln entsprechend verfolgt, was wiederum dazu führte, dass aufgrund geringer Aussichten vor Gericht Anzeigen von den Opfern nicht durchgezogen wurden. Dazu kam, dass die Staatsanwaltschaft häufig ein öffentliches Interesse an der Verfolgung des Falls verneinte, da es sich um eine »Privatangelegenheit« handele. Diese Verhaltensweisen kamen letztlich den Misshandlern zugute. Erschwert wurde die Situation noch dadurch, dass es im Fall einer Trennung und von den betroffenen Personen eingegangenen neuen Partnerschaften wieder zu Gewalt der Männer gegenüber ihren Frauen kam. Blieb das Paar auch nach einem Frauenhausaufenthalt der Frau zusammen, stellte sich im Frauenhaus eine Art Drehtüreffekt ein; manche Frauen kamen immer wieder, waren nicht in der Lage, ihre Situation zum Besseren für sich selbst zu wenden, sei es durch Trennung, sei es durch Beendigung der Gewalt des Partners.

Es waren Initiativen aus den USA, wo ein neues Modell entwickelt worden war, ein Kooperationsmodell, von allen beteiligten Institutionen erarbeitet und darauf ausgerichtet, die genannten Schwachstellen zu beseitigen. Dazu gehörte auch ein Angebot von Aggressionsabbautrainings für die gewalttätigen Männer, deren Teilnahme etwa von der Staatsanwaltschaft dringend empfohlen oder gar zur Auflage im Verfahren gemacht werden konnte. Auf der anderen Seite wurden Beratungsangebote für die betroffenen Frauen verstärkt, die diese zu überlegten Reaktionen motivieren und z. B. vorschnelles Eingehen auf vordergründige Friedensangebote des Misshandlers verhindern sollte.

Die Umsetzung solcher Kooperationsmodelle (z. B. das Hannoversche Interventionsprogramm HAIP) stellt, wenn auch in kleinem Maßstab, einen Paradigmenwechsel dar: Von der Hilfe und Unterstützung von Männergewalt betroffener Frauen und Kinder weitete sich das Konzept nicht nur dadurch aus, dass andere Institutionen einbezogen wurde. Es veränderte deren bisheriges Handeln so, dass an die Stelle eines faktischen Täterschutzes weitergehende Hilfe für die misshandelte Frau angeboten wurde, aber auch die Möglichkeit für den Misshandler bestand, sein aggressives Verhalten dauerhaft abzulegen. Ziel war es, auf diese Weise, Männergewalt gegen Frauen in der Familie zu reduzieren (Frage 10 und 11). Der Weg dahin war der Abbau struktureller Gewalt, wie sie unreflektiert von Institutionen wie Polizei und Staatsanwaltschaft ausgeübt worden war, und die Schaffung von neuen flankierenden Maßnahmen.

Die Arbeit von Frauenhäusern hatte in den letzten Jahren auch Angriffe von außen zu überstehen, so vor allem von Gerhard Amendt, der in der Frauenzeitschrift (!) *Brigitte* gegen Frauenhäuser polemisierte, sie als »Brutstätten des Männerhasses« (Amendt 2009) bezeichnete und ihre Abschaffung forderte. Bisher konnten solche Anwürfe erfolgreich abgewehrt werden (Frage 5).

3.4.8 Kopftuch- und Burkaverbot

Während über Jahrzehnte niemand an Kopftuch tragenden Reinigungskräften in öffentlichen Gebäuden Anstoß genommen hatte, ist das Thema seit ungefähr der ersten Hälfte der 2000er Jahre auf der politischen Agenda (Frage 1). Nicht nur in Deutschland wurden – hier in verschiedenen Bundesländern – entsprechende Gesetze erlassen bzw. befinden sich in der politischen Diskussion (Frage 9). Kopftuch-Verbote während der Ausübung einer Tätigkeit im Öffentlichen Dienst scheinen auf eine (große) Mehrheit in der Bevölkerung zu treffen und werden auch von Frauen, die sich als Feministinnen verstehen, unterstützt, nicht nur von Alice Schwarzer, sondern auch von Helke Sander und Claudia Pinl (Pinl 2010).

Die Verschleierung wird als Symbol für die Unterdrückung der Frau angesehen und gilt daher als im Widerspruch zum Gleichberechtigungsartikel 3 des Grundgesetzes stehend. So erklärte Kardinal Joachim Meisner 2003, das Kopftuch sei ein politisches Symbol und in der Schule nicht hinnehmbar (zit. nach Oestreich 2004, S. 97, s. auch Kardinal Lehmann zum selben Thema zit. nach Şeker 2011, S. 19). Der Präsident des Zentralkomitees der deutschen Katholiken, Hans-Joachim Meier, ist noch eindeutiger: »Das Kopftuch als Zeichen der Unterordnung der Frau widerspreche der Gleichstellung von Mann und Frau und damit der Verfassung«, sagte er 2003 (zit. nach Oestreich 2004, S. 97). (Dass Vertreter einer Religion, die Frauen den Zugang zur Priesterweihe verweigert, sich so äußern, mag besonders verwundern.) Diese Interpretationen von Vertretern der Herrschaftsgesellschaft dienen der Herabsetzung von MuslimInnen, die ihren Anfang bei der Diskriminierung kopftuchtragender Muslima nahm. Im politischen Mainstream dient das Kopftuch, wie Nimet Şeker es ausdrückt, der kulturellen Abgrenzung von Muslimen und spiegelt eine Hierarchisierung von Kulturen wider (Şeker 2011, S. 17). Insbesondere das Kopftuch gerät zur visuellen Projektionsfläche für negativ behaftete Vorstellungen einer »gescheiterten Integration« (ebd., S. 16, 19).

Unter den feministisch orientierten Frauen und Frauenorganisationen, die ein Verbot befürworten, hat gegenüber den Anfängen der Zweiten Frauenbewegung, eine Veränderung stattgefunden. Ende der 1960er und in den 1970er Jahren haben frauenbewegte Frauen darauf bestanden, nicht für andere Frauen zu sprechen. In der Kopftuchfrage nun hat eine Beteiligung der Betroffenen eher selektiv stattgefunden, derart, dass sich Herkunftsdeutsche mit Wissenschaftlerinnen türkischer Herkunft wie Neçla Kelek verbündeten, die das Kopftuch als frauendiskriminierend ablehnen (ebd., S. 19).

Auffallend ist bei diesem Thema, dass die Verbotsforderung nicht eingebettet ist in einen Katalog von Forderungen, durch die muslimischen Frauen zu einer gleichberechtigten Teilnahme am Leben in Deutschland verholfen werden kann. Vergleicht man diese Situation etwa mit der Forderung nach ersatzloser Streichung des § 218 StGB in den 1970er Jahren, so fand die Haltung: »Ich selbst würde im Fall einer ungewollten Schwangerschaft zwar keine Abtreibung vornehmen lassen, setze mich aber dafür ein, dass Frauen, die dies tun wollen, dafür nicht bestraft werden«, keine Entsprechung in großem Stil, etwa in der Form: »Ich selbst lehne es zwar ab, ein Kopftuch zu tragen, möchte aber auch nicht, dass Frauen, die dies freiwillig tun und auf dem Boden des Grundgesetzes stehen, keine Stelle im Öffentlichen Dienst bekleiden dürfen, denn ein Kopftuch steht nicht per se für Frauenunterdrückung.« Es findet auch keine Überprüfung kopftuchtragender Referendarinnen oder Lehrerinnen statt, um zu klären, ob diese »auf dem Boden des Grundgesetzes stehen«. Vielmehr wird die von vielen Medien stark beeinflusste Ansicht der Mehrheitsgesellschaft und deren Auffassung von der Bedeutung des Kopftuchs zum Maßstab für Gesetze genommen, die auf ein Berufsverbot für Kopftuchträgerinnen hinauslaufen. Auch haben VertreterInnen der Kopftuchverbotsforderung ihre Stimmen nicht mit gleicher Vehemenz erhoben, als Kürzungen von Mitteln für Beratungsstellen für Frauen mit Migrationshintergrund im Allgemeinen und Musliminnen im Besonderen anstanden oder anstehen.

Bislang habe ich mich ausschließlich auf das Kopftuchverbot bezogen, möchte jedoch betonen, dass ich zwischen dem Tragen eines Kopftuchs und dem einer Burka einen Unterschied sehe. Im Öffentlichen Dienst halte ich den Anspruch für berechtigt, das Gesicht seines Gegenübers erkennen zu können. Es wird zu Recht gefordert, auch den Namen des/der MitarbeiterIn einer Behörde zu kennen, mit der man/frau zu tun hat – ein immer noch währender Streitpunkt mit der Polizei. Was das Tragen einer Burka im öffentlichen Raum angeht, kann ich Ängste durchaus nachvollziehen, einer bis zur Unkenntlichkeit vermummten Person zu begegnen, allerdings überkommen mich auch mulmige Gefühle, wenn mir ein Mensch mit heraufgezogener Kapuze und sehr dunkler oder verspiegelter Sonnenbrille begegnet.

Kritisch wird es für mich bei den Verbotsforderungen vor allem dann, wenn argumentiert wird, diese sollten ein Zeichen gegen Frauendiskriminierung setzen. Wie wenig es um den Schutz der Trägerinnen vor Unterdrückung geht, zeigten Experimente, die einige Journalistinnen durchgeführt hatten. Diese haben eine Burka getragen und sind damit auf die Straßen einiger Städte gegangen Dabei haben sie nicht nur erfahren, wie eingeschränkt ihr Blickfeld und wie unangenehm dieses Kleidungsstück wegen der darunter sich entwickelnden Hitze ist, sie erlebten auch, wie ihre Umwelt auf eine derart verschleierte Frau reagiert. Sie wurden z. T. beschimpft und angespuckt (Weiser 2010). Solche Reaktionen zeigen, dass Verbotsgesetze von Teilen der Bevölkerung nicht als Schutz muslimischer Frauen vor Unterdrückung verstanden werden, sondern dass die so gekleideten Musliminnen selbst Anstoß erregen und Unterdrückung ausgesetzt sein können.

Diese Haltung wird durch populistische PolitikerInnen und Parteien befördert und/oder ist eine Reaktion auf Parolen entsprechender Parteien. In der Schweiz, wo die Zahl der Burkaträgerinnen vom Bundesrat 2010 auf 100 geschätzt wurde, warb 2009 die Eidgenössische Demokratische Union für ein »Ja« zur Volksinitiative gegen den Bau von Minaretten. Eine Graphik zeigte eine Burkaträgerin ganz in Schwarz, vor einer auf dem Boden liegenden Schweizer Flagge aus der sieben schwarze Minarette ragten, die wie gepflanzt erschienen und an Raketen gemahnten. So finden sich manche BefürworterInnen eines Kopftuch-/Burkaverbots in bedenklicher Nähe zu populistischen Rechtsradikalen. Der Eifer, mit dem politische Parteien neuerdings ein Burkaverbot in Bundesländern fordern, in denen es kaum Burkaträgerinnen gibt (in Deutschland schätzt der Zentralrat der Muslime ein Dutzend Burkaträgerinnen, Molthagen 2010), ist nicht nur der Frage würdig, welchem politischen Ziel dies dienen soll, damit wird auch Islamophobie geschürt. Zudem wird dabei mit pseudofeministischen Argumenten für Verbotsgesetze geworben und in der Konsequenz Fremdenhass, der Frauen zum Ziel hat, gefördert, eine Haltung, von der ich gezeigt hatte, dass sie für die mit neoliberaler, kapitalistischer Wirtschaftsweise einhergehenden Probleme systemstabilisierend ist.

3.4.9 Nur wenige Paradigmenwechsel in der Frauenpolitik

Um eine Zustandsbeschreibung zu wagen, die durch die Diskussion und Umsetzung frauenpolitischer Themen in der BRD der letzten zwanzig Jahre entstanden ist, habe ich mich auf Veränderungen, die sich auf Gesetze, politische Forderungen u. ä. bezogen, die selbst den Anspruch erheben, die Situation von Frauen oder das Verhältnis der Geschlechter hin zu mehr Partnerschaftlichkeit, zu verbessern, oder als Verbesserungen in der Öffentlichkeit wahrgenommen werden. Hier eine Zusammenfassung und abschließende Bewertung der Ergebnisse:

- Im Rückblick auf die von mir betrachteten frauen- bzw. geschlechterpolitischen Veränderungen fällt der Erwerbsbereich durch eine Angleichung an die Situation von Männern auf (Aufhebung des Nachtarbeitsverbots für Arbeiterinnen, Öffnung der Bundeswehr für Frauen), die durch Klagen von Frauen ausgelöst worden waren. Anders als in den 1970er Jahren bei der Reform des § 218 StGB wurden diese Änderungen von Gerichten entschieden und nicht von einer anders denkenden außerparlamentarischen Bewegung begleitet. Heute wäre es wünschenswert, dass die Gesundheitsschäden der Nachtarbeit und dabei die besonderen Auswirkungen auf Frauen bei Vorlage einer entsprechenden wissenschaftlichen Untermauerung aufgegriffen und andere Zeitmodelle thematisiert und gefordert würden. Ohne Einzelheiten zu nennen, erwähnt Bachmann (2011, S. 137) Fachleute, die es für machbar halten, die Last von Nachtarbeit wenigstens dadurch zu mildern, dass Einsatzpläne auf individuelle innere Uhren (»Lerchen«, also FrühaufsteherInnen, und »Eulen«, also Menschen, die abends voll leistungsfähig sind) abgestimmt werden. Das reicht sicher nicht aus, könnte aber vielleicht die Diskussion eröffnen helfen.

- Während es bei diesen beiden Reformen öffentlich keine massive oppositionelle Begleitung gab, kann davon bezogen auf die Forderung nach einer Frauenquote für Aufsichtsräte keine Rede sein. Medien wie Frauenorganisationen unterstützen eine solche, als neoliberal einzustufende Maßnahme vehement. Darin spiegelt sich die Blickrichtung wider, die sich Gleichstellungspolitik derzeit einnimmt: auf die Chefetagen, weit weg von prekären Arbeitsverhältnissen.
- Beim Prostitutionsgesetz ist ein anderer Mangel zu beklagen, die Tatsache, dass die Situation der Zuhälter und Bordellbesitzer zu wenig Gegenstand politischer Forderungen ist. Während Engels noch zwischen der bürgerlichen Ehe und der Prostitution auf die davon profitierenden Männer und die in diese Institutionen eingebundenen Frauen Bezug genommen hatte (s. im ersten Teil 1.3.2), fehlt es heute in Deutschland an einer entsprechenden Diskussion. Auch findet öffentlich kaum eine Beschäftigung mit den Freiern statt. An Belohnungs-Sex-Reisen hatten sogar ein paar wenige Gewerkschafter teilgenommen. Gesetze, die Strafen für Touristen vorsehen, die im Ausland käuflichen Sex mit Minderjährigen hatten, sind ein Ansatz, den es meiner Meinung nach weiter, etwa auf Zwangsprostitution im Inland, auszudehnen gilt.
- Die größte Chance, einen Paradigmenwechsel zugunsten von Frauen herbeizuführen, besteht beim Thema Gender Pay Gap dann, wenn es gelingt, den Fokus auf die Bezahlung in Frauenberufen zu richten.
- Was die Institution Familie angeht, so haben wichtige Veränderungen stattgefunden, die vor allem die Situation von Männern und Vätern verbessert haben, indem deren Rechte ausgedehnt wurden. Im Fall der zeitlichen Begrenzung von Unterhaltszahlungen könnte dies zu Lasten von Frauen gehen. Auch beim Umgangs- und Sorgerecht muss darauf geachtet werden, dass die neuen Gesetze sich nicht zum Nachteil von Frauen auswirken, zum Beispiel wenn diese in einer Gewaltbeziehung zu einem Partner leb(t)en. Ein Gesetz ist immer nur so gut, wie es Ausnahmesituationen angemessen berücksichtigt.

Dass – pointiert formuliert – Männern mehr Rechte zugebilligt wurden, aber ihre Pflichten unverändert blieben, ist ein weiteres Problem. Dabei denke ich an notorische Unterhaltsverweigerer, die den Staat viel Geld kosten (rund 800 Euro jährlich, O. Verf. 2011b, S. 1) Australien hat für diese Personengruppe seit zehn Jahren (!) ein Ausreiseverbot ausgesprochen und damit 2010 eine beachtliche Summe von 2,7 Mio. Euro eingetrieben (ebd., S. 1).

Wegen der einseitigen Fokussierung auf Väterrechten ohne Veränderungen hinsichtlich Väterpflichten habe ich lediglich von einer Reform gesprochen.

- Eine Chance zum Paradigmenwechsel hätten die »Vätermonate«, vorausgesetzt, sie würden über das heutige Maß von zweien so ausgedehnt, dass die Möglichkeit der Gleichheit von Frauen und Männern besteht. Diese bezeichnet Nancy Fraser als »partizipatorische Parität«, das sind soziale Vereinbarungen, die es allen gestatten, gleichberechtigt am sozialen Leben teilzuhaben, wozu eine Gleichverteilung der im »Privaten« anfallenden Arbeit gehört (Graf 2010, S. 125 f).
- Die Möglichkeit für gleichgeschlechtliche Paare sich als Partnerschaften registrieren zu lassen, habe ich nur als Reform eingestuft, weil daran – ähnlich wie bei den Gesetzen im Erwerbsarbeitsbereich – deutlich wird, dass es um eine Angleichung an das bestehende Familienkonzept geht und die Chance, die Nachteile der Ehe zu kritisieren und ihr ein anderes Modell für hetero- wie für gleichgeschlechtliche Paare entgegenzusetzen vertan wurde.
- Die Strafbarkeit der Vergewaltigung in der Ehe dagegen hat mit der Vorstellung der ehelichen Pflicht von Frauen zu Sexualität gebrochen und stellt daher einen Paradigmenwechsel dar.
- Auch wenn es sich bei den Gesetzen zur Finanzierung von Frauenhäusern gemessen an den anderen hier diskutierten nur um eine Marginalie handelt, habe ich auch darin einen Paradigmenwechsel gesehen. Dieser kommt zum Teil auch bei Handlungsänderungen staatlicher Institutionen im Rahmen von Kooperationsprojekten zum Tragen, die lange Zeit in ihrer Praxis de facto Männerschutz betrieben haben.
- Das Kopftuchverbot schließlich hat eine große öffentliche Diskussion ausgelöst und viele BefürworterInnen gefunden, auch unter Frauen, die sich als Feministinnen verstehen. Solche, von verschiedenen Bundesländern ausgesprochenen Verbote werte ich als neoliberal, da sie tendenziell zur Diskriminierung der muslimischen Bevölkerung allgemein und von Musliminnen im Besonderen beitragen. Befürworterinnen des Kopftuchs fanden bei den Gesetzen keine Berücksichtigung. Ob ein Dialog mit Betroffenen stattgefunden hat, ist mir nicht bekannt. Auf jeden Fall haben die Regierungen der entsprechenden Bundesländer und die Mehrheitsgesellschaft die Deutungshoheit für die Interpretation des Kopftuchs für sich reklamiert.

Diese Bilanz soll als eine offene Auflistung verstanden werden und dazu einladen, andere, die Geschlechter und ihr Verhältnis zueinander berührende Veränderungen – geplante wie bereits erfolgte – in ähnlicher Weise einzuschätzen.

3.5 Bekämpfung und Verbreitung von feministischen Vorstellungen

Abschließend möchte ich Aspekte ansprechen, die einen übergeordneten Blick auf frauenpolitische Themen erlauben. Zum einen möchte ich auf Gegenkräfte zu einem wie auch immer verstandenen Feminismus eingehen und betrachte dazu antifeministische Beiträge im Internet. Zum anderen stellt sich die Frage, welche Einstellungen heute zum Stichwort »Feminismus« vorkommen. Auch dazu greife ich auf Internet Aussagen zurück. Und schließlich möchte ich im Anschluss an die von mir oben in 3.4 formulierten Fragen zu klären versuchen, welche Aufnahme feministische Ideen in Wirtschaft und Politik gefunden haben und wie diese zu bewerten sind.

3.5.1 Antifeminismus – klein, aber nicht ungefährlich

»Wie töten wir den Feminismus?« lautet die Überschrift eines Textes, einer von mehreren ähnlicher Polemiken, die im Internet kursieren. Die Autoren hoffen offenbar, den Nerv eines Teils der männlichen Bevölkerung zu treffen. Sie sind meist auf Web-Seiten antifeministischer Männerrechtsorganisationen zu finden. Diese hat Hinrich Rosenbrock unter die Lupe genommen (2012). In Deutschland handelt es sich um eine relativ kleine Gruppe, deutlich unter 1000 Aktiven, gibt der Autor an (Rosenbrock 2012, S. 13, 40). Nach eigenen Aussagen des Schweizer Blogs »Söhne des Perseus« (ebd., S. 61) ist das Jahr 2010 ein Schicksalsjahr gewesen, denn es handelt sich um das Jahr, in dem die Interessengemeinschaft Antifeminismus (IGAF) in der Schweiz gegründet wurde und zu ihrem ersten Internationalen Kongress im Oktober 2010 nach Zürich aufgerufen hatte. Über 150 »Streiter« seien erschienen, 2011 hat bereits eine Wiederholung stattgefunden, weshalb Arne Hoffmann, Mitglied von MANNdat und Gründungsmitglied von Agens (ebd., S. 46), zwei der wichtigsten antifeministischen Männerrechtsgruppierungen, im Frühjahr 2011 den »Sommer der Männerbewegung« (ebd., S. 82) ausrief. Inzwischen hat sich auch in Deutschland eine IGAF gegründet.

Der in solchen Worten zum Ausdruck kommende »Gestus der Selbstüberhöhung« (ebd., S. 82) ist eher eine Randerscheinung antifeministischer Männerrechtsbewegungen. Was sie auszeichnet, sind nach Rosenbrock vor allem zwei Denkfiguren, ein pauschaler Antifeminismus, der ein vereinfachtes, homogenes Bild des Feminismus zeichnet, diesen mit Männerfeindlichkeit bis Männerhass gleichsetzt (ebd., S. 11) und ihm an einer Reihe von gesellschaftlichen Entwicklungen die Schuld gibt, z. B. an der männerdiskriminierenden Wehrpflicht und der Sorgerechtsregelung zugunsten unverheirateter Mütter (ebd., S. 71). Das zweite

Anliegen, das Eintreten für Männerrechte, entspringt einer Vorstellung von Geschlechtergleichheit, nach der Männer Opfer des Feminismus, von FeministInnen oder sogar einer Frauenherrschaft, Femokratie genannt, seien (ebd., S. 11).
Was genau wollen diese Antifeministen? Dazu hier einige Zitate, die das, was Rosenbrock beschreibt, gut illustrieren:

- In erster Linie scheint es um die Wiedereinführung der traditionellen geschlechtsspezifischen Arbeitsteilung zu gehen. So plädiert Gerhard Amendt für die Kleinfamilie und verbindet damit eine Rechtfertigung der klassischen Arbeitsteilung der Geschlechter. »Die bürgerliche Kleinfamilie, so die Quintessenz der männerrechtliche Renaissance dieses Klischees, war und ist die Keimzelle der Gesellschaft und des Volkes und soll es auch in Zukunft wieder werden.« bilanziert Rolf Pohl Amendts Position (Pohl 2011, S. 120).
- Zu rückwärtsgewandten Vorstellungen gehört auch der Aufruf von René Kuhn »Zurück zur Frau« (Buchtitel). Dieser Schweizer Autor hatte Publicity erlangt und war nach Angabe seiner antifeministischen Kollegen einer Hetzjagd ausgesetzt, als er nach Rückkehr einer Russlandreise die gepflegten Russinnen lobte und fortfuhr: »Nicht so in der Schweiz, wo man sich tagtäglich diese *linken*, ungepflegten, ›verfilzten‹ Weiber ansehen muss, die überhaupt keine Weiblichkeit ausstrahlen.« Mit seiner Polemik gegen Linke zielt er auf Frauen: »Die *linken* Schweizer Frauen könnten noch einiges Lernen (Rechtschreibung im Original), aber diese Emanzen laufen lieber wie Vogelscheuchen umher.« (O. Verf. 2009, Herv. von mir).
- Und Agens betont die Potentiale des Männlichen und des Weiblichen als Grundlage für ein Miteinander in Gesellschaft und Arbeitswelt. Agens nimmt damit eine Gegenposition zur »Dekonstruktion der Geschlechter« und damit gegen den *Genderismus* ein. Agens möchte eine »verstaatlichte« Geschlechterpolitik wieder in die Privatsphäre zurückführen (Agens e. V. o. J. Herv. im Original).

Aus dem Opferselbstbild ergibt sich als zweiter Forderungskomplex, fehlende Gleichstellung zu korrigieren, also gegen eine Diskriminierung von Männern vorzugehen.

- Zu Aufrufen, zur traditionellen Arbeitsteilung und zu traditioneller Weiblichkeit zurückzukehren, kommen Klagen über fehlende »echte« Gleichberechtigung bzw. ein Programm, das diese nun umsetzen soll. Spiegelbildlich zum Feminismus wird der Maskulismus definiert und eine Männerbewegung ausgerufen. Beide, der Maskulismus und die Männerbewegung, wehren sich gegen sämtliche Formen der Diskriminierung des Mannes in der Gesellschaft.

»In Sachen Wehrpflicht, Witwenrenten, Rentenalter herrschen immer noch Ungleichheiten, obwohl in der Verfassung die rechtliche Gleichstellung definiert ist.« (Deutschland stimmt ab, Dietmar, 22.11.11, 14:57 Uhr)
- Gegen den Feminismus wird polemisiert: »Feminismus ist Gift für die Gesellschaft!« (ebd. Jupp, 30.11.11, 21:06 Uhr), »Der Feminismus ist eine menschenverachtende Ideologie« (ebd. Wolfgang Löhr, 29.11.11, 22:05 Uhr), »Feminismus ist keine Meinung, sondern ein Verbrechen an der Menschheit, besonders an den Kindern.« (ebd., Tom 23.11.11, 11:25 Uhr)

Da der zweite Forderungskomplex, Gleichberechtigung für Männer, mit dem ersten, Rückkehr zu traditioneller Arbeitsteilung, verbunden ist, zuweilen mit heftiger Polemik einer geht, ist es leicht, diese Gruppierungen abzuwehren und das geschieht auch. So wurde René Kuhn, Gründer der IGAF und Organisator des ersten Internationalen Antifeminismus-Treffens, aus der Sektion der Schweizerischen Volkspartei (SVP) Luzern ausgeschlossen, einige Schweizer Hoteliers hatten sich geweigert, der Interessengemeinschaft Antifeminismus Räume für deren 1. Internationalen Kongress zu vermieten und die Schweizer IGAF gibt an, dass in Deutschland profeministische Männergruppierungen von beiden Kirchen, den Grünen und der SPD kritisiert werden, die antifeministischen Positionen bekämpfen.

- Eng verflochten mit der Forderung nach »echter« Gleichberechtigung ist eine Kritik am »Staatsfeminismus«. »In den letzten Jahrzenten wurden tausende unnötige Stellen für ›Frauenförderung‹ geschaffen, welche eine einseitige Politik ausüben und Milliarden von Steuergeldern verschlingen.« (ebd., Dietmar 22.11.11., 14:57 Uhr) Ebenso wird Gender als Begriff abgelehnt, gegen Genderismus angegangen und Gender Mainstreaming attackiert, weil diese Konzepte zu einer »Zwangsumwandlung von ›natürlichen Geschlechterrollen‹ umgedeutet« (Rosenbrock 2012, S. ebd. 71) und »als Umerziehungsprogramm mit der Unterdrückung von Menschen in bestimmten Formen des real-existierenden Sozialismus gleichgesetzt« werden (ebd., S. 73).
- In Beiträgen in den verschiedenen Blogs der antifeministischen Männerrechtsgruppierungen kommt es immer wieder zu Hasstiraden, sog. »Hate Speech« (ebd., S. 42 ff, 67 ff). So mussten die Söhne Perseus kürzlich eingegangene Beiträge löschen, in denen offen zu Gewalt gegen Frauen aufgerufen wurde. Denn obwohl der Blog nach Einschätzung von Rosenbrock sehr militaristisch und martialisch gehalten ist, wird direkte physische Gewalt von dieser Gruppe abgelehnt. Andere setzen »Hate Speech« als Strategie ein, wobei Rosenbrock zu der Einschätzung kommt, dass sich die entsprechenden Organisationen von »Gewaltpredigten« nicht deutlich genug distanzieren, diese zum Teil dulden

(ebd. 45 f). Zwar hat Arne Hoffman im August 2011 seinen Blog wegen der Zunahme von rechtem Gedankengut in der Bewegung zurückgezogen (ebd., S. 23), bei anderen hingegen, free-gender.de z. B., gibt es den Schulterschluss zwischen der antifeministischen Männerrechtsbewegung und der rechten Szene (ebd., S. 12).

Der erste Argumentationsstrang, die Forderung nach Rückkehr zu traditioneller Männlichkeit, ist zwar von antifeministischen Männerrechtlern vor allem auf die Ernäherrolle bezogen, wenn ich sie davon ablöse, so erhält sie eine gewisse Aktualität in neueren Essays, nach denen – plakativ formuliert – junge Frauen heute mit soften Männern nichts anfangen können, so Nina Pauer in der *Zeit* vom 6.1.2012, zugespitzt von Christoph Scheuermann, der nicht nur eine Sehnsucht von Frauen nach dem Macho behauptet, sondern auch auf angebliche Klagen junger Frauen »über die Verweichlichung einer Generation junger Männer« mit – ich möchte sagen klassisch neoliberal – »selber schuld« reagiert (ebd., S. 12). Solche Thesen kehren geradezu zyklisch wieder.

Löst man/frau den zweiten Argumentationsstrang der fehlenden »echten« Gleichberechtigung aus diesem antifeministischen Kontext, so landet man/frau mitten im gesellschaftlichen Mainstream, etwa bei GleichstellungspolitikerInnen, die sich eine Förderung von Jungen und Männern auf die Fahnen geschrieben haben, die mit oberflächlicher Schuldzuweisung an Frauen einhergeht.

Sehr problematisch sind teilweise antidemokratische und gegen die Verfassung gerichtete Äußerungen einzelner Mitglieder (Rosenbrock 2012, S. 18). Hier sei festgehalten, dass auf einen organisierten, reaktionären, frauenfeindlichen Antifeminismus mit Abwehrformen reagiert wurde. Bedenklich ist dennoch, dass Antifeminismus im Zusammenhang mit Gewalt bewusst ausgeklammert wird. So ist in der Berichterstattung über die Massenmorde von Anders Behring Breivik am 22. Juli 2011 in Oslo und auf der Insel Utøya zwar dessen rassistischer, gegen politisch Linke gerichteter, mehrere hundert Seiten langer Text bekannt geworden, dass dieser aber auch stark antifeministische Inhalte aufweist, hat nur eine Minderheit der Medien berichtet. Als diese Information schließlich eine etwas größere Verbreitung fand, blieb der Aufschrei aus. Diese Ignoranz gegenüber antifeministisch motivierter Gewalt halte ich für sehr gefährlich. Wenn Ute Scheub Recht hat mit ihrer Aussage, dass die Krise der Männer auch für Frauen gefährlich ist, wie es im Untertitel ihres Buchs »Heldendämmerung« heißt, muss dem »Männlichkeitswahn« entgegen getreten werden. Scheub hatte auch eine »gigantische Nachfrage nach ›harter‹ Männlichkeit« (Scheub 2010, S. 195) am Beispiel von »Deutschlands erfolgreichstem Gangsta-Rapper Bushido« angesprochen und seine frauenfeindlichen Texte zitiert (ebd., S. 195 ff). Inzwischen wurde ihm der Bambi verliehen. Man/frau stelle sich eine vergleichbare Situation mit rassistischen oder antisemitischen Texten vor. So viel zur medialen Bewertung von Frauenhass.

Ute Scheub hatte die Gefahr thematisiert, die von der Krise der Männer ausgeht (Scheub 2010), die durch einen doppelten Verlust ausgelöst wird: die Feminisierung des Arbeitsmarkts und das Ende der Ein-Ernährer-Familie. Diese Gefahr sehen auch die SoziologInnen Michael Meuser und Sylka Scholz. Als normative Folie existiere eine forcierte kompetitive Männlichkeit (s. dazu auch unten 3.5.2 Wirtschaft). Gleichzeitig können viele Männer in diesem Wettbewerb nicht mithalten.»Das könnte vor allem im Bereich prekärer Beschäftigungsverhältnisse zur Folge haben, dass Anspruch und Wirklichkeit auseinanderklaffen und dass das Festhalten am industriegesellschaftlichen Männlichkeitsverständnis wachsende Irritationen nach sich zieht.« (Meuser und Scholz 2011, S. 75)

Diesem Problemfeld müsste weit mehr politische Aufmerksamkeit gewidmet werden. Derzeit werden aber nicht einmal die extremen antifeministischen Gewalttaten gebührend beachtet. Trotz dieser Probleme ist festzuhalten, dass Versuche eines Rückschlags abgewehrt werden konnten.

3.5.2 Die nicht gelungene Aufnahme feministischer Gedanken in Wirtschaft, Politik und Öffentlichkeit

Im ersten Teil habe ich Feminismus als Bewegung definiert, die, ausgehend von der Unterdrückung von Frauen, eine neue gesellschaftliche Organisation von Arbeit (bezahlter wie unbezahlter) und Reproduktion einschließlich Sexualität und Fortpflanzung anstrebt sowie Unterdrückung in den Bereichen von Produktion und Reproduktion bekämpft. Dass diese Fragen alle Bereiche der Gesellschaft betreffen, liegt auf der Hand. Ob es aber auch gelungen ist, dies in eine breite öffentliche Diskussion zu bringen, ist eine andere Frage. Um einer Antwort leichter näher zu kommen, möchte ich die Frage umformulieren: Ist es gelungen, in gesellschaftlichen Teilbereichen zu zeigen, dass der Feminismus tiefgreifende Änderungen verlangt? Ansprechen werde ich die wichtigsten, Wirtschaft, Politik und öffentliches Bewusstsein, eine Bewertung des kulturellen und wissenschaftlichen Bereiches würde wegen dessen Vielfältigkeit und Komplexität den Rahmen sprengen.

Wirtschaft
Da in einem kapitalistischen Wirtschaftssystem Unternehmer darauf bedacht sind, Löhne zu drücken, muss es in deren Interesse liegen, Frauen und Männer in gering vergüteten Jobs zu beschäftigen. Versuche, der schlechteren Bezahlung von Frauen dadurch zu begegnen, dass sie bei gleicher Qualifikation in besser bezahlten Tätigkeiten vorrangig eingestellt werden, haben nicht den erhofften Erfolg ge-

bracht. Interessant ist dabei, dass rationale Argumente, die für eine beschleunigte Einstellung und Beförderung von Frauen sprechen, offenbar nicht greifen. Immer wieder einmal werden Studien veröffentlicht, in denen nachgewiesen wird, dass gemischte Teams effektiver im Sinne und Interesse der Arbeitgeber arbeiten. Das widerspricht völlig der kapitalistischen Logik. Mehr noch, es ist geradezu ein Paradebeispiel für den Unterschied zwischen Kapitalismus und Patriarchat. Kapitalistischem Denken würde es entsprechen, Frauen in Führungspositionen zu berufen, da deren Präsenz, wie das viel zitierte norwegische Beispiel nahe legt, den Gewinn eines Unternehmens erhöhen kann. Außerdem wäre es möglich, diesen Frauen geringere Bezüge zu zahlen, so wie es derzeit die Regel ist. Frauen in Führungspositionen brächten daher für ein Unternehmen einen doppelten finanziellen Vorteil. Da nicht so verfahren wird, muss es tiefer liegende, nicht-rationale Gründe dafür geben, warum sich die Arbeitgeberseite der Privatwirtschaft seit Jahrzehnten gegen verbindliche Frauenförderung wehrt. Der Verdacht stellt sich ein, dass es um die Absicherung des Patriarchats oder, anders ausgedrückt, um den Erhalt einer Männerkultur am Arbeitsplatz geht.

Bestehen Ängste, die männliche Überlegenheit könnte ins Wanken geraten? Gibt es eine gerade in von Männern dominierten Bereichen entwickelte Arbeitskultur, die den Bedürfnissen von Männern entgegen kommt und die nicht verändert werden soll, was geschehen könnte, wenn Frauen dort vermehrt Einzug halten würden? Dieser Verdacht wird stark genährt durch eine 1998 von Stephan Höyng und Ralf Puchert durchgeführte empirische Studie männlicher Verhaltensweisen und männerbündischer Kultur mit dem Titel »Die Verhinderung der beruflichen Gleichstellung«. Durch den im Männerbund gepflegten engen Kontakt ohne starke persönliche Intimität werde »die Arbeit zu einem Lebensraum, in dem scheinbar emotionale Befriedigung und Nähe mit eigenen Machtinteressen und der eigenen Dominanzposition verknüpft werden« (Höyng und Puchert 1998, S. 260). Voraussetzung dafür, dass die männerbündische Arbeitskultur funktioniert, ist, dass sie von Männern getragen wird, die ihre »sozialen Interessen im Wesentlichen im Beruf leben« (ebd., S. 260) wollen. Für diese Kultur, die mit zur Verhinderung von Gleichstellung beiträgt, ist die von den beiden Forschern in Interviews durchgängig erfahrene Ansicht hilfreich, es gebe keine geschlechtsspezifischen Unterschiede in der Behandlung von Mitarbeiterinnen und Mitarbeitern bzw. Kolleginnen und Kollegen. Werden aber keine Unterschiede wahrgenommen, kann auch keine Diskriminierung erkannt, geschweige denn ihr entgegen getreten werden. Höyng und Puchert sprechen daher von *interessengeleiteter* Nichtwahrnehmung (ebd., S. 219 f, 223).

Es gibt aber auch Männer, die die Situation durchaus als Männerbund mit tendenzieller, Frauen ausschließender oder diskriminierender Wirkung wahrnehmen, aber nicht bereit sind, ihr Verhalten zu ändern. So begründet einer der von

Höyng und Puchert Befragten seine Untätigkeit »mit seiner ›Prägung‹ und der Mühe, die es kostet, Frauen zu fördern.« (ebd., S. 209) Daraus kann sich sogar die Umkehrung ergeben, indem die Mühe, etwas zu ändern, Frauen abverlangt wird und von ihnen gefordert wird, sie sollten sich an das von Interessen und Verhaltensweisen der Kollegen bestimmte Arbeitsklima anpassen. Dies habe ich in den 1990er Jahren als Leiterin eines Seminars für männliche Vorgesetzte in Männerbereichen des Öffentlichen Dienstes erlebt. Mein Anliegen war, mit dem sehr kleinen Kreis der Teilnehmer zu erarbeiten, wie und wodurch sich das Arbeitsklima in deren Bereichen verändern muss, damit Frauen sich akzeptiert fühlen und sich mit ihren Kompetenzen voll einbringen können. Daher bat ich die Teilnehmer in einem Abschnitt des Seminars, sich in kleinen Gruppen als Frauen zu phantasieren, die in ihre eigene Abteilung kommen. »Was würde Sie als Frau dort am meisten stören, was würden Sie als angenehm empfinden?« war die zu beantwortende Frage. Für mich völlig überraschend kam von allen Beteiligten zum ersten Teil der Frage die Antwort: »die sexuelle Belästigung«. Verblüfft und erfreut über die Offenheit leitete ich zur nächsten Frage über: »Was würden Sie nun als Vorgesetzter in Ihrer Abteilung ändern, damit Frauen sich dort weniger gestört fühlen?« »Nichts, die Frauen müssen da durch.«, kam prompt die Antwort.

Auch wenn diese Antwort und die Untersuchung von Höyng und Puchert nun schon zehn bis 15 Jahre zurück liegen, so scheint sich wenig geändert zu haben, da Frauen ihre Nicht-Zugehörigkeit zum Männerbund und ihr Nicht-erwünscht-Sein wahrnehmen und dafür die Metapher von der gläsernen Decke geprägt haben. Mehr noch. Die SoziologInnen Michael Meuser und Sylka Scholz, die der Frage nach einer Krise oder einem Strukturwandel hegemonialer Männlichkeiten nachgegangen sind (Meuser und Scholz 2011), sprechen von einer transnationalen Unternehmer- oder Managermännlichkeit, die in der Praxis einer männlichen Wirtschaftselite sichtbar werde (ebd., S. 65 ff). Diese Persönlichkeit wird in der Zeitschrift *Business Punk* als Stereotyp vorgestellt: Er ist laut, erfolgreich und zeigt seinen Erfolg. Ein zentrales Element scheine zu sein, dass er sich nicht um geschlechterpolitische Correctness bemüht, sondern diese demonstrativ nicht praktiziert (ebd. S. 68 f). Die beiden WissenschaftlerInnen sehen diese Ausprägung von Männlichkeit im Zusammenhang heutiger Wirtschaftsweise: »Im Feld der Ökonomie lässt sich eine forcierte kompetitive Männlichkeit beobachten, welche die wachsenden Unsicherheiten im Rahmen einer globalisierten Ökonomie als Chance zur vorteilhaften Selbstpositionierung im Wettbewerb mit anderen Männern begreift und zu nutzen versucht.« (ebd., S. 74 f) Diese Analyse würde erklären, warum es nicht gelingt, Frauen in größerer Zahl in Führungspositionen zu bekommen. Die Anforderungen an ökonomisches Führungspersonal verbinden sich offenbar kaum trennbar mit einem bestimmten Männertyp, der nicht nur hochgradig kompetitiv anderen Männern gegenüber ist, sondern auch kein Interesse daran hat, mit Frauen auf gleicher Ebene zusammenzuarbeiten. Solange der neoliberale Kapitalismus von seinen Eliten das ungebremste Streben nach Marktbeherrschung erwartet, ist vermutlich wenig Frauenförderliches von der Wirtschaft zu erwarten.

Zusammenfassend möchte ich die Frage, ob es gelungen ist zu zeigen, dass der Feminismus tiefgreifende Änderungen in der Wirtschaft und im Arbeitsbereich verlangt, für die Wirtschaft bzw. die Arbeitgeberseite verneinen. Sowohl die niedrige Bezahlung von Frauen entspricht deren ureigensten Interessen als auch ein für Frauen nicht förderliches Arbeitsklima. Während im Arbeitnehmerteil der Wirtschaft, vor allem bei den gewerkschaftlich organisierten Frauen in jüngster Vergangenheit das Bewusstsein der diskriminierenden Bezahlung in Frauenberufen steigt und sogar eine gewisse Arbeitskampfbereitschaft für bessere Löhne in Frauenbereichen auszumachen ist (z. B. bei den Streiks der Erzieherinnen 2009 und 2012), scheint männlich geprägtes Arbeitsklima nicht hinterfragt zu werden.

Politik
Der Frage, ob es gelungen ist, zu zeigen, dass Frauenpolitik tiefgreifende Änderungen in der Gesellschaft verlangt, werde ich für die Politik der Bundesregierung beantworten und mich hierbei ausschließlich auf das Konzept und die Methode des Gender Mainstreaming beschränken. Beides ist 1995 über die 4. Weltfrauenkonferenz in Beijing und dann 1999 durch eine entsprechende Klausel in den Amsterdamer Vertrag der europäischen Gemeinschaft aufgenommen worden, in dem sich die damaligen 15 Mitgliedstaaten zu einer Koordination ihrer Beschäftigungspolitik verpflichteten mit dem Ziel »das Gefälle zwischen Frauen und Männern von 25 Millionen Arbeitsplätzen« abzubauen (Scheer 2001, S. 13). Regierungen und alle AkteurInnen sollen demgemäß konsequent eine geschlechterbezogene Perspektive in allen Politiken und Programmen einbeziehen und *vorab eine Analyse der Auswirkungen von Entscheidungen auf Frauen bzw. Männer erstellen.* Am 23. 6. 1999 hatte die noch relativ frische rot-grüne Bundesregierung beschlossen, Gender Mainstreaming in *allen* Bereichen aktiv zu fördern.

Die Methode des Gender Mainstreaming beinhaltet also, generell und grundsätzlich anzuerkennen, dass sich in unserer Gesellschaft Frauen und Männer in verschiedenen sozialen Lebenslagen befinden, zwischen denen ein Gefälle besteht, woraus sich eine Vielzahl von Folgen ergeben haben. Zudem soll geprüft werden, ob ein geplantes Gesetz eines der beiden Geschlechter benachteiligt und wie eine Benachteiligung vermieden werden kann. Das »Wie« muss dann politisch entschieden werden.

Mittlerweile ist eine Veränderung in der Auffassung dessen, was Gender Mainstreaming bedeutet, eingetreten. In einer Publikation zu dessen Geschichte auf Bundesebene wird der Beschluss der Bundesregierung beschrieben als Anerkennung der im Grundgesetz als Staatsziel festgelegten *Gleichstellung* von Frauen und Männern als durchgängiges Leitprinzip des Handelns der Bundesregierung, das – so in der Gemeinsamen Geschäftsordnung des Bundesministerien am 26.7.2000 formuliert – »bei allen politischen normgebenden und verwaltenden Maßnahmen (...) gefördert werden soll.« (Gender Kompetenz Zentrum o. J.) Gender Mainstreaming wird also auf Gleichstellung zurückgeführt, was in der ursprünglichen Formulierung nicht der Fall war.

Nun hat das Gender-Kompetenz-Zentrum, eine unabhängige Forschungs- und Beratungseinrichtung an der Humboldt-Universität zu Berlin, einige Beispiele veröffentlicht, um geschlechtsspezifische Unterschiede zu zeigen. Zur Berufswahl wird darauf verwiesen, dass über 50 Prozent der Mädchen nur zwischen zehn Ausbildungsberufen von 350 wählen, während Jungen auf ein größeres Spektrum zurückgreifen (Bundesministerium für Familie, Senioren, Frauen und Jugend. Berufswahl o. J.). Daraus haben sich dann Girls Days entwickelt, ohne dass sich bisher Wesentliches geändert hätte. Ziel ist offenbar eine gleiche Verteilung von Frauen und Männern auf alle Berufe, was auch an der neuen Einrichtung von »Boys Days« deutlich wird. Die Diskriminierung in der Bezahlung in Frauenberufen fällt offenbar nicht unter das politische Verständnis von Gender Mainstreaming, dieses setzt vielmehr am individuell verstandenen Verhalten an. Gründe seien verinnerlichte Geschlechterstereotype und die Einstellung, Berufstätigkeit sei nur ein Zuverdienst (ebd.).

Beim Stichwort »Sport« verweist das Gender-Kompetenz-Zentrum darauf, dass Jungen und Männer eher wettkampforientierte Sportarten wählen, Mädchen und Frauen entschieden sich dagegen eher für Turnen, Reiten, Tanzen und Tennis. Eine fragwürdige Unterteilung, nebenbei bemerkt, da in diesen Sportarten ja auch Wettkämpfe stattfinden. »Neuere Untersuchungen haben jedoch gezeigt, dass diese Vorlieben stark von der Ausstrahlung und Ausschreibung des Angebots, sowie den Trainingsmethoden und Leistungsstandards der jeweiligem Sportarten beeinflusst werden, die häufig eher auf Jungen und Männer zugeschnitten sind. So können Mädchen z. B. durch die Entwicklung von adäquaten Trainingsmethoden, die ihren Bedürfnissen entsprechen, stärker für Sportarten wie Basketball gewonnen werden.« (Bundesministerium für Familie, Senioren, Frauen und Jugend. Sport o. J.). Angesichts dieser Ausführungen stellt sich die Frage: Liegt hier wirklich Frauendiskriminierung vor, bzw. geht es dabei um ein feministisches Anliegen im Sinne der oben gegebenen Definition? Soll das Ziel sein, sportliche Vorlieben so zu verändern, dass Mädchen/Frauen für »Männersportarten« gewonnen werden oder auch umgekehrt Jungen/Männer für »Frauensportarten«? Wenn ja, zu welchem Zweck?

Beim Beispiel »Mobilität« wird festgestellt, dass öffentliche Verkehrsmittel in erster Linie von Frauen genutzt werden, während Männer mehr mit dem Auto unterwegs sind und das vor allem zwischen Wohnort und Arbeitsstätte, während Frauen im Alltag viele Ziele ansteuern (Bundesministerium für Familie, Senioren, Frauen und Jugend. Mobilität o. J.). Welches Ziel wird nun von einer geschlechtergerechten Verkehrspolitik angestrebt? Sollen Männer für den Öffentlichen Personennahverkehr gewonnen werden oder sollen Frauen stärker ein Auto nutzen? Diese Fragen müssen sich vor allem diejenigen stellen, die als eine Methode innerhalb des Gender Mainstreamings für Gender Budgeting eintreten. Mit letzterem »wird international die geschlechterdifferenzierte Analyse und geschlechtergerechte Gestaltung des öffentlichen Haushalts bezeichnet. (...) Gender Budgeting setzt die Strategie des Gender Mainstreaming im Bereich der Haushaltspolitik um, somit sind alle Beteiligten – Männer und Frauen – dafür verantwortlich, dass die Geschlechterperspektive von vornherein einbezogen wird. Grundgedanke von Gender Budgeting ist, dass der gesamte öffentliche Haushalt und seine einzelnen Teile Auswirkungen auf die Gleichstellung von Frauen und Männern haben und dass *durch haushaltspolitische Entscheidungen das bestehende Geschlechterverhältnis verändert oder auch verfestigt wird.* Denn der Haushalt bildet ab, welche Prioritäten eine Kommune oder ein Land setzt und wie unterschiedliche Maßnahmen und Aufgaben ausgestattet werden. Gender Budgeting zielt darauf ab, politische Prioritäten zu verändern, Mittel umzuverteilen und mehr haushaltspolitische Transparenz zu schaffen, um mehr Geschlechtergerechtigkeit zu erreichen.« (Rapp und Rudel 2005, S. S. 11, Herv. von mir) Das Ziel, Einfluss auf das bestehende Geschlechterverhältnis nehmen zu wollen, ist verwirrend und angesichts des oberen Beispiels aus dem Sportbereich auch problematisch. Ziel muss vielmehr sein, Diskriminierung eines Geschlechts gegenüber dem anderen abzubauen.

Die Probleme beim Gender Budgeting beschrieb Jochen Esser, seit 1999 im Berliner Abgeordnetenhaus, Haushaltsexperte und finanzpolitischer Sprecher der *Grünen* Fraktion, am Beispiel des unterschiedlichen Mobilitätsverhaltens und der daraus sich ergebenden Frage, ob der Ausbau des Nahverkehrs Ziel von Frauenpolitik sein solle oder ob es um »ein Auto für jede Frau« gehe. »Es wäre (...) ein Missverständnis zu glauben, Gender Budget konstituiere einen neuen Zugang zur Frauenfrage« (ebd., S. 23). Frauenpolitik bleibe darauf verwiesen, aus der Kritik der gesellschaftlichen Verhältnisse Emanzipations- und Gleichstellungsziele zu entwickeln. Dem kann nur zugestimmt werden. Das setzt aber eine inhaltliche, politische Diskussion über die Ziele voraus.

Gender Mainstreaming ist also lediglich eine Methode, deren Zielsetzung politisch bestimmt werden muss und zwar *bevor* die Methode angewandt wird. Es kann nicht darum gehen, Daten zu geschlechtsspezifischen Differenzen zusammenzutragen und dann geradezu blindwütig agierend Unterschiede nivellieren zu wollen oder ratlos davor zu stehen und nicht zu wissen, was zu tun sei. Gleichstellung und Feminismus haben durchaus eine Schnittmenge, z. B. durch Frauenförderung in der Personalpolitik das Gefälle zwischen einer Mehrheit schlecht bezahlter weiblicher Beschäftigten und einer Mehrheit gut verdienender männlicher Beschäftigten auszugleichen. Sie sind aber nicht deckungsgleich. In der politischen Realität verfolgt Gleichstellung überwiegend das Ziel, generell die Lebenssituation von Frauen an die von Männern anzugleichen, während Feminismus grundsätzliche Fragen aufwirft und eine gesamtgesellschaftliche Kritik beinhaltet, insbesondere an der hierarchischen geschlechtsspezifischen Arbeitsteilung.

Zu kritisieren ist nicht nur das Gleichstellungsziel, wenn es als Angleichung der Geschlechter aneinander daher kommt. Zu kritisieren ist auch, dass sich Gender Mainstreaming in der Praxis häufig auf Petitessen bezieht, wie die Wahl einer Sportart, und nicht auf Bereiche, in denen Benachteiligungen vorliegen, während wirklich schwerwiegende Gesetze offenbar von jeglicher geschlechtsspezifischen Betrachtung unberührt verabschiedet werden. Ein besonders wichtiges Beispiel hierfür ist das SGB II, die Hartz IV-Gesetze. Dieses sei gleichstellungspolitisch ambivalent zu bewerten, meint Clarissa Rudolph (2010, S. 62) und spielt dabei auf den Widerspruch zwischen dem Prinzip der Bedarfsgemeinschaften, durch das Abhängigkeiten vom Ehe-/Partner geschaffen werden, und dem »adult workermodel«, nach dem alle erwachsenen Hilfempfangenden angehalten sind, zum Abbau des Hilfebezugs beizutragen (ebd., S. 62). Diesen Widerspruch habe ich bereits vorn im Zusammenhang mit den nebeneinander bestehenden Familienkonzepten kritisiert. Bei der Abfassung der Gesetze habe das Primat der Sparziele einen strukturierenden Effekt gehabt, meint Karen Jaehrling (2010, S. 52) und nicht, wie ich ergänzen möchte, das Gleichstellungsprinzip. So kommen denn auch beide Autorinnen, Jährling und Rudolph, zu dem Schluss, eine umfassende Verankerung von Gleichstellung wäre hilfreich (Rudolph 2010, S. 67) bzw. der gesamte Gesetzesrahmen müsse im Sinne eines umfassenden Gender Mainstreaming überdacht werden (Jaehrling 2010, S. 53). Genau das hätte aber gerade im Sinne von Gender Mainstreaming *vorab* geschehen müssen. So hingegen liegt die Verantwortung bei den Fachkräften, die mit der Anwendung des Gesetzes befasst sind. Dafür bedürfe es »einer dezidierten und nachgerade eigensinnigen Geschlechter-Reformagenda der Behördenmitarbeiter/innen, um in dieser Perpetuierung der Sozialhilfepraxis einen Widerspruch zu den Intentionen des Gesetzgebers zu erkennen« (Jaehrling 2010, S. 51) und im Rahmen von Auslegungsspielräumen Gleichstellungspolitik zu betreiben. So war aber Gender Mainstreaming nicht gemeint.

Die Frage, ob es gelungen ist, zu zeigen, dass der Feminismus tiefgreifende Änderungen verlangt, muss daher für die Politik verneint werden. Vielmehr sind durch die veränderte Interpretation von Gender Mainstreaming feministische Ziele aus dem Blick geraten bzw. bewusst aus dem Blick genommen worden.

Öffentliches Bewusstsein
Schön wäre es, zu dieser Frage auf empirische Untersuchungen zu Einstellungen zu feministischen Themen zurückgreifen zu können, das ist mir leider nicht möglich. Wichtig wäre es auch, zu wissen, was Menschen heute unter Feminismus verstehen. Trotz dieses Mangels will ich es wagen, Aussagen zum öffentlichen Bewusstsein zutreffen, indem ich mich auf Darstellungen in den Medien und meine eigenen Eindrücke beziehe.

Was ich im Vorangegangenen bereits angesprochen habe, trifft meines Erachtens auch auf das öffentliche Bewusstsein zu:

- *Einengung des Begriffs Emanzipation*
  An die Stelle eines Emanzipationskampfes, der sich gegen die »Strukturmerkmale der kapitalistischen Gesellschaft der BRD« richtet, trat die »Gleichstellung auf allen Gebieten des gesellschaftlichen Lebens« (Menschik 1971, S. 167). Ob und wie diese unter kapitalistischen Bedingungen erreicht werden könne, war und ist kein Thema in der breiten Öffentlichkeit.
- *Individualisierung*
  Im öffentlichen Bewusstsein hat der Begriff Feminismus eine entscheidende Bedeutungsveränderung in Richtung auf Individualisierung erfahren. Es geht im heutigen Emanzipationsverständnis weniger um einen Umbau der Gesellschaft als um eine individuell von Frauen zu erbringende Leistung, die Verwirklichung des Sowohl-als-auch-Lebensstils, der »Karriere« mit Kind/ern realisiert.
- *Probleme des Gleichstellungsbegriffs*
  Dass Frauen in der Gesetzgebung anders behandelt werden als Männer, wurde und wird als Verletzung des Gleichberechtigungsartikels 3 des Grundgesetzes angesehen und verlangt, dass dies so geändert werde, dass Frauen sich an Lebensweisen von Männern anpassen sollen. Daneben findet eine Angleichung der Position von Vätern an Mütter in der Weise statt, dass erstere gegenüber letzteren gleiche Rechte erhalten. In beiden Fällen besteht die Gefahr, dass die reale soziale Situation dabei nicht ausreichend berücksichtigt wird und dies zum Nachteil von Frauen gerät.

Zu diesem Verständnis von Emanzipation und Gleichstellung werden öffentlich verschiedene Haltungen eingenommen:

- *»Gleichstellung ist weitgehend verwirklicht.«*
  Inge Wettig-Danielmeier zitiert zur Illustration dieser Aussage den *Rheinischen Merkur* und Friederike Schröter aus der Wochenzeitschrift *Die Zeit*. Letztere habe im November 2010 erklärt, Emanzipation sei erreicht, »kein

Thema mehr und der Feminismus überflüssig geworden« (Wettig-Danielmeier und Oerder 2011, 5 f). Als Beleg wird dann angeführt, dass Frauen heute besser ausgebildet und selbstbewusster sind als je zuvor (ebd., S. 43, s. auch Gerhard 1999, S. 181). Eine weitere Kronzeugin für die Schon-erreicht-These gibt auch die derzeitige Bundesministerin für Familie, Senioren, Frauen und Jugend, Kristina Schröder, die die Ungleichbehandlung zwischen Männern und Frauen nicht mehr erkennen will und daher den historischen Auftrag des Feminismus für erfüllt ansieht, wie Katharina Oerder interpretiert (Wettig-Danielmeier und Oerder 2011, S. 45).

Weit verbreitet scheint in dem Zusammenhang auch die Auffassung, es handle sich um einen Generationenkonflikt. Jüngere Frauen grenzten sich von der (Groß-)Müttergeneration ab. Ältere haben gekämpft und können nicht einsehen, nicht akzeptieren, dass die Jüngeren sich nicht für dieselben, weil noch nicht verwirklichten Ziele engagieren, sondern Feminismus nicht besonders attraktiv finden. Feminismuskritische Bücher werden Bestseller, weil sie offenbar den Zeitgeist treffen, meint Gisela Notz (2011, S. 117).

- »*Männern muss heute zu mehr Gleichberechtigung verholfen werden.*«
Hier kann Bundesministerin Schröder angeführt werden, die es sich zum Ziel gesetzt hat, Jungen und Männern zu mehr Gleichstellung verhelfen zu wollen. Diese Position trägt oft anti-feministische Züge, indem behauptet wird, Frauen würden heutzutage bei Einstellungen bevorzugt (Wettig-Danielmeier und Oerder 2011, S. 6), es gäbe eine Männerdämmerung (Frank Schirrmacher zitiert nach Wettig-Danielmeier und Oerder 2011, S. 44).

Für die Schon-erreicht-Position charakteristisch ist, dass nicht nur die unbezahlt von Frauen im Übermaß geleistete Arbeit völlig ausgeblendet wird, sondern auch, dass sich der Blick nur auf gut ausgebildete, gut verdienende, erfolgreiche Frauen richtet, bzw. auf junge Frauen, die eine gute Ausbildung anstreben oder erworben haben, um entsprechende Berufe ausüben zu können. Jutta Allmendinger, die Präsidentin des Wissenschaftszentrums Berlin hat im Jahr 2009 durch eine Befragung von über 1000 Mädchen und jungen Frauen herausgefunden, dass diese alles wollen. »im *Chefsessel* sitzen und Zeit für die Familie haben, Kinder bekommen *und* eigenes Geld verdienen« (ebd., S. 43, erste Herv. von mir), gibt Oerder das Forschungsergebnis wieder. Die Realität von Arbeitsverhältnissen, die weit von »Chefsesseln« entfernt sind, von prekären ganz zu schweigen, bleibt ausgeblendet.

Zu den beiden genannten Positionen kommen noch weitere:

- »*Gleichstellung haben Musliminnen nötig.*«
Diese Position, die ich bereits im Zusammenhang mit dem Kopftuchverbot angesprochen habe, ermöglicht es Herkunftsdeutschen, Männern wie Frauen,

sich nicht mit der Situation aller Frauen in Deutschland auseinandersetzen zu müssen. Leicht kann dabei eine Haltung eingenommen werden, in der quasi von einer höheren Warte derjenigen aus, die das Gleichstellungsproblem bewältigt haben, auf diejenigen herunter zuschauen, die von »unseren« Werten einer westeuropäischen Kultur noch so weit entfernt sind.

- *»Es ist noch viel zu tun.«*
Diesen Satz hört man/frau vor allem im Rahmen des Internationalen Frauentags oder von Jubiläen von Fraueneinrichtungen. Begründet wird die Aussage in der Regel vorrangig mit dem geringen Anteil von Frauen in Führungspositionen, den fehlenden Ganztags-Plätzen in Kindertagesstätten und ähnlichen Einrichtungen sowie dem Gender Pay Gap.

Weitere Positionen stehen, sich einander widersprechend gegenüber und werden eher von Frauen vertreten:

- *»Feminismus ist übertrieben und nervt.«*
Diese Einstellung dominiert bei denjenigen, die sich vom Feminismus abgrenzen. Dazu zählen TeilnehmerInnen einer Internet-Diskussion bei *Brigitte young miss*, die die am 12. 6. 2011 gestellte Frage »Was ist Feminismus für euch?« ausgelöst hatte (www.Bym.de-community Beitrag # 1 vom 12. 6. 2011) ausgelöst hatte. Viele halten ihn nicht nur für übertrieben, sondern sogar für militant, wobei bisweilen auf Alice Schwarzer verwiesen wird (Beitrag # 5). Dadurch fühle man/frau sich genervt. Selten wird die Militanz oder das Übertrieben näher erläutert wie etwas von Morena, (Beitrag #23 vom 13. 6. 2012):

»Ich finde einfach dass viele sogenannte ›Feministinnen‹ einfach zu sehr übertreiben Es gibt da ebenso ein paar militante Leute die ›Feminismus‹ krampfhaft in jedes Thema mit einbringen müssen. Es gab da nach der Republica mal so eine Diskussion darüber wie Feministinnen dort auftreten und ich konnte da viele genervte Aufschreie sehr gut verstehen. Es ist doch so, klar ist es gut und richtig sich für gleichberechtigung einzusetzen aber viele gehen z. B. mit ihrer übertriebenen genderscheiße wirklich jedem auf den Sack. Ich möchte bitte nicht in jedem halbwegs wissenschaftlichen text ständig ›Leser und Leserinnen …‹, ›Ärzte und Ärztinnen‹ lesen müssen (mal als beispiel). Das sind eben Dinge die viele Leute unter ›Feminismus‹ verstehen und (zu recht) abwerten. Bei vielen sog Feministinnen weiß man da auch leider nicht, ist das jetzt bloß son genereller Männerhass und Feminismus ist das Ventil oder was ist da eigentlich genau los. Es ist ja auch eine frage der definition. ich zb finde es viel ›Feministischer‹ dazu zu stehen dass ich Frau bin, Frau zu sein und das auszuleben, zb als Mutter. Für mich sind starke Frauen nicht diejenigen deren Männer am Herd sitzen und sie die Karriere machen.« (Rechtschreibung im Original) Dieses Zitat zeigt auch, dass Feminismus als Norm für einen bestimmten Lebensstil angesehen wird, was auch zum Individualismus-Verständnis gehört.

- »*Leider ist Feminismus negativ besetzt.*«
  In der genannten Frage im Internet vom Juni 2011 zum Feminismusverständnis wird die negative Konnotation, in der der Begriff Feminismus heute häufig auftaucht, ausdrücklich bedauert (z. B. in den Beiträgen #7 und #8 vom 13. 6. 2011). In den Medien bedient man/frau sich dabei immer wieder abwertend der Metapher der »lila Latzhose« (Wettig-Danielmeier und Oerder 2011, S. 53). Diese oder besser deren Trägerinnen stehen für Männerfeindlichkeit, werden manchmal ausdrücklich als Lesben bezeichnet, meist wird diese Gedankenverbindung eher implizit nahe gelegt. Die Assoziation solcher Zusammenhänge wird bedauert.
- »*Feminismus ist positiv.*«
  Bei derselben Meinungsumfrage kamen auf die Frage »Ist es positiv, negativ oder neutral, Feministin zu sein?« viele positive Antworten:
  »Ich persönlich finde es mittlerweile positiv Feministin zu sein« (Beitrag #4 vom 12. 6. 2011)
  »positiv aber gegen Übertreibung à la Schwarzer« (Beitrag #5 vom 12. 6. 2011)
  »Für mich persönlich? positiv« (Beitrag # 8 vom 13. 6. 2011)
  »absolut positiv« (Beitrag # 11 vom 13. 6. 2011)
  »natürlich positiv« (Beitrag # 15 vom 13. 6. 2011)
  »Positiv! Ich bin manchmal geschockt, wenn ich höre, dass junge Frauen peinlich und nicht mehr zeitgemäß finden.« (Beitrag # 18 vom 13.6.)
  Ebenfalls im Internet fand eine Befragung über »Feminismus in Deutschland« statt (http://www.deutschland-stimmt-ab-de/index.asp?frage=776). Bis zum 29. 4. 2012 waren 1161 Abstimmungen eingegangen (möglicherweise waren Doppelabstimmungen darunter). Die Auswertung ergab 86,0 Prozent Zustimmung zu dem Satz »Finde ich nicht gut. Der Feminismus hat eher geschadet als genützt.«, 11,11 Prozent stimmten für die Aussage »Find ich gut. Es muss zukünftig noch viel mehr für Frauen getan werden.« 2,84 Prozent votierten für »Ich weiß nicht.« In den Beiträgen von Männern, gab es zum Teil heftige Angriffe.
- »*Feminismus ist Faschismus!*«
  Murat Khan: »Der Feminismus hat in Deutschland mehr Familien/Menschen auf dem Gewissen als in 2 Weltkriegen geschädigt wurden. Ich wünsche dem deutschen Volk, dass es sich von dieser Seuche bald reinigen kann. Vor allem sollten endlich die Frauen selbst erkennen, dass ihnen der Feminismus mehr schadet, als nützt. Der Feminismus zerstört Familien und damit die kleinsten Zellen in einem Staat.« (Beitrag vom 9. 6. 2011, 11.18 h)

Michael: »Feminismus ist die Pest der Neuzeit. Ganze Landstriche werden mangels Bevölkerung ›entvölkert‹. Der Feminismus hilft nur wenigen Personen, aber massiv in der Summe (Milliarden Steuergelder). Das alles geschieht auf dem Rücken der großen Masse, die auf Grund der manipulierten Medien, nicht einmal die Gefahr sieht, bzw. dessen Herkunft. Feminismus ist in einem Wort mit Sozialismus Kommunismus und Nationalsozialismus zu nennen. Er vernichtet Menschen. Nicht durch direktes Erschießen, sondern durch die Vernichtung der Existenz der Menschen. Da aber vor allem alle großen Parteien den Feminismus vertreten, ihn für richtig halten und jeder, der Feminismus kritisiert und tot gemacht wird, wird es Zeit, dass das Volk aufsteht und sich aller Unterstützer des Feminismus entledigt. Diese Leute gehören vor Gericht und der Feminismus auf den Scheiterhaufen der Geschichte.« (Beitrag vom 9. 6. 2011, 11.59 h)

Ein letztes Beispiel besteht lediglich in einem Zitat:

Wolfgang W. zitiert Ralf Giordano mit den Sätzen: »Feminismus ist Faschismus für Feiglinge. Wer mich deshalb einen Rassisten nennt, den nenne ich einen Hundsfott. (Ralf Giordano * 1923)« (Beitrag vom 9. 6. 2011, 18.12 h)

Das Symbol, das einige solcher Gruppen dafür gefunden haben, erinnert an das der Antifa-Bewegung; letztere benutzen das Piktogramm einer Person, die ein Hakenkreuz in einen Papierkorb wirft, erstere lassen durch das Piktogramm-Männchen das Frauenzeichen mit der erhobenen Faust in den Papierkorb werfen, womit, ob absichtlich oder nicht, die von einigen behauptete Nähe des Feminismus mit dem Faschismus symbolisch deutlich wird/werden soll.

Diese Zitate sprechen für sich. Zusammen mit den Eingängen der oberen Befragung zeigen sie die breite Streuung in den Meinungen und machen deutlich, dass es zum Stichwort Feminismus keine mehrheitliche Einstellung dazu gibt, ganz zu schweigen von einer Position, dass es gilt, die Gesellschaft als Ganzes umzuwälzen.

Hier eine Zusammenfassung und abschließende Bewertung der Ergebnisse zu den Bereichen Wirtschaft, Politik und Öffentlichkeit:

- Die neoliberale Wirtschaft im Ganzen betrachtet ist weit von Frauenförderung entfernt. Einzelfälle wirken da eher wie die sprichwörtlichen weißen Raben. Am unteren Ende der Skala der Beschäftigungsverhältnisse haben sich die nicht-existenzsichernden, nicht der »Norm« entsprechenden immer weiter ausgedehnt. Dort sind Frauen in der Mehrheit, aber auch Männer haben zunehmend den Abstieg in diesen Bereich erfahren, wie ich in diesem Teil in Abschnitt 2.1 gezeigt hatte. Am oberen Ende, im Management, geht das neoliberale Menschenbild zusammen mit dem unternehmerischen Ziel der Marktbeherrschung eine Verbindung mit einer bestimmten Form von Männlichkeit ein, die sich unter anderem durch Frauenabwehr auszeichnet. Dieser Typus ist so dominant, dass er die kapitalistische Logik der Kostenersparnis (durch Einstellung von Frauen, die mann niedriger bezahlen kann) und Gewinnmaximierung (durch Berufung von Frauen in Vorstände und Aufsichtsräte) außer Kraft zu setzen vermag.

- In der Politik ist das in Deutschland 1999 eingeführte Konzept des Gender Mainstreaming (und nur dieses habe ich hier betrachtet) auf eine schiefe Ebene geraten. Von der ursprünglichen Intention, alle Vorhaben vor ihrer Einführung daraufhin zu überprüfen, wie sie sich auf Frauen und Männer auswirken, ist nichts mehr übrig geblieben. Bei wichtigen Gesetzesvorhaben scheint es nie angewandt worden zu sein. Dieses Verfahren (wieder) einzuführen wäre sehr wichtig. Statt dessen werden geschlechtsspezifische Unterschiede erhoben und offenbar versucht, diese zu minimieren, also etwa Verhaltensweisen von Frauen und Männern aneinander anzugleichen, ohne zu unterschieden, welche davon auf Diskriminierung beruhen oder wo ein soziales Gefälle besteht. Es scheint kein politisches Verständnis über die Zielsetzung zu geben. Unterschiede müssten anschließend danach gewichtet werden, ob sie »systemrelevant« sind oder nicht, also ob sie eine bestehende soziale Kluft darstellen, die konstitutiv für sexistische Machtverhältnisse ist oder nicht.
- In der Öffentlichkeit ist ein individualistischer Emanzipationsbegriff weit verbreitet, der auf eine von Frauen zu erbringende Leistung hinausläuft. Demgegenüber treten Forderungen nach zu verändernden, Frauen diskriminierenden Strukturen in den Hintergrund. Anders was die Situation von Männern angeht. Hier gibt es in den letzten Jahren verstärkt Forderungen und Gesetzesänderungen, die strukturelle Veränderungen bewirken, vor allem was die Rolle von Vätern angeht.
- Die Palette von Meinungen zu einem nicht näher spezifizierten Feminismusbegriff reicht von sehr positiv bis zu einem zum Teil mit Hasstiraden einher gehenden Antifeminismus.

Letzterer wird zwar zurück gewiesen, in abgemilderter Form sickert er jedoch in den Mainstream. Dabei denke ich an Beiträge in bedeutenden Medien, die eine Krise der Männer oder der Männlichkeit heraufbeschwören und dafür zum Teil den Feminismus, Feministinnen oder Frauen verantwortlich machen. In der Zeitschrift *Emma* (O. Verf. 2012, S. 22 ff) werden dafür eine Fülle von Beispielen genannt, die mit Zitaten einhergehen von: dem Ressortleiter Politik der *Frankfurter Allgemeinen Sonntagszeitung,* Volker Zastrow, dem Ex-Ressortleiter der *Frankfurter Allgemeinen Zeitung* Patrick Bahners, dem Ressortleiter des *Focus,* Michael Klonovsky, dem Ex-*Spiegel* Ressortleiter Matthias Matussek und anderen (ebd., S. 22 f).

Hier anzusetzen wäre sehr wichtig, da durch den Verlust klassischer männlicher Machtbereiche (in der Familien als Ernährer, im Erwerbsbereich als gut bezahlter Beschäftigter in männerdominierten Branchen) ein Nährboden nicht nur für Rechtsradikalismus, sondern auch für Antifeminismus gegeben ist.

Zusammenfassung und Fazit

- Bei den frauenpolitisch wichtigen Themen der letzten 20 Jahre, die entweder als Erfolge für Gleichstellung gewertet werden oder den Anspruch erheben, die Situation von Frauen verbessern zu wollen, ist keine Leitlinie zu erkennen.
- Paradigmenwechsel sind eher schwach vertreten, neoliberale Tendenzen erkennbar, systemkonforme Reformen weit verbreitet; letztere greifen häufig auf ein Gleichstellungskonzept zurück, bei dem es letztlich um eine Angleichung an Positionen oder Verhaltensweisen von Männern geht.
- In den Institutionen Ehe und Familie verschieben sich die Machtverhältnisse geringfügig zugunsten von Frauen besonders, wenn Gewalt von Männern gegen Frauen ausgeübt wird. Änderungen im Geschlechterverhältnis nach einer Ehe oder ohne dass eine Ehe eingegangen wurde, bedeuten eine Stärkung der Position von Männern bzw. Vätern, bergen allerdings die Gefahr, dass diese neueren Gesetze sich in bestimmten Situationen und Konstellationen nachteilig auf Frauen auswirken können.

Dieses Fazit zeigt, dass Frauenpolitik kein in sich stimmiges Konzept (mehr) hat. So stellt sich die Frage, ob in den letzten Jahren theoretische Ansätze entwickelt wurden, die als Richtschnur für politisches und gesellschaftliches Handeln dienen können.

Literatur

Agens e. V. (o. J.) http://wikimannia.org/Agens_e.V.
Amendt Gerhard (2009) »Hort des Männerhasses« Warum das Frauenhaus abgeschafft werden muss. In: Welt online vom 16.6.2009. http://www.welt.de/politik/article3936899/Warum-das-Frauenhaus-abgeschafft-werden-muss.html
Affront (Hrsg) (2011) Darum Feminismus! Diskussionen und Praxen. Unrast, Münster
Barone Anne-Marie (2008) Familienmediation und die »gute Scheidung«. Die Ideologie der untrennbaren Familie. In: Heiliger Anita und Hack Eva K. (Hrsg) (2008) Vater um jeden Preis? Zur Kritik am Sorge- und Umgangsrecht, Frauenoffensive, München, S. 18–36
Baumann Klaus (2011) Wir brauchen die Dunkelheit. In: Geo, Heft 4/2011, S. 129–137

Benhabib Seyla (1993) Feminismus und Postmoderne. Ein prekäres Bündnis. In: Benhabib Seyla, Butler Judith, Cornell Drucilla, Fraser Nancy (1993) Der Streit um Differenz. Feminismus und Postmoderne in der Gegenwart. Fischer, Frankfurt am Main, S. 9–30

Bereswill Mechthild (2004) »Gender« als neue Humanressource? Gender Mainstreaming und Geschlechterdemokratie zwischen Ökonomisierung und Gesellschaftskritik. In: Meuser Michael und Neusüß Claudia (Hrsg) (2004) Gender Mainstreaming. Konzepte – Handlungsfelder – Instrumente. Bundeszentrale für politische Bildung, Schriftenreihe Bd 418, Bonn, S. 52–70

Bitzan Renate (2000) Selbstbilder rechter Frauen. Zwischen Antisexismus und völkischem Denken. Unrast Verlag, Tübingen

Bitzan Renate (2005) Differenz und Gleichheit. In: Antifaschistisches Frauennetzwerk/ Forschungsnetzwerk Frauen und Rechtsextremismus (Hrsg) (2005) Braune Schwestern? Unrast Verlag, Münster, S. 75–90

Böge Frauke (2012) Verschlusssache Vergewaltigung. In: taz 4.1.2012

Bundesministerium für Familie, Senioren, Frauen und Jugend (Hrsg) (2007) Auswirkungen des Prostitutionsgesetzes. Erstellt vom Sozialwissenschaftlichen Frauenforschungsinstitut Freiburg. http://www.bmfsfj.de/BMFSFJ/gleichstellung.did=97962.html

Bundesministerium für Familie Senioren Frauen und Jugend (Hrsg.) (o.J.) Gender Mainstreaming. Beispiel: Berufswahl und die Folgen. http://www.gender-mainstreaming.net/gm/frauen-und-maenner-im-alltag,did=13474.html

Bundesministerium für Familie Senioren Frauen und Jugend (Hrsg.) (o.J.) Gender Mainstreaming. Beispiel: Mobilität. http://www.gender-mainstreaming.net/gm/frauen-und-maenner-im-alltag,did=13480.html

Bundesministerium für Familie Senioren Frauen und Jugend (Hrsg.) (o.J.) Gender Mainstreaming. Rechtliche und politische Voraussetzungen und Vorgaben. http://www.gender-mainstreaming.net/gm/Hintergrund/Vorgaben.html

Bundesministerium für Familie Senioren Frauen und Jugend (Hrsg.) (o.J.) Gender Mainstreaming. Beispiel: Sport. http://www.gender-mainstreaming.net/gm/frauen-und-maenner-im-alltag,did=13486.html

Deutscher Bundestag (2007) Unterrichtung. Drucksache 16/4146. 16. Wahlperiode. 25.01.2007. http:((dip21bundestag.de(dip21/btd/16/041/1604146.pdf?q=4146

Deutschland stimmt ab (o.J.) http://www.deutschland-stimmt-ab.de/index.asp?frage=776

Epping Volker (2009) Grundrechte 4. Aufl. Springer, Wiesbaden

Firestone Shulamith (1970) The Dialectic of Sex – The Case For a Feminist Revolution. Bantam, New York. Deutsche Übersetzung (1975) Frauenbefreiung und sexuelle Revolution. Fischer Frankfurt am Main

Fraser Nancy (2009) Feminismus, Kapitalismus und die List der Geschichte. In: Blätter für deutsche und internationale Politik 8/2009, S. 43–57

Freie Hansestadt Bremen Der Senator für Inneres und Sport (2010) Regulierungsbedarfe im Zusammenhang mit der Prostitutionsausübung zur Bekämpfung des Menschenhandels und der Zwangsprostitution. Positionspapier. http://www.berlin.de/imperia/md/content/seninn/imk2007/beschluesse/101119anlage12.pdf

Gender Kompetenz Zentrum (Hrsg) (o. J.) Geschichte von GM auf Bundesebene. http://www.genderkompetenz.info/genderkompetenz-2003-2010/gendermainstreaming/grundlagen/geschichten/bund.

Gerhard Ute (1999) Atempause. Feminismus als demokratisches Projekt. Fischer, Frankfurt am Main

Gerheim Udo (2012) Die Produktion des Freiers. Macht im Feld der Prostitution. Eine soziologische Studie. [transcript] Gender Studies, Bielefeld

Geyer Steven (2010) Pflege Elternzeit – Kritik an Köhlers Familienplänen. In Frankfurter Rundschau v. 25.1.2010

Graf, Julia (2010) Aufstocker/innen im SGB II – Feministische Implikationen der Gleichzeitigkeit von Erwerbstätigkeit und Grundsicherung. In: Jaehrling Karen und Rudolph Clarissa (Hrsg) Grundsicherung und Geschlecht. Gleichstellungspolitische Befunde zu den Wirkungen von »Hartz IV«. Westfälisches Dampfboot, Münster, S. 117–130

Hark Sabine (2000) Durchquerung des Rechts. Paradoxien einer Politik der Rechte. In: Quaestio (Hrsg) (2000) Queering Demokratie [sexuelle Politiken]. (2000) Querverlag, Berlin, S. 28–44

Hartwig Ina (2000) Abschied von der Subversion. Die Homosexuellen-Ehe, ihre Gegner und die allgemeine Not mit der Normalität. In: Frankfurter Rundschau vom 11.7.2000

Haug Frigga (2009) Feministische Initiative zurückgewinnen – Eine Diskussion mit Nancy Fraser. In: Das Argument 281, 51. Jg., Heft 3/2009, S. 393–408

Hauser Jean (2000) Nichteheliche Lebensgemeinschaften in Frankreich: Der »Pacte Civil de Solidarité« (PACS) nach dem Gesetz n° 99-944 vom 15. November 1999. In: Deutsches und Europäisches FamilienRecht (2000) 2: 29–34, Springer, Wiesbaden

Heiliger Anita (2008) Vater um jeden Preis? Umgangszwang und Kindeswohl in: Heiliger Anita und Hack Eva K. (Hrsg) (2008) Vater um jeden Preis? Zur Kritik am Sorge- und Umgangsrecht, Frauenoffensive, München, S. 9–27

Howe Christiane (2008) Männer(bilder) im Rahmen von Prostitution. In: Luedtke Jens und Baur Nina (2008) Die soziale Konstruktion von Männlichkeit. Hegemoniale und marginalisierte Männlichkeiten in Deutschland. Barbara Budrich Verlag, Opladen & Farmington Hills, S. 239–263

Höyng Stephan und Puchert Ralf (1998) Die Verhinderung der beruflichen Gleichstellung. Männliche Verhaltensweisen und männerbündische Kultur. Kleine Verlag, Wissenschaftliche Reihe Bd 108, Bielefeld

Jaehrling Karen (2010) Alte Routinen, neue Stützen – Zur Stabilisierung von Geschlechterasymmetrien im SGB II. In: Jaehrling Karen und Rudolph Clarissa (Hrsg) (2010) Grundsicherung und Geschlecht. Westfälisches Dampfboot, Münster, S. 39–56

Kavemann Barbara (2007) Zusammenhänge zwischen Gewalt gegen Frauen und Gewalt gegen Kinder – Der Blick der Forschung. In: Kavemann Barbara und Ulrike Kreyssig (Hrsg) (2007), Handbuch Kinder und häusliche Gewalt. Verlag für Sozialwissenschaften, Wiesbaden, S. 13–35

Knapp Ursula (2008) Homo-Paare ohne Familienbonus. Verfassungsrichter verneinen Recht auf Zuschlag für Beamte. In: Frankfurter Rundschau vom 4.6.2008

Kontos Silvia (1985) Wider die Dämonisierung der Technik. In: Beiträge zur Feministischen Theorie und Praxis Heft 14, Sozialwissenschaftliche Forschung und Praxis für Frauen e. V. (Hrsg) (1985), Eigenverlag des Vereins Sozialwissenschaftliche Forschung und Praxis für Frauen, Köln, S. 68–77

Kron Stefanie (2004) Konzeptionelle Blindstellen/Schwierigkeiten feministischer Globalisierungskritik. trend online zeitung 02/04. http://www.trend.infopartisan.net/trd0204/t070204.html

Kümmel Gerhard (2008) Truppenbild mit Dame. Eine sozialwissenschaftliche Begleituntersuchung zur Integration von Frauen in die Bundeswehr. Forschungsbericht 82, Sozialwissenschaftliches Institut der Bundeswehr, Strausberg

Menschik Jutta (1971) Gleichberechtigung oder Emanzipation? Die Frau im Erwerbsleben der Bundesrepublik. Fischer, Frankfurt am Main

Meuser Michael und Scholz Sylka (2011) Krise oder Strukturwandel hegemonialer Männlichkeit? In: Bereswill Mechthild und Neuber Anke (Hrsg) (2011) In der Krise? Männlichkeiten im 21. Jahrhundert. Westfälisches Dampfboot, Münster, S. 56–79

Metz-Göckel Sigrid und Müller Ursula (1985) Redaktion Brigitte (Hrsg) Brigitte Untersuchung 85. Der Mann Bericht. Gruner + Jahr, Hamburg

Mies Maria (1989) Patriarchat und Kapital. Frauen in der internationalen Arbeitsteilung. Rotpunktverlag, Zürich

Molthagen Michael (2010) Der ZMD und das »Dutzend Burkaträgerinnen«: Unwissenheit oder Absicht? 4. 5. 2010 http://ww.burkaverbot.de/blog/762-der-zmd-und-das-qdutzend-burkatrraegerinnenq-unwissenheit-oder-absicht

Moyer Bill (1987) The Movement Action Plan: A Strategic Framework Describing The Eight Stages of Successful Social Movements. http://www.historyisaweapon.com/defcon1/moyermap.html

Müller Ursula G. T. (2004) Die Wahrheit über die lila Latzhosen. Höhen und Tiefen in 15 Jahren Frauenbewegung. Psychosozial Verlag, Gießen

Notz Gisela (2011) Feminismus. PapyRossa, Köln

Oestreich Heide (2004) Der Kopftuchstreit. Brandes & Apsel, Frankfurt am Main

O. Verf. (2000) Folgen der Aufhebung des Nachtarbeitsverbots für Frauen. In: Woche aktuell 11/2000 vom 15. 3. 2000, http://www.gsa-essen.de/gsa/analysen/analysen2000/analyse_ao-11_frauen.htm

O. Verf. (2009) SVPler beschimpft linke Frauen als Vogelscheuchen. in: Blick vom 11. 8. 2009. http://www.blick.ch/news/Schweiz/svpler-beschimpft-linke-frauen-als-vogelscheuchen-id28428.html

O. Verf. (2010a) Sorgerecht lediger Väter auch bei Veto der Mutter. http://www.juraforum.de/sorgerecht-lediger-vaeter-auch-bei-veto-der-mutter-3275800

O. Verf. (2010b) Rechte homosexueller Partner weiter gestärkt. epa-Meldung. In: taz vom 30./31. 10. 2010

O. Verf. (2011a) Umfrage: Mehrheit deutscher Männer gegen Frauenquote. Die Standard vom 9. 2. 2011.http://diestandard.at/1297815903112

O. Verf. (2011b) Deutschland: Acht Prozent weniger Lohn für gleich qualifizierte Frauen. In: FrauenSicht, Februar, Nr.1/11, Spiegel/Schweiz, S. 17–18

O. Verf. (2011c) Ausreiseverbot für notorische Unterhaltsverweigerer. Australien treibt Millionen für Kindesunterhalt ein. In: FrauenSicht Februar, Nr.1/11, Spiegel/ Schweiz, S. 1–2

O. Verf. (2011d) Arbeitgeber gegen Frauenquote bei Führungskräften. In: Welt-online vom 25.4.2011. http://www.welt.de/article13258634/Arbeitgeber-gegen-Frauenquote-bei-Fuehrungskraeften/html

O. Verf. (2012) Frauenhass: Die Verschwörung der Maskulisten. In: Emma, Frühling 2012, S. 22–33

Pauer Nina (2012) Die Schmerzensmänner. In: Die Zeit vom 6.1.2012. http://www.zeit. de/2012/02/Maenner

Pinl Claudia (2010) Debatte Feminismus und Islam. Der ewig reizbare Mann. In: taz vom 23.1.2010

Pohl Rolf (2011) Männer – das benachteiligte Geschlecht? Weiblichkeitsabwehr und Antifeminismus im Diskurs über die Krise der Männlichkeit. In: Bereswill Mechthild und Neuber Anke (Hrsg) (2011) In der Krise? Männlichkeiten im 21. Jahrhundert. Reihe: Forum Frauen- und Geschlechterforschung. Westfälisches Dampfboot, Münster, S. 104–135

Prostitutionsgesetz In: wikipedia Stichwort: Prostitutionsgesetz

Ptak Rolf (2007) Grundlagen des Neoliberalismus. In: Butterwegge Christoph, Lösch Bettina, Ptak Rolf (Hrsg) (2007) Kritik des Neoliberalismus. VS Verlag für Sozialwissenschaften, Wiesbaden, S. 13–86

Purtschert Patricia und Ruef Maria (2003) Feminismus in den 90ern: Krise oder Öffnung? Erbe oder Neuanfang? Zwei Briefe. In: Koppert Claudia und Selders Beate (Hrsg) (2003) Hand aufs dekonstruierte Herz. Verständigungsversuche in Zeiten der politisch-theoretischen Selbstabschaffung von Frauen. Ulrike Helmer Verlag, Königstein/Taunus, S. 27–61

Rapp Silke und Rudel Gerd (2005) Gender Budget, Grundlagen Hintergründe Handlungsmöglichkeiten. Eine Einführung in die geschlechtergerechte Analyse des Kommunalhaushalts. Petra-Kelly-Stiftung (Hrsg) Kommunalpolitische Schriftenreihe Nr. 8/2005

Rath Christian (2010) Gleich auch nach dem Tod. In: taz vom 18.8.2010

Rath Christian (2011) Gleiches Recht für Homos. In: taz vom 30.12.2011

Rosenbrock Hinrich (2012) Die antifeministische Männerrechtsbewegung. Heinrich Böll Stiftung (2012), Bd 8 der Schriften des Gunda-Werner-Instituts, Berlin

Rosowski Martin (2004) Männer tragen Verantwortung – Gemeinsam gegen Zwangsprostitution und Menschenhandel. Vortrag gehalten anlässlich einer evangelischen Konsultation zum Thema Zwangsprostitution und Menschenhandel am 2.12.2004 in Berlin. http://www.diakonie.de/Rosowski_Maennerverantwortung.pdf

Rudolph Clarissa (2010) Vergeschlechtlichungsprozesse im SGB II und gleichstellungspolitische Interventionen. In: Jaehrling Karen und Rudolph Clarissa (Hrsg) (2010) Grundsicherung und Geschlecht. Westfälisches Dampfboot, Münster, S. 57–70

Sanders Eike (2010) »free gender«. Die Initiative »Raus aus den Köpfen – Genderterror abschaffen«. In: Monitor Rundbrief des apobiz e. V., Nr. 47, September 2010, S. 4–5

Scheer, Rosie (2001) Gender Mainstreaming: Ein politischer Coup oder das wahre Konzept zur Chancengleichheit? In: Gender Mainstreaming, Dokumentation der Fachtagung am 12.10.2000, Ministerium für Justiz, Frauen, Jugend und Familie des Landes Schleswig-Holstein, Kiel 2001, S. 10–17

Scheub Ute (2010) Heldendämmerung. Die Krise der Männer und warum sie auch für Frauen gefährlich ist. Pantheon, München

Scheuermann Christoph (2012) Lieber nicht. Junge Frauen klagen über Verweichlichung einer Generation junger Männer. Selber schuld. In: Der Spiegel 3/2012 vom 16.1.2012

Schmollack Simone (2012a) »Für Frauen eher eine Gans«. In: taz v. 4.1.2012

Schmollack Simone (2012b) Die Ost-Mutter als Vorbild. Trotz guter Ausbildung werden viele Frauen nicht von ihren Renten leben können. Im Vorteil sind die Ostdeutschen: Sie arbeiten häufiger in Vollzeit. In: taz vom 25.1.2012

Şeker Nimet (2011) Ist der Islam ein Integrationshindernis? In: Aus Politik und Zeitgeschichte, 13-14/2011, 28.3.2011, S. 16–21

Sezgin Hilal (2008) Wie alt ist der »alte« Feminismus? Deutschland Radio vom 23.11.2008. http://www.dradio.de/dif/sendungen/essayunddiskurs/879519/

SOLWODI (2005) Umfrage zur Prostitution und Freierbestrafung. Umfrage vom 1.9. bis 30.11.2005. http://www.solwodi.de(264.ohtml

Storvik Aagoth und Teige Mari (2010) Das norwegische Experiment – Frauenquote für Aufsichtsräte. Friedrich-Ebert-Stiftung, Berlin

Thürmer-Rohr Christina (2009) Geschlechterverhältnisse. Selbstbestimmung, Menschenrechte und Gewalt. Vortrag gehalten am 8.3.2009. http://www.lila-in-koeln.de/pdf/VortragTh_Rohr.pdf

Väter wollen Väter sein (2007) Umgang. http://home.arcor.de/ldbrmur/kinder/umgang_01/html

Vinken Barbara (2010) Die Zügel von Mutter Natur. In: taz vom 28.8.2010

Weiser Ulrike (2010) Verschleiert durch Wien: Wie man sein Gesicht verliert. In: Die Presse vom 6.3.2010

Westerhoff Nikolas (2008) Im Kopf des Freiers. In: Gehirn und Geist nr. 6/2008, S. 22–28, http://www.gehirn-und-geist.de/alias/prostitution/im-kopf-des-freiers/951238

Wettig-Danielmeier Inge und Oerder Katharina (2011) Feminismus – Und morgen? Gleichstellung jetzt. Vorwärts Buch, Berlin

Wichterich Christa (2003) Femme global. Globalisierung ist nicht geschlechtsneutral. VSA-Verlag, Hamburg

Wolf Naomi (2011) Palin, Bachmann und der unterschätze Feminismus. Welt-online vom 8.8.2011. http://www.welt.de/debatte/die-welt-in-worten/article1353248/Palin-Bachmann-und-der-unterschaetzte-Feminismus.html

Wrunsch Paul (2011) Pflichten immer nur Pflichten. In: taz vom 30.12.2011

4 Das theoretische Konzept des Dekonstruktivismus tritt einen Siegeszug innerhalb der feministischen Diskussion an

Heute über feministische Theorien zu sprechen, ist etwas völlig anderes als in den 1970er Jahren. Damals gab es Frauenbewegungen in vielen Ländern, diese waren von einer akademischen Mittelschicht dominiert, die ein reges Interesse an theoretischen Fragen hatte. Feministinnen, die sich mit Theorie beschäftigten, aber auch diejenigen, die empirisch arbeiteten und die, die zu Frauenthemen forschten, publizierten für ein großes, nicht nur akademischen Publikum und wurden von diesem gelesen. Ihre Veröffentlichungen wurden diskutiert, die Ergebnisse gingen teilweise in eine feministische Praxis ein. Darunter waren unter anderem Arbeiten über Gewalt gegen Frauen, die aus der Frauenhauspraxis entstanden und in diese Eingang fanden, ebenso wie Untersuchungen über geschlechtsspezifische Sprache und Kommunikationsverhalten, was zu Forderungen an die Verwaltungssprache führte oder zu Rhetorikseminaren und Ähnlichem.

Nachdem Frauen-, später Genderstudiengänge eingerichtet worden waren und gleichzeitig die Frauenbewegung stark ausdünnte, änderte sich das Bild. Es entstand ein weiterer akademischer Zweig mit all den Vor- und Nachteilen solcher Einrichtungen. Die Veröffentlichungen bleiben im wissenschaftlichen Rahmen, erreichen kaum noch ein außerakademisches Publikum. Umso bemerkenswerter ist die Ausnahme, die Judith Butler darstellt. Ihre Thesen zur Dekonstruktion von Gender wurden von einer Bewegung, der Queer-Bewegung, beeinflusst und fanden ihren Weg dorthin zurück. Sie werden heute in nicht-akademischen Zusammenhängen rezipiert und haben Eingang in politische Diskussionen, aktuell unter anderem in der Piratenpartei, gefunden. Diese Gründe rechtfertigen es, dass ich Butler und dem Dekonstruktivismus hier weiten Raum einräume, das Umfeld aufzeige, in dem die Thesen entstanden sind, Aspekte der Kritik darstelle und vor allem die Frage aufwerfe, ob Dekonstrutivismus geeignet ist, den Feminismen heutiger Prägung eine gemeinsame Basis und/oder eine politische Richtung zu weisen.

4.1 Rahmen und Auslöser für die Theorie von Judith Butler

Zunächst möchte ich die philosophische Entwicklung unter dem Stichwort der Postmoderne skizzieren, in der Butlers Theorie anzusiedeln ist. Danach gehe ich auf drei sehr verschiedene Bereiche ein, aus denen Anregungen gekommen sind, neue theoretische Positionen zu entwickeln: aus dem Feminismus, aus der anthropologischen und der psychologischen Forschung und aus der Transgender- oder Queer-Bewegung.

4.1.1 Die Postmoderne

Die Entwicklung feministischer Theorie seit Beginn der 1990er Jahre muss im Rahmen der Wende betrachtet werden, die sich in Philosophie und Soziologie etwa ab diesem Zeitpunkt vollzogen hat. Monokausale Erklärungen für Geschichte (Benhabib 1993a, S. 16) sind einer Kritik ausgesetzt gewesen und ihre Ansprüche, die Kräfte der Geschichte zu repräsentieren, wurden zurückgewiesen. Dazu hat sicher auch der Zusammenbruch des Ostblocks beigetragen, der mit Enttäuschung und Abwendung von marxistischen Positionen einherging. Eine weitere Enttäuschung geht laut Seyla Benhabib auf nicht eingelöste Ideale der Aufklärung zurück, ein zunehmendes Bewusstsein von Gräueltaten, die im Namen des technisch-ökonomischen Fortschritts begangen wurden und Empörung über den politischen und moralischen Bankrott der Naturwissenschaften, die sich in den Dienst der Kräfte der menschlichen und planetarischen Zerstörung gestellt haben (ebd., S. 16). Junge Menschen erleben dies als Zeit post-ideologischer Ernüchterung. In der Philosophie und Sozialtheorie fand eine »epochale Wende« statt (Fraser 1993b, S. 145), die als Postmoderne bezeichnet wird. An die Stelle von großen erklärenden soziologischen »Erzählungen« (»tall tales«) ist eine Welt getreten, die gekennzeichnet ist durch »Unbestimmtheiten, den Zerfall von Strukturen, die Auflösung von Einheiten« (Plummer zit. Evans 2000, S. 67). Es fand eine Verschiebung der Theoriebildung auf gesellschaftliche Mikroräume statt (Purtschert und Ruef 2003, S. 34, Fraser 1993b, S. 153), deren Gegenstand Machtsysteme innerhalb von Diskursen sind, und die Fragen aufwerfen, wie diese sich in der symbolischen Ordnung darstellen, wobei Sprache eine wichtige Rolle spielt (Fraser 1993b, S. 147), sodass von einer linguistischen Wende gesprochen wird. Kulturell konstruierte soziale Bedeutungen erhalten dabei ein besonderes Gewicht (ebd., S. 145).

In diesem groben theoretischen Rahmen gibt es unterschiedliche Ansätze und Schwerpunkte, z. B. den von Habermas, der von intersubjektiver Kommunikation ausgehend eine Diskursethik entwickelt. Dazu den Ansatz von Foucault, der die Macht von Diskursen untersucht und die Positionen, die ein Subjekt darin einnehmen kann und den von Lacan und Derrida, denen es um die männliche symbolische Ordnung geht und deren Unterdrückung des Weiblichen, wobei diese Wissenschaftler psychoanalytische bzw. tiefenpsychologische Deutungen heranziehen (ebd., S. 146 f). Besonders die letzten beiden Ansätze haben die Theoriebildung vieler Feministinnen beeinflusst, die Habermassche Position wurde von Wissenschaftlerinnen aufgegriffen, die sich in der Kritischen Theorie verorten.

In den 1990er Jahren, in denen neue feministische Theorien entwickelt wurden, hatte sich die Situation für feministische Wissenschaftlerinnen gegenüber den 1970er/80er Jahren deutlich verändert. Mit Entstehen der Neuen Frauenbewegung in den 1970er Jahren hatten Forscherinnen Fragestellungen aufgegriffen, die aus der Bewegung kamen, und es war ihnen ein Anliegen, ihre Analysen, ihre empirischen Ergebnisse, ihr methodisches Vorgehen und ihre theoretischen Konzepte auch wieder der Frauenbewegung zukommen zu lassen. So fanden etwa empirische Ergebnisse über geschlechtsspezifisches Verhalten Eingang in pädagogische Angebote; theoretische Herleitungen zur Hausarbeit waren für die Kampagne Lohn für Hausarbeit relevant. Dabei entsprachen diese frühen Texte nicht immer den Anforderungen wissenschaftlicher Gepflogenheiten des universitären Apparats.

Gleichzeitig kämpften Feministinnen für die Einrichtung von Women's Studies bzw. Frauenforschung an den Universitäten, für die Schaffung von Lehrstühlen zu diesen Schwerpunkten und für entsprechende Studiengänge. In den 1990er Jahren war letzteres vielfach umgesetzt, feministische Wissenschaftlerinnen waren an Universitäten, Fachhochschulen, wissenschaftlichen Instituten tätig. Diese Institutionalisierung und Professionalisierung bewirkte Veränderungen bei den Wissenschaftlerinnen selbst, aber auch beim Gegenstand ihrer Wissenschaft. So kritisierte María do Mar Castro Varela, die akademische Elite sehe sich nicht mehr in der Verantwortung aufzuzeigen, »wie und wo ihre Analysen und ihr theoretisches Instrumentarium eingesetzt werden könnten, um Risse in der Architektur der kapitalistischen Logik zu verursachen.« (do Mar Catro Varela 2003, S. 102) Claudia Koppert moniert an wissenschaftlichen Ausarbeitungen, dass sie dazu neigen, »im Horizont fachlicher Fragestellungen zu verbleiben.« (Koppert und Selders (Hrsg) 2003, S. 8) Was mit letzterem gemeint ist, verdeutlicht Nancy Fraser, wenn sie eine Kontroverse verschiedener feministischer Wissenschaftlerinnen als Auseinandersetzung über die ertragreichste Art, die linguistische Wende (ich ergänze: mit-) vollziehen zu können, beschreibt (Fraser 1993b, S. 146). Die Vorteile, die Institutionalisierung und Professionalisierung mit sich bringen, sind meist an Nachteile oder zumindest Einschränkungen gekoppelt. So geht auch die Etablierung feministischer Wissenschaft an Universitäten trotz weitgehender Freiheit von Forschung und Lehre mit Zwängen einher, die daher rühren, dass die Wissenschaftlerinnen sich innerhalb der »scientific community« behaupten müssen. Um an einer Universität bestehen zu können, gilt nicht nur das bekannte »publish or perish« (veröffentliche oder verschwinde), es muss auch darauf geachtet werden, in sogenannte Zitierkartelle zu gelangen, also von anderen zitiert zu werden. Das ist umso leichter möglich, je mehr frau mitten im akademischen Mainstream – in dem Fall der Postmoderne und der linguistischen Wende – schwimmt. Allerdings variiert – um im Bild zu bleiben – nicht nur der Abstand von der stärksten Strömung, sondern auch die Geschwindigkeit, mit der sich eine Wissenschaftlerin im akademischen Strom bewegt. Besonders augenfällig ist die Entfernung einiger feministischer Wissenschaftlerinnen von einer frauenpolitisch interessierten und/oder engagierten Öffentlichkeit an der Sprache abzulesen, in der akademische Texte abgefasst sind (do Mar Catro Varela 2003, S. 103 f, 98).

So sehr sich also auf der einen Seite feministische Wissenschaftlerinnen den Gepflogenheiten ihres akademischen Umfeldes angepasst haben, so ist auf der anderen Seite bemerkenswert, dass viele sich in der Entwicklung einer eigenen Theorie nicht ausschließlich von postmodernen Prinzipien haben leiten lassen und nicht nur versuchten, feministische Varianten in postmodernen Positionen zu finden (Benhabib 1993a, S. 10, 13 ff), sondern auch spezifische, frauen- und geschlechterrelevante gesellschaftliche Veränderungen zum Ausgangspunkt ihrer Überlegungen zu machen. Zu den eingangs genannten, allgemeinen Verunsicherungen innerhalb der Geistes- und Sozialwissenschaften, gab es bei Feministinnen Enttäuschungen und Kritik – auch an der Frauenbewegung, die darüber hinausgingen und ein Umdenken bewirkt haben. Nach meiner Wahrnehmung sind dies vor allem drei Aspekte: Kritik an einer universalen Weiblichkeit, anthropologische und psychologische Forschungsergebnisse zu kulturellen Geschlechtsunterschieden und Impulse aus der Transsexuellen-/Transgender-Forschung, die ich im Folgenden darstellen möchte.

4.1.2 Kritik am Anspruch einer universalen Weiblichkeit

Unbehagen stellte sich bei vielen Feministinnen spätestens im Verlauf der 1990er Jahre aufgrund von Entwicklungen ein, die Regine Gildemeister als einen Wechsel von einem empirisch zu fassenden, gesellschaftlich geprägten weiblichen Sozialcharakter hin zu einem Konstrukt »Frau« als universaler Weiblichkeit (Gildemeister 2001, S. 52) beschreibt. Die us-amerikanische Philosophie-Professorin Judith Butler hat sich kritisch damit auseinander gesetzt. Für sie war diese Kritik ein Ausgangspunkt ihrer Theorie. Das Konstrukt »Frau« und die damit einhergehende Universalisierung wertet sie als »totalisierende Gesten« im Feminismus und fordert dazu auf, ihnen gegenüber selbstkritisch zu bleiben (Butler 1991, S. 33). Die »Besonderheit« des Weiblichen werde analytisch wie politisch von anderen

Machtbeziehungen wie Klasse, Rasse, Ethnie, Alter, Sexualität (ebd., S. 35) und anderen getrennt und aus ihnen herausgelöst (ebd., S. 20). Ein politisches Problem tue sich Butler zufolge auf, wenn mit dem Begriff »Frau(en)« eine gemeinsame Identität bezeichnet werde; Vielfalt werde dadurch ausgeblendet (ebd., S. 18, 34). Ziel sei dabei offenbar Solidarität um jeden Preis, weil darin eine Vorbedingung für das politische Handeln bestehe (ebd. S. 35). Vor allem jüngere Frauen hatten den Eindruck, andere Realitäten als die westlicher, weißer, christlicher, heterosexueller Mittelschichtsfrauen würden ausgeblendet, missachtet, diskriminiert (Purtschert und Ruef 2003, S. 30). Bei der Kritik an der universalen Verwendung der Kategorie »Frau(en)« geht es nicht nur um eine akademische Diskussion der Theoriebildung, sondern auch um die Politik der Frauenbewegung. Es entstand bei jüngeren Frauen der Eindruck, die Kritik an universaler Weiblichkeit habe einen großen Einbruch in der Frauenbewegung ausgelöst (ebd., S. 52).

Tatsächlich war die Frauenbewegung jedoch so einheitlich nicht. Es gab heftige Auseinandersetzungen über Neue Weiblichkeit, Neue Mütterlichkeit, Subjektivismus und Innerlichkeit, lesbischen Separatismus, »Spiritualismus«, um nur die wichtigsten zu nennen (ebd., S. 85). Auch Butler selbst konnte Anfang der 1990er Jahre von Erfahrungen berichten, wo immer, wenn ein »Wir« postuliert wurde, einige, insbesondere Lesben und Schwarze Frauen sich davon nicht repräsentiert sahen (Butler 1993a S. 49). Auch »der« Feminismus als Theorie war so einheitlich nicht. Eine Reihe von Wissenschaftlerinnen haben durchgängig zwischen unterschiedlichen Situationen von Frauen unterschieden und den politischen Umgang damit kritisiert. Darauf habe ich im ersten Teil hingewiesen, z. B. dort, wo ich feministische Bevölkerungstheorie und deren Kritik an der rassistischen Bevölkerungspolitik postkolonialer, kapitalistischer Staaten dargestellt habe (s. 1. Teil Abschnitt 4.2).

4.1.3 Weder biologische noch kulturelle Weiblichkeit/ Männlichkeit nachweisbar

Hier möchte ich drei Forschungsergebnisse zusammenfassen. Die ersten sind ethnologischer/anthropologischer Art. Schon in den 1950er/1960er Jahren hatte Margaret Mead gezeigt, dass andere Kulturen Geschlechtsrollen und -identitäten entwickelt hatten, die sich zum Teil zur damaligen westlichen Auffassung von »männlich« und »weiblich« konträr verhielten. Ihre Beobachtungen hatten in den 1970er Jahren innerhalb der Frauenbewegung eine weite Verbreitung gefunden und wurden immer wieder gerne zitiert, wenn mit »natürlichen« Unterschieden zwischen den Geschlechtern argumentiert wurde. Im Kontext einer Kritik an universaler Weiblichkeit wurden sie erneut herangezogen, so von Carol Hagemann-White 1988 und Regine Gildemeister 1993. Insbesondere zitieren diese beiden Wissenschaftlerinnen Meads Beobachtung von Kulturen, die drei oder mehr Geschlechter kannten (Hagemann-White 2001, S. 28). Einschränkend bemerkt Gildemeister jedoch richtig, dass es von heutiger westlicher Kultur aus gesehen unmöglich ist, dieses Phänomen zu erfassen, ebenso wenig wie den in manchen Kulturen möglichen Geschlechtswechsel (Gildemeister 2001, S. 58). Zwar wird damit noch einmal unterstrichen, wie wenig Geschlechtsrollen mit Biologie zu tun haben (ebd., S. 63f), aber mehr leisten diese Forschungsergebnisse nicht. Denn schließlich geht es doch darum, nicht nur festzustellen, dass polarisierende Differenzen zwischen den Geschlechtern durch Kategorien von »Weiblichkeit« und »Männlichkeit« fiktiv sind (Becker-Schmidt 2001, S. 110), sondern darum, dass mit diesen Zuschreibungen Wertungen verbunden sind, die »Männlichkeit« über »Weiblichkeit« anordnen. Die dahinter stehenden Interessen und die Machtverhältnisse, die diese stützen, sollten Gegenstand der Forschung und Ansatz für politisches Handeln sein. Dementsprechend müsste dieselbe Frage auch für Kulturen mit drei und mehr Geschlechtern gestellt werden. Es wäre nach den Interessen zu fragen, die mit solchen Konstrukten verfolgt werden, danach ob sie mit Unterdrückung einer gehen, mit Leiden verbunden sind u. ä. Diese Fragen hat Regina Becker-Schmidt bezogen auf unsere Gesellschaft als zentral für die Frauenforschung bezeichnet (2001, S. 114).

Bei den zweiten Ergebnissen handelt es sich um experimentelle Forschung zur psychischen Geschlechterdifferenz, die wenig Belege für Geschlechtsunterschiede finden konnten, also für Merkmale, die bei einem Geschlecht signifikant häufiger oder stärker ausgeprägt vorkommen als beim anderen. Vielmehr haben fast alle Forschungen ergeben, dass die Variation innerhalb eines Geschlechts größer ist als die Differenz zwischen den Mittelwerten für jedes Geschlecht. Als einzige, nicht unumstrittene Ausnahme nennt Gildemeister aggressives und Dominanzverhalten bei Jungen, vor allem während der Adoleszenz (2001, S. 52). Gildemeister stellt die Behauptung auf, der Frauenbewegung sei es um die Überwindung polarer Geschlechtscharaktere gegangen. Aber war das wirklich Ziel der Frauenbewegung? Nicht die Polarität von Geschlechtsrollen, sondern die damit einhergehende und zum Teil daraus abgeleitete Hierarchie zwischen den Geschlechtern zu überwinden, vor allem aber die Herrschaftsverhältnisse zu bekämpfen, die darauf und auf anderen Formen der Unterdrückung beruhten, war Ziel der Frauenbewegung. Hier wiederholt sich im wissenschaftlichen Bereich, was ich bereits im Zusammenhang mit Frauenpolitik am Beispiel Gender Mainstreaming kritisiert und problematisiert habe. Die Frage nach den Machtverhältnissen und Interessen bzw. die nach Diskriminierung und deren Intentionen tritt in den Hintergrund gegenüber einem Konzept der Angleichung von Geschlechtsidentitäten (gender).

Ein dritter, etwas anders gelagerter Strang innerhalb der wissenschaftlichen Diskussion rankt sich – etwas salopp formuliert – um die Frage, ob Frauen »die besseren Menschen« seien. Dies wird einerseits mit der anderen Erfahrungswelt der Geschlechter begründet, andererseits mit der Ähnlichkeit bzw. der Verschiedenheit im Verlauf der frühkindlichen Entwicklung bezogen auf das Verhältnis zum ersten Bezugsobjekt, der Mutter. So hatten beispielsweise Carol Gilligan und Nancy Chodorow grundsätzlich andere Wahrnehmungen von Frauen und Männern beim moralischen Urteilen in Form einer bei Frauen vorkommenden Ethik der Anteilnahme abgeleitet, auf die ich hier nicht näher eingehen kann.

Gegenüber einem solchen positiven Frauenbild wirkte im deutschsprachigen Raum Christina Thürmer-Rohrs zuerst 1983, dann 1987 aufgestellte These von Frauen als Mittäterinnen wie ein Schlag ins Kontor. Ihr Nachweis weiblicher Mittäterschaft verhalf vor allem frauenbewegten Frauen zu dem Bewusstsein, »wie Frauen auch wenn sie patriarchale Strukturen vehement bekämpfen, dennoch vielfältig in diese eingebunden sind und ihre Handlungen und Denkweisen nicht einfach daraus lösen können« (Purtschert und Ruef 2003, S. 47). Warum das Eingebundensein von Frauen in Herrschaftsverhältnisse so schockierend wirkte, ist aus der zeitlichen Distanz nicht mehr nachvollziehbar, hatte doch die Beschäftigung mit den frühen Frauenbewegungen des 20. Jahrhunderts gezeigt, wie sich insbesondere die gemäßigten bürgerlichen Frauen teilweise zu Nationalistinnen, manchmal sogar zu Nationalsozialistinnen entwickelt hatten. Tatsache ist, dass Thürmer-Rohrs Thesen auf eine sehr breite Resonanz trafen und für einige feministische Wissenschaftlerinnen sogar dazu führten, nach anderen Theorien zu suchen.

Zusammenfassung und Fazit

- Ethnologische und anthropologische Forschungsergebnisse haben die kulturelle Vielfalt von Weiblichkeits-/Männlichkeitskonzepten etwa ab den 1950er Jahren gezeigt. Sie wurden von Feministinnen der Zweiten Frauenbewegung als Widerlegung natürlicher, das heißt auf biologischer Basis beruhender Geschlechtscharaktere angesehen. Die wichtige Frage, in welchem gesellschaftlichen Kontext sie welche Funktion erfüllten, blieb dabei eher zweitrangig.
- Psychologische Ergebnisse konnten für die heutige Gesellschaft wenige bis gar keine Zuordnung von Charaktereigenschaften zu einem Geschlecht nachweisen. Bestrebungen, Weiblichkeit und Männlichkeit normativ polar zuzuordnen, waren offenbar nicht oder nur begrenzt erfolgreich.
- Auch Versuche, bei Frauen eine andere Ethik herzuleiten, standen im Widerspruch zur Beteiligung von Frauen an Formen von Machtausübung.
- Dadurch gab es keine Basis für ein Konstrukt »Frau(en)«.

4.1.4 Impulse aus der Transgender-Bewegung und dem gesellschaftlichen Umgang mit Transsexualität

Von allen Aspekten, die Kritik und Verunsicherung ausgelöst und das Bedürfnis nach einer (neuen) Theorie der Geschlechtsidentitäten geweckt haben, ist der folgende meines Erachtens der überzeugendste. Eine Irritation war durch Menschen entstanden, die nicht den gesellschaftlich hervorgebrachten Geschlechter-Normen entsprachen. Insbesondere jene, die ihre Geschlechtsidentität (gender) nicht von ihrem anatomischen Geschlecht (sex) herleiten und deren Begehren weder dem Geschlecht noch der Geschlechtsidentität folgen, verlangen nach einer Untersuchung derjenigen kulturellen Gesetze, die als Regulative wirken (Butler 1991, S. 38 f). Unsere Gesellschaft ist nach Butler darauf ausgerichtet, dass zwischen anatomischem Geschlecht, Geschlechtsidentität, sexueller Praxis und Begehren Übereinstimmung und Kontinuität bestehen. Ist dies nicht der Fall, so werde von Entwicklungsstörungen gesprochen (ebd., S. 38 f). Solche GeschlechtsabweichlerInnen haben sich in den USA selbst als gemeinsames Dach die Bezeichnung »queer« gegeben. Darunter fallen Lesben, Schwule, Bisexuelle, Intersexuelle (Menschen, die mit uneindeutigen Genitalien geboren werden), weiterhin he/shes (Menschen, die sich weigern, sich einem Geschlecht zuzuordnen) sowie Transgender (Transsexuelle und Menschen, die – anders als Transsexuelle – sich ohne Geschlechtsumwandlung mit dem anderen als ihrem anatomischen Geschlecht identifizieren) und schließlich cross-dresser (Transvestiten, also Frauen, die sich wie Männer, und Männer, die sich wie Frauen kleiden) (Selders 2003, S. 74).

Gerade im medizinischen Umgang mit Transsexualität kommen einer empirischen Untersuchung von Suzanne Kessler und Wendy McKenna von 1978 zufolge bestimmte Grundannahmen über Geschlechtsunterschiede zum Tragen. Diese seien eindeutig, also entweder weiblich oder männlich, was erkennbar zu sein habe (!), naturhaft, das heißt körperlich begründet und unveränderlich, da angeboren. Dem stehe entgegen, dass es bis heute keine zufriedenstellende humanbiologische Definition von Geschlechtszugehörigkeit gebe, die diese Kriterien, also Eindeutigkeit, Trennschärfe etc., erfülle (Hagemann-White 2001, S. 27 f). Zudem hat die Transsexuellenforschung deutlich gemacht, dass bei der Zuschreibung von Geschlechtlichkeit sehr selten die Erkundung des Körpers zu Hilfe genommen wird. Eher ist es so, dass in dem Moment, in dem ein Mensch im sozialen Umgang geschlechtlich zugeordnet worden ist, das Vorhandensein der dafür erforderlichen Genitalien unterstellt wird (ebd., S. 31). Die Richtigkeit dieser Aussage habe ich vor Jahren selbst erlebt. Vor Antritt einer Flugreise wurden die Fluggäste damals nach Waffen oder anderen an Bord nicht erlaubten Gegenständen abgetastet. Für Frauen waren weibliche Angestellte, für Männer männliche zuständig. Ich hatte kurze Haare, trug einen Parka und Hosen und war ungeschminkt. Für die

Angestellte war auf den ersten Blick offenbar nicht erkennbar, ob ich mich bei ihr in der richtigen Schlange eingeordnet hatte. Sie musterte mich von oben bis unten und als ihr Blick an meinen breiten Blockabsätzen hängen blieb, war sie sich sicher: Ich war eine Frau. Damals schoss mir durch den Kopf, wie sie wohl reagieren würde, wenn ich auf ihre Berührungen mit lustvollem Stöhnen reagiert hätte. Denn die Zuordnung Frau-zu-Frau, Mann-zu-Mann beruhte ja auch auf einer angenommenen Heterosexualität aller Passagiere. Für so viel Provokation fehlte mir jedoch der Mut.

Die Transsexuellenforschung hat nun gezeigt, dass dann, wenn die entsprechenden Genitalien nicht im physischen Sinn präsent sind, sie in einem kulturellen Sinn existieren. Man spricht daher von »kulturellen Genitalien« (Gildemeister 2001, S. 61). Ist die Geschlechtszuschreibung einmal erfolgt, lässt sie sich vom Vorhandensein »falscher« anatomischer Genitalien nicht irritieren, es zählen die kulturellen. Transsexuelle müssen nun, wenn sie eine operative Geschlechtsumwandlung wünschen, überzeugend darlegen, dass sie »von Geburt an« eine unveränderte Geschlechtsidentität hatten, beschreibt Carol Hagemann-White das Verfahren (2001, S. 31). Dies wirft für die Forschung die Frage nach den »kulturellen Genitalien« auf. Was versteht wer darunter? Die Transsexuellen? Die sie Begutachtenden? Wie erfolgt die gesellschaftliche Zuordnung, welcher Mechanismen und Instrumente bedient sie sich und welche Machtkonstellationen werden dabei wirksam? Durch das Aufwerfen solcher Fragen sind starke Impulse für ein Überdenken von Theorien der Geschlechtsidentität nicht nur von Transsexuellen, sondern vom gesamten Spektrum der mit »queer« bezeichneten Personen ausgegangen.

Zusammenfassung und Fazit

- Von den drei genannten Aspekten, die einen neuen theoretischen Zugang in den 1990er Jahren beeinflusst hatten, war der erste, die Kritik an einer Universalität der Kategorie »Frau(en)«, so neu nicht. Den Zusammenhang etwa zwischen Klasse und Geschlecht hatte bereits die erste Frauenbewegung beschäftigt. Zu Beginn der zweiten war dies erneut Thema. In den 1980er Jahren hatte sich die Forschung dann stärker »den« Frauen zugewandt, ohne dies - was m. E. notwendig gewesen wäre - als eine Komplexitätsreduktion kenntlich zu machen und diese zu begründen.
- Der zweite Aspekt, die Erkenntnis, dass unterschiedliche Gesellschaften sehr verschiedene Vorstellungen von »Weiblichkeit« und »Männlichkeit«, aber auch von Geschlechtern (zum Teil mehr als zwei) hervorgebracht haben, ist ebenfalls nicht neu, hat aber wohl eine Renaissance erfahren, da manche Einsichten immer wieder in Vergessenheit geraten.

- Der dritte Aspekt ging aus der Transgender/Transsexuellen-Forschung hervor und führte zu der Erkenntnis, dass in diesem Zusammenhang »kulturelle Genitalien« eine wichtigere Rolle spielen können als die anatomischen.

4.2 Der Dekonstruktivismus und seine Bedeutung für den Feminismus

Vor dem Hintergrund dieser drei Aspekte hat Butler einen neuen, philosophischen Zugang gewählt. Ihre Theorie zu Geschlecht und Geschlechtsidentitäten ist gerade in Deutschland viel beachtet worden und verdient es daher, hier ausführlicher dargestellt zu werden.

4.2.1 Die Theorie von Judith Butler

Im Englischen ist die Unterscheidung zwischen anatomischem Geschlecht und Geschlechtsidentität schon allein sprachlich gut möglich; die entsprechenden Begriffe, »sex« und »gender« haben seit einigen Jahren Eingang in die deutsche Sprache gefunden. Die Aufspaltung des Begriffs Geschlecht in anatomisches Geschlecht (sex) und Geschlechtsidentität (gender), soll verdeutlichen, dass letztere gesellschaftlich bestimmt ist. Diese Unterscheidung wird in der Regel so verstanden, dass es ein biologisches Geschlecht *vor* und unabhängig von gesellschaftlich geprägten inhaltlichen Beschreibungen gibt, während letztere dann den jeweiligen anatomischen Körpern wie ein Stempel aufgedrückt werden. Quasi als Druck auf den Stempel wirken von Herrschaftsinteressen geleitete Interpretationen von Geschlechtlichkeit.

Butler nimmt nun eine radikale Trennung zwischen anatomischem Geschlecht und einem kulturell bedingtem Status der Geschlechtsidentität vor (Butler 1991, S. 23). Sie sieht keine eindeutige Zuordnung weiblicher Anatomie zu als »weiblich« deklarierten Eigenschaften und entsprechend männlicher Anatomie zu als »männlich« deklarierten Eigenschaften. Keine Geschlechtsidentität folge aus dem biologischen Geschlecht, es gebe vielmehr Diskontinuitäten zwischen beidem. Daraus folgert sie, dass das Konstrukt »Mann« nicht ausschließlich dem männlichen Körper zukomme und mit der Kategorie »Frau« nicht nur weibliche Körper gemeint seien (ebd., S. 23 f.). »Wenn es möglich ist, einem ›Mann‹ ein männliches Attribut zuzusprechen und dieses Attribut als zwar erfreuliches, aber akzidentielles (zufälliges, U.M.) Merkmal dieses Manns zu verstehen, dann können wir einem ›Mann‹ auch ein weibliches Attribut – was immer das sein mag – zusprechen und dennoch dabei die Integrität der Geschlechtsidentität aufrechterhalten.«

(ebd., S. 48) Nach dem, was ich oben zu Transsexuellen gesagt habe, lässt sich diesem Satz zustimmen. Noch aus einem weiteren Grund ist Butlers Interpretation einleuchtend. Wie ich im ersten Teil (4.3.6) auf Männer bezogen ausgeführt habe, lässt der Körper ein breites Spektrum von Wahrnehmungen zu, die keineswegs polar angeordnet sind. So ist mit den Hoden u.a. ein Gefühl von Verletzlichkeit verbunden. Umgekehrt ist die Vagina nicht nur passiv aufnehmend, sie hat auch eine aktive, besitzergreifende Qualität und bildet den Zugang zur Produktivität, zum Geburtskanal. An diesen Beispielen wird deutlich, dass es der gesellschaftlichen Weichenstellung bedarf, um aus der Vielzahl möglicher Körperwahrnehmungen diejenigen herauszufiltern, die dann als typisch für das eine oder andere Geschlecht gelten sollen. Allerdings nimmt Butler, wie noch zu zeigen sein wird, in ihren philosophischen Betrachtungen nicht die am Körper und seiner Wahrnehmung sich ausbildenden, gesellschaftlich gewichteten Eigenschaften in den Blick, sondern richtet diesen auf einen Teil der symbolischen Ordnung, auf die ich noch eingehen werde.

Butler geht aber noch weiter. Aus der radikalen Trennung zwischen biologischem Geschlecht und Geschlechtsidentität schließt sie, dass es keinen Grund zu der Annahme gebe, dass es bei zwei Geschlechtsidentitäten bleiben müsse (ebd., S. 23). Und tatsächlich bestätigen die oben genannten Beobachtungen von Margaret Mead und anderen ForscherInnen diese Auffassung. Diejenigen Kulturen, die es nicht bei zwei Geschlechtern haben bewenden lassen, waren offenbar in ihrem Rahmen funktionstüchtig. HumanbiologInnen und HumanmedizinerInnen haben gezeigt, dass die Anatomie keine Eindeutigkeit und keine ausschließliche Zweiheit kennt. Ethnologie und Anthropologie haben das Entsprechende für die Geschlechtsidentität festgestellt.

Das führt zu der Frage, ob und wenn ja, wofür Zweigeschlechtlichkeit sowohl bzgl. der Anatomie als auch bzgl. der Geschlechtsidentität nötig ist, bzw. welche Funktion sie erfüllt. Es führt aber auch zu der Frage, wodurch Geschlechtsidentität hergestellt wird. »Gibt es eine Geschichte, wie diese Dualität der Geschlechter (duality of sex) errichtet wurde, eine Genealogie (Entstehungsgeschichte, U.M.), die die binären (zweipoligen, U.M.) Optionen möglicherweise als veränderbare Konstruktion offenbart?« (ebd., S. 23) Gibt es eine Entstehungsgeschichte der Zweipoligkeit der Geschlechter, in der deutlich wird, wo die Weichen anders gestellt werden könnten? Butler selbst legt eine in Frageform gekleidete Antwort nahe: »Werden die angeblich natürlichen Sachverhalte des Geschlechts nicht in Wirklichkeit *diskursiv* produziert, nämlich durch verschiedene Diskurse, die im Dienste anderer politischer und gesellschaftlicher Interessen stehen?« (ebd., S. 23 f, Herv. von mir) Als ein erstes Ergebnis ihrer Überlegungen hält sie fest, dass zu den diskursiven/kulturellen Mitteln, mit denen Geschlechtsidentität erzeugt wird, auch die Behauptung gehört, es gebe ein natürliches Geschlecht, das der Kultur vorgelagert sei, eine politisch noch nicht geprägte, also neutrale Oberfläche, auf der sich dann die Kultur einschreibt, Natur pur sozusagen (ebd., S. 24). Dieser Auffassung eines natürlichen, von gesellschaftlicher Prägung unberührten Geschlechts widerspricht Butler. Sie sieht vielmehr Machtverhältnisse am Werk, die den Eindruck sowohl eines vorkulturellen, »natürlichen« (in Butlers Terminologie vordiskursiven, also von jedem Diskurs unberührten) Geschlechts vermitteln, als auch die Tatsache bewusst zurückdrängen und verschleiern, dass Geschlecht von Anfang an diskursiv hergestellt wird. Ihr geht es daher darum, auch jene Machtverhältnisse zu erfassen, die den Eindruck eines vordiskursiven anatomischen Geschlechts vermitteln und verschleiern, dass dieses bereits durch diskursive Produktion erzeugt wurde (ebd., S. 24).

Dass Butler auf die Bedeutung des Diskurses abhebt, liegt daran, dass sie in Sprache (neben Politik, genauer in deren Rechtsstrukturen) das zeitgenössische Feld der Macht sieht (ebd., S. 20). Sprache ist zudem ein wichtiges Medium der symbolischen Ordnung, die Regina Becker-Schmidt definiert als einen Komplex kultureller Setzungen, zu denen z. B. auch Inzesttabus und Regelungen verwandtschaftlicher Beziehungen zählen. Dazu gehört auch ein System sozialer Deutungen (Becker-Schmidt 2001, S. 117). So werden nach Gildemeister »Frau«, »Mann«, »weiblich«, »männlich« als Symbole erworben (Gildemeister 2001, S. 59), deren Polarität und Zuordnung selbst bereits als Teil des symbolischen Systems einer bestimmten Kultur angesehen werden müssen, nicht erst ihre Bewertung, wie Hagemann-White hervorhebt: »Die kulturelle Reproduktion dieses symbolischen Systems, ihre Fortschreibung, Bestätigung oder ihr Wandel, sind weder mit der materiellen und ökonomischen Reproduktion der Gesellschaft noch mit der individuellen Reproduktion identisch. Sie wird durch eigenes Handeln der Individuen, eingebettet in kollektive Handlungszusammenhänge, täglich neu zur Realität.« (2001, S. 31) Diese Erzeugung durch Individuen verleiht dem Symbolischen gemäß Butler Macht. »Das Symbolische (...) besteht aus einer Serie von Forderungen, Tabus, Sanktionen, Einschärfungen, Verboten, unmöglichen Idealisierungen und Drohungen (...), die die Macht ausüben, das Feld kulturell lebenstüchtiger sexueller Subjekte herzustellen.« (Butler 2001, S. 200)

Als politische Aufgabe sieht Butler es nun an, den Zwangsrahmen, innerhalb dessen sich Sprech-/Akte vollziehen, die Geschlechtsidentität produzieren, offen zu legen und die Akte, die den Schein der Natürlichkeit vermitteln, zu enthüllen. Dabei handle es sich um einen »Schritt, der mindestens seit Marx zur Kulturkritik gehört« (Butler 1991, S. 61). Die symbolische Ordnung kann also als Teil des gesellschaftlichen Überbaus aufgefasst werden, der sich über die Produktionsverhältnisse wölbt und in dem nach Marx gesellschaftliche Verwerfungen und Widersprüche sichtbar werden.

Ein wichtiges Merkmal der Geschlechtsidentitäten ist, dass sie Teil eines zweigeschlechtlichen Paares sind, wobei ein Teil dem jeweils anderen entgegengesetzt ist »Demnach ist ein Mann oder eine Frau die eigene Geschlechtsidentität genau in dem Maße, wie er/sie nicht die andere ist.« (ebd., S. 45) Jede Geschlechtsidentität bedarf also eines festen gegensätzlichen Systems, das Butler als heterosexuell bezeichnet. In dem, was ich »Dreiklang« nennen möchte, nämlich anatomisches Geschlecht (sex), Geschlechtsidentität (gender) und Begehren, werde eine kausale Beziehung gebildet, eine Kette, an deren Anfang die Anatomie stehe, aus der die Geschlechtsidentität folge und das Begehren die dritte Stelle einnehme, die Geschlechtsidentität widerspiegle und zum Ausdruck bringe, wie sich umgekehrt aus der Geschlechtsidentität ein ganz bestimmtes, heterosexuelles Begehren ergebe (ebd., S. 45 f).

So gelangt Butler zu den politischen Gründen, die eine Zweigeschlechtlichkeit mit klarer Differenzierung zwischen männlich und weiblich benötigten (ebd., S. 46). »Die heterosexuelle Fixierung des Begehrens erfordert und instituiert die Produktion von diskreten, asymmetrischen Gegensätzen von ›weiblich‹ und ›männlich‹, die als expressive Attribute des biologischen ›Männchens‹ (male) und ›Weibchens‹ (female) verstanden werden.« (ebd., S. 38) Butler bezeichnet die heterosexuelle Fixierung als Zwang, weist – Foucault folgend – darauf hin, dass es keine Sexualität außerhalb, vor oder nach der Macht selbst geben könne. Sexualität sei in den bestehenden Machtverhältnissen kulturell konstituiert (ebd., S. 56 f), denn jede Gesellschaft reguliere Sexualität. »Dadurch wird es möglich, Sexualität als Schauplatz von Politik zu begreifen, auf dem soziale, moralische, rechtliche und ökonomische Ordnung hergestellt wird« (quaestio2000, S. 12). Ähnlich habe ich im ersten Teil im Zusammenhang mit Bevölkerungspolitik einerseits und mit der Notwendigkeit einen zur Produktionsweise »passenden« Sozialcharakter herauszubilden andererseits, ausgeführt, in welchem Rahmen und mit welchen Intentionen Sexualität gesellschaftlich geformt wird.

Wenn somit die politischen Gründe für das Festhalten an dem Dreiklang in dem Ziel der Durchsetzung von Heterosexualität zu suchen sind, schließt sich die Frage an, welche Perspektiven für politisches Handeln Butler daraus ableitet. Sie hatte die Macht des Symbolischen und damit des Diskurses betont, durch den Geschlechtsidentität konstruiert und die Elemente des Dreiklangs, sex, gender und Begehren, aufeinander bezogen werden, sodass sie wie naturgegeben erscheinen. Sloganartig fasst sie ihre Thesen in der Aussage zusammen »Kultur ist Schicksal.« (Butler 1991, S. 25). Den starren Geschlechterklischees setzt sie als Chance eine tendenzielle Offenheit entgegen, die sie als Ideal kennzeichnet. Die Kategorie »Frau« wird so zu einem prozessualen Begriff, der sich in einem ständigen Werden und Konstruieren befinde (ebd., S. 60).

Hier kann die politische Aufgabe einsetzen, zunächst indem die Akte, die Geschlechtsidentität herstellen, dekonstruiert werden (ebd., S. 60). Dieser Dekonstruktionsprozess wird von Butler eher leise als subversive Möglichkeit beschrieben, Sexualität und Identität neu zu überdenken, als Möglichkeit das Gesetz, mit dessen Hilfe die Konstruktion von Geschlechtsidentitäten erfolgte, zwar zu wiederholen, aber dabei nicht zu festigen, sondern zu verschieben, als Möglichkeit, Geschlechtsidentitäten zu inszenieren und zu wiederholen durch Übertreibung, Verwirrung, Vervielfältigung etc. Durch solche subversiven Spiele und Parodien könne Geschlechter-Verwirrung ausgelöst werden (ebd., S. 57f). Entsprechend der These, dass die Bezeichnungen »Frau/Mann« keine realen Bezugspunkte haben, die Differenzen zwischen den Geschlechtern fiktiv seien (Becker-Schmidt 2001, S. 110), könne mit der Sichtbarmachung der Fiktion politisch agiert werden. Denn obwohl »Kultur« und »Diskurs« das Subjekt in Butlers Theorie einkreisen, verfügt es über Handlungsfähigkeit, vermag zu reflektieren und zu vermitteln (Butler zit. nach Becker-Schmidt 2001, S. 108).

Über diese Strategien hinaus hält Butler es aber auch für erforderlich, als und für Frauen zu sprechen, zu demonstrieren, Gesetze zu fordern (Butler 1993a, S. 48) und auch normative Urteile zu fällen, um politische Ziele zu setzen (Butler 1993b, S. 131). Darin scheint auf den ersten Blick ein Spannungsverhältnis derart zu bestehen, dass einerseits gerade feministische Bewegungen es nicht vermeiden können, Forderungen im Namen »der Frau« zu stellen, andererseits soll die Kategorie »Frau«, die auch über solche Forderungen konstruiert wird, notwendigerweise dekonstruiert werden. »Butler zieht den Schluß, daß die Feministinnen diese Dialektik nicht als eine politische Katastrophe, sondern als eine politische Ressource betrachten sollen.« (ebd., S. 131f) Dabei dürfe nicht vergessen werden, dass dazu ein Ringen um die Macht nötig werde. Ihr eigenes politisches Konzept beschreibt Butler, indem sie zugleich auch die Grenzen ihrer Theorie benennt, wie folgt: »Meiner Arbeit geht es in gewisser Weise darum, die Grausamkeiten, durch die Subjekte produziert und differenziert werden, zu entlarven und zu verbessern. Ich räume ein, daß das nicht das einzige Ziel ist und daß es Fragen sozialer und wirtschaftlicher Gerechtigkeit gibt, in denen es nicht primär um Subjektbildung geht. Zu diesem Zweck ist es entscheidend, den Bereich der Machtbeziehungen neu zu denken« (ebd., S. 131f).

4.2.2 Politische Konsequenzen aus Butlers Theorie für eine Queer-Bewegung

Zwischen Butlers Theorie und der Transgender- und Queer-Bewegung in den USA besteht eine enge Beziehung. Butler hat aus dieser Bewegung politische Impulse bezogen, ihre Theorie wurde wiederum von der Bewegung aufgegriffen (Selders 2003, S. 74). Angesichts der Zerfaserung und weitgehenden Theorielosigkeit der Frauenpolitik, will ich der Frage nachgehen, ob der Dekonstruktivismus für systemkritisches, politisches Handeln der Queer-Bewegung richtungweisend sein kann und vielleicht auch für den Feminismus.

Butlers theoretisch formulierte Aufgabe für politisches Handeln korrespondiert mit dem Selbstverständnis einiger lesbisch-schwuler Organisationen und einer Queer-Bewegung. So fordert Janet Haley, Gleichstellungstheorien sollten ihren Fokus nicht wie früher auf die Kategorisierung richten, sondern auf die Praktiken der Kategorisierung (zit. nach Engel 2000, S. 160), d. h. der Akt des Definierens wird als Machtanwendung und bereits als Teil der Ungleichbehandlung verstanden. Denn – so drückt es Joan Scott pointiert aus – Menschen würden nicht aufgrund von Differenzen diskriminiert, vielmehr würden durch Diskriminierung Differenzen hergestellt (Engel 2000, S. 158). Ähnlich argumentiert auch Drucilla Cornell, wenn sie den Prozess der Stereotypisierung an sich als Unrecht ansieht (1993, S. 97). Mir fällt dazu Max Frischs Drama »Andorra« ein, in dem ein Kind als jüdisch ausgegeben wird, ohne es zu sein, woraufhin es selbst und seine Umgebung entsprechende Charakterzüge bei ihm entdecken und der Junge Opfer antisemitischer Diskriminierung wird.

Für die politische Praxis, insbesondere die Strategie, Diskriminierungen bestimmter Gruppen auf Grund bestimmter Merkmale bekämpfen zu wollen, ergebe sich, so Antke Engel, ein Kernproblem, denn damit werde die gleiche Klassifizierungslogik angewandt, die auch die Diskriminierung begründet (2000, S. 159). Wenn Frauen aufgrund ihrer »Emotionalität« für bestimmte Aufgaben als ungeeignet bezeichnet werden, kann man diesem Klischee nicht durch Widerlegen der Emotionalität begegnen. Vielmehr müssen die Machtverhältnisse selbst in den Vordergrund gerückt werden (quaestio 2000, S. 23), die weibliche Emotionalität in bestimmten Zusammenhängen als unpassend, deplaziert und kontraproduktiv bezeichnen. Es geht um die Frage, inwieweit gesellschaftliche Machtverhältnisse als Verhältnisse sichtbar gemacht werden können, die Differenzen hervorbringen und für die diese Differenzen funktional sind. Um bei dem Beispiel weiblicher Emotionalität zu bleiben würde das bedeuten, der Frage nachzugehen, wie diese Zuschreibung entstanden ist, welche Emotionen als weiblich bezeichnet, welche dagegen Männern zugeordnet werden und welche Funktion diese Aufspaltung im gesellschaftlichen System erfüllt. Es geht aber auch darum zu klären, inwiefern Differenz ein Gewinn für das Gemeinwesen (Diversität, Flexibilität, Konsuminteressen) oder ein Gewinn für die Individuen (Freiheit, Selbstentfaltung) bedeuten (ebd., S. 14 f). Die Queer-Bewegung setzt sich also mit der Ambivalenz von Differenz auseinander und ist bereit, mit dem Widerspruch umzugehen, dass Differenz hilft, soziale Hierarchien und Machtverhältnisse abzusichern, aber zugleich auch positive Identifizierungen ermöglicht, ja, dass Differenz als gelebte Existenz auch Macht- und Herrschaftsverhältnisse anzufechten in der Lage sein kann (ebd., S. 16). Die Diskussion bewegte sich also von der Kritik des Ziels, Diskriminierung bekämpfen zu wollen, die Differenzen schafft, hin zu einer Reflexion ambivalenter, widersprüchlicher Funktionen von Differenzen. In meinem Beispiel würde es darum gehen, aufzuzeigen, welcher Gewinn das Zulassen bestimmter Emotionen hat und welche Nachteile aus der Verdrängung derselben entstehen.

Doch auch in der Queer-Bewegung hat sich eine problematische Entwicklung in der politischen Praxis ergeben, die der in verschiedenen Frauenbewegungen ähnelt. Anfangs wurde in der Lesben- und Schwulenbewegung dazu aufgerufen, gesellschaftliche Institutionen und Normen in Frage zu stellen. Es ging nicht um Akzeptanz durch die Gesellschaft, sondern um deren Transformation (quaestio 2000, S. 10). Anerkennung sexueller Minderheiten wurde einer Entprivilegierung heteronormativer Ordnung gegenüber gestellt (ebd., S. 16). Sabine Hark zieht Marx' Erörterung der jüdischen Frage heran, um den Unterschied zu verdeutlichen. Marx hatte ausgeführt, die Fähigkeit des Rechts liege nicht darin, partikulare Identitäten zu schützen, sondern ein Ideal der Gleichheit von Personen qua ihres Person-Seins, unabhängig von Partikularitäten zu entwerfen, auf das sich dann alle beziehen können.»Wenn die rechtspolitische Alternative heißt, entweder als Lesben und Schwule BürgerInnen zu sein oder aber als BürgerInnen frei zu sein, was immer man sein möchte, eben auch lesbisch oder schwul, dann kann die Antwort nur im Sinne der Erweiterung von Freiheit (...) zugunsten letzterem ausfallen.« (Hark 2000, S. 43) Dagegen bedeutet, sich von vornherein auf bestehende Vorstellungen staatlich garantierter Gleichstellung begrenzen zu lassen, den Verlust einer weitaus größeren gesellschaftspolitischen Herausforderung (quaestio 2000, S. 17). Harks Bilanz der Entwicklung der lesbisch/schwulen Bewegung fällt negativ aus. Die Tendenz gehe in Richtung auf einen Kampf für einen Minderheitenstatus und darum, in bestehende Institutionen eingeschlossen bzw. aufgenommen zu werden (Hark 2000, S. 36). Wie ich im Zusammenhang mit eingetragenen gleichgeschlechtlichen Partnerschaften deutlich gemacht habe, teile ich diese Einschätzung. So unterstütze ich auch das dringende von quaestio 2000 erhobene Plädoyer für eine Stärkung des politischen Gestaltungsraums angesichts der neoliberalen Ökonomisierung der Lebensverhältnisse (2000, S. 20).

Mit solchen politischen Ansprüchen ging die Lesben- und Schwulen-/Queer-Bewegung weit über die symbolische Ordnung, auf die sich Butlers Theorie bezieht, hinaus, ging auch weiter, als den »pink dollar« und schwulen Markt in ihren Bedeutungen für die kapitalistische Ökonomie zu kritisieren. Der Mainstream der Lesben- und Schwulen-/Queer-Bewegung in Deutschland hat sich inzwischen jedoch voll auf den Anerkennungs- und Integrationskurs begeben. Butlers Theorie hat nicht dazu beigetragen, diesen Weg abzulehnen, der ja an Diskriminerung ansetzt (aktuell als Diskriminierung gleichgeschlechtlicher Partnerschaften, da diesen das Adoptionsrecht verweigert wird) und damit deren Klassifizierungslogik übernimmt und sie nicht grundsätzlich in Frage stellt.

4.2.3 Kritik an Butlers Theorie

Judith Butlers Theorie und ihre Aussagen über politisches Handeln im weitesten Sinn sind vielfach kritisiert worden. Die meines Erachtens wichtigsten Kritiken möchte ich in sechs Punkten wiedergeben.

4.2.3.1 Die Kategorie »Frau(en)«

Butler beginnt einen ihrer bekanntesten Texte, »Gender Trouble«, deutsch »Das Unbehagen der Geschlechter«, mit der Aussage, die feministische Theorie sei zum größten Teil von der Existenz einer vorgegebenen Identität ausgegangen, die durch die Kategorie »Frau(en)« bezeichnet werde (Butler 1991, S. 15). Diese Identität solle nun das Subjekt bilden, dessen politische Repräsentation angestrebt werde. Das heißt, Butler sieht in den als »Frau(en)« bezeichneten Identitäten sowohl einen Gegenstand feministischer Wissenschaft als auch ein Subjekt feministischer Politik. Hier möchte ich Einspruch erheben. Wie ich ausgeführt habe, war feministische Politik in ihrer Anfangsphase darauf ausgerichtet, gesellschaftliche Verhältnisse so zu verändern, dass durch sie Frauen nicht mehr unterdrückt würden. Feministinnen war es anfangs ja sogar ein Anliegen, deutlich zu machen, dass eben diese Verhältnisse auch Männer in eine gesellschaftliche Rolle pressen, die deren Entwicklungsmöglichkeiten begrenzt. Feministische Wissenschaft hatte sich daher zur Aufgabe gemacht, diese Verhältnisse zu analysieren, herauszufinden, wodurch die Frauen unterdrückende Geschlechterhierarchie entstanden ist, wie sie sich geschichtlich entwickelte, welche Interessen dahinter stehen und mit welchen Machtinstrumenten diese durchgesetzt und aufrecht erhalten werden. Es ging also nicht in erster Linie um Frauen, auch nicht um Geschlechterverhältnisse, sondern um die Gesamtheit *gesellschaftlicher* Verhältnisse. Diese waren in unterschiedlichen Teilbereichen Gegenstand politischer Kämpfe, bildeten die Motivation für feministische Wissenschaft. In der Folgezeit hatten sich dann politisch und theoretisch andere Schwerpunkte ergeben. Es wirkt befremdlich, dass Butler eine Universität am Beispiel einer Kategorie kritisiert, indem sie faktisch von einem undifferenzierten, »universalen Feminismus« und von »*der* feministischen Theorie« ausgeht und Differenzierungen und Kontroversen ignoriert (ebd., S. 15).

In der Aussage, die feministische Theorie sei weitgehend von Identitäten ausgegangen, die mit der Kategorie »Frau(en)« bezeichnet wurden, kritisiert Butler den dahinter stehenden Universalismusanspruch als rassistisch, ethnozentrisch etc. Diese Kritik verfolgt sie jedoch nicht weiter, sie stellt sich nicht der Frage, ob reale Interessenskonflikte zwischen Frauen verschiedener Klassen, Ethnien, sexueller Orientierungen etc. zu hartnäckig seien, als dass sie innerhalb feministischer Bewegungen entschärft oder wenigstens ausgeklammert werden könnten, wie Nancy Fraser bemängelt (Fraser 1993a, S. 75), ebenso wenig wie sie auf die Frage eingeht, bzgl. welcher Themen/Problembereiche nach Differenzen wie Klasse, Ethnie etc. differenziert werden müssen und bzgl. welcher Themen/Problembereiche tatsächlich gemeinsame Anliegen existieren, die verfolgt werden können und sogar müssen.

Bei der Kritik an einer theoretisch gesetzten universalen Weiblichkeit empfinde ich noch ein anderes Unbehagen. Sie äußert sich häufig moralisch wertend, beispielsweise bei Selders (2003, S. 85), was sich in Zuschreibungen wie »rassistisch« (Holland-Cunz1998, S. 12) und »ethnozentrisch« (Hagemann-White 2001, S. 30) äußert. Die Kritik wird nicht immer belegt, die Vorwürfe nicht inhaltlich gefüllt. Dazu kommt, dass von Fehlern einer Theorie (ebd., S. 29) und Fehlentwicklungen von Theoriemodellen (Selders 2003, S. 85) die Rede ist, womit nicht innere Widersprüche, sondern die Gültigkeit der Theorie allgemein gemeint ist. Dem kann ich in dieser Verallgemeinerung nicht zustimmen. In der Verwendung einer universalen Kategorie wie »Frau(en)« sehe ich eine Komplexitätsreduktion, wodurch eine Reihe von wichtigen empirischen Forschungsergebnissen zu geschlechtsspezifischem Verhalten in der Kommunikation, dem Umgang von Müttern mit ihren Kindern etc. möglich wurden, ganz abgesehen davon, dass dadurch ein Bewusstsein innerhalb und teilweise auch außerhalb der Frauenbewegung über Themen möglich wurde, die Frauen und ihre Körper, ihre Sexualität betrafen, ebenso wie Kämpfe gegen den § 218, gegen sexuelle Gewalt, Gewalt in heterosexuellen Zweierbeziehungen. Dabei wurden – und hier ist die Kritik berechtigt – Differenzierungen nach Schicht, ethnischer Zugehörigkeit und anderen Merkmalen in der Regel nicht vorgenommen. Allerdings zeigen die Kritikerinnen nicht auf, an welchen Stellen es durch die Verallgemeinerung zu inhaltlich falschen Behauptungen kam.

Mein Einwand, es handle sich bei der Verwendung der Kategorie »Frau(en)« um eine Komplexitätsreduktion, beruht auf einem anderen Theorieverständnis. Jede Theorie nimmt Reduktionen vor und hat nur eine begrenzte Reichweite. Ein gutes Beispiel dafür liefert die Physik. Die Newtonsche, sogenannte klassische Mechanik ist nicht *falsch*, weil sie versagt, wenn ihre Gesetze auf Teilchen angewandt werden, die kleiner als Atome sind und sich mit sehr hoher Geschwindigkeit, annähernd Lichtgeschwindigkeit, bewegen. Für diesen Bereich liefert die Quantenphysik eine schlüssige Theorie. Man könnte sagen, dass mit der starken Veränderung von Masse und Geschwindigkeit ein Sprung von der Quantität in die

Qualität einsetzt, der andere Erklärungsmodelle erzwingt. Eine solche – eher dialektische – Betrachtung von Theorien würde bedeuten, dass man/frau aufzuzeigen hat, wo die Komplexitätsreduktion mit Hilfe der Kategorie »Frau(en)« nicht mehr greift, aber auch für welche Bereiche sie Gültigkeit hat. Dementsprechend müsste jeder Theorie ihre eigene Reichweite zugeordnet werden, so wie in meinem physikalischen Beispiel.

Das geschieht jedoch in den kritischen Texten, die sich gegen die Kategorie »Frau(en)« wenden, nicht. Zwar werden Theorien als falsch abgelehnt, der Kritik am ethnozentrischen Blick wird aber in den seltensten Fällen ein anderes theoretisches Konzept entgegen gestellt. So ist es meines Erachtens kein Zufall, dass in dem Sammelband »Dis/Kontinuitäten – Feministische Theorie« einzig Sedef Gümen sich der Kategorie »Ethnizität« widmet. Sie stellt fest, dass sich zwar bzgl. der Empirie der Blick auf Ethnizität geöffnet hat, die analytische, theoretische Bedeutung von Ethnie und Klasse als Ordnungsprinzipien von Gesellschaft würden im Hinblick auf das Geschlechterverhältnis übersehen (Gümen 2001, S. 145). Gümen zeigt, indem sie sich auf Helma Lutz bezieht, dass die Konstruktion einer modernen, emanzipierten, westlichen Frau die Konstruktion einer »fremden« Frau braucht. Bilder und Selbstbilder einer westlichen Weiblichkeit benötigen nach Lutz die Abgrenzung gegenüber der Orientalin, bedürfen der täglichen Rekonstruktion der Unterdrückung und Rückständigkeit islamischer Frauen (ebd., S. 147 f). Daraus resultierende Fremdbilder haben ihre Auswirkungen auf den Arbeitsmarkt, indem junge Frauen ausländischer Herkunft in bestimmte Berufe, in der Regel schlechter bezahlte Frauenberufe, kanalisiert werden und sich so eine ethnospezifische Arbeitsteilung ergibt (ebd., S. 148). Mit solchen Thesen scheinen die sie vertretenden Wissenschaftlerinnen jedoch eher am Rande feministischer Forschung zu bleiben. Indem vorwiegend Kritik geäußert, diese aber nicht ausreichend begründet wird, stellt sich bei mir neben einem Unbehagen an einer Verwendung der Kategorie Frau(en) ohne Hinweis auf die Gültigkeit dieser Komplexitätsreduktion ein Unbehagen an der unvollständigen, teils oberflächlichen Kritik daran ein.

Angesichts von Butlers vehementer Kritik am Universalitätsanspruch der Kategorie »Frau(en)«, verblüfft es, dass sie letztendlich in ihrer Vorstellung von politischem Vorgehen daran festhält, dass Forderungen *im Namen von Frauen* zu stellen seien (Benhabib 1993b, S. 113, Butler 1993a, S. 48, Fraser 1993a, S. 73). Auch versäumt Butler es zu fordern, dass die von ihr vorgeschlagenen offenen Bündnisse solche zwischen Frauen verschiedener Ethnien etc. sein sollten, bzw. wo sie es sein können und wo nicht, also eine Antwort auf die hier aufgeworfenen Fragen zu geben. So ist es jedenfalls äußerst unbefriedigend, wenn aus der vehementen Kritik am universalen »Wir Frauen« der Frauenbewegung ein Konzept politischer Forderungen im Namen von »uns Frauen« wird.

Zusammenfassung und Fazit

- Das neuere feministische Unbehagen an einer universalen Weiblichkeit ist mit einer gewissen Vorsicht aufzunehmen. Es verwirft die Kategorie »Frau(en)« als falsch, ohne zu sehen, dass ihre Anwendung zu wichtigen empirischen Forschungsergebnissen geführt und der Frauenbewegung Kraft und Stärke für den Kampf gegen gesellschaftliche Verhältnisse gegeben hat, die den weiblichen Körper und/oder Machtstrukturen in heterosexuellen Zweierbeziehungen betrafen.
- Auch wird selten gezeigt, wo die verallgemeinernde Verwendung der Kategorie »Frau(en)« an inhaltliche und theoretische Grenzen stößt. Dagegen hat diese Kritik manchmal einen moralischen Unterton, der wenig hilfreich ist und dann einem Lippenbekenntnis gleicht, wenn die Kritik keinen Eingang in theoretische Erörterungen findet.

4.2.3.2 Logische Brüche

Der zweite Strang von Kritik macht sich an logischen Brüchen fest. Zum einen geht Butler von den Merkmalen aus, die weiblichen und männlichen Geschlechtsidentitäten zugeordnet werden. Sie bezeichnet diese zunächst als polar und gegensätzlich, dann als asymmetrisch und schließlich als Ausdruck männlicher Vorherrschaft. Hier setzt Kritik sehr zu Recht an. Aus einer Gegensätzlichkeit kann nicht ohne – von Butler jedoch nicht geleistete – Zwischenschritte auf Hierarchie im Sinne von männlicher Vorherrschaft (Hegemonie) geschlossen werden. Ähnlich geht sie mit dem Dreiklang anatomisches Geschlecht, Geschlechtsidentität, Begehren um. Sie sieht darin eine Kontinuität: aus der Biologie werden polare Merkmale abgeleitet und den Geschlechtsidentitäten zugeordnet, um das Begehren heterosexuell zu fixieren. Wenn man/frau Butler in dieser Herleitung, die durchaus der Frage würdig wäre, zunächst folgt, so kommt es spätestens dann zum Bruch, wenn bei ihr aus Heterosexualität ohne nähere Begründung *Zwangs*heterosexualität wird. Wodurch dieser Zwang ausgeübt werde, lässt sich meiner Meinung nach nicht aus Diskursen erklären. Für frühere Jahrhunderte war er deutlich, als Frauen kaum andere Lebensformen möglich waren, als die Ehe; ebenso in anderen Kulturen, wo bestimmte Formen von Sexualität, auch gleichgeschlechtliche, bestraft und verfolgt werden. Hier und heute dagegen liegt eine – wie Sigusch es ausdrückte – Buntscheckigkeit von Sexualitäten und Lebensformen vor. Wenn Butler demgegenüber an ihrer Vorstellung von Zwangsheterosexualität festhalten möchte, so bedarf dies dringender Erklärungen, die jedoch nicht von Butler kommen.

4.2.3.3 Psychoanalytische Erkenntnisse als Grenzen der Dekonstruktion

Butler hatte die Behauptung aufgestellt, die Zuordnungen bestimmter Eigenschaften zu weiblichen und männlichen Geschlechtsidentitäten und deren Begründung als »natürlich« sei willkürlich, eine Konvention, durch ständige diskursive Wiederholungen hervorgebracht, der durch Dekonstruktion zu begegnen sei. Dem halten eine Reihe feministischer Wissenschaftlerinnen entgegen, die reproduktive Fähigkeit von Frauen (ich ergänze: und die von Männern) sei keine auf Konvention zurückzuführende Differenz (so z. B. Drucilla Cornell 1993, S. 86).

Von den Besonderheiten weiblicher und männlicher Körper sei aus einer Reihe von Gründen nicht zu abstrahieren, betont Regina Becker-Schmidt (2001, S. 112) und nennt dabei nicht nur die Konstitution menschlicher Sexualität sondern auch Körperbilder, Selbstdefinitionen und Selbstbewusstsein, das sich aus dem Beitrag zum Gattungserhalt erkläre. »Körperlichkeit« spiele eine entscheidende Rolle in den Interpretationen, mit denen beide Geschlechter ihre Bedeutung für die generative Reproduktion der Menschheit begründen. Körperliche Besonderheiten wie Klitoris, Vagina, Menstruation, Eisprung, Mutterschaft (ich ergänze: die Brüste) einerseits, Penis, Erektion, Samenerguss, (ich ergänze: die Hoden) andererseits haben – so Becker-Schmidt – im menschlichen Bewusstsein und im Unbewussten eine psychische Repräsentanz und seien mit Phantasien verknüpft. Diese könnten jedoch »nicht entstehen ohne Bezug auf Körpererfahrungen und sinnliche Körperwahrnehmungen« (Becker-Schmidt 2001, S. 112).

Damit zielt Becker-Schmidt implizit auf psychoanalytische Konzepte, ebenso wie Cornell, die die Notwendigkeit einer psychoanalytischen Theorie im politischen Denken im Allgemeinen und im feministischen Denken im Besonderen herausstreicht (Cornell 1993, S. 86). Demgegenüber richte sich konstruktivistische und diskurstheoretische Kritik deutlich gegen die zentralen Themenbereiche der Psychoanalyse, dem Verständnis von Geschlecht, Sexualität und Körperlichkeit, betont auch Katharina Liebsch (1997, S. 6). Der Körper als Ort von Erfahrungsmöglichkeiten sei ein ureigenstes Thema psychoanalytischer Geschlechterforschung und bleibe auch deren Bezugspunkt für die Entwicklung einer Geschlechtsidentität (ebd., S. 11). Gleichwohl sei das Ich aufgrund von Erfahrungen und imaginativer und symbolischer Fähigkeiten in der Lage, die *geschlechtliche* Kernidentität in den Hintergrund treten zu lassen, ist die Ansicht der us-amerikanischen Psychoanalytikerin Donna Bassin (ebd., S. 11f). Am anatomischen Geschlecht werden jedoch Grunderfahrungen und Grundkonflikte der menschlichen Existenz verhandelt, die in hohem Maße gesellschaftlich bestimmt sind. Als Beispiele für geschlechtsspezifische Verarbeitung der sexuellen Differenz von Männern nennt Becker-Schmidt den Gebärneid, den Versuch, frühe Abhängigkeiten vom weiblichen Geschlecht zu verleugnen, weibliche Sexualität und weibliches Begehren zu verwerfen oder zu verleugnen (2001, S. 112). Demgegenüber nähre die Dekonstruktionsthese »die Illusion, diese Konflikte und Spannungsverhältnisse ließen sich auflösen, indem sie als diskursiv produziert enttarnt werden.« (Koppert 2003, S. 141) Im ersten Teil bin ich dazu im Abschnitt 4.3 mit weiteren Beispielen sowohl den weiblichen wie den männlichen Körper betreffend eingegangen.

Es scheint, dass in dem Maße wie sich dekonstruktivistische, philosophische Theorie in der Geschlechterforschung durchsetzte, die Bedeutung psychoanalytischer Ansätze nachgelassen, feministische Wissenschaft sich eher von der Psychoanalyse weg bewegt hat. »In der aktuellen Frauen- und Geschlechterforschung überwiegt die Auseinandersetzung mit einer breiten Palette konstruktivistischer Forschungsansätze.«, hob Liebsch 1997 hervor (1997, S. 6). Psychoanalytische Argumentationen und mit ihnen die Bedeutung der Körperlichkeit gingen ausgerechnet in einer Zeit zurück, in der insbesondere im Erwerbsbereich Geschlecht an Bedeutung verlor. In einschlägigen Aufsatzsammlungen hätten psychoanalytische Beiträge keine Erwähnung mehr gefunden, seien unberücksichtigt geblieben, bemerkte Liebsch (1997, S. 6). Das zeitliche Zusammentreffen der abnehmenden Bedeutung von Geschlecht und Körper in gesellschaftlichen Teilbereichen und der geringen Beachtung von Theorien, die an der Bedeutung von Körperlichkeit ansetzen, ist bemerkenswert und auch Gegenstand des folgenden Kritikpunkts.

4.2.3.4 Anachronismus

Die am weitesten reichende Kritik betrachtet Butlers Theorie zunächst in der Zeit, in der sie formuliert wurde. In meiner Darstellung des Neoliberalismus habe ich an verschiedenen Stellen darauf hingewiesen, dass das Geschlecht an Bedeutung verliert und zwar sowohl in Teilen des Erwerbsbereich (durch die technologische Entwicklung, die Feminisierung der Beschäftigungsverhältnisse, die sinkenden Löhne, die zum Rückzug der Ein-Ernährer-Familie geführt haben) als auch bzgl. der Fortpflanzung und Sexualität (durch die Entkoppelung beider aufgrund der Entwicklung der Reproduktionstechnologien). Genau in diese Zeit fällt Butlers Theorie der Dekonstruktion von Geschlechtsidentitäten. Besonders pointiert hat Tove Soiland Butlers Theorie in diesem Kontext kritisiert und kommt zu dem Ergebnis, dass sie antiquiert sei. Die Geschlechtsidentitäten, die es nach Butler zu dekonstruieren gilt, seien weder für westlich-spätkapitalistischen Gesellschaften erforderlich, noch würden sie heute noch als normative Leitbilder propagiert (Soiland 2009, S. 411). Als dagegen in den 1950er Jahren weite Teile des Erwerbsbereichs als männliche Domäne begriffen wurden, der Produktionssektor noch viel stärker auf Körper- und daher männliche Arbeitskraft angewiesen war, wurden auch für das vorherrschende Familienmodell Geschlechterstereotype gebraucht.

Mit der Ausweitung des Dienstleistungssektors und der Kürzung von Männerlöhnen setzte eine im Vergleich zu früher stark steigende Arbeitsmarktintegration von Frauen ein und ging »mit dem Phänomen staatlich verordneter Gleichstellung« (ebd., S. 411) einher. Der Geburtenrückgang und die abnehmende Bedeutung der Ehe als Versorgungsinstitution für Frauen taten ein Übriges, um Frauen in den Erwerbsbereich zu drängen. Dazu kam der Wunsch von Frauen, ökonomisch nicht mehr vollständig vom Ehemann abhängig zu sein. Die vorn besprochenen Gesetze liefern dazu für die Bundesrepublik Deutschland den juristischen Rahmen. Soiland kritisiert nun, »[d]ass die Gender-Theorie ausgerechnet in den neunziger Jahren das Sich-Abarbeiten an Geschlechternormen zum vordringlichsten Ziel erklärte, wo diese doch gerade gesamtgesellschaftlich stark an Bedeutung verloren« (Soiland 2011b, S. 2). Nach meiner Wahrnehmung sind es eher Butlers AnhängerInnen, die diese Zuspitzung rechtfertigen als Butler selbst, die die Grenzen ihrer Theorie, bezogen auf den ökonomischen Bereich ja klar benannt hatte (s. v. 4.2.1, bzw. Butler 1993b, S. 132). Gerade in Deutschland ist Butlers Dekonstruktionsthese eingeschlagen. Soiland hält diese »Leidenschaft für den ›Abbau von Identitätszwängen‹« für »altertümlich« und »anachronistisch« (s. v. 4.2.1, bzw. Butler 1993b, S. 132). Butlers Aufforderung, die heterosexuelle Matrix zu dekonstruieren, sei angesichts der weitreichenden Liberalisierung sexueller Verhaltensweisen heute kaum mehr aufrechtzuerhalten (Soiland 2011a S. 2). Es finde im Gegenteil eine Freisetzung von Individualität statt, wie Foucault beschrieben hatte (Soiland 2009, S. 414). Der heutige Kapitalismus verlange kaum mehr nach normierten Geschlechtsidentitäten, sondern fordere gerade deren Flexibilisierung (Soiland 2011a, S. 4). Allein der Einzug der Informationstechnologien in den Erwerbsbereich hat bewirkt, dass Männer ihre Texte selbst am Computer schreiben, ohne dies als unmännlich zu empfinden; umgekehrt werden Frauen in entsprechende Kurse geschickt, ohne dass dies als Verlust von Weiblichkeit gesehen wird, um nur ein Beispiel zu nennen.

Es gibt jedoch keine eindeutige Tendenz, Geschlechtsidentitäten aufzulösen, vielmehr – so Soiland – sei das neoliberale Geschlechterregime von einer Paradoxie, von Widersprüchen gezeichnet, die ich vor allem zwischen den unterschiedlichen Anforderungen in verschiedenen Arbeitsbereichen sehe: Für den rationalisierbaren Erwerbsbereich der Produktion und Dienstleistungen kann Geschlecht ignoriert, kann sogar Gleichheit postuliert werden. Diese Gleichheitsideologie wird auf die ganze Gesellschaft übertragen. Das gelingt umso besser, je weniger die ökonomische Besonderheit und Bedeutung der nicht-rationalisierbaren, personen- und haushaltsnahen Tätigkeiten benannt werden, insbesondere deren begrenzten Möglichkeiten der Produktivitätssteigerung und Akkumulation (Soiland 2009, S. 413). Die andere Hälfte der Welt, die bezahlt wie unbezahlt geleistete Haus- und Sorgearbeit und die dort sich manifestierenden Widersprüche sind gemessen am Erwerbsbereich wenig im Fokus. Auf diese Widersprüche bin ich in diesem Teil in 2.1.1 bis 2.1.3 ausführlich eingegangen. So hebt der heutige Kapitalismus die geschlechtsspezifische Arbeitsteilung nicht nur nicht auf, er greift auf sie zurück und vertieft sie in Teilbereichen. Gleichzeitig wird jedoch Geschlecht nicht thematisiert, wodurch die Hierarchisierung zwischen den Geschlechtern erneut befördert wird (Soiland 2009, S. 417). Ich hatte dies Fortschreibung durch Nicht-Beachtung genannt. Soiland bringt es auf den Punkt: »Die einzige Ideologie, die es heute noch gibt, ist die, dass das Geschlecht keine Rolle mehr spielt« (Soiland 2011b, S. 4).

Aus diesen gravierenden Kritikpunkten wird deutlich, dass es nicht möglich ist, Butlers Theorie, die sich nach deren eigenen Aussagen auf einen gesellschaftlichen Teilbereich, die symbolische Ordnung, bezieht, nun in eine umfassendere Theorie wie den historischen Materialismus einzufügen. Die von Soiland als Antiquiertheit bezeichnete Fehleinschätzung Butlers, dass die Dekonstruktion von Geschlechtsidentitäten subversiven Charakter habe, kommt dadurch zustande, dass sie die ökonomische Entwicklung im neoliberalen Kapitalismus ausblendet. Dadurch kann sie die Funktionalität von sich auflösenden polaren Geschlechternormierungen für die Gesellschaft nicht erkennen. Überspitzt formuliert Soiland: »Die Vorstellung von der Dekonstruierbarkeit geschlechtlicher Positionen und damit die Verhandelbarkeit des eigenen geschlechtlichen Seins ist selbst zu einer Subjektivierungsweise geworden, die, weit davon entfernt, subversiv zu sein, sich bestens in die Erfordernisse spätkapitalistischer Produktion einpasst, ja dieser am ehesten entspricht. Dies macht auch deutlich, warum es hier nicht einfach um die Synthese zweier Ansätze, sagen wir der Dekonstruktion und des historischen Materialismus, gehen kann« (Soiland 2011a, S. 4). Beide sind nicht kompatibel.

Abschließend möchte ich noch darauf hinweisen, dass die Piratenpartei die Butlerschen Thesen für sich in Anspruch nimmt, das Geschlecht ihrer Mitglieder nicht erfasst, da es nicht relevant sei und auf ihrem Parteitag in Chemnitz 2010 die Abkehr von binären Geschlechtsrollen beschlossen hatte (Schramm 2011). Die Partei hat sich in einer schrägen Art und Weise auf Butlers Theorie bezogen. Dekonstruktion kann nicht bedeuten, Geschlecht völlig ignorieren zu wollen (etwa durch Abschaffung von Geschlechtsangaben im Rahmen von Personaldaten). Vielmehr ging es Butler darum, durch Parodien etc. die *Zuschreibungen* von Eigenschaften zu Geschlechteridentitäten ad absurdum zu führen. Dadurch dass nicht mehr gesagt werden darf, dass unbezahlte Haus- und Sorgearbeit überwiegend von Frauen verrichtet wird, wird das daraus entstehende Machtgefälle zwischen Männern und Frauen nicht aufgehoben, etc. Heute muss es für eine Partei vor allem darum gehen, eine Position zu den hier dargestellten Widersprüchen bzgl. der Geschlechtersituation im heutigen Kapitalismus zu entwickeln, in dem zwar im Erwerbsbereich das Geschlecht an Bedeutung verliert, Geschlechtersegregation aber bei der geschlechtsspezifischen Arbeitsteilung im Bereich der unbezahlten Hausarbeit gegenüber dem Erwerbsbereich eine nach wie vor wichtige Rolle spielt.

4.2.3.5 Kritik an Butlers politischem Handlungskonzept

In Butlers Vorstellungen von der Effektivität politischen Handelns im weitesten Sinne kommt ihr Machtbegriff zum Tragen. Kritik, verstanden in einem umfassenden Sinn als Bewusst-Machen der Rechtfertigungen von Machtverhältnissen und Intentionen von Herrschaft, bewege sich, so Butler, im Rahmen des Machtsystems, sei diesem immanent. Die Praxis der »Kritik« spiele sich in eben diesen Machtbeziehungen ab. Allerdings räumt sie ein, dass es keinen reinen Platz außerhalb der Macht geben könne, von dem aus etwa die Frage nach der Gültigkeit von Normen gestellt werden kann, ist dies doch immer schon eine »Handlung der Macht« (Butler 1993b, S. 130). In Kritik sieht Butler keine Chance der Veränderung, subversives Potenzial billigt sie anderen politischen Strategien zu: wie der Umdeutung, der Parodie und anderen (Butler 1991, S. 58 ff).

Gerne wird dabei in diesem Zusammenhang auf den Erfolg von Umdeutungen wie »Black is beautiful« und »Gay is good« hingewiesen. Dazu muss jedoch gesagt werden, dass beide Kampagnen begleitet waren von einer Vielzahl von Dokumentationen über Diskriminierungen ebenso, wie von wissenschaftlichen Untersuchungen über Rassismus und Homophobie und am wichtigsten von entsprechenden zum Teil spektakulären Aktionen beider Bewegungen. Das heißt: Die Umdeutung selbst war eingebettet in eine Fülle von gesellschaft*kritischen* Positionen und anderen Maßnahmen.

Umdeutung greife zu kurz, meint auch Nancy Fraser und wirft die Frage auf, ob es nicht auch eine repressive, reaktionäre Umdeutung geben könne (Fraser 1993a, S. 70 ff). Dem möchte ich lebhaft zustimmen und an das erinnern, was ich im Vorangegangenen zu den Begriffen »Emanzipation/emanzipiert« und »Gleichstellung« ausgeführt habe. Wie politische Bewegungen sich effektiv gegen solche Umdeutungen wehren können, ist jedoch Butlers Thema nicht. Mir scheint daher die positive Wertung ihrer Strategievorschläge angesichts der Macht der GegnerInnen zu optimistisch. Für einen Erfolg politischer Bewegungen braucht es mehr als Umdeutungen und Ähnliches.

4.3 Gründe für die große Zustimmung zu Butlers Theorie

Butlers Theorie hat nicht nur, aber sehr stark bei jungen Frauen Anklang gefunden, sodass Koppert von einem Siegeszug der feministischen Dekonstruktion spricht

(2003a, S. 11). Wer in feministischen Zusammenhängen dieser Theorie nicht voll zustimme oder gar Butler nicht kenne, erwecke, so Claudia Koppert 2003, den Eindruck, nicht auf der Höhe der Zeit zu sein (Koppert 2003b, S. 134). Soiland ging 2011 noch weiter: »[W]er sich nicht am Projekt der ›Durchque(e)rung‹ der Zweigeschlechtlichkeit beteiligte, war rassistisch und alles andere dazu, eine weisse Mittelschichtsfrau, Hetera und schloss andere Andere aus: Frauen aus der Dritten Welt beispielsweise und Nicht-Frauen« (Soiland 2011 b, S. 1). Dennoch hält der Siegeszug des Dekonstruktivismus Butlerscher Prägung in Deutschland immer noch an. Bei einigen Gewerkschaften und Parteien gibt es inzwischen Queer-Gruppen, (Frauen-)Organisationen informieren in Vorträgen und Seminaren darüber. Wie kann diese positive Einstellung zu Butler erklärt werden?

Nirgendwo zeigt sich meines Erachtens die gesellschaftlich gesetzte Zuschreibung von Merkmalen auf Geschlechtsidentitäten stärker als in der Erfahrung, dass, wenn Frauen und Männer das gleiche tun, sie es verschieden erfahren, verarbeiten (Hagemann-White 2001, S. 30) und es verschieden bewertet wird. Im Sommer 2011 war dies in der Öffentlichkeit am Beispiel Frauenfußball aus Anlass der Frauenfußballweltmeisterschaft gut zu beobachten. Den Spielerinnen wurde »echte Weiblichkeit« abgesprochen, Lesbisch-Sein unterstellt, sodass sich Spielerinnen genötigt sahen oder dazu verleiten ließen, ihre »Weiblichkeit«, ihre sexuelle Attraktivität für Männer in entsprechender Kleidung zu demonstrieren, ja sogar in Nacktfotos. Solche Situationen machen Butlers Thesen sehr plausibel. Der Zusammenhang zwischen zugeschriebener Geschlechtsidentität und sexueller Orientierung ist also unmittelbar erfahrbar. Erfahrbar ist aber auch, dass eine Veränderung in die von Butler avisierte Richtung möglich ist, was ihren politischen Thesen zusätzliches Gewicht verleiht.

Für besonders bedeutend halte ich, dass Butler mit der Dekonstruktion der Kategorie »Frau«, wie Koppert meint, das Lebensgefühl vieler trifft, die mit einem »feministischen Wir« angesichts so vieler Unterschiede innerhalb des Geschlechter und insbesondere unter Frauen nichts anfangen können (Koppert 2003b, S. 124). Die neoliberale Individualisierung kommt diesem Gefühl großer Unterschiedlichkeit und Individualität entgegen, sind doch zwischen afrodeutschen Frauen, Musliminnen ohne Kopftuch, Hartz IV-Empfängerinnen, freiberuflichen Hebammen etc. wenig Gemeinsamkeiten auszumachen.

Verstärkt wird die Ablehnung einer universalen Kategorisierung als »Frau« auch dadurch, dass Frauen die Erfahrung machen, dass sie im Alltag häufig zuerst als Frau gesehen werden und andere Rollen, die sie wie alle Menschen ebenfalls einnehmen, auf hintere Rangplätze gedrängt werden (Purtschert und Ruef 2003, S. 50). So erklärt sich meines Erachtens auch das Bedürfnis, von sich nicht mehr als Frau zu sprechen und in die Kategorie Frau eingeordnet zu werden (Koppert 2003b, S. 126). Eine regelrechte Sehnsucht nach einer Existenz jenseits des Geschlechts (ebd., S. 136) ist unter Frauen weit verbreitet. Bei einer Veranstaltung 2011 sagte eine der Frauen in einer Talkrunde auf die Frage nach ihren Wünschen für die Zukunft, es möge keinen Unterschied mehr machen, ob jemand Frau oder Mann ist, und erntete damit tosenden Beifall, ein verständliches Wunschdenken angesichts einer Realität, die Frauen als (potenziell) Gebärende zwingt, in mancherlei Hinsicht zurückzustecken. So werte ich auch die Bemerkung, der Gebärfähigkeit solle die gleiche Bedeutung zukommen wie der Augenfarbe (Selders 2003, S. 62 f), die mit Butlers Theorie begründet wird. Angesichts der von Regina Becker-Schmidt referierten Tatsache, dass Mädchen und Jungen es als Konflikt erleben, auf ein Geschlecht festgelegt zu werden (Becker-Schmidt 2001, S. 113), haben Wünsche, Geschlechtsdifferenzen mögen keine Rolle spielen, nicht nur einen gesellschaftskritischen Aspekt, sondern aktivieren auch ein kindliches Bedürfnis. Wie überhaupt nach meiner Einschätzung Butlers Theorie tiefer liegende emotionale Ebenen anspricht.

In dem Maße wie Geschlechter und heterosexueller Geschlechtsverkehr für die derzeitige Gesellschaft und ihre Reproduktion weniger notwendig werden und männliche Dominanz im Alltag nicht mehr so offensichtlich geworden ist, ist für viele die zu Beginn der Neuen Frauenbewegung gewählte Organisationsform, der Zusammenschluss von Frauen ohne Männer, nicht mehr nachvollziehbar. Diesem Gefühl kommen Butlers Vorstellungen einer dekonstruktiven, nicht identitätsgebundenen, nicht separatistischen Politik (Purtschert und Ruef 2003, S. 53) entgegen, die offene, wechselnde Bündnisse (also auch mit Männern) zulässt (Butler 1991, S. 36 f). Gleichzeitig bedient Butler aber mit ihrer eindeutigen Kritik an Heteronormativität (Purtschert und Ruef 2003, S. 29) Wünsche nach einer feministischen, lesbischen, antirassistischen usw. Politik (Koppert 2003b, S. 120). Indem Butler ihre Theorie unter Bezug auf anspruchsvolle Thesen namhafter PhilosophInnen entfaltet, spricht sie auch den Intellekt an.

Auch die Abstraktheit, derer sich Butler in ihren Texten bedient, sei nach Koppert im Zusammenhang mit ihrer unhistorischen Vorgehensweise ein Grund für ihre große Resonanz (Koppert 2003b, S. 116). Ihre quasi realitätsbereinigte, konkreter gesellschaftlicher Situationen und Kämpfe enthobenen Ausführungen wirkten befreiend und beflügelnd, eben weil sie sich in einer mehr begriffsbezogenen Sphäre bewegen und daher vom mühseligen Klein-Klein des politisch-aktivistischen Alltags entlasteten (Koppert 2003a, S. 121 f). In dieser Sphäre kann frau tatsächlich kaum etwas falsch *machen*, auch und gerade wenn sie »dekonstruiert«. Butlers Skeptizismus ist zusätzlich hilfreich (ebd., S. 127), da er auch als Aufforderung zu ständiger Revision gemeint ist (Purtschert und Ruef 2003, S. 33). Unabgeschlossenheit gilt als wesentlicher Bestandteil der Butlerschen Theorie der Dekonstruktion (ebd., S. 43). Vor allem jüngere Frauen empfinden diese Offenheit als wohltuend und sehen darin das Kontrastprogramm zur »alten« Frauenpolitik der 1970er Jahre (Selders 2003, S. 67), die manche – ebenso wie übrigens die Umwelt- und »Dritte-Welt«-Politik – negativ werten, als moralisch und dogmatisch beschreiben (Purtschert und Ruef 2003, S. 35). Diese Bewertung hat viel damit zu tun, dass im Zuge einer Individualisierung politischer Forderungen gerade jüngere Leute meinen, nun eine bestimmte Lebensweise praktizieren zu müssen, auf lieb Gewonnenes verzichten zu sollen (»Ich will aber auch mal einen Hamburger von McDonalds essen und als Frau sexy Unterwäsche tragen dürfen!«). Diese Haltung entspringt einer bewusst erzeugten Gleichsetzung von Emanzipation mit individuellem Verhalten, also dem Anspruch »emanzipiert zu *sein*«. Dieses Emanzipationsverständnis haben jüngere Frauen übernommen, sind mit ihm aufgewachsen, daher kommt ihnen ein Pluralismus von Perspektiven innerhalb des Feminismus entgegen. Es hat in Zeiten, in denen Umgestaltungen eines Machtsystems nur langwierig sein können, sicher eine große Attraktivität, auf die von Butler vorgeschlagenen Dekonstruktionen zu setzen und auf das Potenzial kleiner Veränderungen (ebd., S. 59, 39 f), die nur geringe Verhaltensänderungen erfordern.

Für eine Gruppe ist Butlers Theorie besonders hilfreich: für diejenigen, die sich unter dem Dach »queer« verorten, unter ihnen besonders die Trans- und Intersexuellen, zeigen sie doch »am eigenen Leib«, dass die Elemente des Dreiklangs, anatomisches Geschlecht, Geschlechtsidentität und Begehren, auseinander fallen. Vielleicht genießt Butler den Vorteil, ihre Theorie zum richtigen Zeitpunkt publiziert zu haben, erleben viele doch seit einiger Zeit, dass der Dreiklang unharmonisch klingt. Auch wird immer öffentlicher, wie groß der Anteil von Menschen ist, die mit uneindeutigen Genitalien geboren werden. Der Film »XXY« hat sich in wunderbar einfühlsamer Weise dieses Themas angenommen. Die medizinische Herangehensweise bestand lange Zeit darin, betroffenen Menschen bereits in frühester Kindheit operativ zu einer eindeutigen Identität im Rahmen der Zweigeschlechtlichkeit zu verhelfen. Zwar wird diese Position immer noch vertreten, inzwischen werden aber mehr Zweifel und Kritik daran laut.

Zusammenfassung und Fazit

- Butlers Theorie der Dekonstruktion von Geschlechteridentitäten bezogen auf den Geltungsbereich der symbolischen Ordnung hat den Blick geöffnet für die diskursive Entstehung von Geschlechtsidentitäten und deutlich gemacht, dass diese nicht auf einem vordiskursiven anatomischen Geschlecht aufbauen, sondern durch »Kultur«, also durch Machtverhältnisse und Interessen der jeweiligen Gesellschaft bestimmt sind.
- Ihre Frage, welchen politischen und gesellschaftlichen Interessen diese dienen, beantwortet sie mit Zweigeschlechtlichkeit und Zwangsheterosexualität.

- Als politisches Handeln schlägt sie die Entlarvung durch subversiv ausgerichtete Strategien, z. B. die Parodie, die Verschiebung, die Wiederholung und Umdeutungen vor (Butler 1991, S. 58 f).
- Zu den wichtigsten Kritiken an Butlers theoretischem Konzept gehört, dass die Produktion von Körper- und Selbstbildern sich nicht allein diskursiv auflösen lassen. Wie die Psychoanalyse und feministische PsychoanalytikerInnen gezeigt haben (s. erster Teil 4.3), entwickeln sich diese über Phantasien, die an körperlichen Phänomenen ansetzen und gesellschaftlich geprägt sind.
- Eine weitere wichtige Kritik verortet die Theorie der Dekonstruktion von Geschlechtsidentitäten in die Zeit ihres Entstehens, einer Zeit der weltweiten Durchsetzung des neoliberalen Kapitalismus, in der in weiten Teilbereichen auf »Geschlecht« verzichtet werden kann. Eine Vielfalt sexueller Identitäten ist erlaubt, Vielfalt der Lebensformen und Verhaltensweisen werden gefördert und eine Ideologie der Gleichheit insbesondere zwischen den Geschlechtern wird genährt.
- Gleichzeitig greift die heutige Wirtschaftsweise auf geschlechtsspezifische Arbeitsteilung zurück, weitet diese im Hausarbeits- und Sorgebereich aus und erzeugt andere Formen der Geschlechterhierarchie und -segregation. Letzteres wird jedoch verschleiert und eine Ideologie der Bedeutungslosigkeit von Geschlecht vermittelt.
- Butlers Theorie bietet daher keine politische Heimat für einen Feminismus, dessen Ziel die Veränderung gesellschaftlicher Verhältnisse ist, dahingehend, dass Benachteiligungen insbesondere von Frauen darin aufgehoben werden. Die Philosophin selbst hatte eingeräumt, dass ihre Theorie für soziale und ökonomische Machtverhältnisse nicht greift.

Zusammenfassung des zweiten Teils und weiterführende Fragen

5

Dieser zweite Teil handelt von der Heimatlosigkeit des Feminismus. Was ist das für ein Land, in dem der Feminismus keine Heimat finden kann? Und wie hat sich der Feminismus verändert und zu »vagabundieren« (Fraser 2009, S. 55) angefangen? Um darauf antworten zu können, habe ich zunächst die Folgen neoliberaler Wirtschaftsweise, insbesondere in Deutschland charakterisiert. Es zeigen sich neue Widersprüche:

- Zwar machen die real gesunkenen Löhne es der Mehrheit der Männer nicht mehr möglich, Familienernährer zu sein und die Erwerbstätigkeit von Frauen hat zugenommen, (teils aus finanzieller Notwendigkeit, teils aus dem Wunsch nach Eigenständigkeit und nicht zuletzt durch politisch ausgeübten Zwang), die Erwerbsarbeitszeiten von Frauen sind jedoch gesunken und sie sind in niedrig bezahlten Bereichen überrepräsentiert. Dadurch besteht innerhalb von Familien immer noch eine finanzielle Schlechterstellung von Frauen.
- Der Staat orientiert sich bei bestehenden und neuen Gesetzen an zwei einander widersprechenden Familienmodelle, dem der Individualfamilie und dem der modifizierte Ein-Ernährer-Familie. Dahinter steht jedoch kein logisches Kalkül, in dem Sinne, dass jeweils das eine oder andere Modell das für den Staat finanziell vorteilhaftere wäre.
- Obwohl in der Realität selbst das modifizierte Ein-Ernährer-Familienmodell den Rückzug angetreten hat, ist das Individualfamilienmodell hauptsächlich für Besserverdienende zu leben.
- Für weite Teile des Erwerbsbereichs ist das Geschlecht (insbesondere durch den Rückgang des industriellen und den Anstieg des Dienstleistungssektors sowie die Technisierung) weniger relevant geworden. Gleichwohl besteht nach wie vor ein geschlechtsspezifischer Erwerbsarbeitsmarkt mit unterschiedlicher Bezahlung in Frauen- und Männerberufen.

- Besonders ausgeprägt sind geschlechtsspezifische Unterschiede bzgl. der Haus- und Sorgearbeit. Diese wird nach wie vor überwiegend unbezahlt von Frauen geleistet, es dominiert also die »Eine-unbezahlte-Versorgerin-Familie«, wenngleich diese Arbeiten auch ausgelagert werden (Kinderbetreuung, Pflegedienste) oder fremd vergeben werden (mehrheitlich an schlecht bezahlte teilweise illegal in Deutschland lebende Migrantinnen).

Die widersprüchliche Situation hinsichtlich der Bedeutung des Geschlechts für den Arbeitsbereich (Bedeutungsverlust im Erwerbsbereich, stark ausgeprägte geschlechtsspezifische Arbeitsteilung bei der Haus- und Sorgearbeit) trifft in geringerem Maße auch auf die Fortpflanzung zu.

- Da sind einmal die widersprüchlichen Ziele eines Bevölkerungswachstums. Durch die Entwicklung der Produktivkräfte geht der Bedarf an Arbeitskräften zurück, auch wenn die Notwendigkeit einer Reservearmee berücksichtigt wird. Andererseits verlangt der Staat zur Sicherung einer nationalen Vormachtstellung, dass die Bevölkerungszahl nicht drastisch sinkt.
- Allerdings sollen sich vor allem Besserverdienende vermehren, Arme dagegen sollen offenbar demotiviert werden, Nachwuchs zu bekommen, etwa durch Entzug des Elterngelds für Hartz IV-EmpfängerInnen.
- Dabei richten sich politische Maßnahmen an die Adresse von Frauen, ein weiterer Widerspruch insofern, als es Männer sind, deren Kinderwunsch hinter dem von Frauen zurück bleibt. Diese politische Schieflage befördert die weit verbreitete Vorstellung, es seien die karriereorientierten Frauen, die keine Kinder wollten.
- Durch die technischen Möglichkeiten der künstlichen Befruchtung, der In-Vitro-Fertilisation und der sozialen Möglichkeiten von Leihmüttern ist das Geschlecht weniger relevant und tatsächlich werden Reproduktionstechnologien von lesbischen, Leihmutterschaft von schwulen Paaren genutzt.
- Aber natürlich heißt das nicht, dass Fortpflanzung, auch wenn sie sich von Sexualität losgelöst vollzieht, ohne biologische Geschlechtsunterschiede auskommen könnte. Frauen in armen Ländern nutzen die Möglichkeiten, für Geld Eizellen zu spenden und Leihmutter zu werden.
- Die Entkoppelung der Fortpflanzung von Heterosexualität vollzieht sich um den Preis gestiegener Abhängigkeit von ÄrztInnen und medizinischer Technologie und unter physischer und psychischer Belastung für Frauen.

Für den Feminismus sind aber nicht nur die Veränderungen im Produktions- und Reproduktionsbereich relevant, sondern auch die im ideologischen Überbau. Dabei spielt vor allem das neoliberale Menschenbild eine Rolle. Es wird als homo oeconomicus bezeichnet, weil ökonomische Nützlichkeitserwägungen tief in die Persönlichkeit eingegriffen haben.

- Insbesondere wird auf Individualismus und Eigenverantwortung gesetzt bis hin zu verstärkter individueller Schuldzuschreibung.
- Durch wirtschaftliche Erfordernisse wird hohe Flexibilität von den Beschäftigten erwartet. Dadurch entsteht ein Ideal tendenziell unabgeschlossener Prozesse. Diese sind für verschiedene Bereiche typisch: für das Lernen und bis zu einem gewissen Grad für die Partnerwahl.
- Auch im postmodernen Denken spielt es eine wichtige Rolle. Nach dem Zerfall des Ostblocks scheint die Welt von Unbestimmtheiten und dem Zerfall von Strukturen geprägt. Die Theoriebildung konzentriert sich auf Machtsysteme in gesellschaftlichen Mikroräumen und lässt eine große Offenheit zu, die als »anything goes« beschrieben und kritisiert wurde.

Diesen letztgenannten Wandel vollzieht der Feminismus als Theorie mit. Auch die Offenheit findet sich in feministischem Denken wieder. Es sind inzwischen eine Vielzahl von zum Teil einander widersprechender Feminismen entstanden, die unterschiedlichen politischen Richtungen zugeordnet werden können von rechts, konservativ zu liberal. Linke Positionen, die die Zweite Frauenbewegung getragen haben, sind stark zurückgegangen. Dies zeigt sich in verschiedener Hinsicht:

- Die beiden Schlüsselbegriffe Selbstverwirklichung und Gleichheit wurden aus ihrem historischen Kontext, in dem sie als Kampfbegriffe fungierten, herausgelöst. Dadurch ist eine breite Interpretation möglich geworden, gleichzeitig aber ist eine Beliebigkeit eingetreten. So kommt es, dass dieses veränderte Verständnis von Selbstverwirklichung und Gleichheit sich mit weiten Teilen neoliberaler Anliegen deckt.
- Frauenpolitische Forderungen und Gesetzesänderungen der letzten 20 Jahre sind überwiegend systemkonform, verstärken bisweilen den Neoliberalismus und stellen nur begrenzt – vor allem bezogen auf Maßnahmen gegen Gewalt gegen Frauen – einen Paradigmenwechsel dar.

Handbuch habe ich diesen zweiten Teil vor allem deshalb genannt, weil ich einen Fragekatalog angeboten habe, mit dessen Hilfe die angesprochenen Bewertungen durchgeführt werden können. Da es für die Beantwortung der Frage, wie frauenpolitische Maßnahmen beurteilt werden können, wichtig ist, diese in die Veränderungen im Neoliberalismus eingebettet zu betrachten, habe ich dies zu leisten versucht. Damit wiederhole ich das Vorgehen im ersten Teil, in dem ich den Feminismus vor dem Hintergrund der gesellschaftlichen und wirtschaftlichen Entwicklung der 1960er und 1970er Jahre beschrieben und mich erst danach der Frage zugewandt habe, ob die Frauenbewegung systemkonforme oder systemsprengende Forderungen gestellt hat. Da sich die Frauenbewegung gegen Ende der 1980er Jahre aufzulösen begann, musste ich in diesem zweiten Teil auf Frauenpolitik einerseits und die verbliebenen Schlüsselbegriffe Selbstverwirklichung und Gleichheit rekurrieren. Fazit war: Es fehlt eine politische Richtung, es besteht in Teilen eine Nähe zum Neoliberalismus, ein Paradigmenwechsel findet bezogen auf Gesetze und Ähnliches nur begrenzt statt. Auch die oben von mir zusammengestellten Widersprüche fließen nicht in die politische Diskussion ein.

Aber auch dieser zweite Teil leistet mehr. Die sich an die Einschätzung frauenpolitischer Maßnahmen anschließende Frage, ob es theoretische Ansätze gibt, die einer politischen, feministischen Bewegung Ziele und Richtung weisen können, habe ich ausschließlich auf die Theorie des Dekonstruktivismus von Judith Butler bezogen gestellt. Diese Beschränkung halte ich für gerechtfertigt, weil gerade in Deutschland Butlers Ansatz als einziger Kreise außerhalb des akademischen Rahmens gezogen hat. Trotz seiner herrschaftskritischen Intention hat der Dekonstruktivismus vielfältige Kritik erfahren. Die wichtigsten Gegenargumente bedienen sich zum einen feministisch-psychoanalytischer Positionen, die ich im ersten Teil ausführlich dargestellt habe. Zum anderen wird Butler entgegen gehalten, dass ihr Ausgangspunkt, polarisierende, binäre Geschlechtsidentitäten, heute nicht mehr haltbar ist, da Geschlecht – wie ich in meinem Abriss des Neoliberalismus zeigen konnte – zunehmend an Bedeutung verliert. Gleichwohl gibt es neue geschlechtsspezifische Widersprüche. Sie machen sich jedoch weniger an polaren, einander entgegengesetzten Zuschreibungen von Eigenschaften zu Geschlechtsidentitäten fest, sondern vor allem an der Organisation der Re-Produktionsbereichs und der Haus- und Sorgearbeit. Wegen dieser fundamentalen Kritik, aber auch wegen der Beschränkung des Dekonstruktivismus auf die symbolische Ordnung komme ich zu dem Schluss, dass Butlers Theorie einem Feminismus oder den Feminismen keine Richtung und keine theoretische Heimat bieten kann.

Wie sieht es aber nun in linken, herrschaftskritischen Gruppierungen heute aus? Aus dem Bisherigen ergeben sich an diese eine Reihe von Fragen:

- Wurden feministische Positionen, wie sie die Zweite Frauenbewegung vor allem aus marxistischen und psychoanalytischen Theorien entwickelt hatte, aufgenommen?
- Haben sich diese angesichts des Bedeutungswandels von Emanzipation in der Zeit des Neoliberalismus als einer individuell von Frauen zu erbringende Leistung überhaupt retten können?

- Wie wird der Re-Produktionsbereich – von mir als die andere Hälfte der Welt bezeichnet – heute in der Linken politisch gesehen?
- Konnten und können Feministinnen dort eine politische Heimat finden?

Darum geht es im dritten Teil.

Literatur

Becker-Schmidt Regina (2001) Geschlechterdifferenz – Geschlechterverhältnis: soziale Dimensionen des Begriffs »Geschlecht«. In: Hark Sabine (Hrsg) (2001) Dis/Kontinuitäten: Feministische Theorie. Leske + Budrich, Opladen, S. 108–120

Benhabib Seyla (1993a) Feminismus und Postmoderne. Ein prekäres Bündnis. In: Benhabib Seyla, Butler Judith, Cornell Drucilla, Fraser Nancy (Hrsg) (1993) Der Streit um Differenz. Feminismus und Postmoderne in der Gegenwart. Fischer, Frankfurt am Main, S. 9–30

Benhabib Seyla (1993b) Subjektivität, Geschichtsschreibung und Politik. Eine Replik. In: Benhabib Seyla, Butler Judith, Cornell Drucilla, Fraser Nancy (Hrsg) (1993) Der Streit um Differenz. Feminismus und Postmoderne in der Gegenwart. Fischer, Frankfurt am Main, S. 105–121

Butler Judith (1991) Das Unbehagen der Geschlechter. edition suhrkamp, Suhrkamp, Frankfurt am Main

Butler Judith (1993a) Kontingente Grundlagen: Der Feminismus und die Folgen der »Postmoderne«. In: Benhabib Seyla, Butler Judith, Cornell Drucilla, Fraser Nancy (Hrsg) (1993) Der Streit um Differenz. Feminismus und Postmoderne in der Gegenwart. Fischer, Frankfurt am Main, S. 31–58

Butler Judith (1993b) Für ein sorgfältiges Lesen. In: Benhabib Seyla, Butler Judith, Cornell Drucilla, Fraser Nancy (Hrsg) (1993) Der Streit um Differenz. Feminismus und Postmoderne in der Gegenwart. Fischer, Frankfurt am Main, S. 122–132

Butler Judith (2001) Phantasmatische Identifizierung und die Annahme des Geschlechts. In: Hark Sabine (Hrsg) (2001) Dis/Kontinuitäten: Feministische Theorie. Leske + Budrich, Opladen, S. 200–213)

Cornell Drucilla (1993) Die Zeit des Feminismus neu gedacht. In: Benhabib Seyla, Butler Judith, Cornell Drucilla, Fraser Nancy (Hrsg) (1993) Der Streit um Differenz. Feminismus und Postmoderne in der Gegenwart. Fischer, Frankfurt am Main, S. 133–144

do Mar Castro Vareda María (2003) Vom Sinn des Herum-Irrens. Emanzipation und Dekonstruktion. In: Koppert Claudia und Selders Beate (Hrsg) (2003) Hand aufs dekonstruierte Herz. Verständigungsversuche in Zeiten der politisch-theoretischen Selbstabschaffung von Frauen. Ulrike Helmer Verlag, Königstein/Taunus, S. 91–115

Engel Antke (2000) Differenz (der) Rechte – Sexuelle Politiken und Menschenrechtsdiskurs. In: Quaestio (Hrsg) (2000) Queering Demokratie [sexuelle Politiken]. (2000) Querverlag, Berlin, S. 157–174

Evans Daniel T. (2000) Zwischen »moralischem« Staat und »amoralischem« Markt. In: Quaestio (Hrsg) (2000) Queering Demokratie [sexuelle Politiken]. (2000) Querverlag, Berlin, S. 67–82

Fraser Nancy (1993a) Falsche Gegensätze. In: Benhabib Seyla, Butler Judith, Cornell Drucilla, Fraser Nancy (Hrsg) (1993) Der Streit um Differenz. Feminismus und Postmoderne in der Gegenwart. Fischer, Frankfurt am Main, S. 59–79

Fraser Nancy (1993b) Pragmatismus, Feminismus und die linguistische Wende. In: Benhabib Seyla, Butler Judith, Cornell Drucilla, Fraser Nancy (Hrsg) (1993) Der Streit um Differenz. Feminismus und Postmoderne in der Gegenwart. Fischer, Frankfurt am Main, S. 145–160

Gerhard Ute (2001) »Bewegung« im Verhältnis der Geschlechter und Klassen und der Patriarchalismus der Moderne. In: Hark Sabine (Hrsg) (2001) Dis/Kontinuitäten: Feministische Theorie. Leske + Budrich, Opladen, S. 94–107

Gildemeister Regine (2001) Die soziale Konstruktion von Geschlechtlichkeit. In: Hark Sabine (Hrsg) (2001) Dis/Kontinuitäten: Feministische Theorie. Leske + Budrich, Opladen, S. 51–68

Gümen Sedef (2001) Das Soziale des Geschlechts. Frauenforschung und die Kategorie »Ethnizität«. In: Hark Sabine (Hrsg) (2001) Dis/Kontinuitäten: Feministische Theorie. Leske + Budrich, Opladen, S. 136–153

Hagemann-White Carol (2001) Wir werden nicht zweigeschlechtlich geboren. In: Hark Sabine (Hrsg) (2001) Dis/Kontinuitäten: Feministische Theorie. Leske + Budrich, Opladen, S. 24–34

Hark Sabine (2000) Durchquerung des Rechts. Paradoxien einer Politik der Rechte. In: Quaestio (Hrsg) (2000) Queering Demokratie [sexuelle Politiken]. (2000) Querverlag, Berlin, S. 28–44

Holland-Cunz Barbara (1998) Feministische Demokratietheorie. Thesen zu einem Projekt. Leske + Budrich, Opladen

Koppert Claudia (2003a) Post Feminismus: Komplexe Verhältnisse, widerspruchsvolle Lagen, tragische Heldinnen. In: Koppert Claudia und Selders Beate (Hrsg) (2003) Hand aufs dekonstruierte Herz. Verständigungsversuche in Zeiten der politisch-theoretischen Selbstabschaffung von Frauen. Ulrike Helmer Verlag, Königstein/Taunus, S. 10–26

Koppert Claudia (2003b) Post Feminismus: Eskalierende Anerkennungsbedürfnisse, Selbstabschaffungstendenzen und die Notwendigkeit aufgeklärter Konstruktionen. In: Koppert Claudia und Selders Beate (Hrsg) (2003) Hand aufs dekonstruierte Herz. Verständigungsversuche in Zeiten der politisch-theoretischen Selbstabschaffung von Frauen. Ulrike Helmer Verlag, Königstein/Taunus, S. 116–149

Koppert Claudia und Selders Beate (Hrsg) (2003) Hand aufs dekonstruierte Herz. Verständigungsversuche in Zeiten der politisch-theoretischen Selbstabschaffung von Frauen. Ulrike Helmer Verlag, Königstein/Taunus

Liebsch Katharina (1997) Wie werden Geschlechtsidentitäten konstruiert? Überlegungen zum Verschwinden der Psychoanalyse aus der Geschlechterforschung. In: Zeitschrift für Frauenforschung, Hg. vom Forschungsinstitut Frau und Gesellschaft, 15. Jg., 1997, Heft 1 und 2, S. 6–16

Purtschert Patricia und Ruef Maria (2003) Feminismus in den 90ern: Krise oder Öffnung? Erbe oder Neuanfang? Zwei Briefe. In: Koppert Claudia und Selders Beate (Hrsg) (2003) Hand aufs dekonstruierte Herz. Verständigungsversuche in Zeiten der politisch-theoretischen Selbstabschaffung von Frauen. Ulrike Helmer Verlag, Königstein/Taunus, S. 27–61

quaestio (2000) Sexuelle Politiken. Politische Rechte und gesellschaftliche Teilhabe. In: Quaestio (Hrsg) (2000) Queering Demokratie [sexuelle Politiken]. (2000) Querverlag, Berlin, S. 9–27

Schramm Julia (2011) Lippenstift und Lederstiefel. Es braucht Konzepte der ausgeglichenen Geschlechterrepräsentation. In: taz vom 5.12.2011

Selders Beate (2003) Das Unbehagen mit der Transgender-Debatte. Von falschen Fragen und merkwürdigen Antworten. In: Koppert Claudia und Selders Beate (Hrsg) (2003) Hand aufs dekonstruierte Herz. Verständigungsversuche in Zeiten der politisch-theoretischen Selbstabschaffung von Frauen. Ulrike Helmer Verlag, Königstein/Taunus, S. 62–90

Soiland Tove (2009) Gender oder Von der Passförmigkeit der Subversion. Über die Konvergenz von Kritik und Sozialtechnologie. In: Das Argument 281 Heft 3/2009, S. 409–419

Soiland Tove (2011a) Queer, flexibel, erfolgreich. Haben dekonstruktive Ansätze den Feminismus entwaffnet? In: Analyse & Kritik – Zeitung für linke Debatte und Praxis, Nr. 558, 18.2.2011

Soiland Tove (2011b) Gender-Konzept in der Krise. Die Reprivatisierung des Geschlechts. http://kongressgeschlechterkritikhannover.blogsport.de/texte/tove-soiland

Dritter Teil
Über Sexismus in linken Organisationen und Wege zu seiner Überwindung – Ein Traumbuch und ein Kursbuch

In diesem Teil möchte ich zunächst den Blick auf gesellschaftskritische Gruppierungen richten. Welche politischen Konzepte oder Forderungen werden dort diskutiert, die einen Bezug zu solchen feministischen Themen haben, die ich im ersten Teil vorgestellt habe? Wie wird insbesondere der Re-/Produktionsbereich gesehen, also vor allem un-/bezahlte Hausarbeit, aber auch Sexualität und Fortpflanzung? Wie ist es mit innerorganisatorischem Sexismus bestellt, der ja in den Anfängen der verschiedenen Frauenbewegungen immer ein Stein des Anstoßes war? Zur Beantwortung dieser Fragen ziehe ich Einschätzungen von Feministinnen heran, die sich in einer im weitesten Sinne linken Szene engagieren, greife auf eigene Erfahrungen zurück und werfe auch einen Blick auf Wahlprogramme von *SPD*, *Bündnis 90/Die Grünen* und der Partei *Die Linke*. Dabei beschränke ich mich darauf, Beispiele zu betrachten, von denen ich glaube, dass sie nicht untypisch sind. Ich werde, anders als bisher, von »wir« sprechen, um deutlich zu machen, dass ich mich als Teil einer Linken verstehe.

Danach wage ich es, handlungsleitende Orientierungspunkte als Fernziele für eine linke Politik zu benennen. Dafür, wie diesen Zielen näher zu kommen sein kann, mache ich konkrete Vorschläge, von denen ich hoffe, dass sie für ein Engagement von Frauen und Männer hilfreich sind, denen an einem Umbau der Gesellschaft gelegen ist und die dafür nach Ansätzen und Handlungsmöglichkeiten suchen. Diese meine Vorschläge liegen auf unterschiedlichen Ebenen; sie beinhalten sofort anzugehende »To-dos«, liefern aber auch Stichworte, die auf eine fernere Zukunft ausgerichtet sind.

1 In linken und alternativen Gruppierungen haben sich Sexismus und Geschlechterblindheit in Inhalten und im Politikstil eingenistet

Unter linken und alternativen Gruppierungen verstehe ich ein breites Spektrum, das sowohl politische Parteien, Gewerkschaften und Nicht-Regierungsorganisationen erfasst wie das globalisierungskritische Netzwerk Attac, antimilitaristische und antifaschistische Bündnisse usw. Es geht mir nicht darum, zwischen diesen zu differenzieren. Vielmehr werde ich Beispiele aus all diesen Organisationen heranziehen, die sich auf Inhalte, Forderungen etc. beziehen, ebenso wie auf den innerorganisatorischen Politikstil. Manche meiner Beispiele treffen auf mehrere Gruppierungen zu, andere sind nur für einzelne typisch. Mein Wunsch wäre, dass sich gesellschaftskritische oder sich ausdrücklich als links verstehende Gruppen angesprochen fühlen und Änderungen dort vornehmen, wo sie von einem Kritikpunkt betroffen sind.

1.1 Sexistische Einstellung zur Sexualität

Ein hochproblematisches Verständnis von Sexualität hat sich seit Jahren in der Linken etabliert. Weil es »cool« ist, werden englische Ausdrücke unreflektiert und unkritisch übernommen, so auch »fuck« als Schimpfwort. Zum Beispiel hatte die Jugendorganisation der Gewerkschaft ver.di vor einigen Jahren ein Plakat herausgebracht, auf dem eine junge Frau der Betrachterin/dem Betrachter den Mittelfinger entgegen reckt. Der Text dazu lautete »Fuck racisms«. Kriegsdienstverweigerer hatten schon vor Jahren einen Aufkleber entwickelt, auf dem eine Schildkröte einen Bundeswehrhelm rammelt, darüber steht der Satz »Fuck the army«. Dieses letzte Beispiel zeigt ganz besonders drastisch, dass sich hier Kriegsgegner der Symbolsprache des Geschlechtsakts bedienen. Es besteht eine große Nähe zum Militär, für das Vergewaltigung von Frauen wie Männern durch Soldaten zur inoffiziellen, realen Kriegsführung gehört. Auch die Linke hat ein ähnliches Verständnis davon, wie mit Abzulehnendem umzugehen ist. Wer fickt ist überlegen, wer gefickt wird, unterliegt, liegt unten. Die geschilderten Bilder sagen aus, dass dieses Schicksal auch die Armee und der Rassismus erleiden sollen. Wenn Sex als Herabsetzung und Erniedrigung verstanden und angedroht, wenn Sexualität zum Schimpfwort wird, Sieg und Unterwerfung durch den Geschlechtsakt symbolisiert werden, ist es um menschenfreundliche Ziele wie die Abschaffung von Rassismus oder dem Widerstand gegen den Kriegsdienst nicht gut bestellt. Aus Kreisen der Piratenpartei, deren Position im politischen Spektrum derzeit noch reichlich diffus ist, also nicht als links gelten kann, wurde bekannt, dass von einzelnen Frauen gesagt wurde, »sie gehörten ›richtig hart durchgefickt‹, damit sie sich ›entspannen‹« (Schmollack 2012). Solche Sätze verdeutlichen ebenfalls, dass Männer Ficken als Disziplinierungsmaßnahme sehen, mit der Frauen auf Linie gebracht werden sollen. Die Untergruppe »Junge Piraten« bemängelt erfreulicherweise angesichts solcher Äußerungen, dass das Kollektiv sich nicht gebührend dagegen wehre (Kaul 2012).

Weitere Beispiele belegen, dass der erhobene Mittelfinger selbst von manchen Feministinnen unkritisch übernommen wird. Die Autorinnen des Buchs Alphamädchen schreiben: »Wir finden junge Frauen cool, die sagen: ›Wir sind Feministinnen‹, und zeigen den Bedenkenträgern lieber den Mittelfinger.« (zit. nach Sauer 2010, S. 235). Die Gruppe LaRAGE (steht für RAum und GEnder) berichtet von einer Aktion gegen die von der Hamburger Stadtverwaltung angestrebte Verdrängungspolitik unter anderem von Straßenprostitution. Neben Reden, Schildern und Performances hatten die Demonstrierenden Hände gebastelte und mit ihnen gewunken, da die Geste des Winkens ordnungsrechtlich als »Anbahnung zur Prostitution« gilt und mit Platzverweis oder Bußgeld geahndet wird. Die AutorInnen des Berichts ziehen zu dieser Aktion folgendes Fazit: »Auch wenn die gebastelten, überdimensionalen Papphände nur zum Winken genutzt wurden – *ein ausgestreckter Mittelfinger* in Richtung derer, die meinen, es wäre okay unliebsame Bevölkerungsgruppen zu verdrängen, war die Aktion (…) allemal.« (Affront Hrsg. 2011, S. 149, Herv. von mir)

Es wird überhaupt nicht überlegt, was für ein Verhältnis zur Sexualität sich darin ausdrückt, dass man/frau politischen GegnerInnen signalisiert: »fuck you« oder »go fuck yourself«. In unserer amerikanisierten Kultur bedeutet es eine Herabsetzung, wenn jemandem zugerufen wird, er oder auch sie solle sich selbst befriedigen (»Fick dich doch selbst«, »Fick dich ins Knie«). Dahinter steht wohl die Annahme, die Gegenseite habe keine andere Möglichkeit sexueller Befriedigung, habe niemanden zum Ficken. Vor Jahren war es noch Gang und Gäbe von »geistiger Onanie« zu sprechen, wenn ein Redner – seltener eine Rednerin – sich an eigenen Worten und Ausführungen regelrecht zu berauschen schien, ohne sich auf die Zuhörenden zu beziehen. Den Ausdruck habe ich damals schon als Beleidigung für die Onanie empfunden, nicht für die Person, auf die er angewandt wurde, so kritikwürdig ein solches Redeverhalten auch ist.

Nicht nur »fuck« wird unkritisch übernommen, das gleiche gilt für »suck«. So war auf einem Plakat bei einer Demonstration in Deutschland zu lesen »Goldman sucks«. Bei aller Liebe zu Wortspielen (Goldman & Sachs – Goldman sucks) wird hier gegen Goldman polemisiert, indem das Unternehmen personalisiert und Schwanzlutscher genannt wird, im englischsprachigen Raum eine verbreitete Diskriminierung von Schwulen. Die sollten sich Demonstrierende nun wirklich nicht zu eigen machen.

Ich bin mir bewusst, dass ich mich mit meiner Kritik gegen eine gesellschaftliche Stimmung wende, die gegen »political correctness« gerichtet ist und mittlerweile eine breite Akzeptanz für verletzende Darstellung und Sprache erzeugt hat (Affront Hrsg 2010, S. 146 f). Als ich vor Jahren bei einer Friedensdemo in Berlin einen jungen Mann auf das Problem der Verwendung von »fuck« auf seinem Poster aufmerksam zu machen versuchte, tat er meinen Einwand damit ab, dies sei »neudeutsch«. Er hatte nicht verstanden, worum es mir ging, und ich konnte es ihm nicht vermitteln.

Auch wenn heute in Deutschland Englischkenntnisse weit verbreitet sind, wird mit den Vokabeln deren emotionaler Gehalt nicht in vollem Umfang transportiert. Wenn wir »shit« sagen, verbinden wir damit ein anderes Gefühl als mit »Scheiße«. Ausdrücke aus einer Fremdsprache entstehen in einem anderen kulturellen Zusammenhang, der sich nicht mit unserem deckt. Wir haben zu den Worten einer anderen Sprache eine gewisse innere Distanz, die aber sollten wir für eine kritische Reflexion nutzen und die Worte nicht unhinterfragt übernehmen. Wollen wir ein sexuelles Wort als Schimpfwort einfach gedankenlos übernehmen, sei es im Deutschen, sei es im englischen Original? Interessant ist, dass genau das geschieht und zwar sogar in gesellschaftlichen Zusammenhängen, die ansonsten bestimmten Erscheinungsformen us-amerikanischer Kultur zu Recht sehr kritisch gegenüberstehen. Hier wird diese Kritik über Bord geworfen.

Gerade die Linke, gerade systemkritische Gruppen zeichnen sich oft durch eine hohe Sprachsensibilität aus. Dank dieser hat sich unsere Sprache gewandelt. Noch in den 1960er Jahren wurden Ausdrücke wie »bis zur endlosen Vergasung« verwendet, war »Spasti« als Abkürzung für einen spastisch gelähmten Menschen ein Schimpfwort. Beides ist heute verschwunden. In linken Kreisen wird darauf geachtet, dass sich bei Kritik an der Finanzwirtschaft kein Antisemitismus (etwa durch eine sinngemäße Übernahme der nationalsozialistischen Unterscheidung zwischen schaffendem und raffendem Kapital) einschleicht. Das Benutzen öffentlicher Verkehrsmittel ohne gültigen Fahrschein als »Schwarzfahren« zu bezeichnen, gilt als rassistisch, wird kritisiert und aus dem eigenen Sprachgebrauch verbannt. Ein vergleichbares Bewusstsein fehlt innerhalb der alternativen Szene völlig, wenn es um Sexualität geht. In der Verwendung von »fuck«, »suck« und dem erhobenen Mittelfinger wird aber unbewusst etwas transportiert, was die Sprechenden in keinem positiven Licht erscheinen lässt. Es lässt sich nur schlussfolgern, dass auch in alternativen Organisationen Sexismus als minderschwerer Fall gilt. Sprachbewusste Feministinnen fühlen sich in einem solchen Milieu nicht wohl.

1.2 Sexistische Ignoranz

Im November 2008, dem Jubiläumsjahr der 68er Bewegung, habe ich in Kiel eine Veranstaltung mit organisiert und moderiert, die den Titel trug: »Viele Gründe für Proteste – ist ein neues 1968 möglich?« Ein Jahr mit einer Vielzahl von Veranstaltungen und Rückblicken auf die Ereignisse von 1968 ging zu Ende und es zeichnete sich ab, dass die meisten davon entweder männerlastig waren (z. B. indem sie sich auf Rudi Dutschke konzentrierten) oder die Frauenbewegung zum Thema hatten. Diese geradezu trennscharfe Aufspaltung wollte ich nicht wiederholen. Also versuchte ich, beides miteinander zu verknüpfen, schließlich war die Frauenbewegung zum Teil aus linken, gemischten Organisationen hervorgegangen, sie hatte sich auch einige Jahre lang klar positioniert (s. Teil 1, 2.2). Der Referent, der als Historiker eingeladen worden war, um die 68er Bewegung darzustellen und zu analysieren, galt als Fachmann für dieses Thema. Im Vorgespräch gab er an, nichts über die Frauenbewegung zu wissen, also auch nichts darüber sagen zu können. Für die Frauenbewegung jener Zeit war Hilde Wackerhagen eingeladen worden. Sehr lebendig, engagiert, pointiert und anschaulich schilderte sie die Anfänge der Frauenbewegung und den Hintergrund, vor dem diese sich entwickelt hatte. Sie sparte dabei nicht mit Kritik an Männern der 1968 Protestierenden, indem sie auf die Gründe für den Aufbruch der Frauen einging.

Im Anschluss an die Veranstaltung sprach mich eine Attac-nahestehende Zuhörerin an und bedankte sich dafür, dass Hilde Wackerhagen eingeladen worden war. Ihr Partner stand daneben und meinte, es sei doch ein bisschen viel über die Frauenbewegung geredet worden, besser wäre es gewesen, diese in einer eigenen Veranstaltung zum Thema zu machen. »Dann wärst *du* doch nicht hingegangen.«, meinte seine Lebensgefährtin. »Stimmt«, gab er offen und ehrlich zu.

Diese Reaktionen, sowohl die des Zuhörers als auch die des Historikers, sind typisch. Mann verbucht Frauenbewegung nicht als Teil der 68er Zeit und mann hat sich daran gewöhnt, von Frauenthemen bereinigte Veranstaltungen zu erleben, Texte zu lesen und alles Frauenspezifische in gesonderten Veranstaltungen, Büchern und Aufsätzen zu wissen, die eine männliche und/oder nicht an Frauenthemen interessierte Öffentlichkeit links (?) liegen lassen kann. Die derart ausgeklammerten Bereiche sollten an solchen Themen interessierten Frauen überlassen bleiben. Diese Haltung nenne ich »sexistische Ignoranz«. Sie ist nicht nur bei Männern anzutreffen. Bei der besagten 68er-Veranstaltung saß weit vorn eine Altfeministin. Empört wandte sie sich während der Ausführungen von Hilde Wackerhagen an die Leute hinter ihr: »Ich glaube, ich bin auf der falschen Veranstaltung! Hier geht es ja um die Frauenbewegung!« Ganz offensichtlich wäre es auch ihr lieber gewesen, wir OrganisatorInnen hätten das übliche Vorgehen übernommen und wären zweigleisig verfahren. Beide Bereiche, Frauenthemen einerseits und von diesen sowie Geschlechterfragen unbeleckte Themen andererseits, sollen getrennt bleiben. Sexistische Ignoranz wirkt wie ein Filter, durch den die Welt gesehen wird und der Frauenspezifisches bzw. Feministisches schluckt.

Die beschriebenen Episoden sind keine Einzelfälle. Die Historikerin und Philosophin Tove Soiland ist ebenfalls eine von mehreren Frauen, die ähnliche Erfahrungen mit Attac-Männern und Entscheidungsträgern akademischer Institutionen gemacht hat. »[Z]war begegnet Mann heute der Frage nach den Geschlechterverhältnissen politisch korrekt mit Wohlwollen und Aufmerksamkeit, doch nur, um einem dann freundlich die Ecke des Soziokulturellen zuzuweisen. Die Thematik von *Geschlecht* ist willkommen, solange sie nichts mit *Politischer Ökonomie* und jedenfalls nichts mit der Frage der Akkumulation zu tun hat. *Geschlecht* ist eine Frage der Kultur!« (Soiland 2009, S. 409 f, Herv. im Original) Auch das ist eine Form, in der sich sexistische Ignoranz äußern kann.

Bezogen auf antirassistische Flüchtlingsarbeit klagen Aktivistinnen darüber, dass die Situation von Frauen »immer wieder extra thematisiert« und »herbeigeholt« werden musste, da sie nicht automatisch da war und nicht automatisch mit bedacht wurde. Flüchtlingsfrauen würden kaum sichtbar. Wenn Frauen aus Flüchtlingslagern oder andere Frauen nicht ausdrücklich über die Situation weiblicher Flüchtlinge sprachen, war die Perspektive schnell wieder eine männliche, schreibt Ann Wiesental über ihre Erfahrungen (2011, S. 80 f). Ähnliches berichten Mitarbeiterinnen von Affront über die antifaschistische Bewegung. Diese habe sich sowohl in der Praxis als auch in der Theorie oft darum gedrückt, geschlechtsspezifische Dimensionen faschistischer Formierungen wahrzunehmen (Affront 2011, S. 119).

Auch die »alte Tante *SPD*« ist nicht gegen sexistische Ausblendung oder gar ausdrückliche Ausgrenzung gefeit. Sehr ehrlich beschreibt Katharina Oerder, was sich in ihrer Partei nach dem Parteitag 2009 abgespielt hat. Es war gefordert worden, die Abschaffung des Ehegattensplittings ins Wahlprogramm aufzunehmen. Daraufhin seien »die grauen Herren auf der Bühne« zusammengezuckt. »Später im Gespräch schlug Frank-Walter Steinmeier den jungen Damen vor, die Abschaffung des Ehegattensplittings erst wieder zu fordern, wenn er nicht mehr Kanzlerkandidat sei.« (Wettig-Danielmeier und Oerder 2011, S. 87) Offenbar – so

Oerder – fürchtete mann mit der Forderung nach Geschlechtergerechtigkeit bei der Besteuerung in der Ehe Wahlen zu verlieren. Hier scheiterten die Genossinnen nicht so sehr an sexistischer Ignoranz als am aktiven Bestreben, keinen innerparteilichen Widerstand gegen die Abschaffung des Ehegattensplittings, keine antifeministischen schlafenden Hunde zu wecken. Das Ergebnis dieser Intervention ist dann wieder ein von einigen Frauenforderungen abgespecktes Wahlprogramm, ein Dokument sexistischer Ignoranz. Dabei ist das Thema Ehegattensplitting kein ausgesprochenes *Frauen*thema, vielmehr geht es dabei um das Ehekonzept, um das Geschlechterverhältnis und um einen Aspekt der Organisation des Reproduktionsbereichs. Aber auch mit solchen Themen gelingt es nicht, Männer in größerer Zahl als Zuhörende bei Vorträgen anzusprechen; in der Regel sind sie auf solchen Veranstaltungen in der Minderheit.

Inhaltlich haben Feministinnen in linken Organisationen, vor allem in Parteien, den Eindruck, z. B. bei Programmentwürfen »mit Mühe und Not noch die feministische Petersilie« (Buchinger 2010, S. 37) einbringen zu können, aber eine durchgehende Berücksichtigung des Geschlechterverhältnisses finde nicht nur nicht statt, es werde sogar abgelehnt dies zu leisten. Zu den weggefilterten Themen gehört offenbar auch alles, was den Bereich der Zwischenmenschlichkeit betrifft, meint Maren Lange, die sich dieses Themas ganz besonders angenommen hat (Lange 2011, S. 250). Es gebe eine strikte Trennung zwischen dem Politikbereich, in dem ein Szene-Ideal der völlig autonomen, unabhängigen, starken Person vorherrsche und der emotionalen Nische intimer Privatbeziehungen (ebd., S. 250). Dass das Private politisch ist, scheint sich immer noch nicht in links-alternativen Szenen herumgesprochen zu haben, von traditionell links-politischen Gruppierungen ganz zu schweigen.

Christiane Tursi von der Hamburger Sozialpolitischen Opposition meint, die antisexistische Perspektive scheine in den von links besetzten Feldern schon wieder zum berüchtigten Nebenwiderspruch herabgesunken zu sein (Affront Hrsg. 2011, S. 164). Im autoritären Teil der Linken, in dem ein hierarchischer Politikstil gepflegt würde und in dem soziale Fragen vorrangig angesiedelt seien, sei das Hauptwiderspruchsdenken oft nicht richtig ausgeräumt (ebd., S 170). Ein Genosse bestätigt diese Einschätzung im Gespräch mit Herausgeberinnen des Buchs »Darum Feminismus!« Die meisten linken Männer hielten sich für aufgeklärt in Bezug auf Geschlechterfragen. Darin sieht er eine Form von Ignoranz, einen Ausdruck des allgemeinen antifeministischen Backlashs, der auch die Form des Revivals des Nebenwiderspruchsarguments annehmen könne (Affront Hrsg 2011, S. 264).

Bei der sexistischen Ignoranz geht es also, oberflächlich betrachtet, um Unsichtbarmachung von Frauen. Etwas tiefer gehend handelt es sich um Ausblendung des weiblichen Lebenszusammenhangs und damit um all das, was mit geschlechtsspezifischer Arbeitsteilung und mit Reproduktion zu tun hat. Das Re-/ Produktionsthema, einschließlich der Sexualität, war ein Auslöser für die verschiedenen Frauenbewegungen, war Gegenstand der Rede von Helke Sander, der der legendäre Tomatenwurf gefolgt war. Sich damit nicht zu beschäftigen, heißt Inhalte zu ignorieren, heißt gesellschaftliche Verhältnisse nur zur Hälfte wahrzunehmen und das geht wesentlich weiter und tiefer als beispielsweise »gegenderte« Podiumsdiskussionen.

Zur sexistischen Ignoranz gehört auch die geringe Bereitschaft, sich mit dem eigenen Sexismus auseinander zu setzen, was Frauen bereits 1968 gefordert hatten und was sie selbst in Consciousness Raising Gruppen geleistet hatten. Es handelt sich um die Ausgrenzung des Emotionalen, die Helke Sander in ihrer »Tomatenwurf-Rede« angesprochen hatte, bleibt doch die persönliche Betroffenheit als politisches Thema und eng damit verflochten die Reproduktion von Herrschaftsverhältnissen durch das eigene Verhalten ausgeklammert. Nach Beobachtung von Antifaschistinnen in Nordrhein-Westfalen gibt es dabei einen Unterschied zwischen den Themen Rassismus und Sexismus. In rassismuskritischen Praxen werde viel Wert darauf gelegt, »die eigenen Verstrickungen in die herrschaftlichen Verhältnisse zu reflektieren und somit sich selbst in die Kämpfe miteinzubeziehen« (Affront Hrsg 2011, S. 122). In Antifaschistischen Politiken dagegen werde Kritik häufig nach außen verlagert. Eine Aktivistin aus antimilitaristischen Zusammenhängen hält es daher für unerlässlich, dass sich Männer in solchen Organisationen »mit der maskulinen Kultur und dem eigenen maskulinen Selbstverständnis« beschäftigen und ihre Mittäterschaft aufkündigen (Affront Hrsg 2011, S. 107).

Im Rahmen sexistischer Ignoranz scheint die Vorstellung vom Haupt- und Nebenwiderspruch virulent, also genau der Inhalt, der ab Ende der 1960er Jahre Kern der Rebellion linker Frauen gegen ihre Genossen war. Es scheint als verblieben feministische Erkenntnisse zu einem Großteil hinter einer Gardine, keiner gläsernen Wand. Von außen, also von Seiten der Dominanzkultur besteht nur ein begrenztes Interesse daran, in den dahinter liegenden Raum zu sehen, während der Blick von innen nach außen möglich ist, ja zum Alltag gehört. Diese Probleme machen es Feministinnen schwer, sich in linken Zusammenhängen so einzubringen, wie sie es selbst gerne tun würden.

1.3 Ausschließliche Sichtweise auf Frauen

In der Anfangsphase der Politisierung eines Themas kann es sehr hilfreich, ja nötig sein, sich auf die Situation von Frauen, bezogen auf das jeweilige Thema zu konzentrieren, da diese häufig unterbelichtet ist. Auf längere Sicht kann diese Beschränkung jedoch umschlagen, weil das jeweilige Problem nicht in seiner Gesamtheit betrachtet wird und der fehlende Blick auf den männlichen Anteil sich sogar gegen die Interessen von Frauen wenden kann. Es ist daher wichtig die männliche Seite zu beleuchten, aber auch das gesamte gesellschaftliche Umfeld zu betrachten, also die beteiligten Institutionen, deren Arbeitsweise sowie Gesetze, Verordnungen etc. Dazu einige Beispiele:

In den 1970er Jahren war die klare Forderung von Frauen die nach Selbstbestimmung über das Austragen einer Schwangerschaft. Diese wurde von Linken nach einiger Zeit voll unterstützt. Manche Männer hatten damit allerdings ihre Probleme und verlangten, dass sie über eine von ihnen mit verantwortete Schwangerschaft ebenfalls entscheiden müssten. Es klang sogar manchmal an, dass sie gerne das letzte Wort hätten, die von ihnen geschwängerte Frau zwingen wollten, das von ihnen gezeugte Kind zu bekommen. Darüber empörten sich Feministinnen.

Dann aber stellte sich etwa in der zweiten Hälfte der 1980er Jahre heraus, dass es sehr viel häufiger, als man/frau es aufgrund dieser Opposition von Männern gegen das Selbstbestimmungsrecht von Frauen hätte erwarten sollen, die Partner/Schwängerer waren, die die Frau zum Abbruch drängten. Dieses Ergebnis von Befragungen blieb jedoch nach meiner Kenntnis folgenlos. Ob es in den für eine Abtreibung erforderlichen Beratungsgesprächen gelang und gelingen kann, eine solche Situation aufzudecken und der unter Druck stehenden Frau zu helfen, das Kind auch gegen den Willen des zukünftigen Kindsvaters zu bekommen, ist mir nicht bekannt. Die Tatsache, dass heute der Kinderwunsch von Männern niedriger ist als der von Frauen, sollte jedoch in diesem Zusammenhang zu denken geben. Dieses Beispiel zeigt, wie wichtig es ist, Kenntnisse über die männliche Seite des Problems zu haben, um etwa in den beschriebenen Situationen den Frauen bei einem Konflikt mit dem Partner Hilfe anbieten zu können. Dazu braucht es keine Pflichtberatung, aber ein ausführliches, tiefgehendes Gespräch mit einer kompetenten Beraterin erscheint sehr sinnvoll, nötigenfalls sollte auch der Schwängerer hinzu gezogen werden.

Ein zweites Beispiel stellt der Umgang mit Prostitution/Sexarbeit dar. Die Organisatorinnen des Kongresses »Sex Sales« berichten, dass Prostitution kaum ein Thema in linksradikalen Kontexten sei, nur noch marginal dort zur Sprache komme (Affront Hrsg 2011, S. 181). Mehr noch, die männliche Seite, die der Freier, werde gesellschaftlich kaum problematisiert. »Ganz im Gegenteil, ›der Kauf sexueller Dienstleistungen ist bereits gesellschaftlich institutionalisiert und stellt bis heute ein legitimes (wenngleich moralisch ambivalent bewertetes) Handlungsfeld männlicher Identitätsbehauptung dar.‹ Anstatt diejenigen zu belangen, die die Dienste verlangen, werden diejenigen bestraft und gesellschaftlich schikaniert, die diese Dienste dann anbieten. Bei dem Diskurs um Prostitution handelt es sich häufig um klassisches ›victim blaming‹, welches seinen Ausdruck unter anderem in diskriminierenden Gesetzen findet. So machen sich Sexarbeiterinnen zum Beispiel strafbar, wenn sie Sex ohne Kondom anbieten, es gibt aber kein Gesetz, das Freier bestraft, die dies verlangen. Zivilpolizisten gehen in Bordelle und verlangen Sex ohne Kondom, geben Sexarbeiterinnen diesem Druck nach, werden sie dafür belangt. Jedoch ist es wichtig, Freier in vielerlei Hinsicht miteinzubeziehen. Dabei geht es (…) vor allem darum, die Aufmerksamkeit auf die gesellschaftliche Machtposition von Freiern zu lenken« (ebd., S. 186 f).

Wenn bei diesem Thema der Fokus ausschließlich auf der Situation von Frauen liegt, gerät nicht nur aus dem Blick, dass alle Männer, die sexuelle Dienstleistungen kaufen, ein geschlechter- und klassenspezifisches Privileg ausnutzen (ebd., S. 186), es verhindert nach Meinung der Organisatorinnen des Kongresses »Sex Sales« auch, dass in den Bemühungen, die Lage von Prostituierten zu verbessern, der Arbeitsfetisch nicht problematisiert wird, der sich im Begriff »Sexarbeit« ausdrückt (ebd., S. 188).

Am Beispiel der Frauenhäuser habe ich schon gezeigt, wie aus einer anfänglich sehr wichtigen und nützlichen Konzentration auf Frauen im Laufe der Zeit eine Schieflage entstehen kann. Noch heute ist es vereinzelt so, dass autonome Frauenhäuser es ablehnen, sich an den vorn (Teil 2, 3.4.7) beschriebenen Kooperationsprojekten zu beteiligen. Einigen *Grünen* PolitikerInnen war eine solche Ablehnung offenbar ein Warnsignal, sie waren diesen Projekten gegenüber kritisch eingestellt. Dabei war es verbal immer ein Ziel der Frauenbewegung, nicht nur den Opfern Hilfen anzubieten, sondern strukturelle Gewalt zu bekämpfen.

Dieser Problemkreis macht besonders deutlich, dass es nicht ausschließlich darum gehen kann, Frauen, bzw. die Situation von Frauen zu betrachten. Es geht vielmehr um die politische Integration eines ganzen Themenkomplexes, dem nur dann Rechnung getragen werden kann, wenn die weibliche *und* männliche Seite beleuchtet wird, vor allem aber das zwischen beiden bestehende Herrschaftsverhältnis. Erst wenn dies geschieht, hat sich die Gruppe wirklich die zweite Hälfte der Welt als politisches Handlungsfeld angeeignet.

1.4 Geschlechtsneutrale Forderungen

Die meisten politischen Forderungen werden heutzutage geschlechtsneutral formuliert und das mag in vielen Fällen auch gerechtfertigt sein, aber eben nicht in allen. An zwei wichtigen Beispielen möchte ich zeigen, wie durch Geschlechtsneutralität politische Konzepte in eine Schieflage geraten, weil sie die aus der geschlechtsspezifischen Arbeitsteilung, insbesondere der unbezahlten Arbeit sich ergebende, unterschiedliche soziale Situation von Frauen und Männern nicht angemessen berücksichtigen.

Nicht nur in Parteiprogrammen, auch in Texten einiger Gender-Forscherinnen und linker Feministinnen (Haug 2008, S. 21) geht es um eine »radikale Arbeitszeitverkürzung«. Gemeint ist damit die Erwerbsarbeit, das wird aber nicht immer gesagt. Das ist schon der erste Missgriff. Die unbezahlt geleistete Arbeit und unter ihr vor allem die Haus- und Sorgearbeit geht dadurch wieder einmal unter, führt weiterhin ein Schattendasein. Gehörte es in den 1970er Jahren zu der vielleicht wichtigsten Forderung, Frauen sowie deren Arbeit und Leistungen aus der Unsichtbarkeit ins allgemeine Bewusstsein zu heben, stellt diese Formulierung einen Rückfall dar.

Aber es geht noch weiter. Die Forderung nach Kürzung der Erwerbsarbeitszeit orientiert sich an Vollzeitbeschäftigung, genauer am für Männer typischen Normalarbeitstag. Dass dieser für einen nicht zu vernachlässigenden Teil von Frauen (und zunehmend auch Männer) nicht der Realität entspricht, habe ich vorn belegt. Weiterhin habe ich ausgeführt, dass ein nicht unerheblicher Teil von Menschen, die nicht Vollzeit erwerbstätig sind, dies nicht freiwillig tun und sich mehr Arbeitsstunden wünschen (2. Teil, 2.1.1). Dabei handelt es sich vor allem um wenig qualifizierte Tätigkeiten, die in de-normierter Form, z. B. in Teilzeit angeboten werden. Diese Fakten fallen unter den Tisch, wenn von »radikaler Arbeitszeitverkürzung« die Rede ist.

Man/frau ignoriert die besondere Arbeitssituation derjenigen, die unfreiwillig in Teilzeit beschäftigt sind. Wer sich system- und kapitalismuskritisch versteht, muss die Arbeitszeitstruktur unserer Gesellschaft differenziert analysieren. Es muss deutlich werden, dass es um *radikale Umstrukturierung* der Erwerbsarbeitszeit geht. »Eine 30 Stunden-Woche für alle«, könnte beispielsweise die Forderung lauten, worauf dann aber Ausführungen über ungleiche Erwerbsarbeitszeiten folgen müssen. Vor allem ist auf diejenigen hinzuweisen, die unter der von ihnen gewünschten Arbeitszeit bleiben, deren Recht auf Erhöhung der Arbeitszeit ist zu unterstützen.

Mir geht es dabei nicht nur um 400-Euro-Jobs, sondern auch um Tätigkeiten, die nur als Teilzeit angeboten werden, ohne dass sie deshalb prekär oder dem Niedriglohnbereich zuzuordnen wären. Außerdem sind auch diejenigen Teilzeitjobs zu berücksichtigen, die auf Wunsch von Beschäftigten eingerichtet wurden, die ihre Arbeitszeit reduzieren wollten. Um zu zeigen, warum dies wichtig ist, muss ich etwas weiter ausholen. Nehmen wir einmal an, die Forderung nach einer gesetzlich verankerten 35-Stunden-Woche, wie sie zum Beispiel die Partei *Die Linke* in ihrem Wahlprogramm zur Bundestagswahl 2009 erhoben hat, sei umgesetzt. Wenn dann eine Frau aus familiären Gründen dennoch ihre Erwerbsarbeitszeit verringern möchte, so ist dies unter personalwirtschaftlichen Erwägungen meist nur in Form einer Halbierung der regulären Arbeitszeit praktikabel. Würde die Frau gerne nur 30 Stunden, der Wunscharbeitszeit einer Mehrheit von Frauen, arbeiten wollen, bliebe ein Rest von fünf Stunden, der meist schwer anderweitig zu vergeben ist. Schlimmstenfalls käme es zu einer Verdichtung der Arbeit für die KollegInnen, was nicht wünschenswert sein kann. Also würde die Frau, die die regulären 35 Stunden reduzieren möchte, die schlechte Wahl zwischen 17,5 Wochenstunden bei entsprechend niedrigerer Bezahlung oder dem Verzicht auf die Reduktion haben, was zu einer Verdichtung ihrer nicht bezahlten Arbeit führen würde. Letzteres ist aber bei personennahen Tätigkeiten so gut wie nicht möglich. Den Gewerkschaften dürfte die von mir an dem Beispiel geschilderte Problematik vertraut sein, Gleichstellungsbeauftragten erst recht. Daher möchte ich eindringlich für anders formulierte Forderungen werben und die Ergänzung um das Recht auf Aufstockung der Arbeitszeit für unfreiwillig Teilzeitbeschäftigte.

Mein zweites Beispiel bezieht sich auf das bedingungslose Grundeinkommen, derzeit für eine Reihe von Gruppierungen ein wichtiger Teil eines emanzipatorischen Gesellschaftskonzepts. Es wendet sich gegen menschenverachtende, »ausschließlich auf den Arbeitsmarkt gerichtete Zucht- und Verwertungslogiken menschlicher Fähigkeiten und Talente«, wie es Adeline Otto formuliert (2009, S. 85). Dieser Idee zugrunde liegt die Überzeugung, dass jeder Mensch ein individuell garantiertes Recht auf ein Einkommen in einer existenz- und teilhabesichernder Höhe hat, ohne sozialadministrative Bedürftigkeitsprüfungen und ohne Verpflichtungen zur Gegenleistung. Dabei ist vorgesehen, dass zum Beispiel zusätzliche Leistungen für bestimmte Lebenslagen und Personengruppen gezahlt werden können (Otto 2009, S. 85). Finanziert werden soll es durch konsequente Umverteilung gesellschaftlichen und produktiven Reichtums, etwa durch eine Sachkapital-, Vermögens-, Börsen- und Luxusumsatzsteuer und eine Neugestaltung der progressiven Einkommenssteuer (ebd., S. 94).

Um die Probleme aufzuzeigen, die ich darin sehe, beziehe ich mich auf einen Aufsatz von Adeline Otto zur Idee des bedingungslosen Grundeinkommens, nicht zuletzt auch deshalb, weil deren Ausführungen nicht völlig geschlechtsneutral sind, aber noch deutliche Mängel aufweisen. Diese beginnen bereits damit, dass sie unter unbezahlter Arbeit sowohl Haus- und Erziehungsarbeiten wie bürgerschaftliches Engagement subsumiert, ohne diese auseinander zu dividieren und die Unterschiede zwischen beiden Tätigkeiten herauszuarbeiten (ebd., S. 87). Sie scheint überwiegend bürgerschaftliches Engagement vor Augen zu haben, wenn sie das hohe Lob der Nicht-Arbeit singt und die Freiheit herausstreicht, nun zwischen ökonomischen und andere Tätigkeiten wählen, über das eigene Leben verfügen, Löhne und Arbeitsbedingungen aushandeln zu können sowie Zugriff auf die Produktionsbedingungen zu haben (ebd., S. 88). Nun sind aber personenbezogene Reproduktionsaufgaben keineswegs so frei wählbar. Sehr plastisch drückt Ingrid Robeyns dies aus, wenn sie schreibt: »Caring is not just baking cakes and drinking tea at 3 in the afternoon, or going to the park and feeding the ducks. (…) Care work is also emotionally draining and psychologically highly demanding work, whereby one is constantly on call, and whereby one has limited opportunities for personal adult development or peer interaction.« (2010, S. 141)

Sorgearbeit beinhaltet weit weniger Freiheitsgrade als bürgerschaftliches Engagement. Zur Geschlechtergerechtigkeit führt Otto »die größere Unabhängigkeit von der/vom Partner/in« an und behauptet ein »Sichtbarmachen weiblicher Gratisarbeit« (Otto 2009, S. 94). Wie sich das ergeben soll, bleibt offen. Otto verweist lediglich darauf, dass das bedingungslose Grundeinkommen »in einen emanzipatorischen, gesamtgesellschaftlichen Transformationsprozess einzubetten« sei (ebd., S. 94) und nennt explizit Maßnahmen zur Egalisierung der geschlechtsspezifischen Lohnunterschiede bei *gleicher* Arbeit, was immer unter »gleich« in diesem Zusammenhang zu verstehen ist. Präziser formuliert Stefanie Holuba in ihrem Resümee zu Otto, eine Neu- und Höherbewertung von häuslicher und pflegerischer Arbeit sei ohnehin überfällig (Holuba 2009, S. 97). Realistisch sieht Otto dagegen, dass ein bedingungsloses Grundeinkommen Männer nicht automatisch in eine Mitwirkungspflicht bei Haushalt, Familie und Erziehung nehme (Otto 2009, S. 94f). Man/frau kann Adeline Otto zwar keine vollständige Gender-Blindheit vorwerfen, wie sie von Ingrid Robeyns für weite Teile der Literatur zu diesem Thema beobachtet hat, wohl aber eine starke Kurzsichtigkeit, denn das, was Robeyns für nötig hält, Überlegungen dazu, wie sich ein bedingungsloses Grundeinkommen auf Frauen und Männer auswirken könnte, fehlt bei Otto (Robeyns 2010, S. 137). Das ist für die politische Diskussion dieser Forderung typisch.

Anders da eine feministische Kritik. Dazu beschränke ich mich darauf, die Punkte zu referieren, die Robeyns zusammengestellt hat. Da Einschätzungen über die Auswirkungen eines bedingungslosen Grundeinkommens weitgehend spekulativ sind, ja, sein müssen, zieht Robeyns solche Schlussfolgerungen heran, die sich aus empirischen Studien zu ähnlichen sozialpolitischen Maßnahmen wie dem Erziehungsgeld und Zeitkonten ergeben haben (ebd., S. 138). Diese veranlassen sie zu der Prognose, dass Männer nach Einführung eines bedingungslosen Grundeinkommens weiter arbeiten werden wie bisher, da Erwerbsarbeit einen wesentlichen Teil der Identität westlicher Männer ausmache. Das Arbeitsangebot von Frauen dagegen sei wesentlich elastischer, wie Robeyns sich ausdrückt. Modellhafte Mikrosimulationen hätten einen Rückgang weiblicher Erwerbstätigkeit um 20 bis 30 Prozent nach Einführung eines bedingungslosen Grundeinkommens ergeben. Frauen könnten dann zwar über das Grundeinkommen verfügen, hätten aber einen finanziellen Rückgang aus Erwerbsarbeit zu verzeichnen, ihr Einkommen würde sinken. Für die geschlechtsspezifische Arbeitsteilung sieht Robeyns bestenfalls keine Veränderung, für eher wahrscheinlich hält sie, dass diese stärker traditionell werden könnte (ebd., S. 139f).

Während Otto eine Sichtbarmachung unbezahlter Hausarbeit behauptet hatte, meint Robeyns, es sei kaum einzusehen, dass Sorgearbeit eine positive finanzielle Wertung erfährt, da das bedingungslose Grundeinkommen schließlich an alle gezahlt werde. »If a mother of three small children who stays at home to care for them receives a basic income, but an 18-year old anti-social school dropout gets a basic income as well, then in what way does the fact that *both* receive a basic income signal a valuation for this mother's care work?« (ebd., S. 142)

Robeyns fordert daher Feministinnen, die überlegen, ob sie sich für ein bedingungsloses Grundeinkommen einsetzen sollen, auf, sich zu fragen, was ihre letztendlichen Ziele seien. Ich möchte diese Forderung auf alle ausweiten, die sich links-emanzipatorischen Aufgaben stellen. Ausdrücklich warnt Robeyns davor, Modelle zu konstruieren, die einen Wertewandel voraussetzen (ebd., S. 145 f). Ich präzisiere: etwa ein anderes Männlichkeitsbild, das von Männern mehrheitlich akzeptiert wird und an dem sich ihr Handeln und Verhalten orientiert, insbesondere ein Bild, in dem eine Beteiligung an Haus- und Sorgearbeit in gleichem Umfang, wie dem von Frauen geleisteten, eine Selbstverständlichkeit ist. Robeyns und Otto stimmen insofern überein, als sie im bedingungslosen Grundeinkommen ein unwahrscheinliches Mittel sehen, um Geschlechtergerechtigkeit herzustellen, wenn dies nicht zeitgleich zusammen mit anderen Maßnahmen realisiert wird, auf die ich noch zu sprechen kommen werde. Robeyns ist in ihrer Warnung sehr realistisch: Einmal implementiert, ist es zu spät, noch etwas zu ändern. Wenn dann bemerkt wird, dass daraus ein negativer Effekt auf die geschlechtsspezifische Arbeitsteilung entstanden ist, fehlt das Geld für flankierende Maßnahmen (ebd., S. 146). Unter Gender Mainstreaming war ursprünglich gemeint, alle politischen Vorhaben sollten *vor* einer Umsetzung daraufhin geprüft werden, welche Auswirkungen sie für Frauen und Männer haben. Erst wenn eine solche Prüfung keine Unterschiede ergeben hat, sollten geschlechtsunabhängige Forderungen erhoben werden, andernfalls müssen geschlechtsdifferenzierende Konzepte entwickelt werden. Bei meinen beiden Beispielen hat dies jedenfalls nicht stattgefunden.

Es geht Entscheidendes verloren, wenn politische Forderungen nicht aus einer Analyse der Arbeitssituation entwickelt werden und die Tatsache, dass Frauen und Männer zwar durchschnittlich annähernd gleich lange in der Woche arbeiten, diese Zeit sich jedoch geschlechtsspezifisch aus unterschiedlichen Anteilen bezahlter und unbezahlter Arbeit zusammensetzt. Geschieht dies nicht, wird wieder nur die eine Hälfte der Welt, die der bezahlten Arbeit, berücksichtigt. Sollten die beschriebenen Forderungen in der propagierten, geschlechtsneutralen Form umgesetzt werden, würden Frauen den Kürzeren ziehen.

Mit meinen beiden Beispielen wollte ich auch deutlich machen, dass der von mir geforderte Ansatz mehr ist, als das, was seitens des Gender-Kompetenz-Zentrums entwickelt wird (s. Teil 2, 3.5.2). Es geht um die gesellschaftliche Organisation von Arbeit. Diese ist zwar im Ganzen gesehen geschlechtsspezifisch, hat aber eine klare schichtspezifische Struktur, denn es sind vor allem die »niedrigen« und schlecht bezahlten Tätigkeiten, die in prekären Verhältnissen verrichtet werden. Dieser Aspekt geht völlig verloren, wenn nur auf das Geschlecht geschaut wird.

1.5 Der politische Tunnelblick

Im Januar 2012 wurde über eine an der Freien Universität Berlin von den Politikwissenschaftlerinnen Barbara Riedmüller und Ulrike Schmalreck durchgeführte Studie über »Die Lebens- und Erwerbsverläufe von Frauen im mittleren Alter« berichtet. In der *taz* vom 25.1.12 waren gleich mehrere Artikel dazu erschienen: »Immer mehr Frauen droht Altersarmut«, »Die Ostfrau als Vorbild«, beide Texte von Simone Schmollack, sowie ein Interview mit einer Bankkauffrau und Lehrkraft für Finanzkompetenz, Annette Mücke, und ein Kommentar »Minijob heißt Minirente« von Simone Schmollack. Diese Titel vermitteln bereits, worum es geht. Ein Ergebnis ist, dass 41 Prozent der westdeutschen und 21 Prozent der ostdeutschen Frauen aus der Babyboom Generation eine Rente unterhalb des Hartz IV-Niveaus von 680 Euro zu erwarten haben. Grund dafür seien – nicht überraschend – Teilzeit- und 400-Euro-Jobs, in denen viele Frauen beschäftigt sind. »Der Trend bei Frauen muss zur Vollzeiterwerbstätigkeit gehen«, wird Barbara Riedmüller zitiert (Schmollack 2012b). Mit einer Aussage, der Trend müsse »bei Frauen« zur Vollzeittätigkeit gehen, wird so getan, als müssten Frauen nur wollen. Die Unterbeschäftigten, Frauen wie Männer, sind dagegen Beleg dafür, dass es kein entsprechendes Angebot gibt. Das sollte dazu führen, dass kritisch überdacht wird, an wen sich Vorschläge seitens der WissenschaftlerInnen richten.

Doch meine Kritik hat noch weitere Aspekte. Nur einige Wochen zuvor, Ende Oktober 2011, war der im Auftrag des Familienministeriums erstellte 8. Familienbericht erschienen. Die Leitung hatte der Arbeitsrechtler Gregor Thüsing. Er wird mit einem Ergebnis zitiert: »Mehr als 40 Prozent der Eltern minderjähriger Kinder leiden (...) oft oder immer unter Zeitdruck.« (Oestreich 2011) Bringt man/frau nun beides zusammen, die niedrige Rente aufgrund von Teilzeitarbeit und der Zeitdruck auf Eltern bei Vollzeitarbeit, so muss geradezu zwangsläufig die Forderung nach einer 30-Stundenwoche für alle Erwerbstätigen und bessere Bezahlung vor allem in Frauenberufen lauten.

Wenn schon die der Politik und Regierung zuarbeitenden WissenschaftlerInnen nur die jeweilige Fragestellung – in dem Fall Auswirkungen der Erwerbsarbeitszeiten auf die Altersversorgung – im Blick haben, darf man/frau sich nicht wundern, dass politische Konzepte oft ebenso nur auf einen Teilbereich fixiert bleiben. Die vier Leserinnen der in der *taz* zu der Studie von Riedmüller/

Schmalreck abgedruckten Zuschriften haben sich auch sämtlich gegen den Rat von Riedmüller ausgesprochen. Das zeigt, wie unzufrieden Betroffene mit politischen Maßnahmen sind, die am Ende solcher Tunnelblicke stehen. Wünschenswert wäre ein Bündel von Forderungen, aus denen deutlich wird, worin die Fordernden die Ursachen für die niedrigen Renten sehen. Einige habe ich bereits genannt (bessere Bezahlung in Frauenberufen, Wunscharbeitszeiten), auf andere werde ich noch zu sprechen kommen.

Was an diesem Beispiel auch deutlich wird, ist, dass ein Tunnelblick nicht eben den Weg dafür bereitet zu fragen, ob eine politische Forderung (hier Vollzeitbeschäftigung für Frauen) systemkonform oder gar neoliberal einzustufen ist. Schnell verfängt man/frau sich im vorgegebenen Denkschema und bietet nur eine Lösung an, die auf einen Teilbereich des Problems beschränkt bleibt. Gerade angesichts des auf Frauen seitens des Gesetzgebers ausgeübten Zwangs zur Vollzeittätigkeit ist mehr Nachdenklichkeit am Platz, wenn die gleiche Forderung erhoben wird, wie sie auch PolitikerInnen stellen. Eine weiter gesteckte politische Sichtweise ist das Gebot der Stunde und es gilt die klassische Frage zu beantworten, wem eine Maßnahme nützt.

1.6 Instrumentalisierung des Feminismus

Bei der Diskussion politischer Themen wird bisweilen mit »feministisch« klingenden Argumenten für eine Sache geworben. Es wird behauptet, die in Rede stehende Maßnahme diene der Besserstellung von Frauen. Hier dazu einige Beispiele:

Die Ausdehnung der Ladenöffnungszeiten in die Abendstunden wurde damit begründet, es werde dadurch für Frauen, die ja überwiegend den Einkauf alltäglicher Gebrauchsgüter bewerkstelligen, leichter, besser gesagt stressfreier, diese Aufgabe zu bewältigen. Damit wird verschleiert, dass die Ursachen für Stress nicht die Ladenöffnungs- sondern die Arbeitszeiten und die Doppelbelastung durch Erwerbs- und Hausarbeit sind. Männer als Einkaufende waren dabei zudem ausgeblendet worden. Auch geraten die Interessen der Verkäuferinnen leicht aus dem Blick. Da es sich um eine zahlenmäßig kleinere Gruppe verglichen mit den Konsumentinnen handelt, wird deren Situation von den BefürworterInnen in den Hintergrund gedrängt. Auch die ökonomischen Interessen der ProduzentInnen an einer Erhöhung des Konsums stehen nicht im Blickfeld. Vielmehr wird ein Frauenthema daraus gemacht, um die Zustimmung dazu zu erhöhen. Die Frage wird so zu einem gesellschaftlichen Teilproblem.

Mein zweites Beispiel habe ich bereits im Zweiten Teil behandelt: das Kopftuchverbot. Auch hier sollen Frauen für eine politische Maßnahme als Unterstützerinnen gewonnen werden, indem man ihnen ein Teilproblem serviert und diesem ein feministisch sein sollendes Argument beigibt. Das Kopftuch wird zum Symbol für Frauenfeindlichkeit erklärt, um Zustimmung zu seinem Verbot zu erhalten.

Auch mein drittes Beispiel folgt diesem Muster, ist noch gravierender als die beiden ersten. Es geht um die Erhöhung gesellschaftlicher Zustimmung zu Kriegen gegen Länder oder gegen Terroristen, die Frauen unterdrücken. So geschehen im Irakkrieg, als die USA eine Kampagne mit dem Slogan »Frauen für einen freien Irak« lancierten, in die auch die damalige First Lady, Laura Bush, einbezogen wurde (Affront Hrsg 2011, S. 93). Aber nicht nur Neokonservative machen sich frauenfreundlich scheinende Argumente für ihre Zwecke zunutze. Der frühere Bundesaußenminister Joschka Fischer begründete den Krieg gegen Serbien unter anderem mit den Massenvergewaltigungen, die dort stattfanden (ebd., S. 100). Ebenso beklagte er das »himmelschreiende Unrecht« in Afghanistan und die dortige »Entwürdigung der Frau« (ebd., S. 93). Wie in meinen beiden ersten Beispielen wird auch hier versucht, mit dem Frauenargument die Akzeptanz zu erhöhen, die realen Kriegsinteressen werden verschleiert. Darüber hinaus wird versucht, antimilitaristische Aktivitäten zu bremsen oder zu spalten (ebd., S. 103).

Heruntergespielt oder gar verheimlicht werden die Rahmenbedingungen des jeweiligen Kriegs, die alles andere als frauenfreundlich sind. Einige davon möchte ich hier stichwortartig benennen, die von Aktivistinnen aus antimilitaristischen Zusammenhängen angeführt werden:

- In Afghanistan wurde der Einfluss von Frauen in ihren Gemeinschaften ignoriert, Gleichstellung nach westlichem Muster gefordert, dörfliche Gemeinschaften zerstört, billige Arbeitskräfte für den prekären Arbeitsmarkt geschaffen und Frauen ihrer bisherigen Rechte beraubt (ebd., S. 98).
- Durch Kriege werden patriarchale Strukturen gestärkt. Nach der Niederlage im Vietnamkrieg kam es in den USA zu einer »dramatischen Remaskulinisierung der Zivilgesellschaft«, es entstand eine gewaltige »paramilitärischen Subkultur«, wie eine Studie von 1994 über Gewalt und Männlichkeit belegte (ebd., S. 93).
- Wo sich Militär etabliert, entstehen Bordelle, Soldaten vergewaltigen, auch »friedenstiftende« Blauhelme der UNO (ebd., S. 99, 96).

Dagegen betonen die Aktivistinnen in feministischen antimilitärischen Zusammenhängen – anders als in den Mainstream-Friedensbewegungen – auch die alltägliche Gewalt (ebd., S. 106). Sie fordern eine Diskussion über die Verbindung von Gewalt, Patriarchat, Männlichkeit und Krieg. Daran bestehe aber kein ernsthaftes Interesse, schätzt eine Aktivistin aus antimilitaristischen Zusammenhängen (ebd., S. 108).

Es soll hier nicht nur vor feministisch anmutenden Begründungen für politische Forderungen gewarnt werden. Wichtig ist auch, sich bewusst zu machen, dass Frauen umfassende politische Ziele vertreten und ein hohes Interesse an einer grundlegenden Veränderung von Machtverhältnissen in der Welt haben (ebd., S. 105). In Gruppierungen, die entweder pseudofeministische Argumente vertreten oder keine Bereitschaft zeigen, in eine Diskussion über das sehr viel weiter gehende politische Thema einzutreten, geschieht dies nicht. Dort können Feministinnen keine politische Heimat finden.

1.7 Formulierung einer utopischen Gesellschaft ohne Benennung der Schritte dorthin

Seit ein paar Jahren ist, vor allem bedingt durch die Wirtschafts- und Finanzkrisen, immer öfter davon die Rede, wie wichtig es sei, Utopien zu entwerfen, sich eine andere Gesellschaft vorzustellen. Das finde ich sehr erfreulich, schien in linken, alternativen Zusammenhängen doch lange Zeit die Kritik am Bestehenden zu überwiegen. Auch Zukunftswerkstätten, eine Methode, die jahrzehntelang im Abseits stand, werden wieder aufgemacht. Sie verfolgen das Ziel, Schritte zu entwickeln, die zu den zuvor erträumten Utopien hinführen. Dahinter steht die einleuchtende Erkenntnis, dass es leichter ist, das Ziel zu finden, als den Weg darauf zu. Diese Schwierigkeit nicht verkennend, wäre es unfair, denjenigen, die Utopien formulieren, ohne auch Wege dorthin anzugeben, dies vorzuhalten. Ich halte es aber für durchaus berechtigt, zu verlangen, dass zu einem Ziel wenigstens erste Schritte aufgezeigt werden. In einem feministischen Kontext sehe ich aber noch ein weiteres Problem: Utopien fallen durch Geschlechtsneutralität auf. Auch das ist verständlich. Nicht nur bei Feministinnen, bei vielen Frauen und Männern ist heute der Wunsch nach einer Gesellschaft verbreitet, in der »das Geschlecht keine Rolle mehr spielen« möge, besser gesagt, in der es keine Diskriminierung aufgrund des Geschlechts, keine Schlechterstellung eines großen Teils von Frauen mehr geben möge. Daraus entwickeln sich dann geschlechtsneutrale Utopien. Um so wichtiger ist es aber dann, deutlich zu machen, mit welchen ersten, geschlechtsspezifisch zu formulierenden Schritten, man/frau von einer frauendiskriminierenden zu einer neuen, geschlechtergerechten Gesellschaft kommen kann.

Ein Beispiel für das Fehlen von auf das Ziel ausgerichteten Schritten ist Frigga Haugs Vier-in-einem-Perspektive (2008). Dabei handelt es sich um eine Zukunftsvision, in der Frauen wie Männer die gleichen Aufgaben übernehmen sollen und gleiche Rechte haben. Die Tätigkeiten beschreibt sie für vier Bereiche:

- den der Arbeit an den notwendigen Lebensmitteln in der Form der Erwerbsarbeit,
- den der Arbeit an sich selbst und anderen Menschen,
- den der Entfaltung schlummernder Anlagen durch lebenslanges Lernen,
- und den des Eingreifens in die Gestaltung von Gesellschaft (Haug 2008, S. 20).

Alle vier Bereiche sollen zeitlich in etwa den gleichen Umfang haben. Daher müsse es eine Verkürzung der Erwerbsarbeitszeit für alle geben und ein Grundeinkommen, das nicht bedingungslos sein soll, sondern selbstverständlich voraussetzt, dass Menschen sich in allen vier Bereichen engagieren und insbesondere die Reproduktionsarbeit von Männern wie Frauen übernommen wird, womit sich der Streit ums Erziehungsgeld erledige (ebd., S. 21 f). Sie äußert sich aber in ihrem Entwurf nicht einmal zu der Frage, wie es gelingen kann, Männer für eine gleiche Beteiligung an Haus- und Sorge-Arbeiten zu gewinnen. Diesen Mangel halte ich nicht für unerheblich. Er wird noch dadurch verstärkt, dass Haug mit ihrem Buch besonders Frauen ansprechen will (ebd., S. 11). Da bohrt sie das dünnere Brett, denn Frauen leben ja bereits heute mehrheitlich eine andere Zeitstruktur, wie die Daten aus dem ersten Gleichstellungsbericht gezeigt haben und dies besonders in den Phasen, in denen ihnen aus der Kinderbetreuung und der Pflege von Familienangehörigen zeitlich hohe Ansprüche erwachsen.

Einen großen Mangel sehe ich bei solchen geschlechtsneutral formulierten Utopien darin, dass zur Lücke, die zwischen der durch Geschlechterungleichheit geprägten Gegenwart und der Vision einer Zukunft der Geschlechtergleichheit klafft, kein wie immer rudimentärer Entwurf von Maßnahmen vorgelegt wird, die geeignet sind, die Lücke zu schließen. Dieses Manko kann leicht zu geschlechtsneutral gehaltenen Forderungen wie denen in diesem Teil in 1.4 führen – mit den bereits beschrieben Problemen.

1.8 Politische Kultur als innerorganisatorischer Sexismus

Als »fortgesetzte sexistische Verhaltensweisen und Strukturen auch in linken und linksradikalen Zusammenhängen« (Affront 2011, S. 64) und als männliche Dominanz (Affront Hrsg 2011, S. 164) oder noch drastischer als Polit-Mackertum (ebd., S. 170) bezeichnen Feministinnen das, was sie in ihren gemischten Organisationen erleben. Sie kritisieren die starke Präsenz hegemonialer Männlichkeitsbilder, die sich eigentlich in linken Zusammenhängen verbieten sollten (ebd., S. 126). Auch Männern sind diese Kritikpunkte nicht fremd, wie ein Genosse meint: »Ich würde (…) behaupten, dass viele Männer, die sich gegen Sexismus engagieren, sehr viele der Normen, mit denen sie als Mann sozialisiert wurden, aufrechterhalten.« (ebd., S. 265).

Was ist mit diesen Stichworten gemeint? Frauenfeindlichkeit, offenen Sexismus und Antifeminismus in der Partei *Die Linke* beschreibt Christel Buchfinger für sich und andere Feministinnen: »Wir erleben eine politische Kultur, die auf Großspurigkeit, Lautstärke und Aggressivität gründet, wir erleben persönliche Anmache, Beleidigungen und Versuche, uns lächerlich zu machen, wir erleben ständiges Übergangenwerden, Unterbrechungen unserer Rede, Abwertungen und das ganze Arsenal von Handlungen und Haltungen, die seit 100 Jahren von Feministinnen angeklagt werden. Die Angriffe sind umso dreister, je mehr es um Themen wie Gleichberechtigung, Feminismus, Gender, Quote und allgemein ›Frauenthemen‹ geht. Solche Verhaltensweisen gegenüber Menschen anderer Hautfarbe oder Türken würde sofort den Vorwurf des offenen Rassismus hervorrufen. Gegenüber Frauen ist das alles möglich und wird weithin auch von jenen geduldet, die nicht aktiv an diesem Klima mitwirken.« (Buchinger 2010, S. 33)

Da geht es einmal um die Kommunikation: »Reden in Lautstärken und mit Raumansprüchen, dass andere Anwesende an die Wand gedrückt werden und nicht mehr zu Wort kommen, ist so ein Beispiel. Oder das Redeverhalten Einzelner, bei dem alle Anwesenden live an unausgereiften Denkprozessen teilnehmen müssen, nimmt nicht nur extrem viel Zeit in Anspruch, sondern es stellt auch eine Form dominanter Raumnahme dar. Männer scheinen immer noch zu lernen, dass egal, wo sie sich befinden, sie zu allem etwas sagen können, gerne auch mal lauter, gerne auch mal unüberlegt, sich gegenseitig wiederholend, gerne auch mal länger, als der Gruppengröße und Situation angemessen. Erklärungen der Welt und des eigenen Wissensfundus werden.« (LaRAGE 2011, S. 144)

Diese Schilderung erinnert mich an einen Kollegen, dessen Redeweise ich ihm gegenüber einmal so charakterisiert hatte: »Du sprichst so, dass man das Gefühl bekommt, du hältst eine Rede an das Volk.« Tatsächlich waren aber nur ca. zwei Hände voll Menschen im Raum, auf keine/n davon bezog sich der Kollege, er wandt sich an eine anonyme Zuhörerschaft, von der, wie bei einem zahlreichen Publikum üblich, keine Diskussionsbeiträge erwartet werden. Jahre später begegneten wir uns wieder und er sprach mich auf meine damalige Bemerkung hin an. Sie war offensichtlich mit Langzeitwirkung bei ihm angekommen.

Zu den innerorganisatorischen Problemen gehört auch, dass in verschiedenen Organisationen das Bild des Kämpfers als Prototyp der Organisation vermittelt wird. So erleben es Antifaschistinnen (Affront Hrsg 2011, S. 127) und so hat es vor etlichen Jahren wohl auch eine junge Aktivistin bei Greenpeace erlebt, die dieses Thema ansprach und bezogen auf die sich anschließende Diskussion meinte, diese werde wohl in die Geschichte als »Sexismus-Diskussion« eingehen. In ein

Kämpfertum wollen die Kritikerinnen dieses Politikstils nicht integriert werden, sie wollen auch nicht, um ihrerseits gehört zu werden, gezwungen sein, diesen Stil zu kopieren. Ihre Kämpfe tragen sie auf andere Arten aus, die aber nicht prägend für die Organisation sind. Offenbar gibt es in manchen linken Zusammenhängen auch eine geschlechtsspezifische Arbeitsteilung, die von den Mitgliedern von LaRAGE beschrieben wird mit: Frauen organisieren, leisten das, was als Reproduktionsarbeit gilt (ebd., S. 127), Männer präsentieren *sich* nach außen (LaRAGE 2011, S. 145, Herv. von mir). Es wird von Feministinnen auch darauf hingewiesen, dass es in einigen linken Zusammenhängen zu sexualisierter Gewalt käme, allerdings ohne dabei Einzelheiten zu nennen (Affront 2011, S. 192, 197).

Einige dieser Kritikpunkte sind Merkmale einer männerbündischen Kultur, auf die ich bereits im zweiten Teil eingegangen bin (s. 2. Teil, 3.4.1). Dort habe ich die Studie der Wissenschaftler Höyng und Puchert zitiert. Ihrer Untersuchung stellen sie eine Aussage von Eva Kreisky voran, die 1994 das Männerbündnis als eine Standardform von Staat und Politik bezeichnet hatte (Höyng und Puchert 1998, S. 159). Die von den beiden Autoren untersuchte politische Verwaltung, beschreiben die Forscher als Wirkungsfeld von Männerbünden. Deren Merkmale sind mir besonders wichtig, da sie sich gut auch auf andere politische Organisationen übertragen lassen:

- Die Arbeitsmoral:
  Man muss verfügbar, dauernd am Arbeitsplatz bzw. bei allen Treffen und Terminen anwesend sein und über die Grenzen körperlicher und psychischer Belastbarkeit hinausgehen. Ein derartiger Arbeitseinsatz stellt einen Wert an sich dar. Menschen die sich weniger intensiv engagieren können oder wollen, geraten schnell in einen Teufelskreis, indem sie auch nicht mehr für solche Aufgaben angesprochen oder ermutigt werden, die einen geringeren Einsatz erfordern. Gerade in politischen Organisationen wird oft ein Arbeitsdruck dadurch geschaffen, dass eine Stimmung heraufbeschworen wird, zu einem Thema oder einem konkreten Anlass (im Endeffekt dann bei fast allen Anlässen) sei es ungeheuer wichtig, sich zu beteiligen, Stellung zu beziehen, Veranstaltungen anzubieten, eine Demo zu organisieren, sich an einer Demo zu beteiligen, Flugblätter zu schreiben und zu verteilen etc. Außerplanmäßige Termine werden zur Vorbereitung angesetzt oder Ähnliches. Einmal ganz davon abgesehen davon, wie wichtig es für die jeweilige Sache wirklich ist, dass solche Aktionen durchgeführt werden, dadurch, dass ein Klima ständigen Aktionismus, ein Klima des Immer-dabei-sein-Müssens erzeugt wird, bildet sich meist ein harter Kern der Immer-dabei-Seienden heraus, andere rücken in die zweite Reihe, was der Organisation selbst auf Dauer schadet, da sie in ihrer Mitgliedsstruktur stagniert und Neue sich nur schwer einbinden lassen.

- Umgang miteinander:
Einzelne, nicht alle Männer dominieren die Organisation, indem sie es sind, die sich bei der Themenwahl durchsetzen und über Aktivitäten letztlich entscheiden. In meiner Attac-Gruppe haben einmal zwei Frauen vorgeschlagen, eine Zukunftswerkstatt zu der Frage zu veranstalten, wie künftig gearbeitet werden soll. Gleich vier Männer, Meinungsführer der Gruppe, haben umgehend Bedenken zur Form der Zukunftswerkstatt angemeldet. Zwei von ihnen sagten ihre Teilnahme sofort ab, mit der Begründung, sie würden Seminare als Arbeitsform vorziehen – bei denen sie selbst die Leitung innehaben, konnte man/frau nach vorheriger Erfahrung rückschließen, also wo sie andere belehren können. An der gemeinsamen Erarbeitung eines Konzepts oder Programms für die Gruppe war ihnen nicht gelegen. Die beiden anderen Skeptiker nahmen schließlich doch teil. Alle lobten in der Feed-back-Runde das Wochenende, fanden es sehr gelungen. Als es aber darum ging, das Thema, das in der letzten Phase der Zukunftswerkstatt als besonders wichtig und notwendig für die Umsetzung erachtet wurde, für ein Jahr zum Hauptthema der Arbeit zu machen, erhoben vor allem die beiden Skeptiker lautstark Einspruch. Alles sollte so bleiben wie bisher, wo die Themenwahl stark von diesen beiden bestimmt worden war. Die beiden Initiatorinnen und Organisatorinnen der Zukunftswerkstatt haben inzwischen ihre Arbeitsschwerpunkte stärker außerhalb der Attac-Gruppe gelegt. Ein konstruktiver Umgang miteinander bedeutet nicht, sich und die eigene Meinung auf jeden Fall durchzusetzen, sondern nach Kompromissen und einem Konsens zu suchen, wenn erkennbar ist, dass einige andere Anliegen haben, die sie gerne verwirklicht sehen würden.
- Außendarstellung:
Männer beschränken sich bei der Darstellung ihres (Männer-)Bundes nach außen darauf, dessen positive Seiten zu vermitteln. So erscheinen »Männergemeinschaften als die Herren und eigentlichen Produzenten unseres Lebens«, resümieren Höyng und Puchert (ebd.; S. 163). Das, was Frauen im Hintergrund dazu beitragen, bliebe unsichtbar. In Organisationen übernehmen häufig immer dieselben Männer die Repräsentanz nach außen; dadurch entsteht ein Selbstverstärkungsmechanismus, denn es gibt in aller Regel keine politische Kultur, die – wie in den frühen Frauengruppen – die Förderung der Mitglieder anstrebt und das Ziel hat, Fähigkeiten (zum Beispiel die, öffentliche Auftritte durchzuführen) auf eine breitere personelle Basis zu stellen.
- Zusammenhalt:
In der heutigen Arbeitsgesellschaft bieten Männerbünde dem Einzelnen die Möglichkeit, neben einem beruflichen Netzwerk Selbstbestätigung und Geborgenheit zu erhalten – »eine soziale Lebenswelt statt einer formalrechtlichen Position in der Verwaltung«, so noch einmal eine Interpretation von

Höyng und Puchert (ebd., S. 162 f). Da in der Verwaltung Bürokratie und Rationalität, nicht aber emotionale Aspekte die Arbeit bestimmten, bahnten sich Gefühle einen schwer zu überblickenden Weg. Eine derart entpersönlichte Verwaltungsstruktur wäre ohne Netze, Kontakte und Verbindungen kaum zu ertragen. Sie brauche zur Entlastung andere, nicht institutionalisierte Formen, das stärker emotional geprägte Zusammensein. Es käme zur Bildung informeller Gruppen, deren Zusammensetzung sich daraus ergäbe, wer besser zur Gruppe passe (ebd., S. 161). Wie aus Untersuchungen immer wieder hervorgeht, handelt es sich dabei um einen Auswahlmechanismus, der zur Homogenisierung beiträgt und zwar nicht nur im informellen Bereich, sondern auch bei der Besetzung von Stellen. Frauen werden bei Männerbünden in der Regel nicht ausdrücklich ausgeschlossen, sie könnten an Gruppenaktivitäten teilnehmen, hätten allerdings kein Gewicht, träten nicht in Erscheinung. »In Gruppierungen im Berufsleben, beispielsweise bei Besprechungen, beschäftigen sich Männer mehr mit dem Verhalten anderer Männer und nicht so sehr mit dem Verhalten anderer Frauen. Sie beachten andere Männer mehr, fallen Frauen ins Wort, bestätigen andere Männer und nehmen deren Vorschläge in einer Weise auf, wie sie es bei Frauen nicht tun. Durch die verbale und nonverbale Kommunikation wird ein immer engerer Kreis um die Männer gezogen, zu dem Frauen nicht gehören.« (Stechert, zit nach Höyng und Puchert 1998, S. 170)

Ähnliche Erfahrungen des ausgeschlossen Seins/ausgeschlossen Werdens habe ich in einer kleinen gemischten Arbeitsgruppe gemacht. Termine und Verabredungen, die gemeinsam getroffen wurden, wurden von den Männern nicht eingehalten. Auf das Problem von mir angesprochen, gab einer zu, er arbeite gerne mit Männern, was ich mit »lieber mit Männern« übersetzte. Es war nicht die Erfahrung einer gläsernen Decke, sondern die einer gläsernen Wand, an der ich mich stieß und durch die ich nicht zu den anderen gelangen und mich als gleichwertiges Mitglied einbringen konnte.

- »Weicheier« und »Mit-Täterinnen«:
Abschließend möchte ich betonen, dass bei allen angesprochenen Punkten auch diejenigen Männer ins Hintertreffen geraten, die sich nicht so eloquent einbringen und die an dem Platzhirschgerangel nicht teilnehmen können oder wollen. Einer der Meinungsführer von Attac bezeichnete einen Kollegen, der sich anders verhält, hinter dessen Rücken als »Weichei«. Auch soll auf gar keinen Fall verschwiegen werden, wie oft Frauen in gemischten Gruppen die Meinungsführerschaft von einzelnen Männern ausdrücklich unterstützen, sich selbst mit einer marginalen Position begnügen oder diese vor sich rechtfertigen, indem sie sich als weniger belesen, kompetent etc. bezeichnen und

damit helfen, den Männerbund zu stabilisieren. Darin besteht eine Art Mit-Täterschaft von Frauen.

Zusammenfassung und Fazit

An inhaltlichen Gründen, die es FeministInnen mit einem gesellschaftsverändernden Anspruch heute schwer machen (können), sich linken, alternativen Gruppierungen anzuschließen, habe ich genannt:

- eine problematische Einstellung zur Sexualität, die sich darin äußert, dass ficken als Waffe, Bestrafung oder Herabsetzung abstrakten wie realen Gegnern gegenüber eingesetzt wird,
- eine Ignoranz
  - gegenüber Forderungen, Erkenntnissen und Entwicklungen der Frauenbewegungen,
  - gegenüber Forschungsergebnissen und Theorien feministischer WissenschaftlerInnen,
  - insbesondere zu Fragen der Geschlechterverhältnisse und dem Re-/Produktionsbereich,
- eine Bereitschaft, den Fokus bei politischen Forderungen auf die Situation von Frauen zu legen, eine Perspektive, die Gefahr läuft, nicht nur die jeweils männliche Seite zu vernachlässigen, sondern auch das zugrunde liegende Problem in seiner Gesamtheit außer Acht zu lassen,
- eine Tendenz, wichtige politische Forderungen »geschlechtsneutral« zu formulieren, was de facto eine ausschließliche Berücksichtigung der sozialen Situation von Männern bedeutet, falsches Bewusstsein hervorbringt und in eine falsche Richtung führen kann, weil die andere Hälfte der Welt außen vor bleibt,
- politische Forderungen, die sich auf Teilbereiche beziehen, hinter denen kein stimmiges Gesamtkonzept erkennbar ist,
- scheinbar feministische Argumente für ein politisches Vorhaben benutzen, die sich auf einen Teilbereich beziehen, den Gesamtzusammenhang ausblenden und die realen Interessen vernebeln im Bestreben, eine größere gesellschaftliche Akzeptanz zu gewinnen,
- eine sehr positive Neigung, Utopien zu formulieren, die jedoch bisweilen mit dem Mangel fehlender erster Schritte zu deren Realisierung behaftet ist, wobei die Gefahr besteht, dass frauenrelevante Forderungen auf der Strecke bleiben, weil für das Schließen der Lücke zwischen einer, Frauen diskriminierenden Realität und einer für alle Geschlechter gleich geltenden Vision keine ersten Schritte benannt werden.

- Zu diesen inhaltlichen Problemen kommt eine männerdominierte innerorganisatorische Struktur, die viele Merkmale von Männerbünden aufweist.

1.9 Keine politische Heimat für Forderungen und Erkenntnisse der Zweiten Frauenbewegung

Obwohl ich in diesem Abschnitt keine systematische Analyse linker Politik vorgenommen, sondern nur Beispiele herausgegriffen habe, lassen sich daraus Antworten auf die am Ende des ersten und zweiten Teils aufgeworfenen Fragen geben.

- Durch die sexistische Ignoranz werden in linken, alternativen, gesellschafts- oder systemkritischen Organisationen feministische Positionen weitgehend ausgeblendet.
- Insbesondere der Re-/Produktionsbereich führt ein Schattendasein. Linke und alternative Organisationen beziehen sich unter dem Stichwort »Geschlecht« größtenteils auf den Arbeitsbereich und hierbei wiederum überwiegend auf die Erwerbsarbeit. Das, was darüber hinaus die »Hälfte der Welt« ausmacht, zum Beispiel Bevölkerungspolitik, die Probleme, die aus der Entwicklung der Reproduktivkräfte entstehen, ist in diesen Organisationen häufig kein Thema. Sie wird eher selten gleichberechtigt mit anderen Teilen mitgedacht und fließt von daher nicht grundsätzlich in politische Konzepte ein.
- Die Geschlechtsneutralität politischer Forderungen zeigt, dass das, was ursprünglich mit Gender Mainstreaming gemeint und intendiert war, eine Vorab-Prüfung der Auswirkungen einer politischen Maßnahme auf die Geschlechter, nicht stattfindet.
- Ein Emanzipationskonzept wird nicht grundlegend herausgearbeitet und gegen ein individualisiertes Verständnis in den politischen Diskurs eingebracht.
- Dazu kommt eine weit verbreitete, männerbündische Organisationsstruktur, die feministisch orientierte Organisationsmitglieder kritisieren und innerhalb derer sie sich nicht ihren Wünschen entsprechend engagieren können.
- Für Feministinnen scheint es nur die Wahl zwischen einer eigenen Organisation bzw. der Bildung einer Untergruppe innerhalb einer Organisation zu geben, also eine von den beiden Verhaltensweisen, die von Beginn der Frauenbewegungen an praktiziert wurden, oder sie finden sich damit ab, dass in linken bzw. alternativen oder gesellschaftskritischen Organisationen ihrer Wahl Frauenthemen und feministische Positionen keinen gebührenden Raum haben.

Wollen die besagten Gruppierungen sich die andere Hälfte der Welt aneignen, würde dies vor allem ihr politisches Spektrum vervollständigen, sie hätten darüber hinaus eine gute Chance, FeministInnen eine politische Heimat zu bieten. Letzteres würde umso mehr gelingen, je mehr sie sich vom traditionellen Politikstil entfernen und Elemente einer Kultur übernehmen, die antihierarchisch und basisdemokratisch ausgerichtet ist und schon in den Anfängen der Zweiten Frauenbewegungen entwickelt wurde. Erfreulicherweise geschieht dies teilweise in jüngeren Organisationen (wie etwa Transition Towns), die erkannt haben, dass zu einer anderen Gesellschaft auch andere Kommunikationsstrukturen gehören und dass es notwendig ist, diese bereits hier und heute einzuüben.

Literatur

Affront (Hrsg) (2011) Darum Feminismus! Diskussionen und Praxen. Unrast, Münster
Buchinger Christel (2010) Fragen an ein linkes Projekt. In: Haus Frigga (Hrsg) (2010) Briefe aus der Ferne. Argument, Hamburg, S. 33–37
Haug Frigga (2008) Die Vier-in-einem-Perspektive. Argument, Hamburg
Holuba Stefanie (2009) Resümée. In: Holuba Stefanie (Hrsg) (2009) Was hat Arbeit mit Leben zu tun?, S. 96–97
Höyng Stephan und Puchert Ralf (1998) Die Verhinderung der beruflichen Gleichstellung. Männliche Verhaltensweisen und männerbündische Kultur. Kleine Verlag, Wissenschaftliche Reihe Bd 108, Bielefeld
Kaul Martin (2012) Raus aus der Dorfschänke. In taz vom 11. 4. 2012
Lange Maren (2011) Die Liebe hält das Schweinesystem perfekt am Laufen – Über Beziehungen und Nähe, Normen und Utopien. In: Affront (Hrsg) (2011) Darum Feminismus! Diskussionen und Praxen. Unrast, Münster, S. 241–256
LaRAGE (Gruppe Raum und Gender) (2011) Raumaneignungen feministisch gedacht. In: Affront (Hrsg) (2011) Darum Feminismus! Diskussionen und Praxen. Unrast, Münster, S. 142–150
Oestreich Heide (2011) Rentner sollen ihre Zeit stiften. In: taz v. 29.10.2011
Otto Adeline (2009) Die Idee des bedingungslosen Grundeinkommens. Wider die Verwertungslogik des Menschen nach ökonomischer Nützlichkeit. In: Holuba Stefanie (Hrsg) (2009) Was hat Arbeit mit Leben zu tun?, S. 85–95
Robeyns, Ingrid (2010) Feminism, Basic Income and the Welfare State. In: Bauhardt Christine und Çağlar Gülay (Hrsg) (2010) Gender and Economics. Feministische Kritik der politischen Ökonomie. VS Verlag, Springer, Wiesbaden, S. 132–148
Schmollack Simone (2012a) Die Ost-Mutter als Vorbild. Trotz guter Ausbildung werden viele Frauen nicht von ihren Renten leben können. Im Vorteil sind die Ostdeutschen: Sie arbeiten häufiger in Vollzeit. In: taz vom 25.1.2012
Schmollack Simone (2012b) Personalausweise ohne Geschlechtsangaben. In: taz vom 11. 4. 2012

Sauer Birgit (2010) Femifest. Ein feministisches Manifest? In: Haus Frigga (Hrsg) (2010) Briefe aus der Ferne. Argument, Hamburg, S. 235–240

Soiland Tove (2009) Gender oder Von der Passförmigkeit der Subversion. Über die Konvergenz von Kritik und Sozialtechnologie. In: Argument 281, Heft 3/2009, S. 409–419

Wettig-Danielmeier Inge und Oerder Katharina (2011) Feminismus – und Morgen? Gleichstellung jetzt. Vorwärts Buch, Berlin

Wiesental Ann (2011) Antirassistische Grenzcamps und feministische Perspektive – Aushandlungsprozesse entlang von verschränkten Machtverhältnissen. In: Affront (Hrsg) (2011) Darum Feminismus! Diskussionen und Praxen. Unrast, Münster, S. 77–91

Überwindung des Sexismus in der Linken ist machbar

2

Wie nun linke, alternative, gesellschaftskritische Organisationen dazu kommen können, sich der anderen Hälfte der Welt zuzuwenden, ist keine leicht zu beantwortende Frage. Der geringe Erfolg von Selbstverpflichtungen wird in anderen Zusammenhängen immer wieder betont. Ich möchte zwar nicht annehmen, dass die hier Angesprochenen sich ebenso hartleibig zeigen wie Unternehmer, trotzdem ist die Frage berechtigt, ob die Initiative wie in den Anfängen der Frauenbewegung wieder von Frauen ausgehen muss. Müssen vielleicht erst wieder Tomaten geworfen werden?

2.1 Chancen für den Erfolg eines Tomatenwurfs gegen linke Chauvis

Da sich bei dem, was einige Feministinnen heute an linken Zusammenhängen monieren, die Parallelen zu der Kritik von 1968 aufdrängt, stellt sich die Frage, warum heute keine Tomaten geworfen werden. An politische Parteien gerichtet, lässt sich die Antwort schnell geben: Dort gilt es, nach außen Loyalität zu demonstrieren, die oft zitierte Geschlossenheit. Für innerparteiliche Kritik bleibt nur ein nicht-öffentlicher Weg. Die symbolischen Tomaten, die dort möglicherweise geworfen werden, erfahren keine mediale Aufmerksamkeit.

Mit symbolischen Tomaten hatte die stellvertretende *FDP*-Bundesvorsitzende und Wiesbadener Stadtverordnete Brigitte Susanne Pöpel geworfen, als sie ihren Austritt aus der Fraktion und Partei Anfang Januar 2012 damit begründete, junge männliche Karrieristen dominierten die Fraktion, ein frauen- und familienfeindlicher Ton sei dort die Regel (Euler 2012). Die Bundesvorsitzende der Liberalen Frauen, Doris Buchholz, bestätigte, bei der *FDP* handle es sich um einen Männerverein und ergänzte: »Sie haben in der *FDP* unheimlich Gegenwind, wenn Sie zu den Liberalen Frauen zählen.« (Klasen und Klein 2012) Dann aber bekam Pöpel, anders als Helke Sander nach ihrer »Tomatenwurf-Rede«, keinen Rückenwind von anderen Frauen. Die Europaabgeordnete Nadja Hirsch bestätigte zwar die generelle Männerdominanz, fügte aber gleich hinzu, es läge auch an den Frauen selbst, daran zu arbeiten (ebd.). Auch die Vorsitzende der *FDP*-Fraktion in der Hamburger Bürgerschaft, kann nicht erkennen, dass ihre Partei ein Männerverein sei (ebd.). In der Presse erschien die Frauenkritik nur mehr wie ein weiteres Symptom für den Niedergang dieser Partei, inhaltlich ging mann/frau kaum auf die Vorwürfe ein. Auch wenn die *FDP* alles andere als eine linke Partei ist, ist diese Reaktion doch symptomatisch für die Parteienlandschaft. Auf Frauenkritik in der *SPD* bin ich oben bereits unter dem Stichwort sexistische Ignoranz eingegangen (s. 3. Teil, 1.2.). Aber auch in anderen Organisationen können Feministinnen mit ihrer Kritik weder auf die Zustimmung anderer Frauen, noch auf die einzelner Männer rechnen. Dort, wo Frustration nicht zur Lähmung von Feministinnen geführt hat (Affront Hrsg, S. 165), haben sich nicht selten Frauen abgesetzt (ebd., S. 170 f), ohne großes Aufsehen zu erregen, nicht zuletzt auch deshalb, weil die Gruppierungen, in denen dies geschah, bei weitem nicht den Bekanntheitsgrad und die Bedeutung des *SDS* im Jahr 1968 haben. Andere Kritikerinnen haben Untergruppen gebildet, so z. B. die feministische Antifa-Gruppe, Fantifa (Affront Hrsg, S. 121) und feminist attac. Auch gibt es feministische Antikriegszusammenhänge (ebd., 106, 108), aber bekannt sind diese nicht einmal innerhalb des linken, alternativen Spektrums.

Dagegen hatte es sich beim Tomatenwurf um einen solidarischen Akt von Frauen gehandelt, die in einer Untergruppe des *SDS* organisiert waren. Wenn sich Interventionen von Frauen innerhalb ihrer Organisationen auf den Satz beschränken »Ihr habt (mal wieder) die Frauen vergessen« und dies wiederholt geschieht, nutzt sich der Einwand bald ab. Es ergeben sich daraus keine Grundsatzdiskussionen, wie es bei der Forderung nach Einbeziehung des »Privaten« in die politische Diskussion 1968 der Fall war.

2.2 Feminisierung der Linken statt Re-Politisierung des Feminismus

Die Frage nach einem Tomatenwurf zu stellen, erschien mir sinnvoll, da es nach den im ersten Abschnitt über Sexismus in linken und alternativen Organisationen zusammengestellten Kritikpunkten nahe liegt, die heutige Situation mit der im *SDS* von 1968 zu vergleichen. Sinnvoll ist die Frage aber auch insofern, als die Zielscheibe der Tomaten damals Männer aus der eigenen, linken Organisation waren. Heute werden dagegen andere Vorschläge gemacht. Übereinstimmend beklagen Gisela Notz und Katharina Oeder, die Entpolitisierung. Erstere bezogen auf Frauen- bzw. Genderforschung (Notz 2011, S. 124), letztere, indem sie eine neue politische Frauenbewegung einfordert (Wettig-Danielmeier und Oerder 2011, S. 85). Immer wieder geht durch die Medien der Ruf nach einem neuen Feminismus (einige Beispiele dazu in Haug 2008, S. 12 f). Zielscheibe ist dabei der Feminismus. Von diesem Ansatz möchte ich mich abheben. Meiner Meinung nach kann es nicht darum gehen, eine neue Frauenbewegung oder einen neuen Feminismus herbei zu wünschen. Vielmehr sollte dort angesetzt werden, wo auch frühere Frauenbewegungen ihren Anfang nahmen: in politischen Bewegungen, die für andere gesellschaftliche Verhältnisse eintraten, wie ich im ersten Teil referiert habe. Dort hatten sich gesellschaftskritische Frauen engagiert und dort war ihnen bewusst geworden, wie unzureichend die Politik war, für die ihre Kollegen eintraten, was ausgeklammert wurde und wo es blinde Flecken gab.

Heute engagieren sich (junge) Frauen in Bewegungen und Organisationen, deren Ziele, wenn auch nicht immer ausdrücklich so formuliert, letztendlich auf tiefgreifende Veränderungen hinaus laufen. Frauen fühlen sich dabei oft stärker von Themen wie Ernährung, Kleidung und Umwelt angesprochen. Dort, wo Frauen zahlenmäßig stark vertreten sind, prägen sie meist auch die Umgangsformen in den Gruppen. Geht es dagegen um Information über bestimmte Themen, vor allem in größeren Zusammenhängen, wie die Finanzkrise, den Sozialabbau etc., sind es häufig Männer, die das Wort führen und Vorträge halten, ein eher traditioneller Politikstil herrscht vor. Hier muss sich etwas ändern, im Interesse der vertretenen Inhalte und im Interesse der Beteiligten.

Mir geht es also weniger um eine Re-Politisierung »des Feminismus«, zumal das Verständnis von Feminismus heute so diffus und widersprüchlich ist. Sehr viel wichtiger ist mir eine Feminisierung gesellschaftskritischer Organisationen. Damit meine ich zweierlei, eine Vervollständigung der politischen Ziele und eine Änderung der politischen Kultur. Die Zweite Frauenbewegung hat dafür Anregungen gegeben. Inzwischen hat sich feministische Forschung weiter entwickelt, z. B. auf dem Gebiet feministischer Ökonomie. Diese Beiträge gilt es jetzt aus ihrem akademischen Elfenbeinturm zu befreien, sie in eine breiteren Kreisen verständliche Sprache zu übersetzen und sie politikfähig zu machen.

Ist eine Feminisierung der Linken und alternativer Bewegungen möglich? Die im ersten Abschnitt dieses Teils zitierten Kritikerinnen sind da eher pessimistisch. Frau kann es ihnen nicht verdenken. Die Wahrscheinlichkeit, dass eine sich links verstehende Gruppierung die Notwendigkeit sieht, sich über ein kleines südamerikanisches Land zu informieren, ist ungleich höher als die, dass sich die Gruppierung mit der Situation der Re-/Produktion in Haus- und Sorgearbeit auseinander setzt, wage ich zu behaupten. Dennoch möchte ich an dem festhalten, was Frauen in den Anfängen der Frauenbewegungen wollten. Ihr Wunsch bzw. ihre

Forderung war es, dass sich ihre Herkunftsorganisationen für Ziele öffnen sollten, die die Lebenssituation *aller* Menschen betreffen, also ausdrücklich auch für »die andere Hälfte der Welt«. Wenn ich dies mit Feminisierung bezeichne, so will ich damit klar zum Ausdruck bringen, dass es um mehr geht als um »gegenderte« Podiumsdiskussionen. Denn Feminismus hat nur am Rande etwas mit sichtbarer Präsenz von Frauen zu tun. Auch geht es in meinem Verständnis von Feminismus nicht um Gleichstellung im Sinne einer gleich starken Repräsentanz von Frauen und Männern in jedem nur denkbaren Teilbereich, von Basketball bis Autofahren. Feminismus zielt auf eine andere Gesellschaft, eine Gesellschaft, in der eine ungleiche Aufteilung gesellschaftlicher Bereiche auf die Geschlechter nicht gleichbedeutend mit Schlechterstellung von Frauen (oder Männern) einhergehen darf. Um es an vier Beispielen zu verdeutlichen:

- Es muss darum gehen, dass Frauen, wenn sie mehrheitlich gesellschaftlich wichtige Arbeit leisten, deswegen nicht schlechter oder gar nicht bezahlt werden.
- Es muss darum gehen, dass theoretische, feministische Konzepte zur Ökonomie in politische Diskussionen Eingang finden.
- Es muss darum gehen, sich auch Themen wie Fortpflanzung, Bevölkerungsentwicklung und Sexualität als politischen wie persönlichen anzunehmen und Positionen zu entwickeln, die sich nicht auf Teilaspekte beziehen.
- Es muss darum gehen, dass sich alternative Organisationen andere Strukturen geben, durch die Frauen sich gleichberechtigt einbringen können.
- Die Liste darf fortgesetzt werden.

Diese Veränderungen müssen jedoch eingebettet sein in umfassende Entwürfe einer anderen Gesellschaft, so wie es zu Beginn der Frauenbewegungen auch der Fall war. Diese waren herrschaftskritisch. Heute bietet eine linke Politik – nicht notwendig eine sich links verstehende Partei – dafür den Rahmen. Denn wenn frauenrelevante Forderungen losgelöst von einem stimmigen Gesamtkonzept entwickelt werden, kann es zu den Schieflagen kommen, die ich hier im ersten Abschnitt dieses Teils und im zweiten Teil kritisiert habe. Im nächsten Abschnitt werde ich dazu meine persönlichen Utopien vorstellen, die für mich wichtige Eckpunkte einer solchen Politik ausmachen.

Zusammenfassung und Fazit

- Statt kiloweise reife Tomaten zu kaufen, setzen feministische Kritikerinnen in politischen Zusammenhängen heute eher auf innerorganisatorische Interventionen oder sie bilden eigene feministische (Unter-)Gruppen.

- Mit ihren Protesten können sie nur partiell auf Unterstützung von Kolleginnen zählen.
- Auch zeigt die Öffentlichkeit an den Inhalten ihrer Sexismuskritik wenig Interesse.
- Feministische Untergruppierungen von im weitesten Sinn linken Organisationen haben einen sehr geringen Bekanntheitsgrad.

Im Gegensatz zu anderen Autorinnen, die eine Politisierung »des« Feminismus fordern, plädiere ich für Änderungen bei denjenigen Organisationen und Gruppierungen, die sich als links, systemkritisch, alternativ verstehen oder ein ähnliches Selbstverständnis haben. (Einmal ganz abgesehen davon, dass es angesichts der Vielfalt von Feminismen und deren Unorganisiertheit unklar ist, an wen sich solche Appelle richten.) Angesichts der problematischen Ausgangspunkte, die in der Vergangenheit – wie im 1. Teil dargestellt – am Anfang von Frauenbewegungen gestanden haben und angesichts der Tatsache, dass es in solchen Gruppen immer noch viel Anlass zur Kritik gibt, sehe ich eine Bringschuld bei der Linken. Denn das, woran Feministinnen heute Anstoß nehmen, erinnert sehr stark an die Situation, die Frauen in früheren Jahren bewegt hat und die für viele von ihnen Grund zum Bruch mit ihren Herkunftsorganisationen war.

Veränderungen, die ich mir wünsche, beziehen sich sowohl auf Inhalte wie auf die politische Kultur. Was die Inhalte angeht, so muss es – auch und gerade im Interesse der Linken selbst – darum gehen, die von mir als andere Hälfte der Welt bezeichneten Bereiche zu integrieren, also vor allem bezahlte wie unbezahlte Haus- und Sorgearbeit, dazu Sexualität und Fortpflanzung. Für diese gilt es ein politisches Konzept zu entwickeln. Dazu ist es dringend geboten, dass sich die Linke mit den Erkenntnissen der frühen Frauen- und heutigen Genderforschung befasst. Was die politische Kultur angeht, so müssen neue Kommunikationsformen entwickelt werden, die es nicht nur vielen Frauen, sondern auch weniger dominant auftretenden Männern erlaubt, sich konstruktiv einzubringen. Es sollte nicht darum gehen, die eigene Meinung mit typisch männerbündischem Verhalten durchzusetzen, sondern auf andere Meinungen einzugehen und gemeinsam eine Position zu entwickeln, die für alle tragbar ist. Wenn in solchen Organisationen ReferentInnen über das in kleineren Regionen eines südamerikanischen Landes verwirklichten Konsensprinzip berichten, genießen sie eine hohe Akzeptanz. Allerdings springt selten ein Funke auf die eigene Gruppe über. Erfreulicherweise gibt es aber hier in Deutschland verschiedene politische Gruppen (z. B. Bürgerinitiativen für gentechnikfreie Zonen, die Kampagne für saubere Kleidung, Transition Towns Bewegungen) die einen anderen Stil praktizieren. Gerne darf etwas davon übernommen werden.

Literatur

Euler Ralf (2012) Austritt aus Hessen-FDP. In: FAZ vom 10.1.2012. http://www.faz.net/aktuell/rhein-main/austritt-aus-hessen-fdp-frauenfeindlichkeit-oder-enttäuschte-ambitionen-11602926.html

Haug, Frigga (2008) Attacke auf einen abwesenden Feminismus. Ein Lehrstück in Dialektik. In: Argument 274/2008, S. 9–20

Klasen, Oliver und Klein, Raimon (2012) Frauen in der FDP. Liberale Chauvis. In: Süddeutsche Zeitung vom 12.1.2012. http://www.sueddeutsche.de/politik/frauien-in-der-fdp-liberale-chauvis-1.1255996

Notz, Gisela (2011) Feminismus. PapyRossa, Köln

Wettig-Danielmeier Inge und Oerder Katharina (2011) Feminismus – und morgen? Gleichstellung jetzt. Vorwärts Buch, Berlin

Herrschaftskritische Politik braucht Orientierung wie Fixpunkte am Horizont

3

Im diesem, dem letzten Abschnitt des dritten Teils möchte ich die Kritik hinter mir lassen und den Blick nach vorne richten. Das, was ich als Utopien skizzieren werde, geht insofern auf feministische Anliegen zurück, als frauenbewegte Frauen in den Anfängen der jeweiligen Frauenbewegung Ziele hatten, die weit über eine Verbesserung der Situation von Frauen hinaus gingen. Sie wollten eine andere Gesellschaft, in der Frauen und Männer sich entfalten können. Daran möchte ich anknüpfen, aber auch Ziele alternativer Organisationen berücksichtigen.

3.1 Das Siebengestirn der Fixpunkte

Ausgehend von feministischer Kritik und dem Unbehagen an inhaltlichen wie strukturellen, innerorganisatorischen Aspekten im weitesten Sinne linker Organisationen möchte ich nun versuchen, dreierlei zu leisten: Utopien zu formulieren, Schritte aufzuzeigen, mit denen man/frau sich auf diese zu bewegen kann, aber auch deutlich zu machen, welche Vorgehensweisen gemessen an den Utopien in die Irre führen. Meine Utopien betrachte ich wie Fixpunkte am Horizont, die eine Einheit bilden und die Richtung vorgeben. Meine Schritte darauf zu sollen einen positiven handlungsleitenden Ausblick ermöglichen. Dabei schließe ich die Möglichkeit ein, dass sich im Prozess der Umsetzung dieser Schritte neue Perspektiven ergeben, die dazu führen, dass Korrekturen notwendig werden. Darüber hinaus halte ich es für außerordentlich wichtig zu zeigen, welche Schritte und/oder welche politischen Konzepte nicht zu diesen Fixpunkten führen und die ich deshalb als Irrwege bezeichnen möchte.

Bei der Formulierung von Fixpunkten möchte ich nicht plakativ verfahren, indem ich ein Ende des Kapitalismus und/oder des Patriarchats als Ziel angebe. Zum einen, weil ich keine Diskussion darüber auslösen möchte, wie stark der schon öfter tot gesagte Kapitalismus sich zu verändern und an andere Bedingungen anzupassen in der Lage ist und zum anderen, weil ich glaube, dass insbesondere der Begriff »Patriarchat« heute nicht mehr so leicht verstanden bzw. mit Inhalten gefüllt werden kann, die sich auf Strukturen beziehen. Jüngeren Menschen erscheint er vielleicht sogar antiquiert, sodass diese sich schnell abwenden könnten, was bedauerlich wäre. Auch halte ich es für besser, etwas detaillierter zu beschreiben, worum es mir geht, um meine Vorstellungen plastisch und nachvollziehbar zu machen. Nichtsdestoweniger hoffe ich im Folgenden deutlich machen zu können, dass es mir um eine Vision einer grundlegend anderen Gesellschaft mit einer anderen Wirtschaftsweise und anderen Verhältnissen zwischen den Geschlechtern geht.

3.1.1 Eine sich in ökologischem Gleichgewicht befindende Natur

Die Basis eines jeglichen Wirtschafts- und Gesellschaftssystems sind die natürlichen, klimatischen, geographischen, geologischen Gegebenheiten, sowie Flora und Fauna, also die gesamte Lebenswelt. Heute leben wir in einer ökonomisch wie politisch globalisierten Welt, in der natürliche Ressourcen der ganzen Erde von den mächtigen Nationen als Grundlage der Produktion mit dem Ziel der ständigen Profitmaximierung genutzt werden. Im Zuge dieses Profitstrebens wird Natur zerstört, verschmutzt, bedroht und ist schon teilweise ausgerottet worden. Es gibt jedoch auch Beispiele dafür, wie es in relativ kurzer Zeit gelingen kann, entstandene Schäden zu »reparieren«, dort wo noch nicht alles verloren ist. Darauf gründet sich meine Hoffnung, wenn ich als ersten Fixpunkt eine, sich in ökologischem Gleichgewicht befindende Natur nenne. Ich möchte, dass wir uns als deren Teil empfinden, als einen Teil, der keine herausgehobenen Rechte genießt und dessen Auftrag es nicht ist, sich die Natur anzueignen. Zu meiner Utopie gehört vielmehr, dass wir anderen Lebewesen und natürlichen Gegebenheiten mit Respekt begegnen und helfen, deren Lebensraum zu schützen und zu bewahren.

3.1.2 Herstellung von Gebrauchsgütern und -dienstleistungen

Mein zweiter Fixpunkt betrifft eine andere Wirtschaftsweise, eine, die auf die Herstellung von *Gebrauchs*gütern und -dienstleistungen ausgerichtet ist. Es wird geschätzt, dass wir ca. ein Drittel der derzeit erzeugten Güter nicht wirklich brauchen, möglicherweise liegt der Anteil sogar noch höher, je nachdem, was als lebensnotwendig angesehen wird. Die kapitalistische Produktionsweise lebt jedoch vom Tauschwert der produzierten Waren und Dienstleistungen, muss den

Konsum ankurbeln, um den Mehrwert zu realisieren. In meinem Fixpunkt sollen Waren und Dienstleistungen dagegen an ihrer gesellschaftlichen Nützlichkeit gemessen werden. Es geht daher um qualitativ hochwertige, langlebige Produkte, die entsprechend dem ersten Fixpunkt ressourcensparend hergestellt werden und um Dienstleistungen, die ebenfalls in hoher Qualität erbracht werden und das Zusammenleben der Menschen angenehmer gestalten.

3.1.3 Einkommen für Frauen und Männer für Erwerbs- und Nicht-Erwerbsarbeit

Mein dritter Fixpunkt betrifft die Arbeit und das Einkommen. Jeder Mensch, Erwachsene wie Kinder, soll ein Einkommen erhalten, von dem er oder sie leben kann. Dieses Einkommen setzt sich nach meinen Vorstellungen im Prinzip aus drei Teilen zusammen: aus einem Entgelt für Erwerbsarbeit, aus einem Einkommen, das für Nicht-Erwerbsarbeit gezahlt wird und aus einem Betrag, der unabhängig von geleisteter Arbeit ist und den Bedürfnissen jeder/jedes Einzelnen entspricht. Das heißt nicht, dass alle den gleichen Betrag erhalten werden. Auch stelle ich mir kein starres Schema vor, wie viel Erwerbsarbeit und wie viel Nicht-Erwerbsarbeit jede Person leisten soll. Reproduktion, genauer Haus- und Sorge-Arbeit, kommt in meiner Vision sowohl als Erwerbsarbeit wie auch als Nicht-Erwerbsarbeit vor. Sie wird weder vollständig vergesellschaftet, wie es zum Teil der Vorstellung von SozialistInnen im 19. und frühen 20. Jahrhundert entsprach, noch wird sie weitgehend unbezahlt geleistet werden. In meiner Vorstellung ist sowohl ein Angebot professioneller, personenbezogener Dienstleistungen wichtig, als auch die zeitliche Möglichkeit, diese ganz oder teilweise, je nach Lebenssituation und Erfordernis, selbst zu erbringen, dafür aber ein Einkommen zu beziehen. Wegen der im ersten Teil (4.1.3) dargestellten nicht möglichen vollständigen Durchkapitalisierung dieser Tätigkeiten wird es, egal von welchen Optionen Menschen Gebrauch machen und in welchem Umfang, stets einen persönlich erbrachten Teil insbesondere der Sorgearbeit geben.

Für die Erwerbsarbeit stelle ich mir vor, dass die Verschiedenheit der Menschen bzgl. ihrer Fähigkeiten und Talente ebenso wie körperlicher Voraussetzungen so geachtet wird, dass sie nicht als Grundlage für starke Lohnspreizungen dient.

3.1.4 Übernahme von Verantwortung für andere Menschen

Mein vierter Fixpunkt betrifft Lebensgemeinschaften. In der Welt, die ich mir wünsche, gibt es keine Ehe mehr, weder für hetero- noch für homosexuelle Paare, noch für weitere queere Menschen oder wen auch immer. Stattdessen stelle ich mir die Möglichkeit vor, verbindlich Verantwortung für andere zu übernehmen, unabhängig vom Alter und Geschlecht der Beteiligten und auch unabhängig davon, ob zwischen diesen Menschen sexuelle Beziehungen bestehen oder nicht. Solche Verbindlichkeit sollten auch befristet eingegangen werden können. Gleichzeitig muss sichergestellt sein, dass Menschen, für die niemand ausreichend Verantwortung übernimmt, von der Gemeinschaft versorgt und betreut werden. Selbstverständlich müssen die Menschen in solchen nahen sozialen Beziehungen vor Ausnutzung und Gewalt geschützt werden.

3.1.5 Kinderwunsch und Fortpflanzung

Mein fünfter Fixpunkt bezieht sich auf die Fortpflanzung. Zu den Werten, zu denen sich die Menschen in meiner Utopie bekennen, wird weder ein Recht auf ein eigenes, noch ein Recht auf ein gesundes Kind gehören. Reproduktionstechnologien werden dementsprechend verändert. Es soll Möglichkeiten der Empfängnis- und Zeugungsverhütung geben, auch Abtreibungen, aber keine mehr aus eugenischen oder sozialen Gründen. Leihmütter, In-vitro-Fertilisationen, heterologe Insemination u. ä. wird es nicht mehr geben, dafür aber entsprechend dem vierten Fixpunkt eine gesamtgesellschaftliche und individuelle Verantwortung für alle Menschen in allen Altersgruppen.

3.1.6 Beteiligung durch gewaltfreie Entscheidungsprozesse

Bei diesem Fixpunkt geht es mir um Beteiligung. Die Welt meiner Vision setzt bei Entscheidungen auf die Beteiligung der BürgerInnen. Das beginnt in kleinen Zusammenhängen und setzt sich fort hin zu größeren Einheiten. Damit solche demokratischen Beteiligungen wirksam werden können, bedarf es anderer Kommunikationsformen. Konflikte werden ausdiskutiert, Lösungen ausgehandelt, im Kleinen wie auch zwischen verschiedenen Gemeinwesen. Es wird alles daran gesetzt, gewaltfreie Lösungen für Streitigkeiten zu entwickeln. Die Erkenntnisse der Friedens- und Konfliktforschung werden dabei eine herausragende Rolle spielen.

Mir geht es um Gewaltlosigkeit und um den Frieden auf der Welt. Gewalt in jeder Form wird geächtet, von Kindheit an werden Menschen auf einen gewaltfreien Umgang miteinander hin sozialisiert. Das betrifft körperliche und psychische Gewalt, ebenso wie Gewalt in der Kommunikation.

3.1.7 Andere Sozialcharaktere

Mein letzter Fixpunkt ist eigentlich nur noch einmal eine Betonung dessen, was in einigen der vorangegangenen bereits angeklungen ist: In dieser anderen Welt werden andere Menschen leben, die die genannten Werte in ihren Sozialcharakteren verinnerlicht haben werden. Im weitesten Sinn ist es eine Welt mit einer anderen Kultur, vielleicht sogar mit einer anderen Spiritualität.

Diese sieben Punkte sind mir besonders wichtig. Alle Punkte gehören unmittelbar zusammen, sie sind miteinander verschränkt und verwoben, es gibt keine Hierarchie unter ihnen im Sinne von mehr oder weniger wichtig. Sie bilden sozusagen ein Siebengestirn, einen utopischen Orion. Auch diese meine Vision erscheint weitgehend unabhängig vom Geschlecht. Das ändert sich jedoch sofort, wenn man und frau beginnt, über erste Schritte zur Annäherung an diese Utopie nachzudenken. Die können nicht gegangen werden, ohne Geschlechterdifferenzen zu berücksichtigen.

3.2 Erste Schritte hin zu den Fixpunkten: Skandalisieren, Propagieren, Kooperieren

Die Schritte, die mir für die unmittelbare Zukunft notwendig erscheinen, möchte ich in drei Stufen einteilen: Skandalisieren, Propagieren und Kooperieren. Das Skandalisieren dient vor allem dazu, ein Bewusstsein zu wecken, wo und möglichst auch warum etwas im Argen liegt. Beim Propagieren geht es darum, Maßnahmen und Konzepte vorzuschlagen, die dem Skandalisierten etwas entgegen setzen. KooperationspartnerInnen können sich dann daraus ergeben. Ich werde, wo es sich anbietet, Organisationen und Personen nennen, die sich hinter die Vorschläge stellen bzw. als BundesgenossInnen geworben werden könnten. Bei dieser letzten Stufe geht es darum, zu klären, mit wem darüber ins Gespräch zu kommen wichtig und nützlich ist.

Im Folgenden will ich nur solche Vorgehensweisen benennen, bei denen Linke, bzw. SystemkritikerInnen und FeministInnen einbezogen sind. Damit möchte ich den geschlechtsindifferenten Eindruck, der angesichts meiner Fixpunkte entstanden ist, korrigieren. Denjenigen FeministInnen, denen an einer Perspektive für die Gesellschaft liegt, möchte ich eine politische Heimat aufzeigen und auf der anderen Seite einer im weitesten Sinne Linken einen Blick auf die Hälfte der Welt eröffnen, die bisher häufig verschwommen oder begrenzt wahrgenommen, schlimmstenfalls vernachlässigt wurde, weil frauenrelevante, feministische Themen zum Teil nur abgekoppelt von anderen politischen Schwerpunkten behandelt wurden.

Nicht für alle sieben Fixpunkte erscheint es mir notwendig, sämtliche drei Stufen, das Skandalisieren, Propagieren und Kooperieren, zu entwickeln. Ich wünsche mir, dass meine Ausführungen dazu anregen, sowohl weitere Schritte zu ergänzen, als auch die drei Stufen mit eigenen Ideen anzureichern.

3.2.1 Zum ersten Fixpunkt: Konsequente Berücksichtigung geschlechtsspezifischer Einstellungen zur Umwelt

Was die Zerstörung der Natur und vor allem das durch einen globalisierten, neoliberalen Kapitalismus gestörte Verhältnis zu ihr angeht, bedarf es kaum weiterer Skandalisierungen, haben doch Umweltorganisationen, WissenschaftlerInnen und in den letzten Jahren verstärkt auch FilmemacherInnen sich dieses Themas ausführlich angenommen. Dabei ging es um das absehbare Ende natürlicher, nicht erneuerbarer Ressourcen und folglich um eine Abkehr von deren Ausbeutung. Daraus folgt unter anderem, dass industrielle Landwirtschaft abzubauen ist, Klimaschäden zu reduzieren sind, die durch enorme Fleischproduktion entstehen, etc.

Heute werden wir uns immer mehr der Zerstörung und Schädigung der Natur bewusst, die der Produktionsweise aber auch der Einstellung zum Arbeitsprozess geschuldet sind. Diese hatte Marx als ein Herrschaftsverhältnis beschrieben. »Die Arbeit ist zunächst ein Prozeß zwischen Mensch und Natur, ein Prozeß, worin der Mensch seinen Stoffwechsel mit der Natur durch seine eigene Tat vermittelt, regelt und kontrolliert. Er tritt dem Natur*stoff* selbst als eine Natur*macht* gegenüber.« (Marx 1972, S. 192, Herv. von mir) Obwohl der Mensch auch als Natur, als *Natur*macht angesprochen wird, gibt es bei Marx eindeutig ein Gefälle, das dadurch entsteht, dass der Mensch die Absicht verfolgt, »sich den Naturstoff in einer für sein eignes Leben brauchbaren Form anzueignen.« (ebd., S. 192) Dass das Verhältnis des Menschen zur Natur ein zweiseitiges ist, bringt Marx dadurch zum Ausdruck, dass er betont, indem der Mensch »auf die Natur außer ihm wirkt und sie verändert, verändert er zugleich seine eigene Natur.« (ebd., S. 192) Dies deutet er ausschließlich positiv als Entwicklung schlummernder Potenzen. Ganz konkret wurden Veränderungen am menschlichen Körper in letzter Zeit prognostiziert: Künftige Generationen hätten wahrscheinlich einen wesentlich beweglicheren rechten Daumen, da heute das Schreiben von SMS so weit verbreitet ist. Aber auch der Verlust menschlicher Fähigkeiten wird heutzutage thematisiert: Durch Taschenrechner und andere Hilfsmittel wird Kopfrechnen nur sehr begrenzt notwendig und ginge als Fähigkeit verloren, prognostizieren manche. Navigationsgeräte in Autos könnten dazu führen, dass das Lesen von Autokarten nicht mehr ausreichend beherrscht wird, wie ja schon heute in den Industrieländern der

Orientierungssinn verglichen mit Völkern, die darauf angewiesen sind, stark eingeschrankt ist. Diese Beispiele sind noch relativ harmlos angesichts alarmierender Meldungen, nach denen Umwelteinflüsse sich negativ auf die Spermienqualität und damit die männliche Fortpflanzungspotenz auswirken. Sie mögen dennoch hier genügen, um deutlich zu machen, dass wir als Naturwesen handeln und unser Handeln uns als Naturwesen verändert. Vielleicht regt dieser Aspekt zusätzlich dazu an, die Art und Weise, wie wir mit uns selbst und außermenschlicher Natur umgehen, zu überdenken.

Was nun das Propagieren angeht, so möchte ich nur ein geschlechterrelevantes Beispiel anführen. Wie umweltschädlich Monokulturen und industrielle Landwirtschaft sind, wird immer wieder betont. Von besonderer Bedeutung ist in dem Zusammenhang der in seiner Endfassung 2008 vorgelegte Welternährungsbericht. Nicht nur kritisiert er die Agrarpolitik, die diese Form der industrialisierten Produktion betreibt, und vertritt statt dessen einen nachhaltigen, regionalen Anbau, er betont zudem die Rolle von Frauen in kleinen ländlichen Betrieben vor allem in der sogenannten Dritten Welt. Da Frauen den größten Teil der landwirtschaftlichen Arbeitskraft in der kleinbäuerlichen und Subsistenzlandwirtschaft stellen, zunehmend aber auch als Niedriglohnarbeiterinnen in industriellen Betrieben tätig sind, spricht der Bericht von einer »Feminisierung der Landwirtschaft«. Sie könnte ein Ausgangspunkt für eine positive Entwicklung sein, ein Hauptschwerpunkt künftiger Forschung und Politik,»die sich auf die Qualifizierung, Beratung und agrartechnische Ausbildung von Frauen konzentriert sowie auf ihre effektiven Rechte an Land, Bäumen, Wasser und anderen Aktivposten.« (GLS Treuhand Zukunftsstiftung Landwirtschaft Hrsg 2010 , S. 8) Dabei sollte auch das Wissen von Frauen über Wert und Nutzen lokaler Pflanzen und Tiere für Ernährung, Gesundheit und Einkommen einbezogen werden (ebd., S. 9). Beides zu propagieren, kleinbäuerliche Landwirtschaft und die Unterstützung der dort tätigen Frauen gehört daher auf die Agenda. Einen hohen Wert sollte dabei die Stärkung und Förderung von Frauen haben, denn Betriebe werden oft deshalb von Frauen in den sog. Entwicklungsländern bewirtschaftet, weil Männer in Städten Erwerbsarbeit suchen. Sollten diese Männer nun aus den Städten aufs Land zurückkehren, weil sich ihre Hoffnungen nicht erfüllt haben, könnten Frauen zurückgedrängt und ihrer Existenzgrundlage beraubt werden. Das muss im Interesse der Förderung eines Einkommens für Frauen und im Interesse einer anderen Landwirtschaft auf alle Fälle vermieden werden, vielmehr ist auf eine partnerschaftliche Zusammenarbeit hinzuwirken, wenn Männer sich statt in den Städten in der Landwirtschaft betätigen wollen.

Was KooperationspartnerInnen für den Schutz der Natur angeht, so lohnt es sich, einen Blick auf Untersuchungen zu Umwelteinstellungen und -verhalten zu werfen, die geschlechtsspezifische Erhebungen herausgefunden haben. Bei einer

Tagung 2008 hatte Ulrike Röhr von der Leitstelle Gender, Umwelt, Nachhaltigkeit (genanet = Geschlechtergerechtigkeit, Umwelt, Nachhaltigkeit) Ergebnisse aus Schweden und Großbritannien vorgetragen. In einer Befragung zum Klimawandel im Vereinigten Königreich Großbritannien haben Frauen zu 94 Prozent angegeben, sie hätten ihren Lebensstil verändert, 98 Prozent fanden, dass Regierung und Industrie zu wenig täten. Bei einer Befragung in Schweden waren über 60 Prozent der Frauen der Auffassung, »man« bzw. sie selbst könnten etwas tun, während nur um die 50 Prozent der Männer diesen Aussagen zustimmten. Dass langsameres Autofahren das Klima schütze, meinten gar 74 Prozent der Frauen, aber nur 49 Prozent der Männer (Röhr 2008). Röhr wies darauf hin, dass es ähnliche Ergebnisse auch für Deutschland und Österreich gibt (Ähnliches referiert Röhr in Röhr 2009, S. 1f).

Kürzlich berichtet die *dpa* von einer Studie der Martin-Luther-Universität in Halle, die ihre Ergebnisse auf den Punkt gebracht hat: Würden sich alle Männer in Deutschland dem weiblichen Ernährungsstil anpassen, würden rund 15 Millionen Tonnen Treibhausgase und 60 000 Tonnen von zu Düngemittel verarbeiteten Ammonika weniger in die Umwelt gelangen (O. Verf. 2012).

Kathrin Buchholz und Iris Weller haben Forschungsvorhaben auf geschlechtsspezifische Ergebnisse hin untersucht, die für neue Nutzungsstrategien relevant sind. Dabei zeigten sich Frauen gegenüber Car-Sharing aufgeschlossener, hatten geringfügig mehr Erfahrungen mit Verleihen ohne Geld an NachbarInnen und Bekannte und mit diesen Personen etwas häufiger als Männer gemeinsame Anschaffungen getätigt. Männer dagegen hatten öfter Second-Hand-Produkte gekauft und Produkte kommerziell gemietet (Buchholz und Weller 2007, S. 241). Ob es sich dabei um Autos handelt, für deren Anschaffung in Familien sich eher Männer zuständig fühlen, oder um Heimwerkergeräte, ging aus der Zusammenfassung nicht hervor. Ebenso wenig wurden die von Frauen mit anderen gemeinsam angeschafften Objekte spezifiziert. Obwohl die Ergebnisse geschlechtsspezifisch präsentiert werden, warnen die beiden Autorinnen davor, anzunehmen, dass es sich bei »den« Frauen und »den« Männern um homogene Gruppen handle, vielmehr seien auch noch andere sozioökonomische Faktoren wie Alter, Lebensform, Ethnie, Bildung, Einkommen einzubeziehen (ebd.; S. 236f).

Festzuhalten ist, dass Frauen bzw. Teilgruppen von ihnen sich als Kooperationspartnerinnen anbieten. Auch gemischte Organisationen (z. B. Bürgerinitiativen gegen gentechnisch veränderte Lebensmittel, für saubere Kleidung etc.), in denen Frauen meist in größerer Zahl engagiert sind, bieten sich zur Zusammenarbeit an. Gleichzeitig sind besondere Strategien zu erarbeiten, die auf die Zielgruppe Männer ausgerichtet sind, um deren Umweltbewusstsein allgemein und ihren Willen zu nachhaltiger Nutzung solcher Produkte zu stärken, zu denen sie nicht sowieso eine Affinität haben. Da Frauen in der Regel stärker mit Konsum befasst sind, gilt es, Männer als umweltbewusste Mit-Konsumenten zu gewinnen. Das ist umso wichtiger, als sich ein möglicher Zusammenhang zwischen neuen Nutzungsstrategien und geschlechtsspezifischer Arbeitsteilung bei zwei der von Buchholz/Weller befragten Projekten ergeben hatte. In einem speziellen Untersuchungssample von Personen, die angaben, eine partnerschaftliche Haushaltsführung zu leben, zeigte sich ein etwas höheres Interesse an neuen Nutzungsstrategien. Ein anderes Projekt konnte einen umgekehrten Zusammenhang nachweisen: In gemeinsamen Lebens- und Wirtschaftsformen, wo neue Nutzungsstrategien bereits praktiziert werden, waren die anfallenden Arbeiten weniger geschlechtsspezifisch verteilt als in »Normalhaushalten« (ebd., S. 242). Offenbar treffen Partnerschaftlichkeit und Umweltbewusstsein nicht selten zusammen, verstärken sich vielleicht sogar wechselseitig, eine Tatsache, die eventuell bei der Propagierung berücksichtigt werden kann. Es soll nicht verschwiegen werden, dass nachhaltige Nutzung zeitaufwändiger ist; auch das hat die Befragung von Buchholz und Weller ergeben. Das heißt, bei Versuchen, auf ein nachhaltigeres und daher zeitlich umfangreicheres Konsumverhalten hinzuwirken, sollte unbedingt der Lebenszusammenhang berücksichtigt und Forderungen zur Dauer und Aufteilung der Arbeitszeit (für bezahlte wie unbezahlte Tätigkeiten) gestellt werden.

3.2.2 Zum zweiten Fixpunkt: Kreislaufwirtschaft, Konversion, Wirtschaftsdemokratie und die Bewertung unbezahlter (Haus-)Arbeit

Obwohl auch gerade durch die Krisen der letzten Jahre das kapitalistische Wirtschaftssystem immer mehr in die Kritik gerät, scheint die breite Öffentlichkeit davon noch nicht so stark berührt zu sein, wie es wünschenswert wäre. Da ist es hilfreich, sich daran zu erinnern, was Wirtschaft eigentlich leisten sollte, nämlich die Wohlfahrt eines Landes herzustellen, zu sichern (Diefenbacher und Zieschank 2011, S. 75) und einen Zuwachs an Lebensqualität zu gewährleisten.

Diese Ziele wurden seit langem von der Politik in einer Weise operationalisiert, die kaum mehr hinterfragt wird. Wohlstand und Lebensqualität werden in der volkswirtschaftlichen Rechnungslegung mit dem Bruttoinlandsprodukt (BIP) verknüpft, das so in den Mittelpunkt gestellt wird (ebd., S. 7). Damit wurde eine »beispiellose Reduktion der Betrachtung des Wirtschaftsgeschehens« (ebd., S. 38) vollzogen, indem der Fokus auf der Steigerungsrate des BIP als dem Ausdruck des Wirtschaftswachstums gelegt wird. Es entstand daher in der Politik, den Medien und der Öffentlichkeit der Eindruck, die prozentuale jährliche Steigerung des BIP sei ein Indikator für gesellschaftliche Wohlfahrt. Wirtschaftswachstum erscheint als zentrales Ziel. So ist es z. B. im Koalitionsvertrag zwischen CDU und

FDP von 2009 festgehalten und so wurde es 2010 bei einem Sondergipfel in Brüssel beraten. Damals erklärte der ständige EU-Ratspräsident Herman Van Rompuy, die EU brauche mehr Wachstum, um ihr Sozialmodell zu finanzieren. Deutschland hat mit derselben Begründung im Dezember 2009 sein Wachstumsbeschleunigungsgesetz verabschiedet und hofft/e auf eine Wachstumsrate von jährlich 3 Prozent (ebd., S. 10 ff). Das würde bedeuten, dass sich ein Anfangsbetrag von käuflich zu erwerbenden Gütern und Dienstleistungen in 23,5 Jahren verdoppeln würde (ebd., S. 15). Dass sich das auf Dauer angesichts knapper werdender Ressourcen nicht wird realisieren lassen, scheint unmittelbar einleuchtend. Aber das ist noch nicht alles. WissenschaftlerInnen haben nachgewiesen, dass sich in der Anfangsphase wirtschaftlichen Wachstums die Menschen zunächst glücklicher fühlen, dann aber gilt: Je wohlhabender ein Land im Laufe der Zeit geworden ist, desto weniger glücklich fühlt sich die Bevölkerung, wenn sie im Durchschnitt noch reicher wird (Wilkinson und Pickett 2009, S. 22). Richard Wilkinson und Kate Pickett äußern sogar die Befürchtung, »dass unsere heutigen Gesellschaften trotz ihres Wohlstands sozial gescheitert sein könnten« (ebd., S. 33). Für ihre Studie stellten die ForscherInnen eine Rangordnung westlicher Staaten nach Un-/Gleichheit auf. Diese ergab sich daraus, um wie viel reicher die reichsten 20 Prozent der Bevölkerung eines Landes waren als die ärmsten 20 Prozent (ebd., S. 29). Wilkinson und Pickett sammelten international vergleichbare Daten zum Gesundheitswesen und zu möglichst vielen anderen sozialen Themen und konnten nachweisen, dass soziale und gesellschaftliche Probleme weniger häufig in Ländern auftreten, die mehr soziale Gleichheit erreicht hatten (ebd., S. 33 f). Dieser Zusammenhang ist bereits eines ersten Skandalisierens wert.

Der Konsum, den die Politik im Interesse der Wachstumsbeschleunigung versucht anzukurbeln, bringt ab einem bestimmten Zeitpunkt also keine größere Zufriedenheit der Bevölkerung. WissenschaftlerInnen sprechen von einem zwanghaften Konsumverhalten, ja sogar von einer Ersatzdroge für Einkommensgleichheit (ebd., S. 252 f, Diefenbacher und Zieschank 2011, S. 86). Hans Diefenbacher und Roland Zieschank illustrieren diese Aussage. Sie nennen es eine fatale Tendenz wohlhabender Gesellschaften, immer neue Konsumgüter für Menschen mit höchsten Einkommen zu produzieren, die als reine Statussymbole zur Bekundung der hierarchischen Position dienen (Diefenbacher und Zieschank 2011, S. 88 f, dazu auch Bspe. von Bourdieu über Hochkultur versus Massengeschmack als Abgrenzung in Wilkinson und Pickett 2009, S. 191). Das Streben nach Status, präzisieren Wilkinson und Pickett, sei ein typisch männliches Phänomen; Statusmaximierung bedeute auch, in den Augen anderer überlegen zu erscheinen (2009, S. 233).

Nun mögen übersteigerter, süchtig machender Konsum und Statusstreben sozial nicht erwünscht sein, für die kapitalistische Wirtschaft dagegen sind es lebensnotwendige Verhaltensweisen. Bei anderen Begleiterscheinungen und Folgen dieses Wirtschaftssystems ist die Diskrepanz zwischen gesellschaftlichen Nachteilen und ökonomischen Vorteilen noch deutlicher. Vor allem gilt dies für Ausgaben, die nötig sind, um soziale Folgen zu beseitigen wie z. B. Bekämpfung von Alkohol- und Drogenmissbrauch. Dazu kommen Kosten für die Reparatur ökologischer Schäden wie Maßnahmen zur Reinhaltung von Luft, Boden, Flüssen und Meeren (Diefenbacher und Zieschank 2011, S. 37). Für diese sogenannten Defensivkosten als Folgen des Wirtschaftswachstums hat Christian Lipert 1989 Berechnungen angestellt und zwischen 1970 und 1988 eine Steigerung von 7 Prozent des BIP auf 11,6 Prozent ermittelt (ebd., S. 57). In das BIP gehen nun aber Defensivkosten als *positive* Anteile ein, eben weil sie monetär zu Buche schlagen und damit das BIP erhöhen. So ergibt sich die Absurdität, dass unser BIP desto besser dasteht, je mehr Kosten Gesundheits-, Umwelt- und soziale Schäden unsere Lebensweise verursacht. Dies ist einer der wichtigsten Kritikpunkte am BIP.

Eine weitere Kritik am BIP bezieht sich darauf, dass unbezahlt geleistete Arbeit nicht berücksichtigt wird. Darunter nimmt die Hausarbeit im weitesten Sinne einen hohen Stellenwert ein. Wenn beispielsweise eine Frau ihre Arbeitszeit reduziert, um ein pflegebedürftiges Familienmitglied zu versorgen, sinkt das BIP. Würde dagegen eine qualitativ weniger gute, aber bezahlte Pflege in Anspruch genommen, steigt das BIP, aber schlimmstenfalls nicht das Wohlbefinden der pflegebedürftigen Person. Ein grundlegendes Problem bei den BIP-Berechnungen besteht darin, dass nicht zwischen wohlfahrtssteigernden und wohlfahrtsmindernden Gütern und Dienstleistungen unterschieden wird (Diefenbacher und Zieschank 2011, S. 24). Das wäre immerhin schon ein wichtiges Korrektiv.

In den letzten Jahren haben weltweit Bemühungen begonnen, Messgrößen zu entwickeln, die den Wohlstand besser abbilden als das BIP:

- 2004, 2007 und 2009 hat die OECD drei Weltforen zu Statistics, Knowledge and Policy durchgeführt und 2007 in der Schlusserklärung des Forums, das in Istanbul tagte, der Istanbul-Declaration, festgehalten, dass ein Konsens über die Notwendigkeit bestehe, »gesellschaftlichen Fortschritt in allen Ländern jenseits herkömmlicher Kennziffern wie das BIP pro Kopf zu messen« (ebd., S. 46).
- 2007 hat die EU eine Konferenz »Beyond Gross Domestic Product« (GDP, dieses entspricht ungefähr dem BIP) veranstaltet. EU-Kommissionspräsident José Manuel Barroso und der Präsident des Europa-Parlaments Hans-Gert Pöttering kritisierten bei der o. g. Beyond GDP-Tagung, die Politik habe sich allzu lange auf das Wirtschaftswachstum konzentriert (ebd., S. 47 f.).
- 2008 hat die OECD eine Vergleichsstudie vorgelegt, die zeigt, dass trotz Wirtschaftswachstums die Ungleichheit bei den Einkommen zugenommen hat.

- Frankreichs Ex-Präsident Nicolas Sarkozy hatte 2008 eine Kommission unter der Leitung der Nobelpreisträger Joseph F. Stiglitz und Amartya Sen eingesetzt, die die Grenzen der Aussagefähigkeit des BIP analysieren und Vorschläge für eine Informationsbasis erarbeiten und eine bessere Beurteilung der wirtschaftlichen und sozialen Entwicklung eines Landes ermöglichen sollte (ebd., S. 51f).
- 2009 hat die britische Sustainable Development Commission eine Studie zu Prosperity without Growth erstellt.
- Im November 2010 stimmte der Umweltausschuss des Europäischen Parlaments einem Gesetz zur umweltökonomischen Gesamtrechnung zu, demzufolge ab 2012 alle Mitglieder der Europäischen Union Daten für ein »Ökosozialprodukt« liefern sollen (ebd., S. 8f).
- Im Dezember 2010 arbeiteten Wirtschaftsweise im Auftrag des deutsch-französischen Ministerrats eine Expertise aus, in der ein umfassendes Indikatorensystem zu den Themen Wirtschaftsleistung, Lebensqualität und Nachhaltigkeit verlangt wird (ebd., S. 8).
- Ebenfalls im Dezember 2010 setzten alle im Bundestag vertretenen Parteien eine Enquêtekommission »Wachstum, Wohlstand, Lebensqualität – Wege zu nachhaltigem Wirtschaften und gesellschaftlichem Fortschritt in der Sozialen Marktwirtschaft« ein, die bis zum Ende der Legislaturperiode einen »ganzheitlichen Wohlstands- beziehungsweise Fortschrittsindikator« entwickeln soll (ebd., S. 8).

Für Deutschland haben das Umweltbundesamt und das Bundesministerium für Umwelt, Naturschutz und Reaktorsicherheit 2009 eine Pilotstudie in Auftrag gegeben zu einer ergänzenden Erfassung der wirtschaftlichen Entwicklung, woraus ein von Diefenbacher und Zieschank entwickelter Nationaler Wohlfahrtsindex hervorgegangen ist. Zu den 23 Variablen, die in diese Größe eingehen, gehört auch »die nicht über den Markt bezahlte Wertschöpfung durch Hausarbeit und Ehrenamt« (ebd., S. 61). Beides, Hausarbeit und Ehrenamt, sind Variablen mit eindeutig positiver Ausprägung, das heißt, sie erhöhen den Wert des Index (ebd., S. 95ff). Dazu kommen nur noch drei weitere positive Variablen von 23, alle anderen sind negativ oder ambivalent.

Diefenbacher und Zieschank haben nun für die Zeit von 1990 bis 2006 ihren Nationalen Wohlfahrtsindex (NWI) mit dem Bruttonationaleinkommen (BNE) verglichen, eine Größe, die dem BIP sehr ähnlich ist. Sie erhalten zwei Kurven, von denen die des BNE stetig ansteigt, während der NWI seit 2000 sinkt (ebd., S. 64f). Vergleicht man das BIP mit anderen Messgrößen erhält man ähnliche Aussagen. So stagniert etwa der Genuine Progress Indicator (GPI) im Vergleich zum BIP in den USA bereits seit Mitte der 1970er Jahre, in Deutschland geht der Index of Sustainable Economic Welfare (ISEW) seit 1980 gegenüber dem Bruttosozialprodukt zurück (Schulte und Butzmann 2010, S. 16, Wiesweg 2007, Folie 4). Mit anderen Worten: Seit etlichen Jahren, spätestens seit 2000, fallen die negativen Variablen stärker ins Gewicht als die positiven. Diese auseinanderdriftenden Kurvenverläufe gilt es zu publizieren und zu skandalisieren, verdeutlichen sie doch die Abnahme der Wohlfahrt bei steigendem Wirtschaftswachstum, wie es traditionell errechnet wird und widerlegen so alle politischen Bekenntnisse zu Wachstum als Voraussetzung für und Ausdruck von Wohlstand.

Besonders wichtig ist es mir hinzuzufügen, dass Berechnungen, in die die Hausarbeit einbezogen wird, einer alten feministischen Forderung nach einem anderen Arbeitsbegriff entgegen kommen. Dabei soll nicht verschwiegen werden, dass Diefenbacher und Zieschank auf die Schwierigkeiten hinweisen, Hausarbeit monetär zu bewerten (2011, S. 83). Für mich ist es in dem Zusammenhang sehr erstaunlich, dass Feministinnen, insbesondere feministische Ökonominnen, sich bislang öffentlich meines Wissens zu dieser Thematik nicht geäußert haben. Das wäre aber sehr wichtig, denn es ist keineswegs gesichert, dass bei neuen Messgrößen Hausarbeit tatsächlich einbezogen wird, denn derzeit steht bei der Kritik am BIP die Umweltproblematik im Vordergrund. Sowohl Umweltbundesamt, Umweltministerium und Umweltausschuss spielen dabei eine wichtige Rolle ebenso wie das erwähnte EU-Gesetz zur umweltökonomischen Gesamtrechnung, demzufolge ab 2012 alle Mitglieder der Europäischen Union Daten für ein *Öko*sozialprodukt liefern sollen. An diesen Bestrebungen wird deutlich, dass der Schwerpunkt hier auf Umwelt/-schäden liegt und nicht bei unbezahlter Arbeit (Diefenbacher und Zieschank 2011, S. 8f).

Es ist aber auch aus einem anderen Grund durchaus möglich, dass ein neuer Index, auf den sich Staaten einigen, die unbezahlte Hausarbeit nicht berücksichtigen wird. Wie schon gesagt, steigert diese Variable den Gesamtwert. Nun wurden bereits darüber Vermutungen angestellt, dass hinter den Bemühungen um neue Messgrößen die Absicht stehen könnte, sich auf einen Index zu einigen, der niedriger liegt als das BIP. Das hätte nämlich den Vorteil, dass Mitgliedsbeiträge, die Länder an internationale Organisationen zu entrichten haben und die derzeit auf der Basis des BIP ermittelt werden, bei einem niedrigeren Wert geringer ausfallen würden. Jede Variable, die den Wert nach oben korrigiert, ist aus dieser Sicht unerwünscht. Ein guter Grund also, von feministischer Seite auf die Einbeziehung der unbezahlten Hausarbeit zu dringen und damit deren Anteil am gesellschaftlichen Wohlstand sichtbar zu machen (ebd., S. 75).

Das Thema Alternativen zum BIP ist – bei aller aktuellen Bedeutung – für ein Engagement größerer Gruppen weniger geeignet. Dagegen spricht eine stärkere Orientierung an Gebrauchswerten von Gütern und Dienstleistungen Menschen heutzutage an. Viele stoßen sich daran, dass Medien jubeln, wenn »Deutschland« Autos nach China exportiert. So wurden für das erste Halbjahr 2011 glänzende

Zahlen gemeldet, ein Rekordabsatz für 2011 vorausgesagt (Doll 2011), der dann auch eintrat. Von der Nachfrage kamen 80 Prozent aus China. Dazu wird aber dann kein Bezug hergestellt, wenn die Medien beklagen, wie stark der CO_2-Ausstoß durch Zunahme des Autoverkehrs gerade in China gestiegen ist. So meldet die *dpa* vom 7.11.2011, der CO_2-Ausstoß habe sich seit 2003 verdreifacht. (O. Verf. 2011). Es kann nicht angehen, dass umweltschädigende Produkte, die in Deutschland nicht genügend AbnehmerInnen finden, ins Ausland verkauft werden und damit das Umweltproblem exportiert wird. Was ist hier alternativ zu propagieren? Zum einen eine starke Regionalisierung der Wirtschaft. Auch eine politische Maßnahme halte ich für wünschenswert. Bei Rüstungsgütern gibt es eine Beschränkung für deren Export. Wäre das nicht ein Vorbild? Eine Exportbeschränkung für umweltschädliche Produkte?

Aber auch das reicht nicht. Aus meiner Sicht sind es drei Dinge, die zusammen zu denken sind, um zu einer alternativen Wirtschaftsweise zu kommen: Produkte müssen länger genutzt werde, es ist eine *Kreislaufwirtschaft* anzustreben, die einmal gebrauchte Rohstoffe systematisch einer Wiederverwendung zuführt, also ein Recycling großen Stils. Die eingesetzten *Rohstoffe* sollen über den Lebenszyklus einer *Ware* hinaus wieder in den Produktionsprozess zurückgelangen. Zweitens ist es nötig, dass vor allem Betriebe, die Produkte herstellen, die aus ökologischen Gründen künftig nicht mehr oder deutlich weniger gebraucht werden, umgestaltet werden, dass also *Konversion* betrieben wird. Das gleiche gilt für Dienstleistungen (z.B. Call-Center). Derzeit erleben wir wenig planvoll, eher im Hau-ruck-Verfahren, wie Konversion bezogen auf Kasernen etc. an zu schließenden Bundeswehrstandorten geschieht und hören auch die Proteste von BürgermeisterInnen und BewohnerInnen der betroffenen Kommunen. Um solche Entscheidungen von oben herab geht es mir nicht. Deshalb muss – entsprechend meinem sechsten Fixpunkt – als Drittes Beteiligung greifen. Dazu stelle ich mir eine *Wirtschaftsdemokratie* vor, bei der nicht nur die Beschäftigten und die Unternehmensleitung an einem Tisch sitzen, wenn betriebsrelevante Entscheidungen getroffen werden, sondern auch Umwelt- und Verbraucherorganisationen.

Kreislaufwirtschaft ist in Deutschland seit dem 1.6.2012 gesetzlich durch das Kreislaufwirtschafts- und Abfallgesetz geregelt, dessen Ziel die Schonung natürlicher Ressourcen und eine umweltverträgliche Bewirtschaftung von Abfällen ist. Dadurch sollen Abfälle reduziert und einem Entsorgungsnotstand entgegengetreten werden. Doch mir geht es um mehr als das. Wie Kreislaufwirtschaft mit »System« betrieben werden kann, hat der Belgier Gunter Pauli mit der von ihm entwickelten Blue Economy gezeigt. Die Farbe Blau wurde gewählt, weil sie die des Himmels, der Meere und unseres Planeten ist, den es zu erhalten gilt. Als Ökonom und Master of Business Administration, Gründer der ZERI-Stiftung (Zero Emmissions Research and Initiatives) mit Sitz in der Schweiz, geht es Pauli darum zu zeigen, dass ein wissenschaftlich fundiertes und wirtschaftlich einträgliches Produktions- und Konsumtionssystem machbar ist (Pauli 2010, S. XXIX). Dazu wurden von vielen WissenschaftlerInnen weltweit 100 Projekte, u. a. in Afrika, Amerika, Europa und Asien, realisiert. Für das Konzept sind natürliche Kreisläufe Vorbild, bei denen der Abfall eines Prozesses Ausgangsstoff oder Energiequelle eines anderen ist (ebd., S. 7). Dabei setzt Pauli auf physikalische, nicht chemische Kräfte, weil letztere oft durch die an den verwendeten Materialien vorgenommenen Veränderungen neue Umweltprobleme auslösen.

»Blue Economy« grenzt Pauli gegen die »Red Economy« ab, »deren Funktionieren zu Lasten der Natur, der Menschheit und aller Gemeingüter geht, ohne dass auch nur ein Gedanke an Wiedergutmachung jenseits des Hinausschiebens in die Zukunft aufkommt.« (ebd., S. XXXI) Er sieht aber auch einen Gegensatz zur »Green Economy«, die er nicht nur für unwirtschaftlich hält (ebd., S. XXXI), sondern an der er kritisiert, dass dabei oft giftige Ausgangsstoffe verwendet werden und/oder schädliche Nebenwirkungen entstehen (ebd. S. 64). Gute Beispiele hierfür sehe ich in den in der Sahara geplanten Sonnenenergieanlagen, desertec, und in großen Off-Shore-Windparks.

Blue Economy ist wachstumskritisch ausgerichtet (ebd., S. 71, 240). Zudem seien die realisierten Innovationsprojekte nicht Nutznießer der bisherigen Wirtschaftsordnung und unterlägen nicht den gleichen Wettbewerbsregeln, meint Pauli (ebd., S. 49). Darin lese ich eine Andeutung, dass es bei der Umsetzung der Blue Economy in großem Stil auch um Änderungen des Wirtschaftssystems gehen muss, wenn der Anspruch, sich nicht kapitalistischen Verwertungsinteressen unterwerfen zu wollen, aufrecht erhalten werden soll. Vorträge, die er und KollegInnen weltweit gehalten haben, hatten bislang eine äußerst geringe Resonanz – wobei Deutschland eine Ausnahme gebildet hat, was Hoffnung macht (ebd., S. 50). Immerhin war der von Pauli gebaute ZERI-Pavillion auf der Weltausstellung in Hannover 2000 die mit 6,4 Mio. BesucherInnen der meistbesuchte Ausstellungsfläche (s. Wikipedia zu Gunter Pauli).

Sehr angesprochen haben mich bei der Beschreibung von Ökosystemen eine Reihe von Merkmalen. Da ist einmal die Geschlossenheit des Systems, die dadurch gegeben ist, dass produzieren und Abfall entsorgen zusammen geleistet werden. Dann der Zustand der Selbstgenügsamkeit, in dem diese sich befinden und in dem Überfluss und Vielfalt vorherrschen (ebd., S. 10). Die umgesetzten Projekte innovativer Technologien zeigen weiterhin, dass durch sie Gemeinschaften in die Lage versetzt werden, ihre Grundbedürfnisse selbständig zu decken, indem – wie bei natürlichen Systemen – auf lokale Quellen zurückgegriffen wird (ebd., S. 77). Auch was das Verhältnis von Menschen zueinander angeht, sind Pauli natürliche Systeme und die dort vorkommenden Symbiosen (ebd., S. 241) ein Vorbild. In ihnen kreise alles um das Verbundensein und darum, dass jede und jeder nach ihren und seinen Möglichkeiten etwas leisten kann (ebd., S. 71), niemand ist zu alt oder zu jung (ebd., S. 242). Es gebe keine dominanten Akteure, wohl aber viel Raum für kleine Beiträge (ebd., S. 239). Ein Unternehmertum nach dem Vorbild natürlicher Ökosysteme – das ist es, was die Blue Economy anstrebt. (…) Eine Welt, die jene wunderbaren Ökosysteme mit endlosen Naturstoffkreisläufen beheimatet, ist eine Welt, die sich der Herausforderung, Armut und Elend, Ungleichheit und Verschwendung zu beseitigen, stellen kann.« (ebd., S. 243) Dies zu propagieren scheint mir der Mühe wert, zumal die realisierten Beispiele das Konzept sehr anschaulich machen.

Und was haben die drei im Verbund zu propagierenden Ziele, Kreislaufwirtschaft, Konversion und Wirtschaftsdemokratie, mit Feminismus zu tun? Wie ich schon beim Stichwort Natur- und Umweltschutz deutlich gemacht habe, sind Bewusstsein und Verhalten geschlechtsspezifisch ausgeprägt. Mit diesem Wissen sind die drei Themen anzugehen. Wenn Autos vor allem für Männer ein Statussymbol sind, muss dies entsprechend einkalkuliert werden. Das heißt unter anderem, dass Frauen gewonnen werden müssen, die mit ihren Einstellungen andere Akzente setzen können. Vielleicht wäre sogar Forschung nötig, um herauszufinden, wie im männlichen Selbstverständnis andere Schwerpunkte gesetzt werden können, die sich nicht oder weniger an umweltschädigendem Verhalten ausrichten. Es wäre einen Versuch wert, hierzu einen Dialog der Geschlechter zu führen. Das könnte z. B. im Rahmen von praktizierter Wirtschaftsdemokratie geschehen, dazu sollten den Beteiligten geschlechtsspezifische Unterschiede so nahe gebracht werden, dass dieses Wissen auch bei betrieblichen Entscheidungen zu Produktion und Marketing eingesetzt werden kann.

Da das Thema Gebrauchswertorientierung eine Reihe von Gemütern bewegt, sollte es an geeigneten KooperationspartnerInnen nicht fehlen. Daher will ich hier nur eine nennen, die noch weniger bekannt ist, die Transition Town Bewegung, die 2006 in Großbritannien begonnen und inzwischen auch in mehreren deutschen Städten AnhängerInnen gewonnen hat. Ausgangspunkt war die Erkenntnis über die Endlichkeit der Erdölvorkommen, die Tatsache, dass der Höhepunkt der Erdölförderung, Peak Oil, bereits überschritten ist. Dies wurde verbunden mit dem Wissen um die Vielzahl von Produkten, die auf Erdöl angewiesen sind, von der Kleidung über die chemische und Pharma-Industrie, die künstlichen Düngemittel bis hin zum Dübel, wie es einer der Initiatoren, Rob Hopkins, formulierte (Hopkins 2008, S. 19). Es ist also zwingend, dass wir uns auf längere, besser noch auf kürzere Sicht von Produkten verabschieden, die auf die Ressource Erdöl angewiesen sind und nach Alternativen suchen. Als andere Form des Wirtschaftens vertritt die Transition Town Bewegung ein Regionalisierungskonzept, darüber hinaus den Tausch, die Schaffung von Gemeinschaftsgärten und die Umwandlung von Kommunen durch andere Verkehrskonzepte, um nur einige Beispiele zu nennen. Transition-Town-Gruppen, die es seit einigen Jahren auch in Deutschland gibt, haben sich den Gebrauchsgüter und -dienstleistungsansatz auf ihre Fahnen geschrieben und diesen in ein umfassendes Konzept eines anderen Lebens integriert. Es ist sicher kein Zufall, dass in diesen Gruppen ein ausgewogenes Geschlechterverhältnis herrscht und auch Frauen sich aktiv einbringen, handelt es sich doch dabei um Anliegen, die Frauen mehrheitlich am Herzen liegen.

3.2.3 Zum dritten Fixpunkt: Neue Maßstäbe für die Entlohnung von Arbeit und das Care-Geld

Was Skandale bezogen auf ein nicht-existenzsicherndes Einkommen angeht, gibt es eine Fülle von Ansatzpunkten für Kritik: Minijobs, Niedriglöhne, unfreiwillige Teilzeit etc. Diese skandalträchtige Auswahl ist besonders frauenrelevant. Diesen möchte ich vier weitere hinzufügen: Den ersten Skandal haben nicht nur die Medien und vereinzelt GlobalisierungskritikerInnen aufgegriffen, sondern z. B. auch die evangelische Kirche, die seit einigen Jahren eine Kampagne für saubere Kleidung (Clean Cloths Campaign CCC) führt und über die Ausbeutung von Frauen in der sog. Dritten Welt, die für (Transnationale) Textilunternehmen tätig sind, aufrütteln will. Mir ist sie wichtig, weil sie die internationale Dimension deutlich macht. In dem Zusammenhang halte ich es auch für skandalös, dass bei der Berechnung von ALG II Sätzen davon ausgegangen wird, dass Waren in Billigläden und bei Discountern gekauft werden. Dies ist ein indirekter Zwang zur Beteiligung an ausbeuterischer Produktion, den es über die Medien noch stärker zu verbreiten gilt, als es bisher geschehen ist.

Das zweite Thema, das ich gerne skandalisiert sehen möchte, hat ebenfalls eine internationale Dimension, die Ausbeutung von Migrantinnen in privaten Haushalten. Hier müssten allerdings falsche Akzente vermieden werden. Einen solchen hatte Gisela Notz meines Erachtens gesetzt. In einem Interview mit Waltraud Schwab in der *taz* am 5.11.2011 hatte sie als Beispiel für (Klassen-)Unterschiede zwischen Frauen angegeben: »Heute gehört es fast zum guten Ton, eine Putzfrau, Haushälterin, Kinderfrau aus einem anderen Land zu haben, egal wie hoch diese qualifiziert ist. Wenn man wirklich gleiche Rechte für alle will, würde man mit dem Problem politisch umgehen und nicht glauben, indem man den qualifizierten Migrantinnen Putzjobs anbietet, die Ungerechtigkeit gemildert zu haben.« (Schwab 2011). Auf Nachfrage betonte Notz, dass *sie* keine Putzfrau habe. Einmal ganz davon abgesehen, dass es bei Klassenunterschieden um den Besitz bzw. Nicht-Besitz von Produktionsmitteln geht, hier also schichtspezifische Unterschiede gemeint sind, halte ich diese Aussage für eine Verkürzung des Themas. Ausgeblendet wird der zunehmende Druck auf Frauen, in Vollzeit tätig zu sein, die Schwierigkeit von Migrantinnen legale Arbeitsplätze zu finden, die fehlende Anerkennung von im Ausland erworbenen Qualifikationen etc. Auch halte ich es für falsch, daraus ein Problem zwischen Frauen zu machen und nur die Arbeitgeber*innen* zu kritisieren, da von diesen Hausarbeiten auch Männer profitieren, auch wenn sie in der Regel nicht als Arbeitgeber in Erscheinung treten. (Dieses Schonverhalten Männern gegenüber zeigt sich, nebenbei bemerkt, auch in der Kritik an der Situation von illegal tätigen oder sogar gehandelten sog. Sexarbeiterinnen, die sich an anonymen Arbeitsbedingungen festmacht (z. B. Notz 2011, S. 87) und weder auf die Männern, die den Sex kaufen, abzielt, noch die Zuhälter, Bordellbesitzer etc. aufs Korn nimmt, die diese Arbeitsbedingungen herstellen und davon profitieren.) Zu skandalisieren sind die Rahmenbedingungen, unter denen Haushaltshilfen arbeiten, ebenso wie niedrige Bezahlung, ohne dass daraus Ausbeutungsverhältnisse zwischen *Frauen* gemacht werden; letzteres ist eine Postition, die häufig stark emotional eingefärbt ist. Genauso wenig kann es eine *ausschließliche* Schuldzuschreibung an Männer geben, die sich nicht zur Hälfte an Hausarbeit beteiligen. Deren zu geringer Beitrag zu Haus- und Sorgearbeit muss aber in diesem Zusammenhang als ein weiterer Faktor im Gesamtkomplex der Organisation von Haus- und Sorgearbeit angesprochen werden.

Im zweiten Teil habe ich die Abkehr von der Ein-Ernährer-Familie und das politisch gebrochene Bekenntnis zur Individualfamilie thematisiert. (Zur Erinnerung: Bei der Individualfamilie handelt es sich um eine, in der zwei Erwachsene ihre Existenz durch eigenes Einkommen sichern können.) Das hat Konsequenzen für die Reproduktionsaufgaben, die entweder bezahlt und fremd vergeben oder unbezahlt innerfamiliär geleistet werden können. Ein politisches Problem erwächst auch aus der 40/80-Misere. (Zur Erinnerung: Während 80 Prozent junger Frauen sich eine partnerschaftliche Ehe/Beziehung vorstellen, tun dies nur 40 Prozent der befragten jungen Männer; s. 2. Teil Abschnitt 2.2) Die 60 Prozent junger Männer, die *keine* partnerschaftliche Beziehung anstreben, sind keine Mitstreiter für andere Erwerbsverhältnisse wie etwa der von Gewerkschaften seit Jahr und Tag geforderte Überstundenabbau, von einer Verkürzung der Vollzeiterwerbsarbeit ganz zu schweigen. Sind diese jungen Männer nun einfach Realisten oder verbergen sich hinter diesen Zahlen auch Überzeugungen? Hier ist Forschung nötig, um zu erkennen, wie Männer für mehr Partnerschaftlichkeit und damit auch für eine gerechtere Aufteilung der unbezahlten Arbeit gewonnen werden können.

Auch zu diesem Thema stelle ich mir zu einer Information der Öffentlichkeit über das genannte Geschlechterverhältnis 40/80 einen organisierten Dialog zwischen Frauen und Männern in allen Organisationen und Gruppen vor, denen politisch an einer Umstrukturierung und Umgestaltung der unbezahlten Arbeit in

Beziehungen und Familien liegt. Spannend wäre es, wenn sich Frauen und Männer zunächst getrennt mit ihren Vorstellungen künftiger Arbeitsverhältnisse, Erwerbsarbeit wie unbezahlter Haus- und Sorgearbeit, beschäftigten und sich dann ihre Ergebnisse wechselseitig mitteilten und diese diskutierten. Für eine solche Methode sollte geworben werden.

Der nächste Skandal betrifft die Art und Weise, wie Erwerbsarbeit monetär vergütet wird. Im Zusammenhang mit der Finanzkrise empörten sich viele Menschen, als durchsickerte, in welcher Höhe Banker Bonuszahlungen erhielten, während gleichzeitig die Banken vom Staat finanziell unterstützt wurden. Aus Steuergeldern stamme das Extrageld für hohe BankmitarbeiterInnen, deren ungenügende Leistungen die Bankenkrise mit verschuldet habe. So stellte sich – verkürzt gesagt – der öffentliche Zorn dar. Die Frage nach der Bewertung von Arbeit kommt auf. In Großbritannien hatte sich die New Economics Foundation (nef) daran gemacht, sechs verschiedene Jobs zu bewerten, indem ein neuer Zugang zum Wert der Arbeit gewählt wurde (nef 2009, S. 2). Von den sechs Berufen waren drei niedrig, drei hoch bezahlt. Die auch im United Kingdom sich immer weiter öffnende Schere zwischen arm und reich führen die AutorInnen der Studie auf Lohnungleichheit zurück, bei der einige Gruppen besonders schlecht abschneiden. »The least well paid jobs are often those that are among the most socially valuable – jobs that keep our communities and families together. The market does not reward this kind of work well, and such jobs are consequently undervalued or overlooked.« (ebd., S. 2)

Wie schon bei der Kritik am BIP sehen auch die ForscherInnen der Studie bei dieser Frage die Tendenz »des Marktes« kritisch, ein Überangebot an Produkten vorzuhalten, die einen signifikant negativen sozialen oder ökologischen Effekt haben wie billige Konsumgüter und komplexe Finanzprodukte, während Arbeit von hohem sozialen Wert wie Pflege, Betreuung von Menschen und Sozialarbeit unterbezahlt ist. Daher verglichen sie das Einkommen in den von ihnen untersuchten Berufen mit dem Nutzen oder Schaden, der der Gesellschaft durch die jeweilige Tätigkeit entsteht (ebd., S. 3). Dafür bedienten sie sich der Methode des Social Return on Investment (SROI) und bezogen sich auf verfügbare Daten, indem sie das Ergebnis der Aktivitäten in dem jeweiligen Beruf bewerteten, die positiven wie negativen Auswirkungen, und nur auf Dinge eingingen, die materiell waren. Zu jedem Beruf wird das Vorgehen ausführlich beschrieben. Bei den höchst bezahlten City Bankern kamen die WissenschaftlerInnen zu dem Ergebnis, dass in jedem einzelnen von 20 Karrierejahren Werte zerstört werden, durchschnittlich 4,71 Mio. Pfund. Fazit: Für 1 Pfund sozialer Werte, die ein führender City Banker schafft, zerstört er 7 Pfund an sozialen Werten (ebd. S. 3, Appendix 2, S. 29). Im Gegenzug wird es Eltern durch nursery work (Kinderbetreuung) möglich, erwerbstätig zu sein, ein Einkommen zu verdienen und ihre Familie zu unterstützen.

Jeder Kita-Platz erlaube es einem Elternteil daher ein jährliches Durchschnittseinkommen zu verdienen. Das Resultat dieser Berechnung zeigte, dass für 1 Pfund, das a child care worker (ein/e ErzieherIn) verdient, zwischen 7 und 9,50 Pfund an Nutzen für die Gesellschaft geschaffen werden (ebd. S. 3, Appendix 2, S. 29). Hier kann ich weder die einzelnen methodischen Schritte ausführen, noch auf Kritik eingehen. Das ist für meinen Kontext auch sekundär. Mir geht es vielmehr um die Problemsicht, die von nef aufgezeigt wird und den Grundgedanken, Schaden und Nutzen, die einer Gesellschaft aus einer Berufstätigkeit erwachsen, mit deren Bezahlung zu vergleichen. Diese Perspektive lohnt es zu publizieren und die Ergebnisse der Studie in ihrer Tendenz zu skandalisieren. Darauf aufbauend können dann die Lohnstruktur in Frage gestellt und Lohnobergrenzen oder andere Maßnahmen gefordert werden, die im gesellschaftlichen, nicht im kapitalistisch-ökonomischen Interesse liegen.

Wie notwendig die Skandalisierung der Lohnstruktur ist, wurde mir im Rahmen der von *ver.di* ausgerufenen Streiks im Frühjahr 2012 bewusst. Bei den Lohnverhandlungen ist die Gewerkschaft mit einem Teil ihrer Forderungen, denen nach linearer Lohnerhöhung gescheitert. Im Gegensatz zu einer prozentualen erhalten bei einer linearen Lohnerhöhung die Beschäftigten den gleichen Betrag zu ihrem Lohn. Dadurch stehen sich die im unteren Lohnbereich besser, die im oberen schlechter, als wenn sie einen bestimmten Prozentsatz mehr Geld erhielten. Die prozentuale Lohnerhöhung trägt also mit zur Einkommensspreizung bei, die lineare würde helfen, sie leicht zu reduzieren. Auch das wäre ein Thema, dem größere öffentliche Aufmerksamkeit zu wünschen wäre.

Innerhalb der Thematik »Vergütungsgerechtigkeit« ist auch der Gender Pay Gap anzusiedeln. Bislang haben sich Gewerkschaften, ebenso wie die Medien bei ihrer Skandalisierung auf gleiche Berufe bezogen, also den Verdienst eines Kochs mit dem einer Köchin verglichen etc. und dabei wohl ganz bewusst die Thematik *verschiedener* Berufe, die überwiegend vom einen oder vom anderen Geschlecht ausgeübt werden, umgangen. Hier wünsche ich mir eine Offensive, die genau diesen letztgenannten Weg geht. Dazu sollten zunächst Berufe nach gleichen schulischen Voraussetzungen und gleicher Ausbildungsdauer klassifiziert werden. Anschließend würde es darum gehen, nach Unterschieden in den Ausbildungsbedingungen zu fragen und im letzten Schritt die Einkommen in derart ausgewählten Frauenberufen mit denjenigen Männerberufen zu vergleichen, bei denen jeweils gleiche Schulabschlüsse verlangt werden und gleich lange Ausbildungsdauer nötig ist etc. Auf diese Weise vorzugehen ist nicht neu, wurde aber in den letzten Jahren nicht für eine groß angelegte Kampagne genutzt. »So wird ein Job im Baugewerbe deutlich höher vergütet als einer in der Pflegebranche. Und das, obwohl in beiden Fällen gleiche ›faktische‹ Voraussetzungen vorliegen, darunter eine Fachausbildung von drei Jahren. Auch die körperliche Belastung ist direkt vergleichbar.« stellt Simone Schmollack fest (Schmollack 2011). Im Rahmen des Erzieherinnenstreik im Frühjahr 2009 hatte eine andere Journalistin, Eva Roth, ebenfalls eine Vergleichsrechnung aufgemacht: »Eine Erzieherin bekommt 300 Euro weniger im Monat als ein Facharbeiter in der Metallbranche und der muss vier Stunden pro Woche weniger ran.« (Roth 2009) Auch wurde auf die gesundheitliche Belastung durch den hohen Lärmpegel im Erzieherinnneberuf hingewiesen. Eine Ungleichbehandlung sei jedoch nicht einfach zu beweisen, meint Martin Franzen, Professor für Internationales und Europäisches Arbeitsrecht an der Ludwig-Maximillians-Universität München. Das zeigt der Fall einer Sozialpädagogin, die 1997 vor dem Arbeitsgericht in Mecklenburg-Vorpommern geklagt hatte. Sie hatte einen Fachhochschulabschluss wie ihn auch Ingenieure haben und befand sich in derselben Vergütungsgruppe nach dem damaligen Bundesangestelltentarif. Dennoch erhielten Ingenieure, in der Regel mehr Männer als Frauen, mehr Geld. Zwar entschied das Arbeitsgericht damals, beide Berufsgruppen würden »gleichwertige Arbeit« verrichten, die Klage scheiterte dennoch, weil die Sozialpädagogin ihre Vergütung nicht nur mit der von IngenieurInnen hätte vergleichen dürfen, sondern mit *allen* anderen Arbeitnehmergruppen mit Fachhochschulabschluss (Schmollack 2011). Ein solch hoher Anspruch ist von einer Einzelperson nicht zu leisten. Hier sind die Gewerkschaften ebenso wie gewerkschaftsnahe Forschungsinstitute gefordert, um entsprechende Klagen mit besseren Argumenten auszustatten.

Aber mir geht es nicht nur um Gerichtsverfahren. Mit liegt daran, dass die klaffende Gerechtigkeitslücke ins öffentliche Bewusstsein rückt, damit deutlich wird, wie in Frauen- und wie in Männerberufen bezahlt wird. Da ist noch viel zu tun. So forderte selbst die Partei *Die Linke* in ihrem Wahlprogramm von 2009 lediglich gleichen Lohn für *gleiche* Arbeit, während die *SPD* immerhin in ihrem »Regierungsprogramm« aus demselben Jahr von gleichem Lohn für *gleichwertige* Arbeit von Frauen und Männern spricht. Frauenorganisationen sollten sich hier ebenfalls angesprochen fühlen und zur Skandalisierung beitragen. Die Lohndifferenz zwischen Frauen- und Männerberufen könnte sich durchaus als konstitutiv für den patriarchalen Kapitalismus erweisen, das würde offenkundig, wenn der Kampf für gleiche Löhne begonnen würde. In diesen Kampf zu investieren, halte ich für eine lohnenswerte und dringend gebotene Aufgabe im Interesse von Geschlechtergerechtigkeit.

Zu propagieren wäre weiterhin eine Revision des Unterhaltsgesetzes und zu fordern, dass (wie bei der gesetzlichen Erhöhung des Renteneintrittsalters) eine Überprüfung durchgeführt wird, ob und wenn ja, welche Arbeitsplätze Frauen (und Männern), deren Unterhaltsberechtigung durch das Gesetz zeitlich befristet wird, nach einer Scheidung zur Verfügung stehen und ob diese ein existenzsicherndes Einkommen garantieren. Hierzu wäre empirische Forschung hilfreich.

Die wichtigste zu propagierende Forderung ist meiner Ansicht nach die nach einem Care-Geld, wie es die Nordelbische Frauensynode 2007 in einem Positionspapier einstimmig verabschiedet hat. Dieses Konzept knüpft, ohne es zu benennen, an die Lohn-für-Hausarbeit-Kampagne der 1970er Jahre an, mit dem Unterschied, dass Care-Geld ausschließlich für die sog. Sorgearbeit gezahlt werden soll, also die Betreuung und Versorgung von Kindern und pflegebedürftigen Menschen und zwar unabhängig von Geschlecht der Person, die diese Arbeit leistet. Auch soll die Zahlung an die Bedingung der Qualifikation geknüpft sein, das heißt, nur diejenigen erhalten Care-Geld, die sich verpflichten, sich weiterzubilden, etwa in Elternschulen oder Familienbildungsstätten. Dadurch wird das Care-Geld realistischer und praktikabler als das, was bei der Lohn-für-Hausarbeits-Kampagne angedacht war. Care-Geld geht davon aus, dass die im Privaten geleistete unsichtbare Arbeit in Pflege und Versorgung von Menschen jedweden Alters Arbeit darstellt, die alte feministische Position. Die finanzielle Abhängigkeit von einem erwerbstätigen Partner (seltener einer Partnerin) soll dadurch aufgehoben oder doch stark reduziert werden. Diese Forderung orientiert sich am Leitbild der Individualfamilie. Nach Vorstellung der Initiatorinnen soll Care-Geld steuerfinanziert sein. Dies sei finanzierbar, da laut Bundesfinanzministerium von 2006 der Staat rund 100 Mrd. Euro pro Jahr für Familien ausgibt, das Institut für Weltwirtschaft hat sogar 240 Mrd. errechnet. Bei Abschaffung des Ehegattensplittings kämen weitere 18,5 Mrd. Euro (s. 2. Teil, 2.2. Veränderung des Familienmodells) hinzu, die zur Finanzierung verwendet werden könnten.

Da Care-Geld noch wenig bekannt ist oder auch kritisch gesehen wird, ist es mir wichtig, die Entgegnungen von Frauen der Nordelbischen Kirche auf häufig geäußerte Einwände wiederzugeben, vor allem im derzeit tobenden Streit um das Betreuungsgeld. Eigene Kommentare dazu habe ich (in Klammern) hinzugefügt:

- *Kontra:* Der Anreiz, aus der Erwerbsarbeit auszusteigen, wäre stärker.
  Pro: Es ist kein Ausstieg, da Sorgearbeit dann ebenfalls Erwerbsarbeit ist. (Ergänzen möchte ich, dass ein Gegner des von der CSU geforderten Betreuungsgeldes, der sog. Herdprämie, gesagt hat, dadurch könnten sich Frauen vor der Arbeit drücken. Diese skandalöse Aussage hat leider keinen Sturm der Entrüstung hervorgerufen, es wurde nicht einmal auf den dahinter stehenden, männerzentrierten, um nicht zu sagen sexistischen, Arbeitsbegriff eingegangen. Bezeichnend ist, dass das gleiche Argument, Anreiz zum Ausstieg aus der Erwerbsarbeit, im Zusammenhang mit einem Grundeinkommen positiv gewendet wird. Für ein bedingungsloses Grundeinkommen spräche, dass nicht jede Erwerbsarbeit aus existentieller Notwendigkeit angenommen werden müsse. Menschen könnten sich bezahlte Tätigkeiten danach aussuchen, ob sie ihnen

sinnvoll erscheinen. Ebenso ermöglicht auch ein Care-Geld, eine nicht sinnvoll erscheinende außerhäusliche Erwerbsarbeit abzulehnen.)
- *Kontra:* »Bildungsmäßig benachteiligt werden Kinder aus sozial schwachen Familien, weil Care-Geld anregt, die Kinder eher zu Hause zu versorgen.«
Pro: Es besteht ja eine Koppelung an Qualifikation. (Anmerken möchte ich dazu, dass dieses Argument auch im Zusammenhang mit dem CSU-Betreuungsgeld verwendet wird, beim Kinder- oder beim Elterngeld dagegen hat es nie eine Rolle gespielt. Dadurch wird die politische Absicht deutlich, der Erwerbsarbeit unabhängig davon, um welche Art von Tätigkeit es sich dabei handelt, Vorrang zu gewähren. Ob »bildungsferne Schichten«, wie es im Politjargon heißt, wirklich so kinderfeindlich eingestellt sind, wie mit solchen Befürchtungen impliziert wird, muss die Realität erweisen, als Behauptung hat sie Vorurteilscharakter.)
- *Kontra:* Eltern nutzen das Care-Geld nicht für die Kinder.
Pro: Care-Geld ist nicht für den Unterhalt von Kindern gedacht und die Gefahr, dass die Qualität der Sorgearbeit nicht dem entspricht, was Kinder an Erziehungsbedarf haben, ist auch bei »klassischer« Erwerbsarbeit in Kinderbetreuungseinrichtungen gegeben.
- *Kontra:* Care-Geld geht zu Lasten von Kita-Plätzen.
Pro: Dadurch, dass potenzielle Care-Geld-EmpfängerInnen wählen können, ob sie das Geld für Fremd- oder Selbstbetreuung ausgeben wollen, wird sich das Angebot an Kita-Plätzen nach der Nachfrage richten müssen.

Dieses Wahlfreiheitsargument wird auch von der CDU/CSU bezogen auf das Betreuungsgeld angeführt. Davon grenzen sich die Care-Geld-BefürworterInnen ab: »Der CDU-Vorschlag bezieht sich nur auf 1 ½ Jahre mit 150 Euro/Monat. In unserem Vorschlag geht es um die Anerkennung der Sorgetätigkeit als vollwertige Arbeit – mit Kranken- und Rentenversicherung und der Pflicht zur Qualifikation« (Gänßler-Rehse et al. 2008, S. 13).

Potenzielle KooperationspartnerInnen zu diesen Fixpunkt-Schritten liegen auf der Hand: es sind vor allem Gewerkschaften, die evangelische Kirche, Frauenorganisationen und Gleichstellungsbeauftragte.

3.2.4 Zum vierten Fixpunkt: Wahlverwandtschaften

Was ist hier zu propagieren? Mir geht es darum, Möglichkeiten dafür zu schaffen, dass Menschen Verantwortung füreinander übernehmen können und dies mit Rechten verbinden, etwa bzgl. Auskünften von ÄrztInnen, Krankenhäusern etc. Einen ähnlichen Wunsch hatten offenbar auch BewohnerInnen des

Münchner selbstverwalteten Wohnprojekts Wagnis eG. Dort hat sich unter EndsechzigerInnen ein »Cousinenkreis« gegründet, berichtete die *taz* am 7. 11. 2011 (Dribbusch 2011). »Die Scheinverwandten begleiten sich zum Arzt oder ins Krankenhaus und geben sich als Angehörige aus, um Beistand zu leisten. In Vorsorgevollmachten kann man auch Nichtverwandte als Auskunftsberechtigte einsetzen, das ist juristisch möglich.« (ebd.) Solche Möglichkeiten sollten propagiert und daran anknüpfend weitergehende Modelle entwickelt werden, die den Charakter von Wahlverwandtschaften haben sollten. Dazu ist es nicht erforderlich, dass zwischen den Beteiligten sexuelle Beziehungen bestehen.

Veränderungen haben in unserer Gesellschaft längst stattgefunden: Familien haben weniger Kinder, sind kleiner geworden, wegen der meist beruflich erforderlichen größeren Mobilität leben Familienmitglieder weiter auseinander, mehr Menschen haben keine Angehörige etc. So werden traditionelle Familienbeziehungen aufgeweicht bzw. erweitert um genau den Aspekt, um den es hier geht: verbindliche Unterstützung und Verantwortung auf Nicht-Verwandte zu übertragen. Das erfordert, neue Modelle von Beziehungen zu denken, eben Wahlverwandtschaften, durch die der traditionelle Familienkreis um Personen erweitert werden kann, zu denen enge Beziehungen bestehen.

Konkrete KooperationspartnerInnen für ein solches Modell kann ich derzeit noch nicht erkennen. Da sich viele Menschen einsam fühlen und sich mehr Gemeinschaft wünschen, dürfte ihnen solche Arrangements entgegen kommen. Umgekehrt würden andere gerne Mit-Verantwortung übernehmen, so könnten Beziehungsnetze aufgebaut werden, bei denen niemand allein zuständig wäre, niemand alleine Verantwortung zu tragen hätte.

3.2.5 Zum fünften Fixpunkt: Kein Menschenrecht auf ein leibliches Kind

Das Thema Fortpflanzung hat mehrere Aspekte. Da ist einmal die Frage des Kinderwunschs in unserer Gesellschaft. Zum Publizieren, weniger zum Skandalisieren geeignet ist hierbei die Information, dass der Kinderwunsch bei Männern deutlich geringer ausgeprägt ist als bei Frauen. Wichtig ist mir an einer solchen Veröffentlichung auch, dass sie einem gängigen frauenfeindlichen Klischee Wind aus den Segeln nehmen kann. Weit verbreitet ist das negativ gezeichnete Bild von Frauen, die »sich selbst verwirklichen wollen«, »eine Karriere« anstreben und daher keine Kinder oder höchstens ein Kind wollen. Nach dem Kinderwunsch der Männer wird selten gefragt. So wird auch ganz automatisch das Kinderkriegen auf eine reine Frauenangelegenheit reduziert, obwohl ja beide Geschlechter Anteil daran haben, wenn auch in unterschiedlichem Maße. Welche Rolle strukturelle Bedingungen beim Kinderwunsch spielen, wäre eine wichtige Frage, die allerdings nicht in der Absicht gestellt werden sollte, die Geburtenrate zu erhöhen, sondern mit dem Ziel, mehr über die Beziehungsdynamik zu erfahren, über das Zusammenspiel von »Privatem« und Gesellschaftlichem, also über die Wechselwirkung von Interaktion und Kommunikation zwischen potenziellen Eltern und strukturellen Rahmenbedingungen. Leitfragen könnten etwa sein: Wie kommt die Wunschkinderzahl bei Männern und Frauen zustande? Wie läuft die Kommunikation darüber in Beziehungen? Was würde Frauen helfen, ihren Kinderwunsch in vollem Umfang zu realisieren? Mehr Engagement des Partners, des künftigen Vaters? Mehr außerhäusliche Betreuungsmöglichkeiten? Bessere Berufsrückkehrbedingungen? Antworten auf solche Fragen sollten weite Verbreitung und Diskussion finden.

Einen anderen Aspekt stellen die neuerdings stärker problematisierten eugenischen Indikationen und Spätabtreibungen dar. Beides sollte auf lange Sicht untersagt werden zu Gunsten von Adoptionserleichterungen und Pflegeelternschaften sowie den säkularen Patenschaften, wie ich sie zum vierten Fixpunkt beschrieben habe. Solche »Paten« sollten professionell unterstützt und beraten werden, ebenso wie Eltern, die sich für ein Kind mit Behinderung entscheiden oder sich erzieherischen Problemen, z. B. in Phasen der kindlichen/jugendlichen Entwicklung, nicht gewachsen fühlen.

Ein weiteres zu veröffentlichendes Problem sehe ich darin, dass zunehmend über ein Menschenrecht auf ein eigenes, leibliches Kind diskutiert wird (s. Zweiter Teil 2.4.2.). Die Frage hat im Zusammenhang mit der technisierten Fortpflanzungsmedizin stark an Bedeutung gewonnen. So wurde im Fall einer Frau, die um Herausgabe ihrer von ihrem verstorbenen Mann befruchteten, tiefgefrorenen Eizellen geklagt hatte, bekannt, »wie viele menschliche Keimzellen – Samen, Eizellen oder ›überzählige‹ Embryonen, die im Rahmen einer In-vitro-Fertilisation (IVF) anfallen – in ungezählten Kühlhäusern lagern und auf ihren Einsatz warten. Embryonen und weibliche Eizellen gehören zu den begehrtesten Rohstoffen in der Forschung; nachgefragt wird das Bio-Gold aber auch von den vielen Paaren, die aus verschiedensten Gründen keine Kinder bekommen können« (Baureithel 2010). Wenn ein »Rohstoff« zahlreich vorhanden ist, wird auf seine Verwendung gedrungen werden. Andere gesellschaftliche Strukturen, wie die im vorherigen Punkt beschriebenen Wahlverwandtschaften, gehen dann leicht unter, bedürfen also einer starken Propagierung.

Unterstützung würden einige dieser Vorschläge sicher von Organisationen von und für Menschen mit Behinderungen erfahren, die sich bereits heute zu manchen dieser Themen sehr kritisch äußern.

3.2.6 Zum sechsten Fixpunkt: Einführung feministischer Strukturen zur Demokratisierung von Organisationen

Unter Beteiligung verstehe ich mehr als das, was aktuell gefordert wird: die Anhörung von BürgerInnen bei Großprojekten, die Erleichterung von Volksentscheiden u. ä. Einen Aspekt dessen, was mir wichtig ist, habe ich bereits zum zweiten Fixpunkt beschrieben, eine erweiterte Wirtschaftsdemokratie. Mir geht es aber auch um Antworten auf die Frage, welche Bedingungen für eine (ggfs. zahlenmäßig) stärkere und vor allem (inhaltlich) gewichtigere Beteiligung von Frauen gegeben sein müssen und wie inhaltliche Einseitigkeit und Schieflagen verhindert werden können, wenn Männer alternative, gesellschaftskritische, linke Organisationen dominieren. Zu den eher formalen Grundsätzen, wie sie vor Jahren von den *Grünen* beschlossen wurden, wie dem Rotationsprinzip und dem sog. Reißverschluss bei Kandidaten- und Redelisten, (dem Wechsel zwischen einer Frau und einem Mann) müssen weitere Veränderungen kommen, die sich auf differenziertere Sachverhalte beziehen.

Rückenwind für mein Anliegen spüre ich dadurch, dass Organisationen wie die Partei *Die Linke* und das globalisierungskritische Netzwerk *Attac* darüber klagen, dass sie von (alten) Männern dominiert würden. Für die SPD hat Inge Wettig-Danielmeier in bewundernswerter Offenheit berichtet, dass bei ganz wichtigen Entscheidungen Vorabsprachen unter Ausschluss von Frauen getroffen und so Beschlüsse vorbereitet werden (Wettig-Danielmeier und Oerder 2011, S. 24), dies ist ein Merkmal einer männerbündischen Kultur. Sie bestimmt sowohl weite Teile des Erwerbsbereichs, als auch die Strukturen und Umgangsformen in (linken) Organisationen, wie ich sie im zweiten Teil unter dem Stichwort Wirtschaft (s. 2. Teil 3.4.10) und in diesem Teil als innerorganisatorischer Sexismus ausführlich beschrieben habe (s. 3. Teil 1.8). Diese gilt es zumindest organisationsintern zu skandalisieren.

Was das Propagieren angeht, so fehlt es nicht an Vorschlägen zur Strukturveränderung, wenn Organisationen wirklich ihre Männerdominanz überwinden wollen. Ich bin der Überzeugung, dass diejenigen, die eine andere Welt für möglich halten und für dieses Ziel eintreten, bereits hier und jetzt andere als die traditionellen Umgangsformen finden müssen, um auch nach außen hin deutlich zu machen, dass sie eine wertschätzende zwischenmenschliche Beziehung in ihren Reihen praktizieren, weil sie dies für einen wesentlichen Teil einer »anderen Welt« erachten.

Im ersten Teil habe ich beschrieben, wie wichtig diese Themen in der Frauenbewegung der späten 1960er und frühen 1970er Jahre genommen und welche Formen dafür entwickelt wurden. Am wichtigsten waren der Abbau von informellen Hierarchien und die Erweiterung der Kompetenzen aller Gruppenmitglieder.

Erste Schritte hin zu den Fixpunkten: Skandalisieren, Propagieren, Kooperieren

Heute kommen vereinzelt Frauen wie Männer aus linken Zusammenhängen zu ganz ähnlichen Forderungen, Wünschen und Konzepten:

- In gruppeninternen Prozessen sollen die verschiedenen Bedürfnisse beachtet werden, die verschiedene Menschen mitbringen.
- Gefühle sollen nicht abgespalten werden, sonst stelle sich Härte bei den Beteiligten ein.
- Arbeitsfelder in der Organisation sollen nicht hierarchisiert werden.
- Ein Rotationsprinzip soll gelten; Aufgaben sollen zwischen den Mitgliedern wechseln, um zu verhindern, dass eine bestimmte Person immer dieselbe Aufgabe übernimmt und damit zum Experten/zur Expertin wird.
- Zu manchen Themen soll in geschlechtergetrennten Teilgruppen diskutiert werden, um Frauen, die oft in der Minderzahl sind, mehr Rederaum zu ermöglichen. Auch könnte dadurch männliche Dominanz kenntlich gemacht werden und folglich die Notwendigkeit, an ihr zu arbeiten (Affront Hrsg 2011, S. 127, Lange 2011, S. 252).
- Individualismus-Argumente vom Typ: »Ich bin halt so, werde mich nicht mehr ändern, das müsst ihr akzeptieren und mich so nehmen wie ich bin.« sollen als Verschleierung strukturell diskriminierenden Verhaltens entlarvt werden, um gemeinsames, stärker gleichberechtigtes Arbeiten auf ein Ziel hin zu ermöglichen.
- Profeministische Männergruppen, die es in den 1970er/80er Jahren gab, könnten/sollten wieder eingerichtet werden (Lange 2011, S. 252). Dies ist angesichts von Gewalt, die von Anti-Feministen droht und die noch weit über eine männerbündische Kultur hinaus geht, besonders wichtig. Männerdiskussionen über den Kommunikationsstil in der Gruppe würde ich auch deshalb begrüßen, weil immer einmal wieder Männer, denen das Verhalten eines Geschlechtsgenossen missfällt, *mir* davon berichten, statt sich mit dem Betreffenden selbst auseinanderzusetzen oder gar das Problem in der gesamten gemischten Gruppe anzusprechen.
- Die Erarbeitung eines Konsenses sollte oberstes Ziel und weder Lippenbekenntnis noch Fensterrede sein.
- Während diese Vorschläge von Frauen kamen, möchte ich nun einen Genossen zu Wort kommen lassen, der sich ebenfalls zur innerorganisatorischen, sexistischen Kommunikation geäußert hat. Er plädiert für Männergruppen, da aufgrund der gemeinsamen Geschlechtsidentität manche Erfahrungen am besten mit anderen Männern zu teilen seien. Dabei kommt es ihm allerdings auf das an, was hinter dem Konzept von Männerräumen steht: »Geht es (...) um einen Raum, der mir helfen kann, mit meinen spezifischen männlichen Problemen umzugehen, oder versuche ich, Teil eines ›Boys Club‹ zu werden,

der Frauen von zentralen Entscheidungspositionen ausschließt und in dem ich mich gemeinsam mit anderen Männern meiner Überlegenheit über Frauen rückversichern kann? Die antisexistische Aufgabe ist für mich nicht so sehr die Zerschlagung von Männerräumen, sondern die Umgestaltung derselben. Wie sollen Männer da agieren? Sie müssen diskriminierende und beleidigende Aussagen unterbinden, über eigene Vorurteile und Stereotype reflektieren und sich selbst kritisch hinterfragen – kurz, in einem spezifisch männlichen Kontext zum angesprochenen Abbau männlicher Privilegien beitragen. Damit einhergehend muss es natürlich einen gesamtgesellschaftlichen Kampf geben, der darauf abzielt, exklusiven Männerräumen die gesellschaftliche Macht zu nehmen, die ihnen oft zukommt. Wie reagieren Männer auf Interventionen anderer Männer? Das kommt darauf an. Manche mögen meinen, du seist zu ›politisch korrekt‹, hättest vor der Antisexismuskeule Angst oder willst dich als emanzipierter Mann inszenieren, der es noch nicht einmal in Männerkreisen wagt, die Wahrheit zu sagen. So etwas kommt vor. Aber es ist nicht die Regel. Ich denke, es gibt eine Reihe von linken Männern, die sich bemühen. Wie gut wir das dann hinkriegen, ist eine andere Frage ...« (Affront Hrsg 2011, S. 269)

- Ein Beispiel dafür, wie Antisexismus betrieben werden kann, sind die *Heroes*, Kämpfer »für Menschenrechte und gegen Unterdrückung im Namen der Ehre«. Zwar handelt es sich hier nicht um Maßnahmen innerhalb einer Organisation, wohl aber geht es darum, Mädchen und Frauen ein gleichberechtigtes Dasein in unserer Gesellschaft zu ermöglichen, deshalb will ich es kurz skizzieren. Das Projekt »*Heroes*« orientiert sich an einem schwedischen Vorbild, wurde in Deutschland von zwei Frauen, Dagmar Riedel-Breidenstein und Anna Rinder von Beckerath gegründet und von der schwedischen Childhood Foundation von Königin Silvia finanziell unterstützt. Gruppenleiter sind der türkischstämmige Theaterpädagoge Yilmaz Atmaca und der palästinensische Psychologe Ahmad Mansour. Sie bildeten eine kleine Gruppe junger Männer aus »Ehrenkulturen« aus, die in Schulen Workshops zu Fragen wie der Familienehre, Gewalt in Familien, Rechte von Frauen behandeln und mit Schülerinnen und Schülern darüber diskutieren und Rollenspiele durchführen. (Lilienthal 2011, S. 10 ff, Scheub 2010, S. 202 ff) Das Projekt hat Preise erhalten und Nachfolger in einer Reihe von anderen deutschen Städten gefunden (Lilienthal 2011, S. 14).

Wie kann man/frau darauf hin arbeiten?

- Durch Teilnahme an Seminaren, die eine andere Gesprächskultur zum Thema haben und sich an Elementen einer gewaltfreien Kommunikation orientieren,
- von anderen Organisationen lernen, in denen ein anderer Stil praktiziert wird.

3.2.7 Zum siebten Fixpunkt:
Psychogenese neuer Charaktereigenschaften

Mein letzter Fixpunkt ist der schwierigste von allen. Hier geht es um »neue Menschen«, die zu der veränderten Welt »passen«, also um Menschen, die eine Persönlichkeitsstruktur entwickelt haben, die den äußeren Bedingungen einer neuen Gesellschaft entsprechen. Es geht um eine Gesellschaft, in der man/frau sich auf meine Fixpunkte zu bewegt (hat), also wo Kreislaufwirtschaft angestrebt oder schon betrieben, Wirtschaftsdemokratie praktiziert wird und gemeinsame Anstrengungen unternommen werden, durch Konversion tiefgreifende Änderungen zu erreichen, in der die Natur respektiert, eine andere Arbeitskultur gepflegt, Arbeit anders gewertet und vergütet wird etc. Denn jede Gesellschaft entwickelt, wie ich in den beiden vorangegangenen Teilen ausgeführt habe, Sozialcharaktere, die ihrer Wirtschaftsweise entsprechen und in der Werte und Eigenschaften verinnerlicht werden, so dass sie ohne äußeren Zwang wirksam werden.

Vereinfacht dargestellt waren Sozialcharaktere in der Phase des Früh- und Hochkapitalismus die »klassischen bürgerlichen Tugenden« wie Pünktlichkeit, Fleiß, Ordentlichkeit, Unterordnung unter Autoritäten. Sie waren klassen- und geschlechtsspezifisch differenziert. Hier will ich nur auf geschlechtsspezifische Charaktere eingehen: Für Männer war die Identifikation über Erwerbsarbeit wichtig, Männlichkeit wurde verstanden als guter Arbeiter, guter Familienernährer sein, für Frauen war es die Identifikation über Hausarbeit im weitesten Sinn, Weiblichkeit wurde verstanden als effiziente Hausfrau, liebevolle Gattin und Mutter sein. In der Phase des Neoliberalismus sind Sozialcharaktere etwas schwächer geschlechtsspezifisch ausgeprägt. Es geht um Individualismus, Selbstinszenierung, Konsumzwang und einen Narzissmus bei gleichzeitig fragilem Selbstwertgefühl. Die veränderte Erwerbsarbeitssituation (Rückgang der für die Produktion erforderlichen menschlichen Arbeit, Auslagerung von Produktion und Dienstleistungen etc.) lässt den Konsumbereich in den Vordergrund treten. »I shop therefore I am« (us-amerikanische Postkarte, Ende der 1980er Jahre). Das bringt das Thema auf den Punkt. Ein »innerer Konsumismus« sei heute fest etabliert, meint Harald Welzer, der von einer mentalen Infrastruktur spricht (Welzer 2011, S. 30). Die Gebrauchswerte von Waren verlieren immer mehr an Bedeutung, es bleibt – wie Welzer es ausdrückt – nur der symbolische Wert von Waren; die Dinge werden weniger benutzt, der Kaufakt selbst wird zur sinnstiftenden Handlung (ebd., S. 31). Da für die kapitalistische Wirtschaftsweise die Realisierung des Mehrwerts durch Verkauf von Produkten zwingend ist, kann es nicht darum gehen, durch Konsum Bedürfnisse für *längere* Dauer zu stillen, immer neue Bedürfnisse werden geweckt. Diesem tendenziell unabgeschlossenen Konsumverhalten entspricht die Mentalität eines niemals fertigen, eines immer wachsenden (…) [eines] ökonomischen

Menschen« (ebd., S. 20). Welzer sieht diese Einstellung auch in den von mir bereits erwähnten Schlagworten wie »lebenslanges Lernen« und »produktives Altern« (ebd., S. 25). Systematisch kämen Menschen nicht mehr an ein Ende, würden nie fertig, beuteten sich selbst aus wie die »Laptop-Männer, die alle Züge, Flugzeuge und Warte-Lounges dieser Welt bevölkern« (ebd., S. 25).

Welche Charaktereigenschaften sind nun für eine andere Welt erforderlich, die auf einer umwelt- und ressourceschonenden Wirtschaft aufgebaut ist? Lustvolle Sparsamkeit, Freude an kreativer Wiederverwendung von Materialien, Disziplin und Verantwortungsbewusstsein, um nur einige zu nennen. Kreativität und Genussfähigkeit werden eine große Rolle spielen, zum Beispiel Gerichte zu »erfinden«, die regionale saisonale Agrarprodukte verwenden. Erinnern wir uns daran, dass beliebte Gerichte wie Pizza und Paella Ergebnisse kreativer Resteverwertung waren, ebenso wie Patchworkdecken, bei denen ursprünglich Stoffe von Kleidungs- und Wäschestücke verarbeitet wurden, von denen Teile noch gut erhalten waren, während das ganze Stück nicht mehr zu gebrauchen war. Inzwischen gibt es Läden und einzelne Frauen, die mit Vergnügen und Gewinn und großen gestalterischen Fähigkeiten noch gut erhaltene Teile von Kleidungsstücken zu Unikaten verarbeiten. Diese Verhaltensweisen und Eigenschaften haben nichts mit dem Zwangscharakter des Früh- und Hochkapitalismus gemeinsam, der zwar auch durch Sparsamkeit, aber zugleich durch aufgeschobene Befriedigung, Lustfeindlichkeit und Autoritätshörigkeit gekennzeichnet war. An die Stelle von Ichbezogenheit und Narzissmus werden Hilfsbereitschaft, Liebes- und Gruppenfähigkeit treten/müssen. Ein Gruppen-Ich wird sehr viel stärker ausgebildet werden, als wir es heute kennen.

Nichts von alledem lässt sich propagieren, ebenso wenig wie der ökonomische Mensch des Neoliberalismus zu skandalisieren ist. Denn die Besonderheit des Phänomens Sozialcharakter liegt darin, dass es sich bei seiner Entwicklung um psychische Prozesse handelt, die nicht dem Willen unterworfen sind, auch nicht rational entworfen werden können, sich vielmehr unbewusst abspielen, eine emotionale, weitgehend frühkindliche Genese haben. Für den weiblichen Sozialcharakter hatte in den 1980er Jahren Juliet Mitchell mit Hilfe der Psychoanalyse den Prozess der Verinnerlichung einer patriarchalen Ausrichtung bei Frauen beschrieben, was ich im ersten Teil skizziert habe (s. Erster Teil 4.3.7.).

Bei diesem Fixpunkt kann es also nicht darum gehen, rational Forderungen zu erheben. Im Gegenteil, diese kämen dann geradezu zwangsläufig wie der sprichwörtliche erhobene Zeigefinger an. Auch Harald Welzer, der erklären will, »wie das Wachstum in die Welt und in die *Seelen* kam« (Herv. von mir), so der Untertitel seiner Broschüre, gelingt es nicht, sich von intellektueller Sichtweise und politischen Forderungen zu lösen, wenn er auf das »gigantische Projekt« eines Umbaus der Gesellschaft von der carbonen zur postcarbonen Zeit zu sprechen kommt (Welzer 2011, S. 38). Er kann lediglich benennen, was wir brauchen, bzw. was fehlt: eine politische Programmatik, Leitvorstellungen, Exitstrategien aus dem Wachstum (ebd., S. 41 f), alles rationale Forderungen aber keine Charaktereigenschaften. Damit berührt er lediglich die Ebene der Soziogenese, obwohl er klar erkennt, dass diese Hand in Hand mit der Psychogenese geht, weil beide zwei Seiten derselben Medaille sind. Anders ausgedrückt: Mit Menschen, die (Wirtschafts-)Wachstum in ihren Seelen haben, lässt sich keine neue Gesellschaft aufbauen, erscheinen dann doch neue Verhaltensweisen als Verlust und Verzicht. In Diskussionen über eine andere Gesellschaft habe ich öfter trotzige Reaktionen erlebt: »Ich will aber nicht verzichten!« oder auf notwendigen Klimaschutz bezogen sogar »Darauf kann ich keine Rücksicht nehmen!« So kommen wir nicht weiter.

Es gibt aber Wege, auf die wir uns begeben können, Ansätze, die sich von Bisherigen lösen. Hier will ich einige nennen und verstehe auch die als Anregung, zu einer geschärften Wahrnehmung, um die Keime von veränderten Praktiken und Sozialformen zu erkennen, die – darin stimme ich mit Welzer völlig überein – psychisch andere Menschen hervorbringen und mit ihnen andere Bedürfnisse (ebd., S. 17).

Ein Beispiel dafür ist das relativ neue Konzept der Inklusion. War es bislang feste Überzeugung und pädagogisches Konzept, dass Kinder mit Behinderungen oder Lernschwächen am besten gefördert werden könnten, wenn sie getrennt von »normalen« unterrichtet werden, setzt sich heute immer mehr die Überzeugung durch, dass gemeinsamer Unterricht förderlich ist und zwar für beide Teile. Das bedeutet, dass die Kinder angehalten werden müssen, sich gegenseitig zu helfen und beizustehen. Geschieht dies, auch über die Zeit der Grundschule hinaus, wachsen andere Kinder heran, Kinder, die Freude daran haben, ihren MitschülerInnen etwas erklären zu können und die dann den Stoff, den sie anderen vermittelt haben, selbst viel besser behalten.

Gemeinschaftsgärten sind ein weiteres Integrationsprojekt. In Berlin konnten sich gerade Frauen mit »Migrationshintergrund« gleichberechtigt mit ihrem Wissen und ihrer Erfahrung einbringen und damit wesentlich zum Gelingen des Projekts beitragen. Menschen, die sich in solchen Projekten engagieren, praktizieren andere Umgangsformen, bei denen Disziplin und Verantwortung wichtig sind und es nicht um Konkurrenz geht.

Der Anstieg des Anteils älterer Menschen in der Bevölkerung und damit der von altersverwirrten Menschen könnte ebenfalls Veränderungen im täglichen Umgang miteinander auslösen. Helga Rohra, die im mittleren Alter an Demenz erkrankte, ist vielfach öffentlich aufgetreten und zu einer »Lobbyistin für Demenzbetroffene« geworden (Schwab 2012). In einem Radiointerview hatte sie dazu aufgerufen, hilfsbereit und aufgeschlossen zu reagieren, wenn man/frau angesprochen wird oder einen Zettel mit der Information in die Hand bekommt: »Ich bin verwirrt/demenzkrank, bitte helfen Sie mir«. In solchen Situation werden verstärkt Kommunikationsformen gefordert, die generell ein anderes Miteinander auslösen könnten.

Von Regionen, in denen eine solidarische Ökonomie betrieben wird, berichten die Beteiligten, dass nach dem Konsensprinzip vorgegangen und folglich so lange diskutiert werde, bis wirklich eine Zustimmung aller erreicht worden ist. Die meisten linken und alternativen Organisationen in Deutschland, die mit einem ähnlichen Anspruch angetreten waren, haben sich inzwischen zum Teil weit davon entfernt, sind zu einem traditionellen Politikstil zurückgekehrt oder haben sich diesem angenähert. Und doch hören Menschen Schilderungen über das Aus diskutieren und Anwenden des Konsensprinzips andernorts nach meiner Wahrnehmung gerne zu, weil etwas, wovon auch hier viele träumen, in Teilen anderer Länder Wirklichkeit geworden ist.

Eine Methode, die in letzter Zeit immer häufiger umgesetzt wird, um sich von der Vorstellung zu lösen, in einer anderen Gesellschaft müssten nicht zu verkraftende Einschränkungen in Kauf genommen werden, besteht darin, sich die angestrebte andere Welt als Vision vorzustellen. In den Bildern, die dann vor dem inneren Auge auftauchen, werden die positiven Seiten einer neuen Gesellschaft sichtbar. Das bringt zwar noch keine neuen Menschen hervor, macht aber das Ziel konkreter, anschaulicher, attraktiver und bereitet so den Nährboden, auf dem etwas anderes heranwachsen kann. Manchmal schlagen sich Bilder solcher Visionen in Texten nieder, die dann beispielsweise in eine Zeitung aus dem Jahr 2050 Eingang finden und was der kreativen Formen mehr sind.

Ein kognitiver Input, der – um im Bild zu bleiben – als Düngemittel fungieren kann, sind die Ergebnisse, die Richard Wilkinson und Kate Pickett zusammen getragen haben und deren Buch sie in der Erstausgabe den Untertitel »Why More Equal Societies Almost Always Do Better« gegeben haben (in der deutschen Ausgabe »Warum gerechte Gesellschaften für alle besser sind«). Ihr Buch habe ich vorn im Zusammenhang mit der Kritik am Wirtschaftswachstum bereits erwähnt (in diesem Teil 3.2.2). Die beiden WissenschaftlerInnen zeigen nicht nur, dass gesellschaftliche Ungleichheit, verstanden als Einkommensdifferenz, einher geht mit mehr psychischen Erkrankungen, längeren Gefängnisstrafen, einer höheren Zahl krankhaft Fettleibiger, höheren Mordraten und geringerer Lebenserwartung (Wilkinson und Pickett 2009, S. 208). Umgekehrt gehen geringere Einkommensunterschiede mit einem besseren Gesundheitszustand *aller* einher (ebd., S. 214). In weniger hierarchischen Gesellschaften findet sich weniger männliche Dominanz, weniger Feindseligkeit, weniger Gewalt, weniger harte Bestrafung, dafür eine bessere Stellung von Frauen, mehr Vertrauen und ein stärker ausgeprägtes Gemeinschaftsleben. Besonders bemerkenswert scheint mir, dass in Gesellschaften mit mehr Gleichheit auch die sozialen Beziehungen, gemessen am sozialen Zusammenhalt, am Vertrauen, am sozialen Engagement und am Auftreten von Gewalt, besser sind (ebd., S. 229). Andererseits wurde bei der Suche nach Stressfaktoren für das Herz-Kreislauf-System herausgefunden, dass Ablehnung, Verweigerung der Zusammenarbeit und andere Formen der Ausgrenzung Konflikte und Spannungen im Verhältnis zu anderen Menschen im Alltag »bei weitem die stärksten Belastungen des emotionalen Wohlergehens (…) [darstellen,] weit stärker als Arbeitsbelastung, Geldsorgen und andere Probleme« (zit. nach Wilkinson und Pickett 2009, S. 231) und zwar sowohl als auslösende wie als dauerhafte Faktoren. Daher bezeichnen die AutorInnen sie als sozialen Schmerz (Wilkinson und Pickett 2009, S. 242). Das letztgenannte Verhalten kann auch in alternativen Organisationen vorkommen und ist ein Zeichen mangelnder Konfliktbereitschaft und geringer sozialer Kompetenz. Für die Organisation bedeutet es einen Verlust an Meinungsvielfalt und Vielfalt der Qualifikationen.

Bereits im Mutterleib beginnt die Reaktion auf Stressbelastung der Mutter und kann sich in der frühen Kindheit fortsetzen. Unter zunehmender Ungleichheit leiden ganze Familien; Kinder lernen nicht Mitgefühl, sondern den Umgang mit Feindseligkeiten (ebd. S. 237 ff). Dies ist aber nur ein Aspekt, der die Herausbildung von Eigenschaften beeinflusst, einer, der noch relativ an der Oberfläche liegt und gut nachvollziehbar ist. Zitiert habe ich ihn, um den Bogen zum Anfang zu schlagen und zur Behauptung, dass Charaktereigenschaften durch die gesellschaftlichen Verhältnisse bereits in früher Kindheit angelegt werden. Aus diesem negativen Beispiel kann dann zusammen mit anderen Ergebnissen geschlossen werden, dass sich durch das Aufwachsen in einer Umgebung und mit Erwachsenen, die nicht durch Stress belastet sind und/oder unter sozialer Ausgrenzung leiden, eher positive Anlagen entwickeln können.

Dies soll genügen, um Gleichheit in dem beschriebenen Sinn zu propagieren. Der Zusammenhang zum Feminismus springt dabei vielleicht nicht auf den ersten Blick ins Auge, er ist für mich dadurch gegeben, dass in egalitären Gesellschaften, nicht nur männliche Dominanz geringer ausfällt, sondern auch die Folgen für ein besseres Leben sprechen, so wie es Feministinnen in den Anfangsphasen der Frauenbewegungen immer schon phantasiert hatten. Der Bezug wird auch dadurch deutlich, dass sich in alternativen Organisationen, die andere Strukturen und Kommunikationsformen entwickelt haben und in denen Wert auf psychologische Aspekte des Umgangs miteinander gelegt wird, mehr Frauen finden bzw. diese sich aktiver einbringen/können. Weiter möchte ich behaupten, dass Menschen, die Erfahrungen mit einer anderen Kommunikation etc. gemacht haben, dies sehr zu schätzen wissen und versuchen das Erlebte auf andere Zusammenhänge zu übertragen. Damit entsteht noch kein neuer Sozialcharakter, aber ein Gefühl dafür, wie ein solcher aussehen und was er bewirken könnte, und das sollte es der Mühe wert sein. Denn – ich betone es noch einmal – Sozio- und Psychogenese müssen Hand in Hand gehen, ohne andere Umgangsformen werden wir keine wirklich andere, keine humane Gesellschaft schaffen können, in der dann auch andere, »neue« Menschen leben werden.

3.3 Irrwege

Im Vorangegangenen, vor allem im Abschnitt über Frauenpolitik im Zweiten Teil, habe ich auf Gesetze, Maßnahmen und Forderungen hingewiesen, die den neoliberalen Kapitalismus unterstützen oder mit ihm konform gehen und für ein emanzipatorisches Ziel kontraproduktiv sind. Da vieles davon jedoch damit begründet wird, dass es der Gleichstellung diene oder gar als feministisch deklariert wird, habe ich solche Maßnahmen pseudofeministisch genannt. Weder unter feministischen Gesichtspunkten, wie ich sie verstehe, noch unter linken handelt es sich dabei um Schritte, die zu meinem Siebengestirn der Fixpunkte hinführen.

Hier möchte ich nun das Problem der Irrwege etwas grundsätzlicher thematisieren. Bei vielen politischen Konzepten scheint mir, wenn nicht ausdrücklich, so doch implizit die Vorstellung zu herrschen, es ginge darum, es sei zunächst eine Angleichung an bestehende Verhältnisse zu erreichen, erst dann könnten grundlegende Veränderungen angegangen werden. Deutlich habe ich dies anhand von Äußerungen von VerfechterInnen der Homo-Ehe dargestellt, die behaupteten, man/frau müsse erst gleiche Rechte erstreiten, bevor für deren allgemeine Abschaffung eingetreten werden könne. Das Problem ist weder neu, noch auf feministische oder ähnliche Themen beschränkt.

Ist erst einmal Gleichstand erreicht, kann Veränderung angegangen werden. Eine Strategie hierfür ist die des Langen-Marschs-durch-die-Institutionen. Sie geht mit einem Verständnis von Staat einher, in dem dieser als scheinbar neutral angenommen wird. Ihn gelte es nun von innen heraus zu verändern. Diese Vorstellung ist auch von radikalen Feministinnen zu verschiedenen Zeiten angegriffen worden, die sich gegen ein Staatsverständnis aussprachen, das davon ausgeht, »alles würde besser, wenn der Souverän endlich nur aus jenen bestünde, die die richtigen Wertvorstellungen haben und wissen, wie man es richtig macht« (Schuhmann 2010, S. 248). In der pseudofeministischen Variante geht es bei den richtigen Leuten um Frauen, zumindest zu 50 Prozent. Denen werden nicht einmal »die richtigen Wertvorstellungen« abverlangt. Aber selbst 100 Prozent radikale Feministinnen könnten gegen die Macht transnationaler Konzerne, internationaler Verträge, ökonomischer Strukturen usw. die Gesellschaft nicht einfach umkrempeln. Im Gegenteil. Die Welt ist voll von Beispielen, wie politisch anders Denkende sich zu Kompromissen hergeben und umgekrempelt werden. Nicht falsche Wertvorstellungen sind in erster Linie das Problem, sondern die Re-Produktionsverhältnisse und alles, was sie mit sich bringen.

Mit der Angleichungsstrategie geht oft eine Einengung des Blickwinkels auf Teilbereiche einher. Eine derartige Begrenzung erschwert Solidarität mit anderen Personengruppen oder Zielen, die für die eigene Gruppe nicht unmittelbar relevant sind. Angesichts neoliberaler Individualisierung fällt dies besonders ins Gewicht, gelingt es doch ohnehin nur schwer, Menschen dazu zu bringen, sich für Bedürfnisse anderer zu engagieren. So wirbt die Occupy-Bewegung für ihre Anliegen, indem sie sich zum Sprachrohr von 99 Prozent der Bevölkerung macht, die die Folgen einer verfehlten Finanzpolitik auszubaden hätten. Ebenso haben die Organisatorinnen der Slut-Walks mit ihren Protesten gegen die Meinung, Frauen provozierten sexuelle Gewalt durch ihre Männer-aufreizende Kleidung, ein Thema aufgegriffen, von dem sich potenziell alle Frauen angesprochen fühlen könnten. Etwas völlig anderes wäre es, Menschen/Frauen auf die Straße zu bringen, um gegen einen Zustand zu protestieren, von dem sie nicht selbst betroffen sind, beispielsweise die Änderungen in den Versicherungsvorschriften für Hebammen oder die Hartz IV-Richtlinie zu Bedarfsgemeinschaften, die erwerbslose Frauen (oder Männer) abhängig von Partnern (oder Partnerinnen) macht, sogar wenn sie mit diesen nicht verheiratet sind. Der »Tunnelblick«, der sich auf einen kleinen Ausschnitt gesellschaftlicher Realität beschränkt und häufig auch die Folgen einer Forderung oder Maßnahme unberücksichtigt lässt, führt ebenso wie die Angleichungsstrategie nicht selten zu Widersprüchen, weil entgegengesetzte Interessen nicht wahrgenommen werden/können, wie ich vorn an einigen Beispielen ausgeführt habe (s. in diesem Teil, 1.5).

Ein weiteres politisches Verhalten, das in die Irre führt, ist das systematische Ausklammern von Sinnfragen. Inzwischen unterscheiden sich die beiden großen deutschen Parteien nicht mehr in ihrer Forderung: Arbeit, Arbeit, Arbeit! Ohne die geringste Einschränkung gilt für sie offenbar »Hauptsache Arbeit!«, ein Stichwortpaar, das sehr stark männlich konnotiert ist. Das Wichtigste im Leben des Mannes sei nach wie vor seine Arbeit, resümierten Dieter Schnack und Thomas Gesterkamp bereits 1996 in ihrem Buch, das diesen Slogan zum Titel hat (Schnack und Gesterkamp 1996).

Über 20 Jahre später ging Susan Pinker einer Frage nach, die sich wie die Ergänzung zum Thema dieser beiden Männerforscher lesen lässt. Ihr fiel auf, dass bei der Berufswahl besondere geschlechtsspezifische Unterschiede bestehen, dahingehend, dass es einem Teil von Frauen nicht um »Arbeit, Arbeit, Arbeit!« gehe. Pinker problematisiert die Auffassung von einem »neutralen Standardgeschlecht« (2008, S. 17), einem sozialen Normgeschlecht und der daraus abgeleiteten Annahme, dass bei Chancengleichheit für die Geschlechter sich gleiche Ergebnisse hinsichtlich der Berufswahl einstellen würden, also gleiche Verteilung der gewählten Berufe auf Frauen und Männer (Pinker 2008, S. 22). Dem war und ist aber nicht so. Vielmehr stellten sich in einer us-amerikanischen Studie geschlechtsspezifisch unterschiedliche berufliche Werdegänge heraus. Von mathematisch begabten Heranwachsenden hatte die Mehrheit der Männer einen mathematisch-technischen Beruf ergriffen, während die meisten Frauen sich für Medizin oder einen anderen Beruf im Gesundheitswesen entschieden hatten (ebd., S. 107). Eine Folgestudie wies bei Frauen mit glänzender mathematischer Begabung auch eine hohe Sprachbegabung nach, bei Männern dagegen klaffte zwischen beiden Begabungen eine große Lücke (ebd., S. 107). Mit anderen Worten: Die Frauen in den Studien hatten eine breitere Palette von Fähigkeiten und wählten Berufe, in denen sie nicht nur ihre naturwissenschaftlichen Kenntnisse einsetzen konnten, sondern in denen sie auch ein soziales Betätigungsfeld fanden. Wieder eine andere Untersuchung ergab, dass Frauen aus einem naturwissenschaftlichen oder technischen Beruf mit einer 2,8mal höheren Wahrscheinlichkeit als Männer ausscheiden, um einer anderen Tätigkeit nachzugehen. Dabei sind die Abbruchsgründe sehr verschieden. Zum Beispiel steigen Männer aus einer akademischen Karriere an einer Universität aus, weil sie andernorts bessere Aufstiegschancen oder mehr Geld erwarten können. Frauen dagegen stellen fest, dass sie lieber eine Arbeit aufnehmen würden, die ihnen sinnvoller erscheint und eine größere persönliche Befriedigung bietet oder weil ihnen die akademische Karriere mit einem Familienleben unvereinbar erscheint (ebd., S. 114). In den von Pinker referierten Fallstudien geben die Berufswechslerinnen an, Interesse an Menschen zu haben (ebd., S. 118).

Pinker stellte weiter fest, dass in Ländern mit großen Bildungsoptionen, unter anderem auch in Deutschland, Frauen weniger häufig die gleiche Berufswahl treffen wie Männer. Die berufliche Segregation, das heißt die geschlechtsspezifische Aufspaltung, ist dort ausgeprägter als in Ländern, wo die Wahlmöglichkeiten geringer sind (ebd., S. 103). Offenbar ziehen viele Frauen eine Service-orientierte, vielseitigere Tätigkeit einem Beruf auf Grundlage der sog. MINT-Fächer, Mathematik, Informatik, Naturwissenschaften, Technik, vor (ebd., S. 106). Diese Befunde sollten zu einer grundsätzlichen Prüfung der unter dem Stichwort Gender Mainstreaming praktizierten Vorgehensweise führen, die ich vorn bereits kritisiert hatte (2. Teil, 3.5.2).

Pinker sieht bei diesen unterschiedlichen Verhaltensweisen biologische Gründe, wofür sie zum Teil heftig kritisiert wird; darauf möchte ich hier nicht weiter eingehen. Wichtiger ist mir die von Pinker aufgeworfene Frage, ob ein für Männer entwickeltes System für Frauen richtig sei (ebd., S. 111) und ob die Entscheidung vieler Berufswechslerinnen für ein Engagement für Menschen oder die Gesellschaft ein Versagen des Systems oder dieser Frauen darstelle (ebd., S. 125). Ich möchte meinerseits fragen, ob es für die Gesellschaft einen Schaden oder einen Nutzen darstellt, wenn Frauen/Menschen sich für ein Engagement für Menschen entscheiden, statt sich technischen Problemen zuzuwenden. Solche Fragen nicht zu stellen, halte ich für sehr problematisch, dadurch werden Weichen für einen bedeutsamen Irrweg gestellt. Nicht nur, weil sich die politischen, ökonomischen und gesellschaftlichen Maßnahmen auf die Bereitstellung von Kinderbetreuungsplätzen, MentorInnen und Coaching beschränken, um Frauen in die vorgefundenen Strukturen besser einzupassen. Die Bedingungen der Arbeitswelt werden als gegeben hingenommen, vor allem, weil die Frage nach dem Sinn der jeweiligen Arbeit völlig ausgeblendet bleibt. Politische Konzepte, die die Sinnfrage an Arbeit nicht stellen, zielen auf eine Angleichung, die mit den Bedürfnissen und Fähigkeiten vieler Männer konform geht.

Immerhin spricht die Partei *Die Linke* davon, sinnvolle Arbeit für alle organisieren zu wollen (unter anderen der Landesverband Niedersachsen, *Die Linke Nds.*). Überwiegend geht es ihr jedoch wie auch der *SPD* um gute Arbeit (*SPD* 2009, S. 30 ff, *Die Linke* 2009, S. 7 f), was sich lediglich auf die Arbeitsbedingungen bezieht, also auf faire Bezahlung, familienfreundliche und nicht krankmachende Gestaltung und die Möglichkeit zur Weiterbildung. Um Inhalte geht es nicht. Dabei ist es gerade in der heutigen Zeit auf lange Sicht gesehen lebensnotwendig, die Inhalte von Erwerbsarbeiten kritisch zu beleuchten, um zu verhindern, dass weiterhin umweltschädlich und Umweltschädliches produziert wird und um zu stoppen, dass ökologische Fußabdrücke größer werden und die soziale und ökonomische Ausbeutung von Arbeitskräften weltweit weiter voranschreitet.

Bei der Darstellung meines letzten Irrwegs wiederhole ich mich gerne, wenn ich noch einmal betone, dass es nicht zielführend ist, die Arbeitskultur von einer kritischen Betrachtung auszunehmen. Dabei meine ich sowohl die Kultur im Erwerbsbereich als auch die in vielen Organisationen, die traditionelle Strukturen übernommen haben, ja sogar bisweilen ganz bewusst Intrigen, Mobbing, Machtgebaren etc. einsetzen, um missliebige Meinungen oder Personen auszuschalten. Aus undemokratischen, herrschaftsbestimmten Interaktions- und Kommunikationsformen wird sich kein Modell einer herrschaftsfreien Gesellschaft entwickeln können. Wenn hingegen ganz bewusst eine andere Arbeits- und Organisationskultur geschaffen, gepflegt und gelebt wird, dann – das haben Wilkinson und Pickett für viel größere Einheiten, ganze Staaten, zeigen können – geht es nicht nur Frauen, sondern auch Männern besser und zwar allen, nicht nur denjenigen, die ein weniger ausgeprägtes Platzhirschverhalten an den Tag legen und sich von solchem abgestoßen fühlen, auch den »Platzhirschen« selbst.

Die letztgenannten drei Irrwege, herrschaftsbestimmte Arbeits- und Organisationskulturen nicht zu kritisieren, an Erwerbsarbeitsinhalte keine Sinnfrage zu stellen und den Tunnelblick anzuwenden, sind Nebengleise, die parallel zu dem breiten Irrweg der Angleichungsstrategie verlaufen, die der Vorstellung anhängt, erst nach vollendeter Angleichung könnten und sollten systemkritische Ziele angegangen werden. Im Gegensatz zu dieser Position habe ich meine ersten Schritte hin zu dem Siebengestirn meiner Fixpunkte am Horizont formuliert. Mit ihnen wollte ich keiner Alles-oder-Nichts-Haltung das Wort reden. Im Gegenteil. Ich bin der festen Überzeugung, dass es eine Menge kleinerer Schritte gibt, die auf einen Paradigmenwechsel in Teilbereichen zusteuern und deren Realisierung politisches Bewusstsein schärfen kann, sodass – auch wenn im Prozess des Handelns evtl. auftretende Probleme zur Revision dieser Schritte führen und andere sich als zielführender erweisen mögen – eine Änderung der Gesellschaft von Grund auf zu erreichen ist. Außerdem hoffe ich deutlich gemacht zu haben, dass es sich bei den von mir aufgeführten Schritten nicht um Unrealisierbares handelt. In allen sieben Fällen konnte ich mich auf bereits umgesetzte Vorhaben oder bereits verfolgte Ziele beziehen, was die Realisierbarkeit unterstreicht.

4 Zusammenfassung des dritten Teils und Antworten auf die vorne aufgeworfenen Fragen

Diesen Teil habe ich augenzwinkernd »Traumbuch« genannt, weil die neutrale Bezeichnung »Traum« sowohl den Albtraum als auch den Wunschtraum umfasst. Das »Albtraumhafte« habe ich im ersten Abschnitt beschrieben, Phänomene, die einigen FeministInnen vielleicht wirklich Kopfzerbrechen oder schlaflose Nächte bereiten können. Sicher tun sich manche schwer mit Zielen, die ohne konkrete Schritte zu ihrer Realisierung formuliert werden. Unzufrieden werden viele mit einer Instrumentalisierung des Feminismus für fragwürdige Ziele sein. Als ärgerlich wird von manchen die Ignoranz dessen, was in der Frauenbewegung gefordert und in der feministischen Theorie gedacht wurde, empfunden werden. Vielleicht lösen meine Beispiele für geschlechtsneutrale Forderungen, Tunnelblicke und sexistische Einstellungen zur Sexualität Aha-Effekte aus. Déjà-Vue Erlebnisse werden einige bei meiner Sammlung von Aspekten männerbündischer Kultur haben.

Ohne Übertreibung lässt sich festhalten, dass es auch heute gute Gründe für FeministInnen gibt, linken Organisationen einen Spiegel vorzuhalten, so wie es Helke Sander 1968 in ihrer »Tomatenwurf-Rede« getan hatte. Damals haben inhaltliche wie innerorganisatorische Probleme Frauen dazu angeregt, Einspruch zu erheben. Es war aber auch eine Zeit eines tiefen Unbehagens, einen politischen Aufruhrs. »Gewaltsam laut« sind heutige Zeiten (noch) nicht geworden, sodass sich Luise Otto-Peters Gesetzmäßigkeit wiederholen könnte und Frauen ihre Stimmen erheben. Die Ende der 1960er Jahre erhobenen Forderungen, die Linke solle sich das »Private« zu ihrem Thema machen, da es – wie ich heute sagen möchte – die Hälfte der Welt darstellt, ist noch immer nicht eingelöst. Daher plädiere ich dafür, dass gesellschaftskritische oder sich als links verstehende Organisationen sich ändern und keine Forderungen stellen, die sich an »den Feminismus« richten, zumal angesichts des so diffus und unspezifisch gewordenen Verständnisses davon und der Vielzahl von »Feminismen« völlig offen bleibt, von wem und wie solche Forderungen eingelöst werden können.

Mal laut, mal leiser wird heute für eine Reihe von Zielen gestritten, die oft von Gruppen verfolgt werden, die nebeneinander her arbeiten. Deshalb habe ich meine Wunschträume, meine Utopien in einem Siebengestirn zusammen gebunden, um ein breites Spektrum abzustecken: von der Natur über die Wirtschaftsweise, die Existenzgrundlage durch eine neue Art der Finanzierung der Arbeit, insbesondere der heute unbezahlten, von Gewaltfreiheit, vom Zusammenleben, der Fortpflanzung und der inneren Natur der Menschen, ihre Sozialcharaktere. Bei einer so breiten Palette von Wünschen können Ausführungen zu deren Realisierung nur im Skizzenhaften bleiben. Über das Benennen von praktikablen Handlungsschritten hinaus, habe ich immer wieder Bezüge zu dem, was ich in den beiden ersten Teilen angesprochen habe, hergestellt.

Ich möchte aber betonen, dass mein Siebengestirn kein Hirngespinst ist oder etwas aus den Fingern Gesogenes. In allen Punkten ist das eingetreten oder bahnt sich erkennbar an, was Marx und Engels als den dialektischen Umkipppunkt beschrieben haben: Die herrschenden Strukturen haben aufgehört für die Entwicklung der Gesellschaft förderlich zu sein, sie fangen an, hinderlich zu werden. Das Verhältnis zur Natur muss überdacht werden, weil die Endlichkeit der Ressourcen zum Umdenken zwingt (1. Fixpunkt). Wirtschafts- genauer Überproduktionskrisen zeigen, dass auch aus ökonomischen Gründen nicht länger weiter produziert werden kann wie bisher (2. Fixpunkt). Die sich immer weiter öffnende Schere zwischen arm und reich, kann so nicht weiter gehen, andere Entlohnungs- und Versorgungsmodalitäten müssen gefunden werden (3. Fixpunkt). Die veränderten Familienstrukturen, bedingt durch eine geringere Kinderzahl und nicht mehr an einem Ort lebenden Familienmitgliedern, macht die Versorgung zwischen den Generationen immer schwieriger bis unmöglich (4. Fixpunkt). Die hohen Kosten der technisierten Medizin, darunter auch der Reproduktionstechnologie, werden zum Problem (5. Fixpunkt). Internationale Konfliktherde verlangen dringend nach friedlichen Lösungen. Öffentlich gewordenes, innerorganisatorisches Konfliktverhalten – insbesondere bei politischen Parteien – trägt mit dazu bei, dass Menschen wahlmüde werden (6. Fixpunkt). Eine Minderheit von Menschen sucht andere Lebensformen, Gemeinschaften, die nicht von Egoismen geprägt sind. Ich-Bezogenheit und Besitzdenken stoßen immer mehr unangenehm auf (»Mein Haus, mein Boot, mein Auto«) (7. Fixpunkt).

Daher verstehe ich meine Schritte auf die sieben Fixpunkte hin als Kursbuch und verbinde damit die Hoffnung auf einen anderen Kurs ein Fahrplan, um Irrwege zu vermeiden. Ich wünsche mir, dass sich von dieser meiner Schrittfolge des Skandalisierens, Propagierens und des Kooperierens FeministInnen ebenso wie im weitesten Sinne Linke angesprochen fühlen und Lust bekommen, sie anzugehen und um weitere Schritte zu ergänzen. Dann könnte aus meinem Wunschtraum Wirklichkeit werden.

Literatur

Affront (Hrsg) (2011) Darum Feminismus! Diskussionen und Praxen. Unrast, Münster
Baureithel Ulrike (2010) Ein Menschenrecht auf ein Kind? In: Der Freitag vom 12.6.2010
Buchholz Kathrin und Weller Ines (2007) Gender im Kontext neuer Nutzungsstrategien. In: Rabelt Vera, Simon Karl-Heinz, Weller Ines, Heimerl Angelika (Hrsg) (2007) nachhaltiger_nutzen. Möglichkeiten und Grenzen neuer Nutzungsstrategien, Oekom, München, S. 235–245
Diefenbacher Hans und Zieschank Roland (2011) Woran sich Wohlstand wirklich messen lässt. Alternativen zum Bruttoinlandsprodukt. Oekom, München
Die Linke (2009) Bundestag Wahlprogramm 2009
Doll Nikolaus (2011) Boom der deutschen Auto-Hersteller ist ungesund. Welt online vom 4.8.2011, http://www.welt.de/wirtschaft/article13526462/Boom-der-deutschen-Auto-Hersteller-ist-ungesund.html
Dribbusch Barbara (2011) Die erfundene Cousine. In: taz vom 7.11.2011
Gänßler-Rehse Beate, Kerssenfischer Ingeborg, Ohlsen Regina, Waidelich Waltraud (2008) Bezahlung für Sorgearbeit in der Diskussion. In: Innovative Zeitschrift des Nordelbischen Frauenwerks Nr. 18, 2009, S. 13
GLS Treuhand Zukunftsstiftung Landwirtschaft (Hrsg) (2010) Wege aus der Hungerkrise. Die Erkenntnisse des Weltagrarberichtes und seine Vorschläge für eine Landwirtschaft von morgen. AbL Verlag, Hamm
Hopkins Rob (2008) Energiewende. Das Handbuch. Zweitausendeins, Frankfurt am Main
Lange Maren (2011) Die Liebe hält das Schweinesystem perfekt am Laufen – Über Beziehungen und Nähe, Normen und Utopien. In: Affront (Hrsg) (2011) Darum Feminismus! Diskussionen und Praxen. Unrast, Münster, S. 241–256
Lilienthal Ralf (2011) Kiez-Helden. Das Berliner Projekt »Heroes – Gegen Gewalt im Namen der Ehre«. In: a tempo Das Lebensmagazin, Oktober 2011, S. 10–14
Marx Karl (1972) Das Kapital. In: Marx-Engels-Werke Bd 23. Dietz-Verlag, Berlin
Notz Gisela (2011) Feminismus. PapyRossa, Köln
O. Verf. (2011) China führend bei Öko-Energien, trotzdem sehr hoher CO_2-Ausstoß. dpa-Meldung vom 7.11.2011. http://www.verivox.de/nachrichten(china-fuehrend-bei-oeko-energien-trotzdem-sehr-hoher-co2-ausstoss-79763.aspx
O. Verf. (2012) Frauen essen klimafreundlicher. In: taz vom 4.4.2012
Pauli Gunter (2010) The Blue Economy. 10 Jahre. 100 Innovationen. 100 Millionen Jobs, Konvergenta Publishing, Berlin
Pinker Susan (2008) Das Geschlechterparadox. Über begabte Mädchen, schwierige Jungs und den wahren Unterschied zwischen Männern und Frauen. Bundeszentrale für politische Bildung (Hrsg), Schriftenreihe Bd 748, Bonn
Röhr Ulrike (2008) unveröffentlichter Vortrag gehalten beim Frühjahrforum der Frauenbrücke Ost West, Die Welt im Wandel – Mensch und Umwelt. 30.3.2008
Röhr Ulrike (2009) Geschlechtergerechtigkeit in der Klimapolitik. Die Position von Frauennetzwerken in den internationalen Klimaverhandlungen. http://www.genanet.de/fileadmin/downloads/themen/DA283_roehr.pdf

Roth Eva (2009) Verdammt anstrengender Job. In: Frankfurter Rundschau vom 6.5.2009

Scheub Ute (2010) Heldendämmerung. Die Krise der Männer und warum sie auch für Frauen gefährlich ist. Pantheon, München

Schmollack Simone (2011) Wo kommt das Lohngefälle her? In: taz vom 1.12.2011

Schnack Dieter und Gesterkamp Thomas (1996) Hauptsache Arbeit. Männer zwischen Beruf und Familie. Rowohlt, Reinbek bei Hamburg

Schuhmann Antje (2010) Johannesburg, Südafrika. In: Haug Frigga (Hrsg) Briefe aus der Ferne. Argument, Hamburg, S. 241–256

Schulte Martin und Butzmann Elias (2010) Messung von Wohlstand – Ein Überblick über verschiedene Verfahren. DenkwerkZukunft Stiftung kulturelle Erneuerung (Hrsg) Bonn

Schwab Waltraud (2011) »Clara Zetkin würde sich im Grab umdrehen«. Interview mit Gisela Notz. In: taz vom 5./6.11.2011

Schwab Waltraud (2012) »Ich kämpfe wie ein Widder«. Interview mit Helga Rohra. In: taz vom 7./8.1.2012

SPD Regierungsprogramm 2009

Wettig-Danielmeier Inge und Oerder Katharina (2011) Feminismus – und morgen? Gleichstellung jetzt. Vorwärts-Buch, Berlin

Wiesweg Maik (2007) Index of Sustainable Economic Welfare (ISEW)/Genuine Progress Indicator (GPI). Messkonzepte. http://www.wiwi.uni-muenster.de/27/Downloads/Studieren/Veranstaltungen/SS07/Umwelt/17_04.pdf

Wilkinson Richard und Kate Pickett (2009) Gleichheit ist Glück. Warum gerechte Gesellschaften für alle besser sind. Tolkemitt, Berlin

Schluss

Rückblick auf die Beziehungen zwischen Frauenbewegung und Linken und ein Plädoyer für ein neues Verhältnis alternativer Organisationen zum Feminismus

Wenn ich abschließend das Verhältnis von Feminismus und Linken noch einmal Revue passieren lasse, so springen vor allem zwei Situationen ins Auge: die Entscheidung der frühen Sozialdemokratinnen im 19. und beginnenden 20. Jahrhundert, mit ihren Genossen in einer Organisation zusammen zu arbeiten, und der gegenteilige Entschluss linker Frauen in den 1960er/1970er Jahren, sich unabhängig von bestehenden Gruppierungen zu organisieren. Das Verhalten der frühen Sozialdemokratinnen habe ich als Unterwerfungsgeste bezeichnet. Dafür zahlten sie einen Preis. Sie fanden keinen eigenständigen theoretischen Zugang, um die Situation von Frauen zu analysieren und daraus politische Forderungen abzuleiten. Das ist umso erstaunlicher, als Marx und Engels dazu Ansätze lieferten und Bebel sie in seinem gut verständlich geschriebenen Buch, Die Frau und der Sozialismus, übernahm. Deren Beschreibungen der Lebenswirklichkeit nicht nur bürgerlicher Frauen wurden jedoch nicht weiter vertieft. Weiterhin hatte Rosa Luxemburg den Blick auf »dritte Personen« gerichtet, die in kapitalistischen Ländern nicht-kapitalistische produzieren und damit eine neue Analyse der Hausarbeit ermöglicht. Sozialdemokratinnen sicherten sich zwar ihre politische Heimat, konnten der Linken jedoch keine fundierte Sicht auf den gesellschaftlichen Bereich vermitteln, der bis dahin in Theorie und Politik ein Schattendasein führte. Weder unbezahlte Hausarbeit, noch Bevölkerungsentwicklung, noch Sexualität erhielt in sozialistischer Theorie und politischer Praxis den Stellenwert einer »Hälfte der Welt«.

Demgegenüber entwickelten die Frauen, die sich selbst als sozialistisch begriffen und sich in den 1960er/70er Jahren von ihren Genossen trennten, unabhängig, autonom wurden, ihrerseits zu den von linken TheoretikerInnen vernachlässigten Themen feministische Theorien. In diesen wurde teilweise sozialistisches Gedankengut aufgegriffen, sie waren herrschafts- und ideologiekritisch. Aber auch sie zahlten dafür einen Preis. Ihn habe ich als sexistische Ignoranz bezeichnet. In den allerwenigsten Organisationen, die ich als im weitesten Sinne links genannt habe und die gesellschaftskritische Ziele verfolgen, sind die Ergebnisse der frühen Frauenforschung bekannt. Nicht einmal das Vorgehen des Gender Mainstreaming wird heute entsprechend seiner ursprünglichen Intention von Linken praktiziert. Bei politischen Forderungen und Maßnahmen wird viel zu selten vorab gefragt, wie diese sich auf Frauen und Männer auswirken. Und so dominieren schiefe und falsche politische Konzepte, weil ihre AutorInnen die andere Hälfte der Welt nicht im Blick haben.

Angesichts dieser Situation und vor dem Hintergrund von vagabundierenden (ein Ausdruck von Nancy Fraser), sich teilweise widersprechenden, oberflächlichen Feminismen zu versuchen, diesen eine gemeinsame Richtung, einen Fokus geben zu wollen, halte ich für den falschen Ansatzpunkt. Sinnvoller erscheint es mir, dort anzuknüpfen, wo aufgebrachte Frauen ihre Kritik anbrachten, in gesellschaftskritischen Organisationen. Nicht »der Feminismus« hat sich zu erneuern und dann zu hoffen, dass mann ihm Gehör schenkt. Die Linke hat sich zu »feminisieren« und damit endlich das zu erfüllen, was die Frauen in den Anfängen der jeweiligen Frauenbewegung wollten, nämlich dass sich ihre Herkunftsorganisationen der als randständig begriffenen Themen annehmen und ihre politische Kultur verändern. Die Ziele, die mir dabei wichtig erscheinen, habe ich als Siebengestirn von Fixpunkten am Horizont bezeichnet, Wege und Strategien darauf zu aufgezeigt. Wenn eine Linke, wenn alternative Bewegungen bereit sind, solche Schritte zu gehen, sich für die andere Hälfte der Welt zu öffnen, können Feministinnen dort eine politische Heimat finden.